부수의 명칭 및 색인

부수 따라 방송 따라

알기 쉬운 千八百字

安 鉉 錫
李 想 春 編著

오성출판사

머 리 말

우리는 나면서부터 한자 문화권에서 생활해왔으면서도 주변의 다른 나라사람들에 비하여 한자 해독능력이 너무 뒤떨어져, 자칫하면 한자 문화권의 고아로 전락할지도 모를 안타까운 실정입니다. 지금 세계는 급변하고 있으며 생존경쟁은 더욱 치열해지고 있는 가운데 우리와 같은 한자 문화권에 속한 중국과 일본은 국제사회에서 날마다 부상하고 있습니다. 한편, 다가올 21세기는 지식과 정보의 무한 경쟁시대가 될 것이라고 합니다.

우리의 한글은 세계 어느 문자(文字)와 비교해봐도 손색없는 표음문자(表音文字)요, 한자(漢字)는 우수한 표의문자(表意文字)로서 이 두 가지 문자를 상호보완하여 함께 사용하면 가장 이상적인 언어문자생활(言語文字生活)이 될 것입니다. 더구나 우리 말에는 생활용어의 70% 이상, 학술 및 기술 용어는 90% 이상이 한자어(漢字語)라는 사실을 감안할 때 국어를 잘 하기 위해서라도 국한문혼용(國漢文混用)이 불가피한 현실입니다. 그러나 '漢字는 어렵다'는 심리적 중압감에서 한자학습을 쉽게 포기하거나 한자사용을 기피함으로써 한자문맹(漢字文盲)이 양산되고 있습니다.

우리나라 명문대학의 재학생 중에서도 자기와 가족의 이름과 주소를 한자로 쓰지 못하는 사람이 많다고 합니다.

우리는 이와 같은 현실을 안타깝게 생각하면서 오랜 한자 강의 경험을 토대로한 우리 나름대로의 학습비법과 연상학습법을 적용하여 누구나 쉽게 한자를 익히고 오랫동안 기억할 수 있도록 하기 위하여 이 책을 집필하게 되었습니다.

이 책은 표제자로 교육부선정 1,800자를 기준으로 하되 자원(字源) 풀이를 통하여 한자의 생성과정을 명확히 알도록 했으며 칼라그림을 통한 연상학습으로 확실히 기억되게 하였습니다. 더욱이 이 책은 알기쉬운 설명을 덧붙인 7,000여 필수 용례와 10,000여 심층단어를 수록하여 스스로의 학습은 물론 편자의 방송강의를 통하여 더욱 심도 있는 학습을 할 수 있도록 하였습니다.

이 책을 잘 활용하여 한자능력검정시험에도 합격하고, 향상된 한자실력을 토대로 한 폭 넓고 깊이 있는 독서를 통하여 희망찬 21세기를 준비된 마음으로 맞이하고 국가발전에 기여하는 독자 여러분이 되시기를 간절히 기원합니다.

끝으로 이 책이 나올 수 있도록 늘 격려해주시고 물심양면으로 도와주신 모든 분들께 진심으로 감사드립니다.

安鉉錫·李想春 謹識

일 러 두 기

1. 부수(部首)

(1) 수록부수 : 214자
(2) 부수해설 : 부수의 생성과정을 상형연상과정 그림과 함께 자세히 설명.
(3) 부수의 수록 예(例)

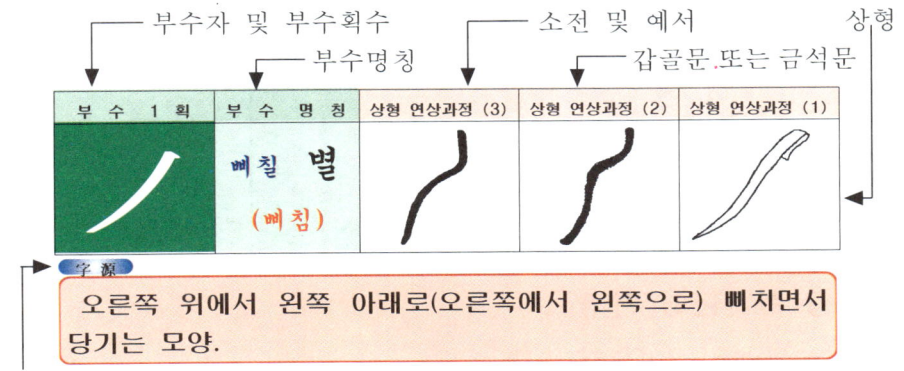

자원해설

2. 표제자(標題字)

(1) 수록자수 : 1,800자 (청색바탕 : 중학생용 900자)
  (흑색바탕 : 고등학생용 900자)

(2) 선정기준 : 교육부 선정 1,800자

(3) 표제자 풀이

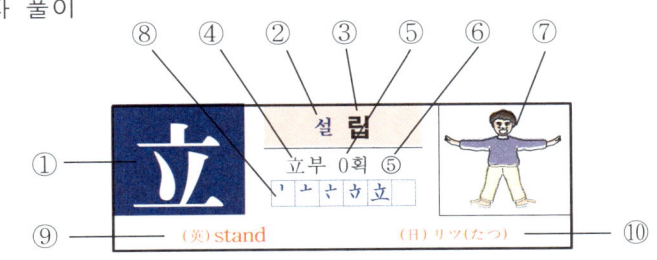

① 표제자   ⑤ 부수 이외의 획수   ⑨ 영어단어
② 대표훈   ⑥ 총획수   ⑩ 일어의 음과 훈
③ 대표음   ⑦ 상형
④ 부수   ⑧ 필순

3. 용례(用例)

(1) 수록 용례수 : 7,000여 어휘
(2) 선정기준 : ① 표제자의 뜻을 정확히 이해하는데 반드시 필요한 어휘
　　　　　　　 ② 일상 생활에서 자주 쓰이는 일반적인 어휘
　　　　　　　 ③ 널리 인용되는 고사성어·한자숙어

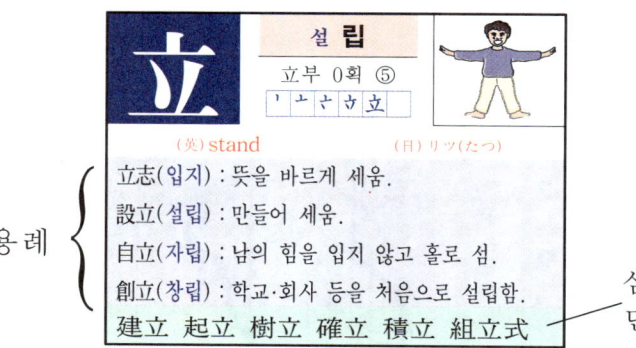

용례 {
立志(입지) : 뜻을 바르게 세움.
設立(설립) : 만들어 세움.
自立(자립) : 남의 힘을 입지 않고 홀로 섬.
創立(창립) : 학교·회사 등을 처음으로 설립함.
建立 起立 樹立 確立 積立 組立式

심층한자
단어연구

4. 심층 한자단어 연구

(1) 수록 단어수 : 10,000여 어휘
(2) 선정기준 : ① 일상생활에서 자주 쓰이나 용례란에 나오지 않은 단어.
　　　　　　　 ② 좀더 깊이 있는 한자 공부를 원할 때 또는 깊이 있는 방
　　　　　　　　　송강의를 위하여 필요한 단어.

5. 　착각하지 맙시다.　수록

　글자가 비슷하여 착각하기 쉽거나 어느 부수에 해당하는지 분별하기 어려
운 한자를 최대한 발췌하여 정리·수록하였음.

6. 부록(附錄)

(1) 잘못 읽기 쉬운 한자
(2) 잘못 쓰기 쉬운 한자
(3) 두 가지 이상의 음을 가진 한자
(4) 결혼 기념일을 나타내는 한자어
(5) 편지 봉투의 이름 아래 붙이는 호칭
(6) 연령을 나타내는 한자어
(7) 약자(略字)·속자(俗字)
(8) 음(音)은 같으면서 뜻이 다른 한자어.
(9) 필수 고사성어 및 한자숙어
(10) 천팔백자 음별 색인

총 부수 해설

부수 1획	부수 명칭	상형 연상과정 (3)	상형 연상과정 (2)	상형 연상과정 (1)	자 원(字源) 설 명
一	한 일	一	一		주먹을 쥐고 검지손가락 하나를 펴서 무엇을 가리키는 모양에서 수효의 '하나'를 나타내는 자.

부수 1획	부수 명칭	상형 연상과정 (3)	상형 연상과정 (2)	상형 연상과정 (1)	자 원(字源) 설 명
丨	뚫을 곤	丨	丨		막대기 같은 것으로 물건을 위에서 아래로 뚫은 모양에서 '뚫다'를 뜻하는 자.

부수 1획	부수 명칭	상형 연상과정 (3)	상형 연상과정 (2)	상형 연상과정 (1)	자 원(字源) 설 명
丶	불똥 주	丶	丶		불씨 또는 등불이나 물건을 태울 때 튀어오르는 '불똥'을 나타낸 자.

부수 1획	부수 명칭	상형 연상과정 (3)	상형 연상과정 (2)	상형 연상과정 (1)	자 원(字源) 설 명
丿	삐칠 별 (삐침별)	丿	丿		오른쪽 위에서 왼쪽 아래로 '삐치면서' 당기는 모양을 나타낸 자.

부수 1획	부수 명칭	상형 연상과정 (3)	상형 연상과정 (2)	상형 연상과정 (1)	자 원(字源) 설 명
乙	새 을 (굽을을)	乛	乙		'새'의 '굽은' 앞가슴 또는 구부러져 나오는 초목의 싹의 모양을 본뜬 글자.

부수 1획	부수 명칭	상형 연상과정 (3)	상형 연상과정 (2)	상형 연상과정 (1)	자 원(字源) 설 명
亅	갈고리 궐	亅	亅		'갈고리' 모양을 본뜬 자.

부수 2획	부수 명칭	상형 연상과정 (3)	상형 연상과정 (2)	상형 연상과정 (1)	자 원(字源) 설 명
二	두 이	二	二		두 손가락 또는 두 선으로 '둘'을 나타낸 자.

부수 2획	부수 명칭	상형 연상과정 (3)	상형 연상과정 (2)	상형 연상과정 (1)	자 원(字源) 설 명
亠	머리부분 두 (돼지머리해)	亠	亠		가로선(一)위에 꼭지점(丨)을 찍어 '머리부분(윗부분)'을 나타낸 자.

부수 2획	부수 명칭	상형 연상과정 (3)	상형 연상과정 (2)	상형 연상과정 (1)	자 원(字源) 설 명
人 亻	사람 인 (사람인변)	人	亻		두 다리를 벌리고 서 있는 '사람'의 옆모습을 나타낸 자.

부수 2획	부수 명칭	상형 연상과정 (3)	상형 연상과정 (2)	상형 연상과정 (1)	자 원(字源) 설 명
儿	걷는사람 인 (어진사람인)	儿	儿		성큼성큼 '걸어가는 사람'의 긴 다리 모양을 본뜬 자.

부수 2획	부수 명칭	상형 연상과정 (3)	상형 연상과정 (2)	상형 연상과정 (1)	자 원(字源) 설 명
入	들 입	入	入		굴 속으로 또는 방 안으로 다리와 허리를 굽혀 '들어가는' 사람의 모양을 본뜬 자.

부수 2획	부수 명 칭	상형 연상과정 (3)	상형 연상과정 (2)	상형 연상과정 (1)	자 원(字源) 설 명
八	여덟 **팔**				각각 네 손가락씩 양손을 펼쳐서 서로 엇갈리게 한 모양에서 '여덟'을 가리킨 자.
冂	멀 **경**				'멀리' 둘러싸고 있는 나라의 '경계'나 '성곽'의 모양을 나타낸 자.
冖	덮을 **멱**				짚으로 지붕을 '덮거나' 보자기로 물건을 '덮는' 모양을 나타낸 자.
冫	얼음 **빙**				'고드름이 얼어 있는' 모양을 본뜬 자. 氷(얼음 빙)의 본 자.
几	안석 **궤**				'상·책상·걸상' 모양을 본뜬 자.
凵	입벌릴 **감** (위터진입구)				뚜껑이 없이 '위가 터져 있는 그릇'의 모양을 본뜬 자.
刀 刂	칼 **도** (선칼도방)				'칼'의 모양을 본뜬 자.
力	힘 **력**				힘쓸 때 팔에 생기는 '근육'의 모양을 본뜬 자.
勹	쌀 **포**				몸을 구부리며 두 팔로 안아 감싸고 있는 모양에서 '싸다'의 뜻이 된 자.
匕	비수 **비**				'숟가락', 고기를 베는 '비수' 또는 허리가 꼬부라진 노인의 모양을 본뜬 자.
匚	상자 **방** (터진입구변)				짐승의 '여물통'이나 '네모진 상자'의 모양을 본뜬 자.
匸	감출 **혜** (터진에운담)				'뚜껑이 있는 상자' 모양을 본뜬 자.

부 수 2 획	부수 명칭	상형 연상과정 (3)	상형 연상과정 (2)	상형 연상과정 (1)	자 원(字源) 설 명
十	열 십	十	十		다섯 손가락씩 있는 두 손이 서로 엇걸려 있는 모양에서 '열'을 뜻하게 된 자.
卜	점 복	卜	卜		불에 태운 거북의 등껍때기에 나타난 금을 보고 점을 쳤다는데서 '점'의 뜻이 된 자.
卩卪	병부 절 (마디절)	卩	卩		구부러진 '무릎마디'의 모양을 본뜬 자.
厂	굴바위 엄 (민엄호)	厂	厂		산기슭 바위가 옆으로 쑥 뻐어저 나온 모양을 본떠 '굴바위'의 뜻이 된 자.
厶	사사 사 (마늘모)	厶	厶		팔꿈치를 구부러서 물건을 자기쪽으로 감싸고 있는 모양에서 '사사롭다'의 뜻이 된자.
又	또 우	又	又		오른손의 엄지와 검지가 맞닿아있는 모양을 본뜬 자로 오른손은 자주 쓰인다하여 '또'의 뜻이된자.

부 수 3 획	부수 명칭	상형 연상과정 (3)	상형 연상과정 (2)	상형 연상과정 (1)	자 원(字源) 설 명
口	입 구	口	口		사람의 '입' 모양을 본뜬 자. 입의 기능에서 '말하다', 그 모양에서 '어귀'의 뜻으로도 쓰임.
口	에울 위 (맨담위)	口	口		성벽 등으로 사방을 '에워싼' 모양을 본뜬 자.
土	흙 토	土	土		땅(흙)위로 새싹이 움터 자라나는 모양에서 '흙'의 뜻이 된 자.
土	선비 사	士	士		하나(一)를 배우면 열(十)을 안다는 '선비'를 뜻하게 된 자.
夂	뒤져올 치	夂	夂		발을 질질 끌며 느릿느릿하게 '뒤져옴'을 가리킨 자.
夊	천천히걸을 쇠	夊	夊		두 다리를 끌듯이 느릿느릿 '천천히 걸어가는' 모양을 본뜬 자.

부수 3획	부수 명칭	상형 연상과정 (3)	상형 연상과정 (2)	상형 연상과정 (1)	자 원(字源) 설 명
夕	저녁 석				초승달(반달)의 모양을 본뜬 자로 '저녁'의 뜻으로 쓰임.
大	큰 대				두 팔을 벌리고 서있는 사람의 모습이 '큼'을 가리킨 자.
女	계집 녀				두 손을 무릎 위에 모으고 '얌전히 앉아 있는 여인'의 모양을 본뜬 자.
子	아들 자				두 팔을 벌린 채 불안정한 자세로 서 있는 '어린애' 모양을 본뜬 자.
宀	집 면 (갓머리)				'움집' 모양을 본뜬 자.
寸	마디 촌				맥박이 뛰고 있는 (오른)손의 모양을 나타낸 자로 손목에서 맥박이 뛰는 데까지 '한치'의 길이라는 뜻으로 쓰이게 된 자.
小	작을 소				미세한 것을 둘로 나눈 모양을 본뜬 자로 미세한 것을 다시 둘로 나누었으니 '작다'라는 뜻으로 쓰임.
尢	절름발이 왕				다리가 불구인 사람이 절뚝거리며 걷는 모양에서 '절름발이'를 가리키는 자.
尸	주검 시				죽은 사람을 뉘어 놓은 모양에서 '주검'을 뜻하는 자.
屮	싹날 철				(껍질을 뚫고) '싹이 돋아 나는' 모양을 본뜬 자.
山	메 산				멀리서 바라보는 '산'의 모양을 본뜬 자.
巛	내 천				개울을 따라 흘러가는 (개울)물의 모양을 본떠 '내'를 뜻하는 자.

부수 3획	부수 명칭	상형 연상과정 (3)	상형 연상과정 (2)	상형 연상과정 (1)	자 원(字源) 설 명
工	장인 공	工	工	工	'목수(장인)'가 쓰는 자와 망치의 모양을 본뜬 자.
己	몸 기	己	己		사람의 척추마디 모양을 나타내어 '몸', 또는 '자기'를 뜻하게 된 자.
巾	수건 건	巾	巾		어깨에 걸치고 있는 '수건(천)'의 모양을 본뜬 자.
干	방패 간	干	干		'방패'의 모양을 본뜬 자.
幺	작을 요	幺	幺		갓 태어난 아기의 모양을 본떠 '작다'의 뜻으로 쓰이는 자.
广	집 엄 (엄호)	广	广		바위를 지붕 삼아 지은 허술한 '집'의 모양을 본뜬 자.
廴	길게걸을 인 (민책받침)	廴	廴		발을 '길게 끌며' 힘들게 걷는 모양을 본뜬 자.
廾	들 공 (스물입발)	廾	廾		두 손으로 마주잡아 '받들고' 있는 모양을 본뜬 자.
弋	주살 익 (주살익)	弋	弋		'주살(줄이 달려있는 화살)'의 모양을 본뜬 자.
弓	활 궁	弓	弓		'활'의 모양을 본뜬 자.
彐	돼지머리 계 (터진가로왈)	彐	彐		'돼지머리'의 모양을 본뜬 자.
彡	터럭 삼 (삐친석삼)	彡	彡		곱게 빗어 내린 '긴 머리카락'의 모양을 본뜬 자.

부수 3획	부수 명칭	상형 연상과정 (3)	상형 연상과정 (2)	상형 연상과정 (1)	자 원(字源) 설 명
彳	자축거릴 척 (두인변)				'자축거리는' 두 다리의 모양을 본뜬 자.

부수 4획	부수 명칭	상형 연상과정 (3)	상형 연상과정 (2)	상형 연상과정 (1)	자 원(字源) 설 명
心 ↑	마음 심 (심방변)				마음은 '심장'에서 우러나온다 하여 그의 모양을 본떠 '마음'의 뜻으로 널리 쓰인다.

부수 4획	부수 명칭	상형 연상과정 (3)	상형 연상과정 (2)	상형 연상과정 (1)	자 원(字源) 설 명
戈	창 과				날 부분이 갈라진 '창'의 모양을 본뜬 자.

부수 4획	부수 명칭	상형 연상과정 (3)	상형 연상과정 (2)	상형 연상과정 (1)	자 원(字源) 설 명
戶	집 호 (지게문호)				'지게문(외짝문)'의 모양을 본뜬 자.

부수 4획	부수 명칭	상형 연상과정 (3)	상형 연상과정 (2)	상형 연상과정 (1)	자 원(字源) 설 명
手 扌	손 수 (재방변)				손목과 다섯 손가락을 펼쳐 모은 '손'의 모양을 본뜬 자.

부수 4획	부수 명칭	상형 연상과정 (3)	상형 연상과정 (2)	상형 연상과정 (1)	자 원(字源) 설 명
支	지탱할 지				댓가지(十)를 손(又)에 꼭 틀어잡고 버틴다 하여 '지탱하다'의 뜻으로 된 자.

부수 4획	부수 명칭	상형 연상과정 (3)	상형 연상과정 (2)	상형 연상과정 (1)	자 원(字源) 설 명
攴 攵	칠 복 (등글월문)				손(又)에 회초리(卜=상형)를 들고 '똑똑 두드리다', '치다' 또는 '때리다'의 뜻으로 된 자.

부수 4획	부수 명칭	상형 연상과정 (3)	상형 연상과정 (2)	상형 연상과정 (1)	자 원(字源) 설 명
文	글월 문				몸에 그린 '무늬' 모양, 또는 획을 이리저리 그어 된 '글자' 모양을 본뜬 자.

부수 4획	부수 명칭	상형 연상과정 (3)	상형 연상과정 (2)	상형 연상과정 (1)	자 원(字源) 설 명
斗	말 두				자루가 달린 국자 모양이나 용량을 헤아리는 '말'의 모양을 본뜬 자.

부수 4획	부수 명칭	상형 연상과정 (3)	상형 연상과정 (2)	상형 연상과정 (1)	자 원(字源) 설 명
斤	근 근				날이 선 자루 달린 '도끼' 모양을 본뜬 자.

부수 4획	부수 명칭	상형 연상과정 (3)	상형 연상과정 (2)	상형 연상과정 (1)	자 원(字源) 설 명
方	모 방				두 척의 배를 붙인 모양이 '모남'을 나타낸 자. 쟁기의 보습이 나아가는 '방향'을 가리킨 자.

부수 4획	부수 명칭	상형 연상과정 (3)	상형 연상과정 (2)	상형 연상과정 (1)	자 원(字源) 설 명
无	없을 무				无는 兀(우뚝 올)의 왼쪽 획(/)이 치뚫고 허공(一)까지 통하니 그 위가 '없다'는 뜻으로 된 자.

부수 4획	부수명칭	상형 연상과정 (3)	상형 연상과정 (2)	상형 연상과정 (1)	자 원(字源) 설 명
日	날 일				'해(날)'의 모양을 본뜬 자.
曰	가로 왈				말할 때 입(口)에서 입김(一)이 나가는 모양을 뜻하여 된 자. 또는 입(口)에서 혀(一)가 움직이는 모양을 본뜬 자.
月	달 월				초승'달'의 모양을 본뜬 자.
木	나무 목				이쪽 저쪽으로 땅에 뿌리를 내리고(八) 위로 가지를 뻗으면서 자라나는 (十←屮=싹날 철) '나무' 모양을 본뜬 자.
欠	하품 흠				목을 뒤로 젖히며 입을 벌리고 '하품하는' 모양을 본뜬 자.
止	그칠 지				사람이 멈추어 선 발목 아래의 모양을 본떠 '머무르다'·'그치다'의 뜻을 나타낸 자.
歹	뼈앙상할 알 (죽을사)				'살을 발라낸 앙상한 뼈'의 모양을 본뜬 자.
殳	칠 수 (갖은등글월문)				구부정한 몽둥이(几)를 손(又)에 들고 '치는(때리는)'는 모양을 본뜬 자. 몽둥이를 가지고 '친다'는 데서 '날 없는 창'을 뜻하기도 함.
毋	말 무				여자(女)가 몸의 어떤 부분을 '범하지 못하게 앞을 가로(/)막음'을 나타내어 '말다'·'없다'의 뜻이 된 자.
比	견줄 비				두 사람을 '나란히' 세워놓고 비교해보는 모양을 본떠 '견주어 보다'의 뜻이 된 자.
毛	터럭 모				짐승의 꼬리'털'이나 새의 깃 '털' 모양을 본뜬 자.
氏	성씨 씨 (각시씨)				땅속으로 뻗어 나아가던 뿌리가 땅위로 빼어져 나와 퍼진 모양을 본뜬 자로 씨족이 그 뿌리처럼 뻗어나간 것에 비기어 '성씨(姓氏)'의 뜻을 나타낸 자.

부수 4획	부수 명칭	상형 연상과정 (3)	상형 연상과정 (2)	상형 연상과정 (1)	자원(字源) 설명
气	기운 기				수증기 모양을 본뜬 자로 구름의 '기운'을 뜻한 자.
水 氵	물 수 (삼수변)				개울을 흘러가는 '물'의 흐름을 본뜬 자.
火 灬	불 화 (연화발)				타오르는 '불꽃'의 모양을 본뜬 자.
爪 爫	손톱 조				물건을 긁어 당기고 후벼파기도 하는 '손톱' 모양을 본뜬 자.
父	아비 부				회초리(卜←丨)를 들고 (乂←乀) 아이들을 가르치고 혼내면서 식구들을 이끌어 가는 '아버지'를 뜻한 자.
爻	사귈 효				점칠 때에 엇갈린 산가지의 모양을 본뜬 자로 이리저리 아쪽저쪽으로 서로 얽힌 모양에서 '사귀다'의 뜻을 나타낸 자.
爿	조각널 장 (장수장변)				잔가지가 듬성듬성 붙어있는 통나무를 두 쪽으로 쪼갠 것 중 왼쪽 것의 모양을 본떠 '조각널'을 뜻한 자.
片	조각 편				잔가지가 듬성듬성 붙어있는 통나무를 두 쪽으로 쪼갠 것 중 오른쪽 것의 모양을 본떠 '조각'의 뜻이 된 자.
牙	어금니 아				'어금니'의 모양을 본뜬 자.
牛	소 우				'소'의 뿔과 머리·꼬리 등의 모양을 본뜬 자.
犬 犭	개 견 (개사슴록변)				앞발을 들고 커뤄 펄럭거리며 입을 크게 벌려 짖어대는 '개'의 모양을 본뜬 자.
王 玉	구슬 옥				구슬 세(三) 개를 꿴(丨) 모양을 본뜬 자. 후에 왕자와의 혼동을 피하기 위해 ' ㆍ'을 덧붙임.

부수 5획	부수 명칭	상형 연상과정 (3)	상형 연상과정 (2)	상형 연상과정 (1)	자 원(字源) 설 명
瓜	오이 과				덩굴(厶)에 달린 고부랑한 '오이(厶)' 모양을 본뜬 자.
瓦	기와 와				'기와' 모양을 본뜬 자.
甘	달 감				입안(甘→口)의 혀끝(一)에서 느껴지는 '단맛'을 보고 있는 모양을 나타낸 자.
生	날 생				싹(屮=싹날 철)이 땅(一)을 뚫고 돋아나는 모양을 본떠 '나다', '살다'의 뜻이 된 자.
用	쓸 용				卜(점 복)과 中(맞힐 중)의 어울림. 점을 쳐보아 맞으면 그 일에 힘을 '쓴다', '돈을 쓴다'는 뜻으로 된 자.
田	밭 전				밭과 밭 사이에 사방으로 난 둑의 모양을 본떠 '밭'을 뜻하게 된 자.
疋	발 소 (필필)				발목에서 발끝까지의 모양을 본떠 '발'을 나타낸 자.
疒	병들 녁 (병질엄)				사람이 병상에서 팔을 축 늘어뜨리고 힘없이 기대어 있는 모양을 본떠 '병듦'을 가리킨 자.
癶	걸을 발 (필발머리)				두 발(癶)을 벌리고 걸어가려는 모양에서 '걷다', '가다'의 뜻이 된 자.
白	흰 백				해(日)의 빛(丿)이 '흰'것을 가리킨 자. 또는 쌀 알갱이의 흰 모양을 본뜬 자.
皮	가죽 피				짐승의 가죽을 손(又)으로 벗겨내는 모양을 본떠, 털이 그대로 붙어있는 '날가죽'을 뜻한 자.
皿	그릇 명				위는 넓고 가운데는 좁고 바닥은 낮고 받침이 있는 쟁반 모양을 본떠 '그릇'을 뜻한 자.

부수 5획	부수 명칭	상형 연상과정 (3)	상형 연상과정 (2)	상형 연상과정 (1)	자 원(字源) 설 명
目	눈 목 (누운눈목)				사람의 눈 모양을 본떠 '눈' 또는 그 눈으로 '보다'의 뜻이 된 자.
矛	창 모				뾰족한 쇠를 긴 자루 끝에 박은 '세모진 창'의 모양을 본뜬 자.
矢	화살 시				'화살'의 모양을 본뜬 자.
石	돌 석				언덕(厂) 아래에 굴러 떨어진 '돌덩이(口)' 모양을 본뜬 자.
示	보일 시				제물을 차려놓은 '제단' 모양을 본떠, 그 제물을 신에게 '보임'을 나타낸 자.
内	짐승발자국 유				구부러져(冂) 둥그렇게(厶) 난 '짐승의 발자국' 모양을 본뜬 자.
禾	벼 화				볏대(木)에서 길게 이삭이 패어 익어서 축 드리워진(丿) 모양을 본뜬 자.
穴	구멍 혈				집(宀)으로 삼을 수 있을 정도로 파헤쳐진 (八) 굴 '구멍'을 뜻한 자.
立	설 립				땅에 두 발을 벌리고 똑 바로 '서 있는' 사람의 모양을 본뜬 자.

부수 6획	부수 명칭	상형 연상과정 (3)	상형 연상과정 (2)	상형 연상과정 (1)	자 원(字源) 설 명
竹	대 죽				'대나무'와 그 이파리가 아래로 드리워진 모양을 본뜬 자.
米	쌀 미				겉껍질이 까져(十) 나온 '쌀 알갱이들(×)'의 모양을 본뜬 자.
糸	실 사				'가는실'을 감아 놓은 실타래 모양을 본뜬 자.

부수 6 획	부수 명칭	상형 연상과정 (3)	상형 연상과정 (2)	상형 연상과정 (1)	자 원(字源) 설 명
缶	장군 부				배가 불룩하고 아가리가 좁은 '장군' 모양을 본뜬 자.
网	그물 망				'그물'의 버리 줄(冂=경계 경)과 그물코(××) 모양을 본뜬 자.
羊	양 양				'양'의 아래로 굽은 두 뿔과 네 발 및 꼬리 등의 모양을 본뜬 자.
羽	깃 우				새의 긴 '깃'이나 '긴 깃털이 달린 두 날개' 모양을 본뜬 자.
老 耂	늙을 로				머리를 늘어뜨리고 허리 굽은(匕) '늙은이(耂=毛＋人)'가 지팡이를 짚고 있는 모양을 나타낸 자.
而	말이을 이				'수염(코밑수염, 턱수염)'을 본뜬 자. 그 수염 사이로 말이 '이어져' 나온다하여 문장을 이을 때 어조사로 쓰임.
耒	쟁기 뢰 (가래뢰)				잡초를 캐고 밭을 일구는 나무(木)로 된 연장인 '쟁기'를 뜻한 자.
耳	귀 이				'귀'의 모양을 본뜬 자.
聿	붓 율				한 손으로 털이 있는 '붓'을 잡고 손을 놀려 글쓰는 모양을 본뜬 자.
肉 月	고기 육 (육달월)				고깃덩어리의 근육 및 그 단면의 모양을 본뜬 자로 '살', '고기' 또는 '몸'의 일부를 뜻한 자.
臣	신하 신				임금 앞에서 몸을 굻고 엎드린 채 머리를 들어 위를 처다보는 '신하'의 모양을 본뜬 자.
自	스스로 자				사람의 '코'를 본뜬 자. 코를 가리키며 자기를 나타낸 데서 '스스로'의 뜻으로도 쓰임.

부수 6획	부수 명칭	상형 연상과정 (3)	상형 연상과정 (2)	상형 연상과정 (1)	자 원(字源) 설 명
至	이룰 지				땅, 나는 새 또는 화살. 새 또는 화살이 날아와 땅에 '이른다'는 뜻으로 된 자.
臼	절구 구				곡식이 들어 있는 '절구통'의 모양을 본뜬 자.
舌	혀 설				입(口)안에서 방패(干) 같은 구실을 하는 '혀'가 입에서 내밀어진 모양을 본뜬 자.
舛	어그러질 천				오른발(夕←夂)과 왼발이 각각 다른 방향으로 '어그러져' 있음을 나타낸 자.
舟	배 주				여러 조각의 나무 판자를 붙여 만든 조그만 '배'의 모양을 본뜬 자.
艮	그칠 간 (괘이름간)				눈알(目)을 굴리고 상체를 돌리는(匕) 데에도 한도가 있다 하여 '그치다'의 뜻아 된 자.
色	빛 색				사람의 마음 움직임이 무릎마디(巴)가 들어맞듯이 얼굴'빛'에 정확하게 나타남을 뜻한 자.
艸	풀 초 (초두머리)				두 포기의 풀 또는 초목의 싹들(屮·屮)이 돋아 나오는 모양에서 '풀'의 뜻이 된 자.
虍	범 호				얼룩덜룩한 줄무늬가 진 호랑이가죽의 모양을 본떠 '범', '범의 문채'를 나타낸 자.
虫	벌레 충				뱀이 사리고 있는 모양을 본뜬 자로 옛날에는 뱀도 벌레로 보았기 때문에 '벌레'의 뜻으로 쓰임.
血	피 혈				그릇(皿=그릇 명)에 담긴 피(丿)를 뜻한 자.
行	다닐 행				사람들이 걸어 다니는(行) '네거리'의 모양을 본뜬 자로 그 길을 '다닌다'는 뜻으로도 쓰임.

부수 6획	부수 명칭	상형 연상과정 (3)	상형 연상과정 (2)	상형 연상과정 (1)	자 원(字源) 설 명
衣 衤	옷 의				사람들(氏←쓰)이 몸을 감싸 덮는(亠) '옷'을 뜻한 자.

부수 6획	부수 명칭	상형 연상과정 (3)	상형 연상과정 (2)	상형 연상과정 (1)	자 원(字源) 설 명
西	덮을 아				위에서 덮고(冖) 아래에서 받친(凵) 데에다 다시 뚜껑(一)으로 '덮는다'는 뜻으로 된 자.

부수 7획	부수 명칭	상형 연상과정 (3)	상형 연상과정 (2)	상형 연상과정 (1)	자 원(字源) 설 명
見	볼 견				사람(儿)이 눈(目)으로 '본다'는 뜻으로 된 자.

부수 7획	부수 명칭	상형 연상과정 (3)	상형 연상과정 (2)	상형 연상과정 (1)	자 원(字源) 설 명
角	뿔 각				짐승의 '뿔' 모양을 본뜬 자.

부수 7획	부수 명칭	상형 연상과정 (3)	상형 연상과정 (2)	상형 연상과정 (1)	자 원(字源) 설 명
言	말씀 언				스스로 생각한 바를 곧바로 찔러서 찌르듯이 '말한다(口)'는 뜻으로 된 자.

부수 7획	부수 명칭	상형 연상과정 (3)	상형 연상과정 (2)	상형 연상과정 (1)	자 원(字源) 설 명
谷	골 곡				산등성이가 갈라진 모양과 골짜기의 입구를 가리키는 口를 합쳐 '골짜기'를 뜻한 자.

부수 7획	부수 명칭	상형 연상과정 (3)	상형 연상과정 (2)	상형 연상과정 (1)	자 원(字源) 설 명
豆	콩 두				둥근발이 달린 '제기' 모양을 본뜬 자로, 콩 꼬투리같이 생긴 그 모양에서 '콩'의 뜻으로 널리 쓰임.

부수 7획	부수 명칭	상형 연상과정 (3)	상형 연상과정 (2)	상형 연상과정 (1)	자 원(字源) 설 명
豕	돼지 시				'돼지'의 머리 및 등·네 발·짧은 다리·꼬리의 모양을 본뜬 자.

부수 7획	부수 명칭	상형 연상과정 (3)	상형 연상과정 (2)	상형 연상과정 (1)	자 원(字源) 설 명
豸	해태 치 (갖은돼지시)				'맹수'가 발을 모으고 등을 높이 세워 먹이를 덮치려는 모양을 본뜬 자.

부수 7획	부수 명칭	상형 연상과정 (3)	상형 연상과정 (2)	상형 연상과정 (1)	자 원(字源) 설 명
貝	조개 패 (자개패)				조갯살이 빠져나온 '조개'의 모양을 본뜬 자. 조가비를 화폐로 사용했던 데서 '돈'이나 '재물'의 뜻으로 쓰임.

부수 7획	부수 명칭	상형 연상과정 (3)	상형 연상과정 (2)	상형 연상과정 (1)	자 원(字源) 설 명
赤	붉을 적				큰불이 타오르는 빛깔에서 '붉다'의 뜻이 된 자.

부수 7획	부수 명칭	상형 연상과정 (3)	상형 연상과정 (2)	상형 연상과정 (1)	자 원(字源) 설 명
走	달릴 주				팔을 휘저으며 발을 재빠르게 내딛으며 '달아나는' 모양을 본뜬 자.

부수 7획	부수 명칭	상형 연상과정 (3)	상형 연상과정 (2)	상형 연상과정 (1)	자 원(字源) 설 명
足	발 족				허벅다리 또는 슬개골(口)에서 발가락(止) 끝까지의 모양을 본떠 '발'을 뜻한 자.

부수 7획	부수 명칭	상형 연상과정 (3)	상형 연상과정 (2)	상형 연상과정 (1)	자 원(字源) 설 명
身	몸 신				아이 밴 여자의 불룩한 '몸' 모양을 본뜬 자.

부수 7획	부수 명칭	상형 연상과정 (3)	상형 연상과정 (2)	상형 연상과정 (1)	자 원(字源) 설 명
車	수레 거·차				'수레'를 옆에서 본 모양을 본뜬 자.

부수 7획	부수 명칭	상형 연상과정 (3)	상형 연상과정 (2)	상형 연상과정 (1)	자 원(字源) 설 명
辛	매울 신				죄를 범한(一)자의 이마에 바늘로 문신을 새기고 있는 모양에서 '맵다'의 뜻이 된 자.

부수 7획	부수 명칭	상형 연상과정 (3)	상형 연상과정 (2)	상형 연상과정 (1)	자 원(字源) 설 명
辰	별 진				조개가 껍데기를 벌려 움직이는 이른봄에 전갈자리별이 나타난다 하여 '별'의 뜻이 된 자.

부수 7획	부수 명칭	상형 연상과정 (3)	상형 연상과정 (2)	상형 연상과정 (1)	자 원(字源) 설 명
辵辶	쉬엄쉬엄갈 착 (책받침)				조금 걷다간(彡→彳) 멈추곤(止) 하며 간다하여 '쉬엄쉬엄 가다'의 뜻이 된 자.

부수 7획	부수 명칭	상형 연상과정 (3)	상형 연상과정 (2)	상형 연상과정 (1)	자 원(字源) 설 명
邑阝	고을 읍 (우부방)				일정한 경계(囗) 안에 사람(巴←口=마디 절)들이 모여 사는 '고을' 또는 '읍'을 뜻한 자.

부수 7획	부수 명칭	상형 연상과정 (3)	상형 연상과정 (2)	상형 연상과정 (1)	자 원(字源) 설 명
酉	술 유 (닭유)				'술'병 모양을 본뜬 자. 酒(술 주)의 옛 자. 12지에서는 '닭'의 뜻으로 쓰임.

부수 7획	부수 명칭	상형 연상과정 (3)	상형 연상과정 (2)	상형 연상과정 (1)	자 원(字源) 설 명
釆	나눌 변 (분별할변)				짐승의 발자국 모양을 본뜬 자로, 그 발자국을 보고 무슨 짐승인지 알아낸다는 데서 '분별하다'의 뜻이 된 자.

부수 7획	부수 명칭	상형 연상과정 (3)	상형 연상과정 (2)	상형 연상과정 (1)	자 원(字源) 설 명
里	마을 리				농토(田) 사이의 땅(土)에 사람이 거주한다하여 '마을'을 뜻하게 된 자.

부수 8획	부수 명칭	상형 연상과정 (3)	상형 연상과정 (2)	상형 연상과정 (1)	자 원(字源) 설 명
金	쇠 금				흙(土)에 덮여(스)있는 광석(' ')을 나타내어 '금'을 뜻한 자.

부수 8획	부수 명칭	상형 연상과정 (3)	상형 연상과정 (2)	상형 연상과정 (1)	자 원(字源) 설 명
長	긴 장				수염과 머리카락이 긴 '노인'이 지팡이를 짚고 있는 모양에서 '길다'의 뜻이 된 자.

부수 8획	부수 명칭	상형 연상과정 (3)	상형 연상과정 (2)	상형 연상과정 (1)	자 원(字源) 설 명
門	문 문	門	門	🚪	마주선 두 기둥에 달린 두 짝 '문'의 닫혀 있는 모양을 본뜬 자.

부수 8획	부수 명칭	상형 연상과정 (3)	상형 연상과정 (2)	상형 연상과정 (1)	자 원(字源) 설 명
阜ß	언덕 부 (좌부변)	𨸏	𨸏		흙이 겹겹이 쌓이고 덮쳐진 산의 단층모양을 본떠 '언덕'을 뜻한 자.

부수 8획	부수 명칭	상형 연상과정 (3)	상형 연상과정 (2)	상형 연상과정 (1)	자 원(字源) 설 명
求	밑 이	隶			짐승 꼬리(水一尾)를 붙잡고 (⺻=손 우) 뒤쫓아간다는 데서 '밑'의 뜻이 된 자.

부수 8획	부수 명칭	상형 연상과정 (3)	상형 연상과정 (2)	상형 연상과정 (1)	자 원(字源) 설 명
隹	새 추	隹	隹		꽁지가 뭉뚝하게 짧은 '새'의 모양을 본뜬 자.

부수 8획	부수 명칭	상형 연상과정 (3)	상형 연상과정 (2)	상형 연상과정 (1)	자 원(字源) 설 명
雨	비 우	雨	雨		구름에서 빗방울이 떨어지는 모양을 본떠 '비'의 뜻이 된 자.

부수 8획	부수 명칭	상형 연상과정 (3)	상형 연상과정 (2)	상형 연상과정 (1)	자 원(字源) 설 명
靑	푸를 청	靑	靑		붉은(丹) 계열의 광물인 구리의 겉에 생겨난 (生) 녹이 '푸름'을 나타낸 자.

부수 8획	부수 명칭	상형 연상과정 (3)	상형 연상과정 (2)	상형 연상과정 (1)	자 원(字源) 설 명
非	아닐 비	非	非		새의 날개가 서로 반대 방향으로 퍼짐을 나타내어 '어긋나다', '아니다'의 뜻이 된 자.

부수 9획	부수 명칭	상형 연상과정 (3)	상형 연상과정 (2)	상형 연상과정 (1)	자 원(字源) 설 명
面	낯 면	面	面		사람 머리(首)의 앞쪽 눈과 얼굴 윤곽(囗)을 나타낸 자.

부수 9획	부수 명칭	상형 연상과정 (3)	상형 연상과정 (2)	상형 연상과정 (1)	자 원(字源) 설 명
革	가죽 혁	革	革		짐승의 날가죽에서 털을 뽑고 있는 모양을 본떠, 털만 뽑아 낸 '가죽'을 뜻한 자.

부수 9획	부수 명칭	상형 연상과정 (3)	상형 연상과정 (2)	상형 연상과정 (1)	자 원(字源) 설 명
韋	가죽 위	韋	韋		'다룬 가죽'을 본뜬 자. 또는 성의 주위를 군인이 어긋디디며 다닌 발자국 모양을 본뜬 자.

부수 9획	부수 명칭	상형 연상과정 (3)	상형 연상과정 (2)	상형 연상과정 (1)	자 원(字源) 설 명
韭	부추 구	韭	韭		땅(一)위에 잎과 줄기가 여러 갈래(非)로 자라나는 '부추'의 모양을 본뜬 자.

부수 9획	부수 명칭	상형 연상과정 (3)	상형 연상과정 (2)	상형 연상과정 (1)	자 원(字源) 설 명
音	소리 음	音	音		소리에 마디가 있음을 나타내어 言의 아래 부분(口)에 한 획(一)을 더 그어 '소리'를 가리킨 자.

부수 9획	부수 명칭	상형 연상과정 (3)	상형 연상과정 (2)	상형 연상과정 (1)	자 원(字源) 설 명
頁	머리 혈				사람(儿)의 목에서 '머리(首)' 끝까지의 모양을 본뜬 자.
風	바람 풍				벌레는 기후에 민감하다하여 바람을 잘 타는 돛의 형상을 나타내는 凡밑에 虫을 붙여 '바람'을 뜻한 자.
飛	날 비				새가 두 날개를 펴고 하늘 높이 '나는' 모양을 본뜬 자.
食	밥 식				김이 솔솔 올라가는 밥(皀)을 모아(亼) 담은 모양을 본떠 '밥' 또는 '먹다'의 뜻이 된 자.
首	머리 수				털(巛)난 '머리(首)' 모양을 본뜬 자로 몸의 맨 위라 하여 '우두머리'라는 뜻도 있음.
香	향기 향				벼(禾)가 햇빛(日)을 받아 익는 냄새가 '향기롭다'는 뜻으로 된 자.

부수 10획	부수 명칭	상형 연상과정 (3)	상형 연상과정 (2)	상형 연상과정 (1)	자 원(字源) 설 명
馬	말 마				'말'의 머리·갈기와 꼬리·네 굽 등의 모양을 본뜬 자.
骨	뼈 골				살(月←肉)이 발라내진 '뼈'를 뜻하여 된 자.
高	높을 고				성 위에 높이 치솟은 망루가 '높다'는 뜻으로 된 자.
髟	머리늘어질 표 (터럭발)				긴(長) 머리카락(彡)이 '늘어짐'을 나타낸 자.
鬥	싸움 투				두 사람이 서로 주먹을 불끈 잡아 쥐고 맞선 모양에서 '싸우다'의 뜻이 된 자.
鬯	활집 창				'활집'의 모양을 본뜬 자. 또는 그릇(凵)에 기장쌀(米)로 담근 '술'을 국자(匕)로 푸는 모양.

부수 10 획	부수 명칭	상형 연상과정 (3)	상형 연상과정 (2)	상형 연상과정 (1)	자 원(字源) 설 명
鬲	오지병 격				세 개의 '다리가 굽은 큰 솥' 또는 '오지병'의 모양을 본뜬 자.
鬼	귀신 귀				죽은 사람(儿)의 영혼이 삿되게(厶) 사람을 해치는 '귀신'을 뜻한 자.
魚	고기 어 (물고기)				'물고기'의 머리(ク)·몸통(田)·지느러미(灬)의 모양을 본뜬 자.
鳥	새 조				꽁지가 긴 '새'의 모양을 본뜬 자.
鹵	소금밭 로 (짠땅)				西의 옛 글자에 : :(소금모양)을 어울러, 중국 서쪽에서 나는 '돌소금밭'을 나타낸 자.
鹿	사슴 록				'사슴'의 뿔 및 머리(亠)·몸통·네발(比)의 모양을 본뜬 자.
麥	보리 맥				'보리'의 이삭(來)과 뿌리(夂) 모양을 나타내어 된 자.
麻	삼 마				집(广)에서 삼 껍질을 갈라 말리는 모습에서 '삼'을 뜻하게 된 자.
黃	누를 황				땅(田)의 빛깔(光)이 '누름'을 뜻하여 된 자.
黍	기장 서				물(氺)을 넣어(入) 술을 만드는 데에 가장 좋은 곡식(禾)인 '기장'을 뜻한 자.
黑	검을 흑				불(灬)땔 때 연기가 창 사이로 빠져나가면서 그을어진 것이 '검다'는 뜻으로 된 자.
黹	바느질 치				실을 꿴 바늘로 '수놓은' 모양을 본뜬 자로 수놓는 다는데서 '바느질'의 뜻으로도 쓰임.

부 수 13 획	부 수 명 칭	상형 연상과정 (3)	상형 연상과정 (2)	상형 연상과정 (1)	자 원(字源) 설 명
黽	맹꽁이 맹				큰 두 눈에 배가 불룩 나온 '맹꽁이'의 모양을 본뜬 자.

부 수 13 획	부 수 명 칭	상형 연상과정 (3)	상형 연상과정 (2)	상형 연상과정 (1)	자 원(字源) 설 명
鼎	솥 정				두 개의 솥귀와 둥근 솥배 그리고 '세 갈래'의 발이 달린 '솥'의 모양을 본뜬 자.

부 수 13 획	부 수 명 칭	상형 연상과정 (3)	상형 연상과정 (2)	상형 연상과정 (1)	자 원(字源) 설 명
鼓	북 고				악기를 세워(壴) 나무채(支)로 치는 '북'을 뜻하여 된 자.

부 수 13 획	부 수 명 칭	상형 연상과정 (3)	상형 연상과정 (2)	상형 연상과정 (1)	자 원(字源) 설 명
鼠	쥐 서				'쥐'의 이빨(臼)·배 및 네발·꼬리(乀) 등의 모양을 본뜬 자.

부 수 14 획	부 수 명 칭	상형 연상과정 (3)	상형 연상과정 (2)	상형 연상과정 (1)	자 원(字源) 설 명
鼻	코 비				自만으로도 코를 뜻하였으나, 공기를 흡입해 준다는 뜻으로 畀(줄 비)를 받쳐 '코'의 뜻으로 된 자.

부 수 14 획	부 수 명 칭	상형 연상과정 (3)	상형 연상과정 (2)	상형 연상과정 (1)	자 원(字源) 설 명
齊	가지런할 제				벼나 보리의 이삭들이 나란히 팬 모양을 본떠 '가지런함'을 나타낸 자.

부 수 15 획	부 수 명 칭	상형 연상과정 (3)	상형 연상과정 (2)	상형 연상과정 (1)	자 원(字源) 설 명
齒	이 치				잇몸에 '이'가 아래 위로 나란히 박힌(止) 모양을 나타낸 자.

부 수 16 획	부 수 명 칭	상형 연상과정 (3)	상형 연상과정 (2)	상형 연상과정 (1)	자 원(字源) 설 명
龍	용 용				머리를 치켜 세우고(立) 몸뚱이(月)를 꿈틀거리며 하늘로 날아 오르는 (飛) '용'을 나타내어 된 자.

부 수 16 획	부 수 명 칭	상형 연상과정 (3)	상형 연상과정 (2)	상형 연상과정 (1)	자 원(字源) 설 명
龜	거북 귀				'거북'이 귀갑 밖으로 머리와 꼬리를 내놓고 네 발로 기어가는 모양을 본뜬 자.

부 수 17 획	부 수 명 칭	상형 연상과정 (3)	상형 연상과정 (2)	상형 연상과정 (1)	자 원(字源) 설 명
龠	피리 약				'피리'의 여러 구멍(品)에서 많은 소리가 한데 뭉쳐(侖) '조화됨'을 뜻한 자.

차 례

부 수 1 획	부 수 명 칭	상형 연상과정 (3)	상형 연상과정 (2)	상형 연상과정 (1)
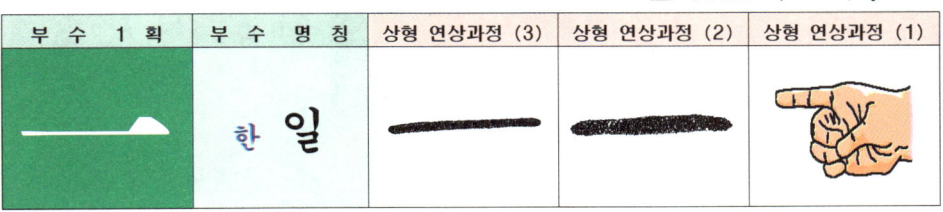	한 일	━━	━	

字 源

주먹을 쥐고 검지손가락 하나를 펴서 무엇을 가리키는 모양에서 수효의 '하나'를 나타내는 자.

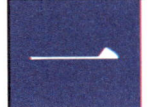
한 일
一부 0획 ①
一
(英) one　　　(日) イチ、イツ (ひとつ)

一貫(일관) : 처음부터 끝까지 변함이 없음.
一等(일등) : 첫째. 첫째 등급.
一家見(일가견) : 어떤 문제에 대하여 개인이 갖는 일정한 체계의 전문적 견해.

一考 一國 一旦 一流 一生 一行

장정 정, 고무래 정
一부 1획 ②
一丁
(英) adult　　　(日) テイ、チョウ (ひのと)

壯丁(장정) : 성년에 이른 혈기가 왕성한 남자.
丁男(정남) : 장정인 사내.
丁年(정년) : 남자의 스무살.
丁寧(정녕) : 틀림없이. 꼭.

丁憂 白丁 兵丁 園丁 沃度丁幾

일곱 칠
一부 1획 ②
一七
(英) seven　　　(日) シチ、シツ (ななつ)

七顚八起(칠전팔기) : 일곱번 넘어지고 여덟번 일 난다는 뜻으로 '여러 번 실 패에도 굽히지 않고 다시 일 어남'을 이르는 말.

七夕 七旬 七去之惡 竹林七賢

석 삼
一부 2획 ③
一二三
(英) three　　　(日) サン、(みっつ)

三三五五(삼삼오오) : 삼사인 또는 오륙 명이 떼를 지어 다니거나 무슨 일을 하는 모양.
三寒四溫(삼한사온) : 사흘 동안은 춥고 나흘 동안 은 따뜻함.

三更 三冬 三流 三伏 三振 三陟

윗 상
一부 2획 ③
丨卜上
(英) top　　　(日) チョウ (うえ)

上古(상고) : 아주 오랜 옛날.
上旬(상순) : 초하루부터 열흘까지의 동안.
上昇(상승) : 위로 올라감.
上座(상좌) : 높은 자리. 윗자리.

上書 上告 上納 上席 浮上 頂上

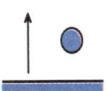
어른 장
一부 2획 ③
一ナ丈
(英) elder　　　(日) ジョウ

丈夫(장부) : 다 자란 씩씩한 남자.
丈人(장인) : 아내의 아버지.
波瀾萬丈(파란만장) : 일의 진행에 기복, 변화가 몹시 심함.

丈母 聘丈 春府丈 氣高萬丈

下 아래 하
一부 2획 ③
一丁下

(英) below　　　　(日) カ、ゲ(した)

下落(하락) : 물가 등이 떨어짐.
下旬(하순) : 스무 하루부터 그믐까지의 열흘 동안. ↔上旬(상순).
下野(하야) : 관직에서 물러감.

下降 下級 下女 下命 上下 年下

不 아닐 불, 아닐 부
一부 3획 ④
一ブ不不

(英) not　　　　(日) フ、ブ(ず)

不義(불의) : 의리나 정의에 어그러짐.
不當(부당) : 사리에 맞지 않거나 정당하지 않음.
不可分(불가분) : 나눌 수 없음.
不請客(불청객) : 청하지 아니 한 손님.

不潔 不具 不能 不倫 不良 不信

丑 소 축
一부 3획 ④
フ刀廾丑

(英) ox　　　　(日) チュウ(うし)

丑年(축년) : 간지(干支)의 지지(地支)가 丑의 해.
丑時(축시) : 하루를 12시로 나눈 둘째. 곧, 새벽 1~3시까지의 동안.
丑月(축월) : 음력 12월의 별칭.

丑日 甲子乙丑

丘 언덕 구
一부 4획 ⑤
ノイ斤斤丘

(英) hill　　　　(日) キュウ(おか)

丘陵(구릉) : 언덕. 나직한 산.
丘木(구목) : 무덤 주변에 가꾸어 놓은 나무.
丘墓(구묘) : 무덤.
丘首(구수) : 근본을 잊지 않음. 고향을 생각함.

比丘尼 首丘初心 青丘永言

世 인간 세
一부 4획 ⑤
一十卅卅世

(英) generation　　　　(日) セイ、セ(よ)

世孫(세손) : 임금의 맏자손.
世襲(세습) : 재산, 직업 등을 한 집안에서 대대로 물려받음.
世子(세자) : 왕의 자리를 이을 왕자.

世間 世界 世俗 來世 別世 出世

且 또 차
一부 4획 ⑤
丨冂月月且

(英) moreover　　　　(日) チョ(かつ)

且置(차치) : 문제로 삼아 따지지 아니하고 우선 내버려둠.
苟且(구차) : 매우 가난함. 떳떳하지 못하고 구구함.

且月 重且大 且置勿論 且驚且喜

丙 남녘 병
一부 4획 ⑤
一ブ丙丙丙

(英) south　　　　(日) ヘイ(ひのえ)

丙夜(병야) : 하오 11시부터 다음날 상오 1시 사이. 삼경(三更).
丙子胡亂(병자호란) : 조선 인조 14년 병자년에 청(青)나라가 침입한 난리.

丙種 丙坐 丙丁 丙寅 丙寅洋擾

부 수 1 획	부 수 명 칭	상형 연상과정 (3)	상형 연상과정 (2)	상형 연상과정 (1)
 丨 	뚫을 **곤**			

字源

막대기 같은 것으로 물건을 위에서 아래로 뚫은 모양에서 '뚫다'를 뜻하는 자.

中	가운데 **중** 丨부 3획 ④ 丨 口 口 中

(英) middle   (日) チュウ(なか)

中斷(**중단**) : 중도에서 끊어짐.
中立(**중립**) : 대립되는 두 편 사이에서 중간에 섬.
中傷(**중상**) : 터무니없는 말로 남을 헐뜯음.
中庸(**중용**) : 지나치거나 모자람이 없이 알맞은 일.
中間 中央 中堅 中毒 的中 胸中

 착각하지 맙시다.

寒(찰 한)자는 宀부수에 속하는 글자이며, 次(버금 차)자는 欠부수에 속하는 글자이고, 飧(밥 손)자는 食부수에 속하는 글자이고, 憑(탈 빙)자는 心부수에 속하는 글자입니다. 机(책상 궤)자는 木부수에 속하는 글자이며, 飢(주릴 기)자는 食부수에 속하는 글자이고, 肌(살 기)자는 月(肉)부수에 속하는 글자입니다.

召(부를 소)자는 口부수에 속하는 글자이며, 昭(밝을 소)자는 日부수에 속하는 글자이고, 紹(이을 소)자는 糸부수에 속하는 글자이고, 沼(늪 소) 자는 氵(水)부수에 속하는 글자이며, 韶(풍류 이름 소)자는 音부수에 속하는 글자이고, 邵(고을 이름 소) 자는 阝(邑)부수에 속하는 글자입니다.

肋(갈비대 륵)자와 脅(갈비대 협)자는 月(肉)부수에 속하는 글자이며, 幼(어릴 유)자는 幺부수에 속하는 글자이고, 男(사내 남)자는 田부수에 속하는 글자이고, 協(도울 협)자는 十부수에 속하는 글자입니다.

부 수 1 획	부 수 명 칭	상형 연상과정 (3)	상형 연상과정 (2)	상형 연상과정 (1)
	불똥 **주** (점)	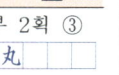		

字 源

불씨 또는 등불이나 물건을 태울 때 튀어 오르는 '불똥'을 나타낸 자.

丸 ＼부 2획 ③

둥글 **환**

ノ 九 丸

(英) round   (日) ガン(まる)

丸藥(환약) : 알약.
彈丸(탄환) : 탄알. 총탄이나 포탄 따위를 통틀어
　　　　　이르는 말.
投砲丸(투포환) : 포환던지기.

丸劑 睾丸 淸心丸 彈丸列車

丹 ＼부 3획 ④

붉을 **단**

ノ 刀 刀 丹

(英) red   (日) タン(あか)

丹粧(단장) : 화장. 산뜻하게 모양을 내어 꾸밈.
丹靑(단청) : 붉은빛과 푸른빛.
丹脣皓齒(단순호치) : '붉은 입술과 하얀 이'란 뜻
　　　　　에서 '여자의 아름다운 얼굴'을 이르는 말.

丹心 丹田 丹楓 丹陽 牧丹 朱丹

主 ＼부 4획 ⑤

주인 **주**

丶 亠 十 キ 主

(英) lord   (日) ツュ(ぬし)

主管(주관) : 일을 주장하여 관리함.
主權(주권) : 국가 통치의 절대적·독립적 자주권.
主婦(주부) : 한 집안 주인의 아내.
公主(공주) : 왕후가 낳은 임금의 딸.

主客 主審 主義 主人 主張 主體

 착각하지 맙시다.

句(글귀 구)자는 口부수에 속하는 글자이며, 旬(열흘 순)자는 日부수에 속하는 글
자이고, 芻(꼴 추)자는 艸부수에 속하는 글자입니다.

貨(재화 화)자는 貝부수에 속하는 글자이며, 花(꽃 화)자는 ++(艸)부수에 속하는 글자
이고, 靴(신 화)자는 革부수에 속하는 글자이고, 訛(그릇될 와)자는 言부수에 속하는 글
자입니다.

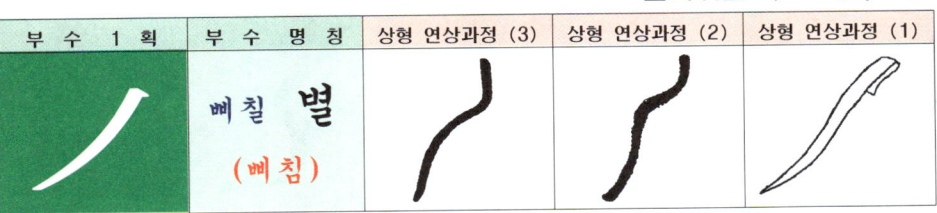

부 수 1 획	부 수 명 칭	상형 연상과정 (3)	상형 연상과정 (2)	상형 연상과정 (1)
ノ	삐칠 **별** (삐침)			

字 源

오른쪽 위에서 왼쪽 아래로 '삐치면서' 당기는 모양을 나타낸 자.

乃 　이에 **내**

ノ부 1획 ②

 ノ 乃

(英) namely 　　(日) ダイ, ナイ (すなはち)

乃至(내지) : 얼마에서 얼마까지. 또는 혹은.
終乃(종내) : 끝끝내. 필경에.
人乃天(인내천) : 천도교의 종지(宗旨)로 '사람이
　　　　　　 곧 하늘'이라는 뜻.

乃公 乃父 乃者 乃祖

久 　오랠 **구**

ノ부 2획 ③

 ノ ク久

(英) long-time 　　(日) キョウ (ひさしい)

久遠(구원) : 아득히 오래고 멂.
悠久(유구) : 아득히 오램.
長久(장구) : 연대가 길고 오램.
恒久(항구) : 변함없이 오래감.

久久 久留 久視 久仰 久延 永久

之 　갈 **지**

ノ부 3획 ④

 丶 丶 之 之

(英) go, of 　　(日) シ (ゆく, の, これ)

之東之西(지동지서) : 동으로 갔다 서로 갔다 함.
　　　　　　 곧, 어떤일에 주견없이 갈팡질팡함을 이름.
人之常情(인지상정) : 사람이면 누구나 가지는 보
　　　　　　 통의 생각.

愛之重之 易地思之 搖之不動

乎 　어조사 **호**

ノ부 4획 ⑤

 丶 丶 乊 平 乎

(英) at, in 　　(日) コ

斷乎(단호) : 결심이나 태도가 딱 끊는 듯이 매우
　　　　　 확고함.
確乎不拔(확호불발) : 매우 든든하고 굳세어서 흔
　　　　　 들리지 아니 함.

確乎 不亦樂乎

乘 　탈 **승**

ノ부 9획 ⑩

(英) ride 　　(日) ジョウ (のる)

乘客(승객) : 배·차·비행기 등에 타거나 탄 손님.
乘馬(승마) : 말을 탐.
乘勝長驅(승승장구) : 싸움에서 이긴 기세를 타고
　　　　　　 계속 적을 물리침.

乘降 乘船 同乘 分乘 試乘 便乘

부수 1획	부수 명칭	상형 연상과정 (3)	상형 연상과정 (2)	상형 연상과정 (1)
乙(乚)	새 을 (굽을)	フ		

字源

'새'의 '굽은' 앞가슴 또는 구부러져 나오는 초목의 싹의 모양을 본뜬 글자.

乙 — 새 을
乙부 0획 ①
乙
(英) bend　(日) オシ (きのと)

乙夜(을야) : 밤 9시부터 밤 11시 사이의 동안. 이경(二更).
甲論乙駁(갑론을박) : 서로 자기의 의견을 내세워 남의 의견을 반박함.

乙種 甲乙 甲子乙丑 乙巳保護條約

九 — 아홉 구
乙부 1획 ②
丿 九
(英) nine　(日) キュウ, ク (ここのつ)

九死一生(구사일생) : 꼭 죽을 경우를 당하였다가 겨우 살아남.
九折羊腸(구절양장) : 산길 따위가 몹시 험함.
十中八九(십중팔구) : 거의. 예외없이.

九官鳥 九九法 九牛一毛 九尺長身

也 — 어조사 야
乙부 2획 ③
丿 力 也
(英) final particle　(日) ヤ (なり)

及其也(급기야) : 마침내.
獨也青青(독야청청) : 홀로 높은 절개를 지켜 늘 변함이 없음.
言則是也(언즉시야) : 말이 사리에 맞음.

也帶 也無妨

乳 — 젖 유
乙부 7획 ⑧
一 ハ ハ 爫 爭 孚 乳
(英) milk　(日) ニュウ (ちち)

乳母(유모) : 어머니 대신 젖을 먹여 길러주는 여자.
乳兒(유아) : 젖먹이.
牛乳(우유) : 소의 젖.
乳製品(유제품) : 우유를 가공하여 만든 식품.

乳房 乳癌 豆乳 乳酸菌 脫脂粉乳

乾 — 하늘 건, 마를 건
乙부 10획 ⑪
十 古 吉 直 卓 乾 乾
(英) heaven, dry　(日) ケン, カン (かわく)

乾坤(건곤) : 하늘과 땅을 상징적으로 일컫는 말.
乾燥(건조) : 습기나 물기가 없음. 마름.
乾杯(건배) : 여러 사람이 경사를 축하하면서 함께 술잔을 들어 술을 마시는 일.

乾卦 乾材 乾蔘 乾草 乾葡萄

亂 — 어지러울 란
乙부 12획 ⑬
ア ム ゴ 爵 窗 亂
(英) confused　(日) ラン (みだれる)

亂動(난동) : 질서를 어지럽히며 함부로 행동함.
亂打戰(난타전) : 야구에서 양편선수가 각각 상대편 투수의 공을 잇달아 쳐내는 경기.
亂鬪劇(난투극) : 양편이 뒤섞여 마구 싸우는 장면.

亂局 亂筆 國亂 動亂 戰亂 避亂

부 수 1 획	부 수 명 칭	상형 연상과정 (3)	상형 연상과정 (2)	상형 연상과정 (1)
亅	갈고리 **궐**			

字 源

'갈고리' 모양을 본뜬 자.

마칠 료
亅부 1획 ②
了了

(英) finish　　　　　(日) リョウ(おはる)

修了(수료) : 학과를 다 배워 마침.
完了(완료) : 완전히 마침.
了解(요해) : 똑똑히 깨달음.
終了(종료) : 일을 끝마침. 끝냄.

了得　了然　滿了　魅了　未了

나 여
亅부 3획 ④
フマ予予

(英) grant　　　　　(日) ∃(われ)

予一人(여일인) : 나도 여느 사람과 다름없는 한
　　　　　　　　인간이라는 뜻으로 임금이 자기
　　　　　　　　자신을 낮추어 이르는 말.

予曰

일 사
亅부 7획 ⑧
一口写写写事

(英) affair, matter　　　(日) ジ(こと)

慶事(경사) : 축하할 만한 기쁜 일.
事務(사무) : 맡아보는 일. 취급하는 일.
事理(사리) : 일의 이치. 일의 도리.
事親(사친) : 어버이를 섬김.

事件　事故　事例　事實　事典　檢事

 착각하지 맙시다.

柩(널 구)자와 櫃(함 궤)자는 木부수에 속하는 글자이며, 筐(광주리광)자는 竹부수에 속하는 글자입니다.

歐(토할 구)자는 欠부수에 속하는 글자이며, 驅(몰 구)자는 馬부수에 속하는 글자이며, 嶇(험할 구)자는 山부수에 속하는 글자이며, 鷗(갈매기 구)자는 鳥부수에 속하는 글자이며, 軀(몸 구)자는 身부수에 속하는 글자입니다.

부 수 2 획	부 수 명 칭	상형 연상과정 (3)	상형 연상과정 (2)	상형 연상과정 (1)
二	두 이	二	二	

字 源

두 손가락 또는 두 선으로 '둘'을 나타낸 자.

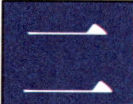
二 두 이
二부 0획 ②
一 二

(英) two　　　(日) ニ(ふたつ)

二律背反(이율배반) : 꼭 같은 근거를 가지고 정당
　　하다고 주장하는, 상호간의 모순되는 두 명제.
二重人格(이중인격) : 모순되는 언동을 하는 병적 인격.
一口二言(일구이언) : 말을 이랬다 저랬다 함.

二等兵 二重性 二分音標 唯一無二

于 어조사 우
二부 1획 ③
一 二 于

(英) at, in, on　　　(日) ウ(ここに)

于歸(우귀) : 신부가 처음으로 시집에 들어감.
于今(우금) : 지금까지.
于先(우선) : 먼저.
于山國(우산국) : 울릉도의 옛 이름.

于飛 于思 于役 于越

五 다섯 오
二부 2획 ④
一 丁 五 五

(英) five　　　(日) ゴ(いつつ)

五萬相(오만상) : 얼굴을 잔뜩 찌푸린 형상.
五里霧中(오리무중) : 어디에 있는지 찾을 길이
　　　　막연하거나 갈피를 잡을 수 없음.
四分五裂(사분오열) : 여러 갈래로 찢어짐.

五感 五氣 五倫 五輪旗 五味子

云 이를 운
二부 2획 ④
一 二 云 云

(英) say　　　(日) ウン(いう)

云云(운운) : 여러 가지 말, 언어, 문장을 생략할
　　　　때 쓰는 말.
云爲(운위) : 말하는 일과 행동하는 일.
云謂(운위) : 일러 말함.

云爾 云何

井 우물 정
二부 2획 ④
一 二 丰 井

(英) well　　　(日) セイ(い)

井井(정정) : 질서가 정연한 모양.
市井(시정) : 인가가 모인 곳. 市街(시가).
井華水(정화수) : 이른 새벽에 길은 우물물.(정성
　　　　을 들이거나 약을 달이는 데 씀.)

油井 井中之蛙 天井不知 臨渴掘井

互 서로 호
二부 2획 ④
一 丁 万 互

(英) mutually　　　(日) ゴ(たがい)

互惠(호혜) : 서로에게 주고받는 은혜, 도움.
互換(호환) : 서로 교환함.
相互(상호) : 서로. 서로서로.
互角之勢(호각지세) : 서로 엇비슷한 세력.

互用 互相 互選 互稱 互惠關稅

亞 	버금 **아**	
	二부 6획 ⑧	
	一 丁 丌 丒 亞 亞	

(英) secondary　　　　　(日) ア(つぐ)

亞流(아류) : 어떤 학설이나 주의의 뒤를 따르는 사람.

亞聖(아성) : 성인(聖人) 다음가는 현인(賢人).

亞鉛(아연) : 청백색 금속의 하나.

東亞(동아) : 아세아(亞細亞)의 동쪽

亞麻 亞洲 亞黃酸 亞熱帶 露西亞

부 수 2 획	부 수 명 칭	상형 연상과정 (3)	상형 연상과정 (2)	상형 연상과정 (1)
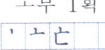	머리부분 **두** (돼지해머리)			

字 源

가로선(一) 위에 꼭지점(丶)을 찍어 '머리부분(윗부분)'을 나타낸 자.

亡	망할 **망**	
	亠부 1획 ③	
	丶 亠 亡	

(英) ruin　　　　　(日) ボウ(ほろびる)

亡國(망국) : ① 망한 나라. ② 나라를 망침.

亡靈(망령) : 죽은 사람의 영혼.

亡身(망신) : 지위와 명망을 잃음.

逃亡(도망) : 달아남. 도주(逃走).

亡命 亡夫 亡室 滅亡 敗亡

交	사귈 **교**	
	亠부 4획 ⑥	
	丶 亠 亠 六 夲 交	

(英) associate　　　　　(日) コウ(まじはる)

交流(교류) : ① 서로 뒤섞여 흐름. ② 서로 주고받음.

交易(교역) : ① 재화의 교환 무역. ② 서로 물건
　　　　　　 을 사고 팔음.

交換(교환) : 서로 바꿈.

交感 交配 交友 親交

亦	또 **역**	
	亠부 4획 ⑥	
	丶 亠 亣 亣 亦 亦	

(英) too, also　　　　　(日) エキ(また)

亦是(역시) : 이것도 또한.

亦然(역연) : 또한 그러함.

亦步亦趨(역보역추) : 남이 걸어가면 자기도 걷고
　　　　　　　　　　 남이 뛰면 자기도 뜀.

亦參其中

亥	돼지 **해**	
	亠부 4획 ⑥	
	丶 亠 亠 步 亥 亥	

(英) pig　　　　　(日) カイ(い)

亥年(해년) : 태세(太歲)가 해(亥)로 된 해.
　　　　　　 乙亥 · 丁亥 따위.

亥時(해시) : 12지(支)의 맨 끝 시간. 곧 하오 9
　　　　　　 시부터 11시까지를 말함.

亥方 亥日

亨 형통할 형

ㅗ부 5획 ⑦

亠亠亠亨亨

(英) be successful　(日) コウ（とおる）

亨嘉(형가) : 좋은 때를 만남.
亨途(형도) : 평탄한 길.
亨通(형통) : ① 모든 일이 뜻과 같이 잘 됨.
　　　　　　② 운이 좋아서 출세함.

亨泰　元亨利貞　萬事亨通

京 서울 경

ㅗ부 6획 ⑧

亠亠亠亨京京

(英) capital　(日) ケイ、キョウ（みやこ）

京釜(경부) : 서울과 부산.
京鄕(경향) : 서울과 시골.
歸京(귀경) : 서울로 돌아오거나 돌아감.
上京(상경) : 서울로 올라감.

京觀　京畿　東京　在京　京春線

享 누릴 향

ㅗ부 6획 ⑧

亠亠亠亨享享

(英) enjoy　(日) コウ（とえる）

享官(향관) : 제사를 맡은 관원.
享樂(향락) : 즐거움을 누림.
享有(향유) : 누려서 가짐.
祭享(제향) : 제사의 높임말.

享年　享德　享祀　享受　享宴　享祐

亭 정자 정

ㅗ부 7획 ⑨

亠亠亠亭亭亭

(英) arbor　(日) テイ

亭子(정자) : 산수 좋은 곳에 놀기 위해 지은 집.
料亭(요정) : 객실을 갖추고 요리를 만들어 파는 집.
土亭秘訣(토정비결) : 토정 이지함이 지은 신수를
　　　　　　　　　　　보는데 쓰는 책.

亭居　亭館　亭當　亭主　八角亭

 착각하지 맙시다.

赴(나아갈 부)자는 走부수에 속하는 글자이며, 訃(부고 부)자는 言부수에 속하는 글자이며, 朴(후박나무 박)자는 木부수에 속하는 글자이며, 外(밖외) 자는 夕부수에 속하는 글자입니다.

命(목숨 명)자는 口부수에 속하는 글자이며, 令(명령할 령)자는 人부수에 속하는 글자입니다.

厠(뒷간 측)자와 厦(큰집 하)자는 각각 廁자와 廈자의 같은 자입니다.

袪(떨어 없앨 거)자는 示부수에 속하는 글자이며, 怯(겁낼 겁)자는 忄(心)부수에 속하는 글자이며, 劫(겁탈할 겁)자는 力부수에 속하는 글자이며, 蔘(인삼 삼)자는 艹(艸)부수에 속하는 글자이며, 滲(스밀 삼)자는 氵(水)부수에 속하는 글자입니다.

부 수 2 획	부 수 명 칭	상형 연상과정 (3)	상형 연상과정 (2)	상형 연상과정 (1)
人	사람 인	几	ㄱ	

字 源

두 다리를 벌리고 서 있는 '사람'의 옆모습을 나타낸 자.

人	**사람 인** 人부 0획 ② ノ 人	

(英) man　　　　　　(日) ジン、ニン(ひと)

人格(인격) : 사람의 품격. 인품.
人權(인권) : 사람마다 가지고 있는 기본적 권리.
人品(인품) : 사람의 갖춘 품위.
人和(인화) : 인심이 화합함.

人德 人材 人種 法人 商人 偉人

介	**낄 개** 人부 2획 ④ ノ 人 介 介	

(英) assistant　　　　　(日) カイ(はさまる)

介入(개입) : 둘 사이에 끼어 들어감.
媒介(매개) : 사이에 들어 서로의 관계를 맺어 줌.
紹介(소개) : 모르는 사이를 알도록 하게 함.
仲介人(중개인) : 중간에서 중개하는 사람.

介甲 介意 介在 媒介體 職業紹介

今	**이제 금** 人부 2획 ④ ノ 人 스 今	

(英) now　　　　　　(日) キン、コン(いま)

方今(방금) : 바로 이제.
今昔之感(금석지감) : 예와 지금과의 사이에 변화
　　　　　　　가 심함을 보고 받는 느낌.
今時初聞(금시초문) : 처음으로 들음.

今年 昨今 今明間 今世紀 東西古今

令	**하여금 령** 人부 3획 ⑤ ノ 人 스 今 令	

(英) order　　　　　　(日) レイ(いいつける)

令狀(영장) : 법원이 발부하는 강제처분 문서.
假令(가령) : 어떤 일을 가정하고 말할 때 쓰는 말.
法令(법령) : 국가기관에서 공포하는 법적 효력을
　　　　　　가진 법규를 통틀어 이르는 말.

閣令 命令 使令 指令 傳令 藥令市

以	**써 이** 人부 3획 ⑤ ㄴ レ イ 以 以	

(英) by　　　　　　(日) イ(もって)

以上(이상) : 일정한 표준의 위.
所以(소이) : 까닭.
以實直告(이실직고) : 사실 그대로 고함.
以心傳心(이심전심) : 마음에서 마음으로 전함.

以南 以後 以熱治熱 有史以來

企	**꾀할 기** 人부 4획 ⑥ ノ 人 个 个 企 企	

(英) plan　　　　　　(日) キ(くわだてる)

企圖(기도) : 일을 꾸며내려고 꾀함.
企望(기망) : 무엇이 이루어지기를 바람.
企業(기업) : 사업을 기획하여 일으킴. 또는 그 사업.
企劃(기획) : 일을 꾸밈. 계획함.

企待 企調室 公企業 中小企業

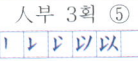

人

余

나 여, 성 여
人부 5획 ⑦
人 스 스 수 余 余

(英) me   (日) ㅋ(われ)

余等(여등) : 우리들.
余輩(여배) : 우리네.
余月(여월) : 음력 4월의 이칭(異稱).

余氏

來
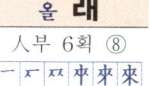 

올 래
人부 6획 ⑧
一 厂 刀 平 來 來

(英) come   (日) ライ(くる)

來往(내왕) : 오고가고 함.
到來(도래) : 닥침. 닥쳐옴.
將來(장래) : 앞으로 닥쳐올 날.
招來(초래) : 어떤 결과를 가져옴.

去來 近來 未來像 暗去來 歸去來

倉

곳집 창, 급할 창
人부 8획 ⑩
人 人 今 今 倉 倉

(英) warehouse   (日) ソウ(くら)

倉庫(창고) : 곳집. 곳간.
穀倉(곡창) : 곡식이 많이 생산되는 지방.
彈倉(탄창) : 보충용의 탄환을 재어 두는 집.
倉卒間(창졸간) : 미처 어쩔할 수도 없는 사이.

營倉 倉庫業 倉庫任置 倉庫證券

 착각하지 맙시다.

加(더할 가)자는 力부수에 속하는 글자이며, 占(차지할 점)자는 卜부수에 속하는 글자이며, 兄(맏 형)자는 儿부수에 속하는 글자이며, 知(알 지)자는 矢부수에 속하는 글자이며, 鳴(울 명)자는 鳥부수에 속하는 글자입니다.

土부수에 속하는 글자이나 土부수로 여기기 쉽지 않는 글자로는 圭(홀 규), 報(갚을 보), 垂(드리울 수), 執(잡을 집), 堯(요임금 요)자 등이 있습니다.

冬(겨울 동)자는 冫부수에 속하는 글자이며, 各(각각 각)자는 口부수에 속하는 글자이며, 降(항복할 항)자는 阝부수에 속하는 글자이며, 峰(봉우리 봉)자는 山부수에 속하는 글자입니다.

名(이름 명)자는 口부수에 속하는 글자이며, 銘(새길 명)자는 金부수에 속하는 글자이며, 酩(술취할 명)자는 酉부수에 속하는 글자입니다.

부 수 2 획	부 수 명 칭	상형 연상과정 (3)	상형 연상과정 (2)	상형 연상과정 (1)
亻	사람 인 (사람인변)	ク	亻	

字源

한 발을 앞으로 내딛고 서 있는 '사람'의 옆모양을 나타낸 자.

仁 어질 인
亻부 2획 ④
丿 亻 仁 仁

(英) humanity　　　　(日) ジン、ニン(ひと)

仁德(인덕) : 어진 덕.
仁慈(인자) : 어질고 자애로움.
仁政(인정) : 어진 정사.
杏仁(행인) : 살구씨.

仁術 仁川 仁兄 京仁 智仁勇 仁者無敵

代 대신 대
亻부 3획 ⑤
丿 亻 仁 代 代

(英) in place of　　　　(日) タイ゛(かわる)

代辯(대변) : 남을 대신하여 의견을 말함.
世代(세대) : 비슷한 연령층의 사람들이 약30년
　　　　　　정도의 차이를 두고 있는 그 다음의
　　　　　　연령층의 사람들과 교체되는 기간.

代價 代金 代納 代讀 代母 代父

付 부칠 부
亻부 3획 ⑤
丿 亻 仁 什 付

(英) give　　　　(日) フ(つける)

交付(교부) : 내줌. 물건의 인도.
發付(발부) : 증서나 영장 따위를 발행함.
分付(분부) : 윗사람의 명령을 높여 이르는 말.
還付(환부) : 도로 돌려 내줌.

付票 結付 給付 納付 當付 貸付

仕 섬길 사
亻부 3획 ⑤
丿 亻 仁 什 仕

(英) serve　　　　(日) シ、ジ(つかえる)

仕官(사관) : 관리가 되어 종사함.
仕途(사도) : 관리가 되는 길.
給仕(급사) : 심부름하는 아이.
奉仕(봉사) : 남을 위해 헌신적으로 일함.

仕記 仕歷 仕路 仕進

仙 신선 선
亻부 3획 ⑤
丿 亻 仁 仙 仙

(英) hermit　　　　(日) セン

仙境(선경) : 신선이 있는 곳.
神仙(신선) : 인간의 세계를 떠나서 온갖 고통·질
　　　　　　병 또는 죽음이 없이 산다는 상상의
　　　　　　사람.

仙女 仙桃 仙藥 仙人 仙風道骨

他 다를 타
亻부 3획 ⑤
丿 亻 仁 仙 他

(英) other　　　　(日) た(ほか)

他意(타의) : 딴 생각. 남의 마음.
他鄕(타향) : 고향이 아닌 다른 곳.
排他(배타) : 남을 배척함.
自他(자타) : 자기와 남.

他界 他官 他校 他國 他道 他力

件

물건 건

亻부 4획 ⑥

丿亻仁仁仨件

(英) article   (日) ケン

件數(건수) : 사건의 가짓수.
事件(사건) : 사회적 관심이나 주목을 끌 만한 일.
用件(용건) : 볼 일.
條件(조건) : 일에 대한 규정 항목.

件名 文件 物件 案件 與件 要件

伐

칠 벌

亻부 4획 ⑥

丿亻仁代伐伐

(英) attack   (日) バツ(うつ)

伐木(벌목) : 나무를 벰.
殺伐(살벌) : 거동이 거칠고 무시무시함.
征伐(정벌) : 군사로써 적군이나 반역도를 침.
討伐(토벌) : 죄 있는 무리를 군사로 침.

伐採 伐草 間伐 盜伐 輪伐

伏

엎드릴 복

亻부 4획 ⑥

丿亻仁仕伏伏

(英) prostrate   (日) フク(ふせる)

伏兵(복병) : 숨어 있는 군사.
潛伏(잠복) : 숨어 엎드림.
降伏(항복) : 힘에 눌리어 적에게 굴복함.
伏魔殿(복마전) : 못된 무리들이 모여 있는 곳.

伏乞 伏拜 伏射 伏線 伏中 屈伏

仰

우러를 앙

亻부 4획 ⑥

丿亻仔伯仰仰

(英) look up   (日) ギョウ(あおぐ)

仰望(앙망) : 우러러 바람.
仰天(앙천) : 하늘을 쳐다봄.
仰請(앙청) : 우러러 청함.
信仰(신앙) : 종교를 믿음.

仰告 仰給 仰揚 仰騰 仰祝 推仰

任

맡길 임

亻부 4획 ⑥

丿亻仁仟任任

(英) charge   (日) ニン(まかせる)

任務(임무) : 맡은 사무. 직무.
任用(임용) : 임무를 주어 부림.
任意(임의) : 마음대로 함. 생각대로 함.
責任(책임) : 맡아서 해야 할 일.

任官 任期 任命 任地 選任 放任

仲

버금 중

亻부 4획 ⑥

丿亻亻仁仲仲

(英) second   (日) チュウ(なか)

仲介(중개) : 어떤 일을 당사자의 중간에서 주선
          하는 일.
仲媒(중매) : 두 집안 사이에 혼인이 이루어지게 함.
仲裁(중재) : 양쪽의 싸움을 화해시킴.

仲尼 伯仲 仲父 仲介人 仲秋節

休

쉴 휴

亻부 4획 ⑥

丿亻仁什休休

(英) rest   (日) キュウ(なか)

休暇(휴가) : 학교·직장 따위에서 일정 기간 동
          안 쉬는 일.
休養(휴양) : 쉬며 심신을 보양함.
休戰(휴전) : 전쟁을 중지함.

休刊 休講 休耕 休校 開店休業

但

다만 단

亻부 5획 ⑦

丿亻仍们但但

(英) only   (日) タン(ただし)

但書(단서) : 본문 밖의 어떤 조건이나 예외의 뜻
          을 나타내는 글.
但只(단지) : 다만.

非但

伯 맏 백
亻부 5획 ⑦
亻亻亻伯伯伯
(英) eldest brother　　(日) ハク

伯父(백부) : 큰아버지.
道伯(도백) : 도지사와 같은 벼슬.
畫伯(화백) : 화가(畫家)의 우두머리라는 뜻으로
　　　　　　 화가의 높임말.

伯林 伯母 伯爵 方伯 伯仲之勢

佛 부처 불
亻부 5획 ⑦
亻亻伊伊佛佛
(英) buddha　　(日) ブシ(ほとけ)

佛經(불경) : 불교의 경전.
佛敎(불교) : 옛날 인도의 석가모니가 베푼 종교.
　　　　　　 부처의 가르침.
佛語(불어) : 프랑스 말.

佛家 佛供 佛壇 佛堂 佛法 佛事

似 닮을 사
亻부 5획 ⑦
亻亻亻似似似
(英) resemble　　(日) シ、ジ(にる)

近似(근사) : 거의 같음. 비슷함.
類似(유사) : 서로 비슷함.
似而非(사이비) : 겉으로는 같이 보이나 실제로는
　　　　　　　　 다름.

相似 擬似 恰似 近似値 類似品

伸 펼 신
亻부 5획 ⑦
亻亻伯伯伯伸
(英) stretch out　　(日) シン(のびる)

伸長(신장) : 길이·힘 따위를 길게 늘임.
伸縮(신축) : 늘어남과 줄어 들음.
屈伸(굴신) : 굽히고 펌.
欠伸(흠신) : 하품과 기지개.

伸張 伸展 女權伸張

位 자리 위
亻부 5획 ⑦
亻亻广位位位
(英) rank　　(日) イ(くらい)

位置(위치) : 자리. 지위. 곳.
方位(방위) : 공간의 기준에 대한 방향.
諸位(제위) : 여러분.
品位(품위) : 인격의 풍김새.

位階 位相 位牌 各位 單位 同位

作 지을 작
亻부 5획 ⑦
亻亻广竹作作
(英) make　　(日) サク、サ(つくる)

作曲(작곡) : 노래의 곡조를 지음.
作業(작업) : 일을 함.
作用(작용) : 움직이게 되는 힘.
動作(동작) : 몸을 움직이는 행동.

作家 作故 作黨 作名 作成 作破

低 낮을 저
亻부 5획 ⑦
亻亻化化低低
(英) low　　(日) テイ(ひくま)

低廉(저렴) : 물가가 쌈.
低利(저리) : 싼 이율의 이자.
低俗(저속) : 품격이 낮고 속됨.
低調(저조) : 능률이 오르지 않음.

低價 低空 低級 低速 西高東低

佐 도울 좌
亻부 5획 ⑦
亻亻化佐佐佐
(英) assist　　(日) サ(たすける)

佐僚(좌료) : 상관을 보좌하는 속관.
佐命(좌명) : 임금을 도움.
佐史(좌사) : 주 또는 현의 속관.
補佐(보좌) : 자기보다 지위가 높은 사람을 도움.

佐飯 技佐 上佐 輔佐官 補佐役

亻

イ

住 살 주
イ부 5획 ⑦
イ イ′ イ″ 什 住 住

(英) reside　　　(日) ジュウ(すむ)

住居(주거) : 일정한 곳에 자리를 잡고 살음.
住民(주민) : 그 땅에 사는 백성.
住宅(주택) : 살림을 하는 집.
入住(입주) : 특정한 땅, 집 등에 들어가 삶.

住所 住持 安住 移住 聯立住宅

佳 아름다울 가
イ부 6획 ⑧
イ イ′ イ″ 什 佳 佳

(英) beautiful　　　(日) カ(よい)

佳景(가경) : 아름다운 경치.
佳約(가약) : 부부가 될 약속.
佳言(가언) : 좋은 말.
佳人(가인) : 아름다운 여인. 미인(美人)

佳景 佳作 百年佳約 漸入佳境

例 법식 례
イ부 6획 ⑧
イ イ′ イ″ 歹 例 例

(英) custom　　　(日) レイ(たとえば)

例規(예규) : 관례로 되어 있는 규칙.
例年(예년) : 해마다. 매번.
例外(예외) : 규칙이나 정례에 벗어난 것.
例題(예제) : 보기를 만든 문제.

慣例 凡例 法例 用例 類例 條例

侍 모실 시
イ부 6획 ⑧
イ イ′ イ″ 件 侍 侍

(英) serve　　　(日) ジ(さむらい)

侍女(시녀) : 궁녀.
侍醫(시의) : 궁내에서 임금, 왕족의 진료를 맡아
　　　　　보는 의사.
內侍(내시) : 조선 때 환관의 별칭.

侍郎 侍生 侍衛 侍從 層層侍下

何 어찌 하
イ부 5획 ⑦
イ イ′ イ″ 佰 何 何

(英) what, which　　　(日) カ(なに、なん)

何等(하등) : 아무런. 조금도.
何必(하필) : 달리하거나 달리되지 아니 하고 어
　　　　　찌하여 꼭.
誰何(수하) : 누구.

何時 何人 何處 如何 幾何級數

供 이바지할 공
イ부 6획 ⑧
イ イ′ イ″ 供 供 供

(英) offer　　　(日) キョウ(そなえる)

供給(공급) : 물건을 대어 줌.
供養(공양) : 맛있는 것을 갖추어 어버이를 섬김.
供出(공출) : 물건을 제공하여 내놓음.
提供(제공) : 갖다줌. 내놓음.

供覽 供與 佛供 供託金

使 하여금 사, 부릴 사
イ부 6획 ⑧
イ イ′ イ″ 伊 使 使

(英) employ　　　(日) シ(つかう)

使命(사명) : 남에게 받은 직무.
使臣(사신) : 임금의 심부름으로 외국에 가는 신
　　　　　하.
使用(사용) : 물건을 씀.

使道 使童 使令 使役 使徒行傳

依 의지할 의
イ부 6획 ⑧
イ イ′ イ″ 休 依 依

(英) depend on　　　(日) イ、エ(よる)

依舊(의구) : 옛 모양과 변함 없음.
依賴(의뢰) : 남에게 의지함.
依支(의지) : 남에게 의뢰함. 몸을 기대어 부지함.
依託(의탁) : 몸을 남에게 의뢰함.

依據 依法 依願 依存 舊態依然

係

맬 계

亻부 7획 ⑨

亻 仁 仫 伾 俘 係

(英) bind (日) ケイ(かかる)

係員(계원) : 부서에 딸려 일보는 사람.
關係(관계) : ① 둘 이상이 서로 걸리는 일. ② 어떤 것이 다른 것에 영향을 미치는 일.
因果關係(인과관계) : 원인에 따른 결과의 연결성.

係累 膨脹係數 函數關係

保

지킬 보

亻부 7획 ⑨

亻 亻 伵 伻 保 保

(英) keep, protect (日) ホ(たもつ)

保管(보관) : 남의 물건 따위를 맡아 보호함.
保全(보전) : 온전하게 잘 간수하여 그대로 남아 있게 함.
保證(보증) : 책임지고 틀림이 없음을 증명함.

保健 保留 保姆 保釋 保稅 保守

俗

풍속 속

亻부 7획 ⑨

亻 亻 伙 伀 俗 俗

(英) custom (日) ゾク

俗談(속담) : 세속의 이야기.
世俗(세속) : 세상의 풍속.
風俗(풍속) : 전통적으로 지켜 오는 생활상의 사회적 습관.

俗物 俗說 俗語 俗謠 俗音 俗人

信

믿을 신

亻부 7획 ⑨

亻 亻 仁 信 信 信

(英) believe (日) シン(まこと)

信念(신념) : 굳게 믿어 의심하지 않는 마음.
信仰(신앙) : 믿고 받드는 일.
信義(신의) : 착실하고 올바름. 믿음성과 의리.
通信(통신) : 소식을 전함.

信徒 信賴 信望 信用 信者 信託

俊

준걸 준

亻부 7획 ⑨

亻 亻 伀 伒 俊 俊

(英) eminent (日) シュン

俊傑(준걸) : 지덕(智德)이 뛰어난 사람.
俊秀(준수) : 재주·슬기·풍채가 뭇 사람에 뛰어남.
俊才(준재) : 뛰어난 재주.
英俊(영준) : 영민하고 준수함.

俊健 俊功 俊科 俊達 俊德 俊嚴

促

재촉할 촉

亻부 7획 ⑨

亻 亻 伵 伻 促 促

(英) urge (日) ソク(うながす)

促求(촉구) : 재촉하여 요구함.
促迫(촉박) : 기한이 다되어 몹시 가까움.
促進(촉진) : 재촉하여 빨리 나아가게 함.
督促(독촉) : 몹시 재촉함.

促急 促成 促織 促促 販促 促訓

侵

침노할 침

亻부 7획 ⑨

亻 亻 伊 伊 侵 侵

(英) invade (日) シン(おかす)

侵略(침략) : 남의 나라를 침노하여 땅을 빼앗음.
侵犯(침범) : 남의 권리, 영토 따위를 침노하여 범함.
侵蝕(침식) : 차츰차츰 먹어 들어감.

侵攻 侵入 南侵 不侵 不可侵條約

便

편할 편, 똥오줌 변

亻부 7획 ⑨

亻 亻 伒 佰 便 便

(英) convenient (日) ヘン、ビン(たより)

便利(편리) : 편하고 이로우며 이용하기 쉬움.
便紙(편지) : 상대자에게 알리고자 하는 내용을 써서 보낸 글.
簡便(간편) : 간단하고 편리함.

便覽 男便 用便 郵便番號 便器

侯 제후 후
イ부 7획 ⑨

イ 广 戸 戸 佗 侯 侯

(英) marquis　　　　(日) コウ(まと)

王侯(왕후) : 임금과 제후.
諸侯(제후) : 봉건시대에 봉토(封土)를 받아 영내
　　　의 백성을 지배하던 작은 나라의 임
　　　금.

侯牧 侯伯 侯服 侯爵 公侯 土侯國

俱 함께 구
イ부 8획 ⑩

イ 们 但 俱 俱 俱

(英) together　　　　(日) ク、グ(ともに)

俱沒(구몰) : 부모가 모두 별세함.
俱在(구재) : 두개 이상의 대등한 사물이 함께 있음.
俱存(구존) : 부모가 다 살아 계심.
俱現(구현) : 내용이 모두 드러남.

俱慶 俱樂部 不俱戴天

倫 인륜 륜
イ부 8획 ⑩

イ 伀 伀 伀 伀 倫

(英) moral principles　　　(日) リン(みち)

倫理(윤리) : 도덕의 모범된 원리.
人倫(인륜) : 사람으로서 지켜야 할 떳떳한 도리.
絶倫(절륜) : 보통보다 아주 뛰어남.
悖倫(패륜) : 인륜에 어그러짐.

公倫 不倫 五倫 天倫 明倫堂

倍 곱 배
イ부 8획 ⑩

イ 伫 伫 伫 伫 倍 倍

(英) double　　　　(日) バイ(ます、そむく)

倍加(배가) : 갑절을 더함.
倍額(배액) : 갑절의 금액.
倍前(배전) : 전보다 더함.
數倍(수배) : 여러 곱절.

倍率 倍數 倍達民族 勇氣百倍

個 낱 개
イ부 8획 ⑩

イ 们 們 個 個 個

(英) piece　　　　(日) コ

個個(개개) : 하나하나.
個性(개성) : 다른 개체와 구별되는 그 개체의 특
　　　성.
個人(개인) : 사회를 조직하는 낱낱의 사람.

個當 個數 個中 個體 各個躍進

倒 넘어질 도
イ부 8획 ⑩

イ 佗 佟 佟 倒 倒

(英) throw down　　　(日) トク(たおれる)

倒立(도립) : 거꾸로 섬.
倒置(도치) : 순서를 뒤바꾸어 둠.
壓倒(압도) : 뛰어나서 남을 능가함.
卒倒(졸도) : 갑자기 넘어짐.

倒壞 倒産 倒錯 倒置 絶倒 卒倒

倣 본뜰 방
イ부 8획 ⑩

イ 伫 伂 伤 倣 倣

(英) imitate　　　　(日) ホウ(ならう)

倣似(방사) : 비슷함.
倣效(방효) : 본뜸. 흉내냄.
模倣(모방) : 본떠서 함.
依倣(의방) : 흉내냄.

倣古

修 닦을 수
イ부 8획 ⑩

イ 亻 攸 攸 修 修

(英) cultivate　　　(日) シュウ(おさめる)

修理(수리) : 건물 따위의 허름한 데를 고치어 말
　　　끔하게 함.
修養(수양) : 품성과 지덕(智德)을 쌓음.
修正(수정) : 올바르게 고침.

修交 修女 修德 修道 修練 修了

イ

借
빌 **차**
イ부 8획 ⑩
イ 仁 什 借 借 借

(英) borrow　　　　(日) シャク(かりる)

借款(차관) : 국가간의 자금의 대차(貸借)
借用(차용) : 물건이나 돈을 빌거나 꾸어 씀.
假借(가차) : ① 남의 사정을 보아줌.
　　　　　　② 임시로 빌음.

借金 借力 借名 借邊 借主 貸借

値
값 **치**
イ부 8획 ⑩
イ 仁 佶 佶 値 値

(英) value　　　　(日) チ(ね、あたい)

價値(가치) : ① 값. 값어치. ② 욕망을 충족시켜주
　　　　　　는 재화의 중요 정도.
數値(수치) : 셈하여 나온 수.
近似値(근사치) : 어떤 참값에 가까운 수의 값.

價値觀 加重値 平均値 價値判斷

候
기후 **후**
イ부 8획 ⑩
イ 仁 广 仲 候 候

(英) season　　　　(日) コウ(うかがう)

候補(후보) : 관리에 보임(補任)됨을 기다린다는
　　　　　　뜻으로 어떤 지위나 신분에 나아가기를 바람.
氣候(기후) : 대기의 변동, 수륙의 형세에 따라
　　　　　　생기는 기상 상태.

候鳥 徵候 立候補 症候群 氣體候

假
거짓 **가**
イ부 9획 ⑪
イ 仁 作 作 假 假

(英) false　　　　(日) カ(かり)

假橋(가교) : 임시로 놓은 다리.
假飾(가식) : 언행을 거짓꾸밈.
假裝(가장) : 거짓 꾸밈.
眞假(진가) : 참됨과 거짓.

假令 假面 假名 假髮 假設 假定

健
굳셀 **건**
イ부 9획 ⑪
イ 仁 信 律 健 健

(英) healthy　　　　(日) ケン(すこやか)

健康(건강) : 몸이 튼튼하고 병이 없음.
健兒(건아) : 혈기가 왕성한 남자.
健在(건재) : 아무 일 없이 잘 있음.
健鬪(건투) : 용감하게 잘 싸움.

健脚 健勝 健實 健胃 健康診斷

偶
짝 **우**
イ부 9획 ⑪
イ 仁 侶 侶 偶 偶

(英) even number　　　　(日) グウ(たまたま)

偶發(우발) : 어떤 일이 뜻밖에 일어남. 우연히
　　　　　　일어남.
偶然(우연) : 뜻하지 않은 일. 뜻밖에.
配偶(배우) : 짝. 배필(配匹).

偶像 偶數 偶成 偶吟 偶人 配偶者

偉
클 **위**
イ부 9획 ⑪
イ 广 佇 佳 偉 偉

(英) great　　　　(日) イ(いらい)

偉功(위공) : 뛰어난 공. 큰 공.
偉大(위대) : 뛰어나고 훌륭함.
偉業(위업) : 위대한 사업.
偉人(위인) : 도량과 재량이 뛰어난 사람.

偉擧 偉觀 偉力 偉烈 偉容 偉人傳

停
머무를 **정**
イ부 9획 ⑪
イ 广 佇 停 停 停

(英) stay　　　　(日) テイ(とどまる)

停頓(정돈) : 한 곳에 있어서 움직이지 않음.
停留(정류) : 가다가 머무름.
停電(정전) : 송전이 중지됨.
停止(정지) : 동작을 중도에서 그만둠.

停刊 停年 停泊 停船 營業停止

側 곁 측
亻부 9획 ⑪
亻 亻 俱 俱 俱 側
(英) side　(日) ソク(かわそぼ)

側傾(측경) : 기울어짐.
側近(측근) : 가까이 곁에 있음.
側面(측면) : 정면에 대하여 좌우의 면.
兩側(양측) : 이쪽과 저쪽.

貴側 南側 某側 反側 北側 外側

傑 뛰어날 걸
亻부 10획 ⑫
亻 亻 俨 俤 傑 傑
(英) eminent　(日) ケツ

傑物(걸물) : 뛰어난 인물 또는 물건.
傑作(걸작) : 아주 잘 된 훌륭한 작품.
豪傑(호걸) : 자질구레한 일에 구애되지 않는 도
　　량이 넓고 기개가 있는 사람.

傑士 傑出 怪傑 十傑 女傑 人傑

傍 곁 방
亻부 10획 ⑫
亻 亻 俨 倅 傍 傍
(英) side　(日) ボウ(かたわら)

傍觀(방관) : 옆에서 봄. 그 일에 관계하지 않고
　　보고만 있음.
傍若無人(방약무인) : 여러 사람 앞에서 아무 것
　　도 없는 것 같이 언어, 행동을 제멋대로 함.

傍白 傍證 袖手傍觀 作舍道傍

備 갖출 비
亻부 10획 ⑫
亻 亻 俨 倩 備 備
(英) provide　(日) ビ(そなえる)

備考(비고) : 참고로 갖춤.
整備(정비) : 가다듬어 바로 갖춤.
準備(준비) : 미리 필요한 것을 마련하거나 갖춤.
備忘錄(비망록) : 잊지 않기 위해 적어 두는 책자.

備蓄 備品 改備 兼備 有備無患

傾 기울 경
亻부 11획 ⑬
亻 亻 忻 傾 傾 傾
(英) incline　(日) ケイ(かたむく)

傾向(경향) : 일이 되어 가는 형편.
傾國之色(경국지색) : 임금이 혹하여 나라가 뒤집
　　혀도 모를 만하게 뛰어난 미인이라는 뜻으
　　로 뛰어나게 아름다운 여자를 일컫는 말.

傾聽 傾度 傾慕 傾斜 傾注 左傾

僅 겨우 근
亻부 11획 ⑬
亻 广 俭 俥 俥 僅
(英) barely　(日) キン(わずか)

僅可(근가) : 겨우 쓸 만함.
僅僅(근근) : 겨우.
僅少(근소) : 조금. 약간.
僅僅得生(근근득생) : 겨우겨우 삶을 이어감.

僅僅扶持

傷 다칠 상
亻부 11획 ⑬
亻 广 俥 俥 傷 傷
(英) wound　(日) シュウ(きず)

傷悼(상도) : 속 아프게 슬퍼함.
傷心(상심) : 마음을 상함. 애태움.
傷處(상처) : 다친 자리.
負傷(부상) : 몸에 상처를 입음.

傷嘆 傷害 損傷 刺傷 傷弓之鳥

傲 거만할 오
亻부 11획 ⑬
亻 亻 件 傲 傲 傲
(英) haughty　(日) ゴウ(おごる)

傲氣(오기) : 오만스러운 기운. 남에게 지기 싫어
　　하는 마음.
傲慢(오만) : 태도가 거만함.
傲視(오시) : 남을 깔 봄.

傲霜 傲色 傲視 傲侈 傲慢無道

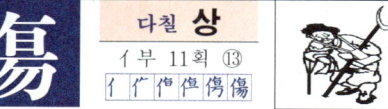

傳
전할 **전**
亻부 11획 ⑬
亻亻俥俥傳傳

(英) convey　　(日) デン(つたえる)

傳染(전염) : 옮아 물들음. 병이 남에게 옮음.
宣傳(선전) : 사상, 이론, 지식 또는 사실 등을 대
　　　　　중에게 널리 인식시켜 이해와 공명
　　　　　을 얻는 일.

傳喝 傳記 傳單 傳達 父傳子傳

債
빚 **채**
亻부 11획 ⑬
亻宀倩倩債債

(英) debt　　(日) サイ(かり)

債權(채권) : 빚을 받을 권리. 어느 특정인에 대
　　　　　하여 어떤 행위나 급부(給付)를 요구하는 권리.
債務(채무) : 특정한 사람에 대하여 행위 또는 급
　　　　　부(給付)를 해야 할 의무.

債券 公債 國債 卜債 轉換社債

催
재촉할 **최**
亻부 11획 ⑬
亻宀俨俨催催

(英) urge　　(日) サイ(もよおす)

催告(최고) : 재촉하는 뜻의 통지.
催眠(최면) : 잠이 오게 함.
催促(최촉) : 어서 또는 빨리 할 것을 요구함.
開催(개최) : 어떤 모임을 주장하여 열음.

主催 催淚彈 催眠術 催淫劑

像
모양 **상**
亻부 12획 ⑭
亻亻俨俨僔像

(英) figure　　(日) ゾク(かたち)

肖像(초상) : 어떤 사람의 용모를 본떠서 비슷하
　　　　　게 만듦. 또는 그 모양.
現像(현상) : 사진술에서 촬영한 영상을 현출하는
　　　　　일.

像本 假像 群像 銅像 想像姙娠

僧
중 **승**
亻부 12획 ⑭
亻亻伶伶僧僧

(英) monk　　(日) ソウ

僧侶(승려) : 중.
僧舞(승무) : 고깔과 장삼을 갖추어 입은 중의 차
　　　　　림으로 음악에 맞추어 추는 춤.
高僧(고승) : 학덕이 높은 승려.

僧家 僧伽 僧侶 僧房 僧服 僧院

僞
거짓 **위**
亻부 12획 ⑭
亻宀伊俨偽偽

(英) fake　　(日) ギ(いつわる)

僞計(위계) : 거짓 계략.
僞善(위선) : 표면상으로만 착한 체함.
僞裝(위장) : 거짓 꾸밈.
僞證(위증) : 거짓 증언.

僞善 僞造 僞幣 眞僞 僞造紙幣

價
값 **가**
亻부 13획 ⑮
亻宀價價價價

(英) price　　(日) カ(あたい)

價格(가격) : 재물 교환의 비례. 상품에 대하여
　　　　　교환하는 화폐액.
價値(가치) : 값어치.
物價(물가) : 상품의 시장값.

價額 穀價 單價 眞價 稀少價値

儉
검소할 **검**
亻부 13획 ⑮
亻伙伶伶儉儉

(英) thrifty　　(日) ケン(つづまやか)

儉朴(검박) : 검소하고 질박함.
儉素(검소) : 사치하지 아니 하며 간략하고 수수함.
儉約(검약) : 검소하고 절약함.
勤儉(근검) : 부지런하고 검소함.

儉薄 儉月 儉政 王儉

イ

億

억 억 ⑮
イ부 13획
イ 亻 俨 倍 倍 億

(英) hundred million　　　(日) オク

億劫(억겁) : 무한히 길고 오랜 시간.
億萬(억만) : 억. 썩 많은 수효.
億測(억측) : 어림치고 생각함.
億兆蒼生(억조창생) : 수많은 백성.

億臺　數億　億萬長者　億千萬劫

儀

거동 의 ⑮
イ부 13획
イ 亻 俨 俤 儀 儀

(英) manner　　　(日) ギ(のり)

儀禮(의례) : 의식을 차리는 예법.
儀式(의식) : 경사나 흉사에 예식을 갖추는 법식.
　　　　　식전(式典).
地球儀(지구의) : 지구의 모형.

儀典　賻儀　葬儀　儀仗隊　禮儀凡節

儒

선비 유 ⑯
イ부 14획
イ 亻 俨 俤 儒 儒

(英) company　　　(日) ジュ

儒敎(유교) : 고대의 성인 공자(孔子)의 유학을
　　　　　받드는 교.
儒生(유생) : 유도(儒道)를 닦는 선비.
儒會(유회) : 선비들의 모임.

儒家　儒道　儒林　儒學　焚書坑儒

償

갚을 상 ⑰
イ부 15획
イ 亻 俨 僧 償 償

(英) repay　　　(日) シュウ(つぐなう)

償還(상환) : 빚을 갚음.
無償(무상) : 보상(補償)이 없음.
補償(보상) : 일정한 유형·무형의 손실에 대하여
　　　　　그 대상으로 지불함.

償却　求償　辨償　報償　減價償却

優

넉넉할 우 ⑰
イ부 15획
イ 亻 優 優 優 優

(英) abundant　　　(日) コウ、ウ(やさしい)

優待(우대) : 특별하게 잘 대우함.
優等(우등) : 성적이 뛰어남.
優雅(우아) : 품위가 높고 아름다움.
優越(우월) : 뛰어남.

優劣　優性　優勢　優秀　映畵俳優

 착각하지 맙시다.

俊(준걸 준)자는 イ부수에 속하는 글자이며, 陵(큰 언덕 릉)자는 阝(阜)부수에 속하는
글자이며, 復(돌아올 복)자는 イ부수에 속하는 글자이며, 愛(사랑 애)자는 心부수에 속하
는 글자이며, 憂(근심할 우)자는 心부수에 속하는 글자입니다.

汝(너 여)자는 氵(水)부수에 속하는 글자입니다.

부 수 2 획	부 수 명 칭	상형 연상과정 (3)	상형 연상과정 (2)	상형 연상과정 (1)
儿	걷는사람 인 (어진사람인)			

儿

字 源

성큼성큼 '걸어가는 사람'의 긴 다리 모양을 본뜬 자.

元

으뜸 원
儿부 2획 ④
一二テ元

(英) beginnings　(日) ゲン(もと)

元氣(원기) : 만물이 이루어진 근본적인 힘.
元旦(원단) : 정월 초하룻날 아침.
元老(원로) : 국가에 큰 공이 있는 늙은 신하.
元兇(원흉) : 흉악한 무리의 우두머리.

元金 元年 元來 元素 元帥 元肥

兄

형 형
儿부 3획 ⑤
丶ㅁ口尸兄

(英) elder brother　(日) ケイ、キョウ(あに)

兄夫(형부) : 언니의 남편.
兄嫂(형수) : 형의 아내.
兄弟(형제) : 형과 아우.
妻兄(처형) : 아내의 언니.

兄氏 從兄 呼兄呼弟 兄弟爲手足

光

빛 광
儿부 4획 ⑥
丨丨丷业光光

(英) light, shine　(日) コウ(ひかり)

光景(광경) : 벌어진 일의 모양이나 형편.
光彩(광채) : 눈부신 빛.
榮光(영광) : 빛나는 영예.
風光(풍광) : 경치.

光年 光度 光明 光武 光速 光澤

先

먼저 선
儿부 4획 ⑥
丿丶屮生生先

(英) first　(日) セン(さき)

先頭(선두) : 첫머리.
先見(선견) : 어떤 일이 일어나기 전에 미리 앞을
　　　　　 내다봄.
機先(기선) : 어떤 일이 일어나려는 그 직전.

先決 先故 先攻 先金 先給 先納

兆

억조 조
儿부 4획 ⑥
丿丿丬兆兆兆

(英) billion　(日) チョウ(きざし)

兆物(조물) : 수많은 물건.
兆朕(조짐) : 길흉(吉凶)이 일어날 기미가 미리
　　　　　 보이는 변화. 현상.
前兆(전조) : 미리 나타나 보이는 조짐(兆朕).

兆卦 兆民 吉兆 亡兆 億兆蒼生

充

채울 충
儿부 4획 ⑥
一士去产充

(英) fill up　(日) ジュウ(みちる)

充當(충당) : 모자라는 것을 채움.
充員(충원) : 부족한 인원을 채움.
充溢(충일) : 가득 차서 넘침.
補充(보충) : 부족한 것을 보태어 채움.

充滿 充分 充實 充電 充足 擴充

儿

克 이길 극
儿부 5획 ⑦

一 十 古 古 声 克

(英) conquer　　　　(日) コク(かつ)

克己(극기) : 욕심·감정 따위를 스스로의 의지로
　　　　　서 억눌려 이김.
克明(극명) : 주의를 기울이어 속속들이 밝힘.
克服(극복) : 이기어 냄.

克日　克己心　水火相克

免 면할 면
儿부 5획 ⑦

ⁿ ⁿ 角 角 免 免

(英) avoid　　　　(日) メン(まねかれる)

免職(면직) : 자리를 물러나게 함.
免許(면허) : 어떠한 행위나 영업을 특정인에게만
　　　　　허가하는 행정처분.
罷免(파면) : 직무에서 떼어버림.

免稅　免役　免除　免罪　輸入免狀

兒 아이 아
儿부 6획 ⑧

ⁿ ⁿ ⁿ ⁿ 臼 兒

(英) child　　　　(日) ジ、コ(こ)

兒童(아동) : 어린아이. 보통 초등학교 어린이를
　　　　　일컬음.
健兒(건아) : 씩씩한 사나이.
小兒(소아) : 어린아이.

兒名　兒役　兒孩　棄兒　乳兒　孤兒

兎 토끼 토
儿부 6획 ⑧

ⁿ ⁿ ⁿ 各 各兎 兎

(英) rabbit　　　　(日) ト(うさぎ)

兎缺(토결) : 언청이.
兎月(토월) : 달(月)의 딴 이름.
兎皮(토피) : 토끼 가죽.
養兎(양토) : 토끼를 기르는 일.

兎影　兎脣　兎走烏飛　龜毛兎角

 ### 착각하지 맙시다.

悲(슬플 비)자는 心부수에 속하는 글자이며, 匪(대상자 비)자는 匚부수에 속하는 글
자이며, 蜚(바퀴 비)자는 虫부수에 속하는 글자이며, 誹(헐뜯을 비)자는 言부수에 속하
는 글자이며, 扉(문짝 비)자는 戶부수에 속하는 글자이며, 斐(아름다울 비)자는 文
부수에 속하는 글자이며, 緋(붉은빛 비)자는 糸부수에 속하는 글자이며, 翡(물총새 비)자
는 羽부수에 속하는 글자이며, 輩(무리 배)자는 車부수에 속하는 글자이며, 排(밀칠
배)자는 扌부수에 속하는 글자이며, 徘(노닐 배)자는 彳부수에 속하는 글자이며,
俳(광대 배)자는 亻부수에 속하는 글자이며, 裴(옷 치렁치렁할 배)자는 衣부수에 속
하는 글자입니다.

村(마을 촌)자는 木부수에 속하는 글자이며, 忖(헤아릴 촌)자는 忄(心)부수에 속하는
글자이며, 耐(견딜 내)자는 而부수에 속하는 글자이며, 辱(욕되게 할 욕)자는 辰부수
에 속하는 글자이며, 守(지킬 수)자는 宀부수에 속하는 글자이며, 奪(빼앗을 탈)자는 大부
수에 속하는 글자입니다.

부수 2획	부수 명칭	상형 연상과정 (3)	상형 연상과정 (2)	상형 연상과정 (1)
入	들 입			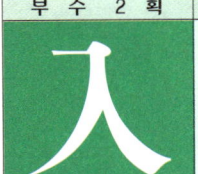

字源

굴 속으로 또는 방 안으로 다리와 허리를 굽혀 들어가는 사람의 모양을 본뜬 자.

入 | 들 **입** | 入부 0획②
ノ入

(英) enter, put in   (日) ニュウ(いる)

入選(입선) : 출품한 물건이 심사에 합격됨. 당선(當選).
入學(입학) : 학교에 들어감.
沒入(몰입) : 어떠한 데에 정신없이 빠짐.

入閣 入口 入金 入試 入寂 收入

內 | 안 **내** | 入부 2획④
丨冂内内

(英) inside, within   (日) ナイ(うち)

內閣(내각) : 국무위원으로 조직된 행정조직.
內亂(내란) : 나라 안에서 일어난 반란이나 소동 따위.
內容(내용) : 사물의 속내. 또는 실속.

內科 內幕 內心 內面 內通 邑內

全 | 온전 **전** | 入부 4획⑥
ノ入入今全全

(英) entire   (日) ゼン(まったく)

全國(전국) : 한 나라의 전체(全體).
全般(전반) : 여러 가지 것의 온통.
安全(안전) : 편안하고 온전함.
完全(완전) : 모자람이 없음.

全科 全權 全力 全部 全員 保全

兩 | 두 **량** | 入부 6획⑧
一冂币币兩兩

(英) two   (日) リョウ(ふたつ)

兩家(양가) : 두 편의 집.
兩親(양친) : 아버지와 어머니.
一擧兩得(일거양득) : 한 가지 일을 하고 두 가지 이익을 얻음.

兩國 兩極 兩論 兩者 水陸兩用

 착각하지 맙시다.

郡(고을 군)자는 阝부수에 속하는 글자이며, 群(무리 군)자는 羊부수에 속하는 글자이며, 窘(막힐 군)자는 穴부수에 속하는 글자이며, 裙(치마 군)자는 衤(衣)부수에 속하는 글자이며, 焄(연기에 그을릴 훈)자는 灬(火)부수에 속하는 글자입니다.

討(칠 토)자는 言부수에 속하는 글자이며, 付(줄 부)자는 亻부수에 속하는 글자이며, 紂(껑거리끈 주)자는 糸부수에 속하는 글자이며, 酎(진한 술 주)자는 酉부수에 속하는 글자입니다.

부 수 2 획	부 수 명 칭	상형 연상과정 (3)	상형 연상과정 (2)	상형 연상과정 (1)
八	여덟 팔	人	八	

字源

각각 네 손가락씩 양손을 펼쳐서 서로 엇갈리게 한 모양에서 '여덟'을 가리킨 자.

八 여덟 **팔**
八부 0획②
ノ入
(英) eight　(日) はち(やっつ)

八方(팔방) : 동·서·남·북·북동·남동·북서·남서의 여덟 방위.
八等身(팔등신) : 몸의 균형이 잡힌 미인의 표준.
二八靑春(이팔청춘) : 열 여섯 살 전후.

八旬 八角亭 八朔童 初八日 三八線

公 공평할 **공**
八부 2획④
ノ 八 公 公
(英) public　(日) コウ(おおやけ)

公共(공공) : 일반 사회.
公明(공명) : 사사로움이 없이 공정하고 명백함.
公益(공익) : 사회 공중(公衆)의 이익. ↔ 私益(사익)
公正(공정) : 공평하고 올바름.

公職 公務員 公休日 公明正大

六 여섯 **륙**
八부 2획④
ノ 亠 六 六
(英) six　(日) ロク(むつ)

六法(육법) : 여섯 가지의 기본 법률. 곧 헌법·형법·민법·상법·형사소송법·민사소송법.
六旬(육순) : 예순살.

六大洲 死六臣 三十六計 五臟六腑

兮 어조사 **혜**
八부 2획④
ノ 八 公 兮
(英) particle　(日) ケイ

樂兮(낙혜) : 즐거움이여.
極兮(극혜) : 다하고 나서.
兮呀(혜하) : 애처로운 노랫소리.

共 한가지 **공**
八부 4획⑥
一 十 卄 井 共 共
(英) altogether　(日) キョウ(とる)
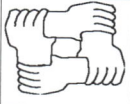

共感(공감) : ①남의 의견에 대하여 자기도 그러하다고 느낌. ②남과 같은 감정을 가짐.
共存(공존) : 함께 살아 나감. 같이 존재함.

共同 共滅 共謀 共犯 共鳴 共産黨

兵 병사 **병**
八부 5획⑦
ノ ィ 斤 丘 乒 兵
(英) soldier　(日) ヘイ(つわもの)

兵戈(병과) : 무기. 전쟁.
兵馬(병마) : 병졸과 군마.
兵法(병법) : 전쟁의 요령과 방법. 전술(戰術).
兵卒(병졸) : 군사(軍士).

兵科 兵器 騎兵隊 斥候兵 千兵萬馬

具	갖출 **구** 八부 6획⑧ ㅣ 冂 冃 且 具 具

(英) prepare　　　　　　　(日) グ(そなわる)

具備(구비) : 모두 빠짐없이 갖춤.
具色(구색) : 여러 가지 물건을 고루 갖춤.
具體(구체) : 전체를 갖춤.
家具(가구) : 살림에 쓰이는 기구.

工具　器具　文具　用具　寢具　筆記具

其	그 **기** 八부 6획⑧ 一 卄 甘 其 其 其

(英) it, that　　　　　　　(日) キ(その、それ)

其間(기간) : 그 사이. 그 동안.
其實(기실) : 그 실상. 실상으로.
其他(기타) : 그것 이외에 또 다른 것.
各其(각기) : 각각. 저마다.

及其也　不知其數

典	법 **전** 八부 6획⑧ 冂 曲 曲 典 典 典

(英) law　　　　　　　(日) テン(のり)

典型(전형) : 모범이나 본보기.
經典(경전) : 변하지 않는 법식과 도리.
字典(자전) : 한자를 일정하게 편집한 책.
祭典(제전) : 제사와 의식.

古典　佛典　辭典　典當鋪　百科事典

兼	겸할 **겸** 八부 8획⑩ 丷 丷 兮 兼 兼 兼

(英) connect　　　　　　　(日) ケン(かねる)

兼備(겸비) : 두 가지 이상을 겸하여 갖춤.
兼床(겸상) : 두 사람이 한 상에 마주 앉게 차린 상.
兼任(겸임) : 두 가지 이상의 직무를 겸하여 봄.

兼用　兼業　兼人之勇　兼之又兼

 착각하지 맙시다.

秒(시간 단위 초)자는 禾부수에 속하는 글자이며, 抄(노략질할 초)자는 扌(手)부수에 속하는 글자이며, 炒(볶을 초)자는 火부수에 속하는 글자이며, 沙(모래 사)자는 氵(水)부수에 속하는 글자이며, 砂(모래 사)자는 石부수에 속하는 글자이며, 紗(깁 사)자는 糸부수에 속하는 글자이며, 娑(춤출 사)자는 女부수에 속하는 글자이며, 裟(가사 사)자는 衣부수에 속하는 글자이며, 消(사라질 소)자는 氵(水)부수에 속하는 글자이며, 逍(거닐 소)자는 辶(辵)부수에 속하는 글자이며, 宵(밤 소)자는 宀부수에 속하는 글자이며, 銷(녹일 소)자는 金부수에 속하는 글자이며, 趙(나라 조)자는 走부수에 속하는 글자이며, 硝(초석 초)자는 石부수에 속하는 글자이며, 哨(망볼 초)자는 口부수에 속하는 글자이며, 稍(벼줄기 끝 초)자는 禾부수에 속하는 글자이며, 梢(장대 소)자는 木부수에 속하는 글자입니다.

李(오얏나무 리)자는 木부수에 속하는 글자이며, 好(좋을 호)자는 女부수에 속하는 글자이며, 厚(두터울 후)자는 厂부수에 속하는 글자입니다.

부 수 2 획	부 수 명 칭	상형 연상과정 (3)	상형 연상과정 (2)	상형 연상과정 (1)
冂	멀 경	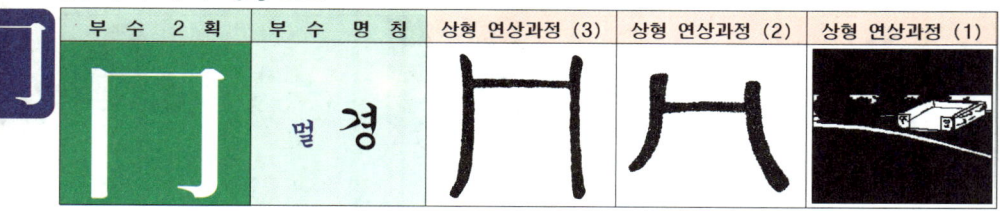		

字 源

'멀리' 둘러싸고 있는 나라의 '경계'나 '성곽'의 모양을 나타낸 자.

册	책 **책** 冂부 3획⑤ 丿刀刀册册	

(英) book　　　　　(日) サイ(ふたたび)

册封(책봉) : 왕세자 등 작위를 봉(封)함.
册床(책상) : 책을 올려놓는 가구.
册子(책자) : 책. 서책(書册).
書册(서책) : 서적. 책.

册立 册藏 册曆 册名 册房 別册

再	두 **재** 冂부 4획⑥ 一ㄱㅋ丙再再	

(英) again　　　　　(日) サイ(ふたたび)

再嫁(재가) : 두 번째 시집감.
再建(재건) : 무너진 것을 다시 일으켜 세움.
再演(재연) : 한 번 일어났던 일을 다시 되풀이함.
再版(재판) : 같은 책을 두 번째 출판함.

再考 再論 再犯 再生 再修 再審

부 수 2 획	부 수 명 칭	상형 연상과정 (3)	상형 연상과정 (2)	상형 연상과정 (1)
冖	덮을 **멱** (민갓머리)			

字 源

짚으로 지붕을 덮거나 보자기로 물건을 덮는 모양을 나타낸 자.

冠	갓 **관** 冖부 7획⑨ 冖宀完完冠冠	

(英) cap　　　　　(日) カン(かんむり)

弱冠(약관) : 남자가 스무 살이 된 때.
衣冠(의관) : 옷과 갓.
冠婚喪祭(관혼상제) : 관례·혼례·상례·제례의
　　　　　　　　　총칭.

冠詞 冠禮 桂冠 無冠 王冠 多冠王

冥	어두울 **명** 冖부 7획⑩ 冖宀宀冒冥冥	

(英) dark　　　　　(日) メイ(くらい)

冥冥(명명) : 어두운 모양.
冥福(명복) : 죽은 뒤에 저승에서 받는 행복. 사
　　　　　후(死後)의 행복.
冥想(명상) : 눈을 감고 고요히 생각함.

冥界 冥途 冥府 冥王 冥漠 頑冥

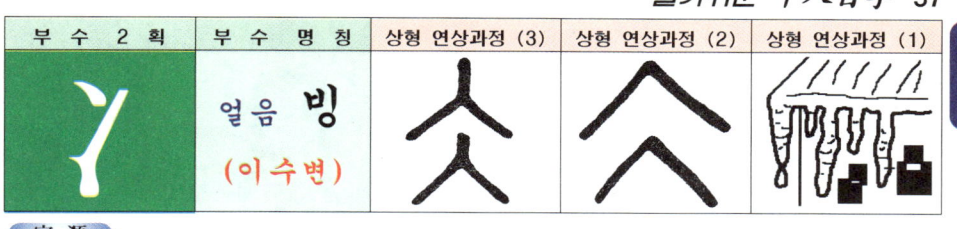

부 수 2 획	부 수 명 칭	상형 연상과정 (3)	상형 연상과정 (2)	상형 연상과정 (1)
冫	얼음 빙 (이수변)			

字源

'고드름이 얼어 있는' 모양을 본뜬 자. 氷(얼음 빙)의 본 자.

冬 겨울 동

冫부 3획 ⑤

丶ク久冬冬

(英) winter　　(日) トウ(ふゆ)

冬節(동절) : 겨울철.
冬至(동지) : 이십 사 절기의 하나로 밤이 가장
　　　　　　길고 낮이 가장 짧은 날.
越冬(월동) : 겨울을 넘김.

冬季 冬眠 冬柏 冬服 立冬 三冬

冷 찰 랭

冫부 5획 ⑦

丶冫〉〉冷冷

(英) cold　　(日) レイ(つめたい)

冷却(냉각) : 아주 식음.
冷淡(냉담) : 동정심이 없고 불친절함.
冷待(냉대) : 쌀쌀하게 대접함.
寒冷(한랭) : 몹시 추움.

冷氣 冷凍 冷笑 冷水 冷戰 冷酷

凍 얼 동

冫부 8획 ⑩

冫冫沪沪凍凍

(英) freeze　　(日) トウ(こおる)

凍結(동결) : ① 얼어붙음. ② 자산(資産)·자금(資
　　　　　　金) 등의 사용 및 이동을 금지함.
冷凍(냉동) : 냉각시켜 얼림.
解凍(해동) : 얼었던 것이 녹아서 풀림.

凍死 凍傷 凍土 凍破 凍氷寒雪

凉 서늘할 량

冫부 8획 ⑩

冫广浐浐凉凉

(英) cool　　(日) リョウ(すずしい)

凉風(양풍) : 서늘한 바람.
凄凉(처량) : 거칠고 쓸쓸함. 초라하고 구슬픔.
清凉(청량) : 맑고 서늘함.
荒凉(황량) : 황폐하고 쓸쓸함.

凉德 凉天 凉氣 凉薄 凉感 納凉

 착각하지 맙시다.

鈍(무딜 둔)자는 金부수에 속하는 글자이며, 芚(채소 이름 둔)자는 ++(艸)부수에 속하는
글자이며, 頓(조아릴 돈)자는 頁부수에 속하는 글자이며, 沌(어두울 돈)자는 氵(水)부수에
속하는 글자이며, 旽(밝을 돈)자는 日부수에 속하는 글자이며, 邨(땅이름 촌)자는
阝(邑)부수에 속하는 글자이며, 純(생사 순)자는 糸부수에 속하는 글자입니다.

부 수 2 획	부 수 명 칭	상형 연상과정 (3)	상형 연상과정 (2)	상형 연상과정 (1)
几	안석 궤 (책상 궤)	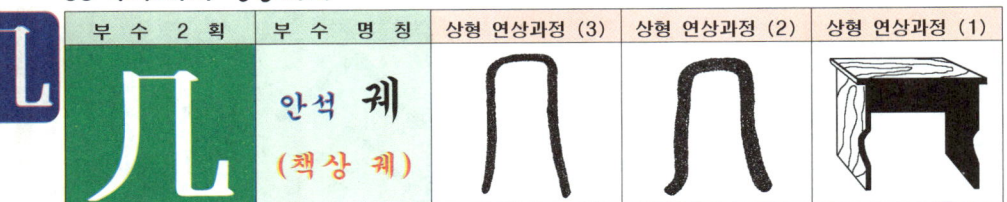		

字 源

'상·책상·걸상' 모양을 본뜬 자.

凡	무릇 범 几부 1획 ③ 丿 几凡

(英) generally   (日) ホン(およそ)

平凡(평범) : 뛰어 나거나 색다른 것이 없이 예사
　　　　　로움.
非凡(비범) : 보통이 아니고 아주 뛰어남. 평범하
　　　　　지 않음. ↔ 平凡

凡打 凡例 凡常 凡俗 凡人 大凡

부 수 2 획	부 수 명 칭	상형 연상과정 (3)	상형 연상과정 (2)	상형 연상과정 (1)
凵	입벌릴 감 (위터진입구감)			

字 源

뚜껑이 없이 '위가 터져 있는 그릇'의 모양을 본뜬 자.

凶	흉할 흉 凵부 2획 ④ 丿 乂 区 凶

(英) evil   (日) キョウ(わるい)

凶計(흉계) : 흉악한 꾀.
凶器(흉기) : 사람을 죽일 때 쓰는 연장.
凶年(흉년) : 재해(災害)가 많은 해.↔豊年(풍년)
凶惡(흉악) : 성질이 거칠고 사나움.

凶家 凶作 凶物 凶兆 凶測 陰凶

出	날 출 凵부 3획 ⑤ 丨 屮 屮 出 出

(英) go out   (日) シュツ(てる)

出衆(출중) : 뭇 사람 속에서 뛰어남.
出現(출현) : 나타남.
脫出(탈출) : 몸을 빼쳐 도망함.
特出(특출) : 남보다 특별히 뛰어남.

出家 出監 出馬 出版 賣出 日出

부 수 2 획	부수 명칭	상형 연상과정 (3)	상형 연상과정 (2)	상형 연상과정 (1)	刀
刀	칼 도				

字源

'칼'의 모양을 본뜬 자.

刀 | 칼 도
刀부 0획 ②
ㄱ刀

(英) knife　　　　　(日) トウ(かたな)

短刀(단도) : 아주 짧은 칼.
單刀直入(단도직입) : 여러 말을 늘어놓지 아니
　　　　　　하고 요점이나 본 문제를
　　　　　　곧바로 말함.

亂刀 刀劍 面刀 竹刀 執刀 銀粧刀

刃 | 칼날 인
刀부 1획 ③
ㄱ刀刃

(英) edge　　　　　(日) ジン(やいぼ)

刃傷(인상) : 칼날로 사람을 상하게 함. 또는 그
　　　　　상처.
白刃(백인) : 시퍼런 칼날.
自刃(자인) : 자기의 생명을 칼로 끊음.

刃創

分 | 나눌 분
刀부 2획 ④
ノ八今分

(英) divide　　　　　(日) ブン(わける)

分擔(분담) : 끊어서 동강을 냄.
分明(분명) : 흐릿하지 아니 하고 또렷함.
分別(분별) : 서로 다른 것을 구별하여 가름.
身分(신분) : 개인의 사회적 지위.

分家 分光 分校 分期 分斷 分類

切 | 끊을 절, 온통 체
刀부 2획 ④
一ヒ切切

(英) cut, all　　　　　(日) セツ、サイ(きる)

切實(절실) : 아주 긴요함.
切親(절친) : 매우 친함.
一切(일절) : 아주. 도무지.
一切(일체) : 모든 것. 온갖 사물.

切開 切除 懇切 適切 切磋琢磨

初 | 처음 초
刀부 5획 ⑦
ｰ ｸ ｷ ｷ 初初

(英) begining　　　　　(日) ショ(はじめ)

初給(초급) : 처음 받은 급여(給與).
初步(초보) : 첫 걸음. 사물의 기초.
始初(시초) : 맨 처음.
初志一貫(초지일관) : 처음 마음을 끝까지 관철함.

初級 初段 初代 初面 初犯 初夜

券 | 문서 권
刀부 6획 ⑧
ハ二ソ失失券券

(英) bond　　　　　(日) メイ

證券(증권) : 주식·공채·사채 등의 유가증권.
入場券(입장권) : 입장에 필요로 하는 표.
割引券(할인권) : 할인(割引)할 것을 나타내는 표.
　　　　　또는 할인된 표.

馬券 福券 旅券 株券 債券 食券

부 수 2 획	부 수 명 칭	상형 연상과정 (3)	상형 연상과정 (2)	상형 연상과정 (1)
刂	칼 도 (선칼도방)			

字源

걸어놓거나 세워진 '칼'의 모양을 본뜬 자.

刊 새길 **간**
刂부 3획 ⑤
一 二 千 刊 刊

(英) carve　　　　　(日) カン(きざむ)

刊印(간인) : 판을 짜거나 새겨서 인도함.
刊行(간행) : 인쇄하여 발행함.
新刊(신간) : 새로 박아 내놓은 출판물.
創刊(창간) : 신문·잡지 등을 처음 간행함.

季刊 旣刊 發刊 朝刊 增刊 休刊

列 벌릴 **렬**
刂부 4획 ⑥
一 ァ 歹 歹 列 列

(英) row　　　　　(日) レツ(ならべる)

列强(열강) : 여러 강한 나라들.
列擧(열거) : 하나씩 들어 말함. 여러 가지로 죽
　　　　　　들어서 말함.
序列(서열) : 순서를 따라 늘어섬.

列車 分列 順列 一列 陳列 橫列

刑 형벌 **형**
刂부 4획 ⑥
一 二 于 开 邢 刑

(英) punishment　　　　　(日) ケイ(のり)

刑罰(형벌) : 국가(國家)가 범죄를 저지른 사람에
　　　　　　게 주는 제재.
刑事(형사) : ① 형법의 적용을 받는 사건. ② 범죄
　　　　　　를 수사하고 범인을 체포하는 일을 맡은 경찰관.

刑期 求刑 斬刑 處刑 刑務所

利 이할 **리**
刂부 5획 ⑦
一 二 千 禾 利 利

(英) profit　　　　　(日) リ(きく)

利器(이기) : 쓰기에 편리한 기계.
利用(이용) : 물건을 이롭게 씀.
利益(이익) : 이롭고 유익한 일.
便利(편리) : 편하고 쉬움.

權利 勝利 銳利 戰利品 高利貸金

別 다를 **별**, 나눌 **별**
刂부 5획 ⑦
口 口 무 무 另 別

(英) separate　　　　　(日) ベツ(わかれる)

別世(별세) : 사람의 죽음을 높여 일컫는 말.
區別(구별) : 서로 다른 것을 갈라놓음.
分別(분별) : 서로 다른 것을 구별하여 지음.
離別(이별) : 서로 헤어짐.

別問題 個別的 送別會 千差萬別

判 판단할 **판**
刂부 5획 ⑦
ハ 八 兰 半 半 判

(英) judge　　　　　(日) ハン、べん(わける)

判斷(판단) : 사물에 대하여 인식한 결과에 따라
　　　　　　그것인가 아닌가 혹은 옳은가 그른가
　　　　　　를 단정함.
判異(판이) : 아주 다름.

判讀 判明 判事 誤判 談判 裁判

刻 새길 각

刂부 6획 ⑧

一 亠 亥 亥 刻 刻

(英) engrave　　　(日) コク(きざむ)

刻苦(각고) : 몹시 애씀.
刻薄(각박) : 아주 혹독하고 인정이 없음.
時刻(시각) : 때 · 시간 · 시(時).
寸刻(촌각) : 매우 짧은 시간.

刻印 深刻 陰刻 彫刻 遲刻 刻舟求劍

到 이를 도

刂부 6획 ⑧

一 工 至 至 到 到

(英) reach　　　(日) カキ(いたる)

到達(도달) : 정한 것에 이름.
到着(도착) : 목적지에 다다름.
到處(도처) : 가는 곳마다.
周到(주도) : 빈틈없이 두루 침착함.

到來 當到 殺到 用意周到

刷 인쇄할 쇄

刂부 6획 ⑧

゛ 尸 吊 吊 刷 刷

(英) print　　　(日) サツ(する)

刷新(쇄신) : 묵은 것을 없애고 새롭게 합.
刷恥(쇄치) : 치부를 씻음.
印刷(인쇄) : 활자 · 석판 · 목판 · 필름 등으로 글
　　　　　　자나 그림을 판에 박아내는 일.

刷馬 刷還 縮刷版

刺 찌를 자, 찌를 척

刂부 6획 ⑧

一 口 市 束 束 刺

(英) sting, stab　　　(日) シ(さす)

刺客(자객) : 사람을 몰래 찔러 죽이는 사람.
刺傷(자상) : 깔 따위에 찔린 상처.
刺繡(자수) : 수를 놓음. 또는 그 수.
刺殺(척살) : 칼로 찔러 죽임.

刺戟 刺文 刺傷 刺字 亂刺 諷刺

制 절제할 제

刂부 6획 ⑧

゛ 二 与 告 制 制

(英) make　　　(日) セイ

制度(제도) : 마련한 법도. 나라의 법칙.
制定(제정) : 제도, 문물 등을 정함.
抑制(억제) : 억눌러서 제어(制御)함.
法制(법제) : 법률제도. 법률의 제정.

制空權 管制塔 無節制 許可制

削 깎을 삭

刂부 7획 ⑨

゛ 亠 肖 肖 肖 削

(英) scrape　　　(日) サク(けずる)

削減(삭감) : 깎고 줄임.
削髮(삭발) : 머리털을 깎음.
削除(삭제) : 지워 버림.
削奪(삭탈) : 빼앗아 버림.

削去 削抹 切削 添削 削奪官職

前 앞 전

刂부 7획 ⑨

゛ 亠 亣 亣 前 前

(英) front　　　(日) ゼン(まえ)

前科(전과) : 이전에 형벌을 받았음.
前程(전정) : 앞길.
前代未聞(전대미문) : 지금까지 들어본 일이 없는
　　　　　　　　　　새로운 일을 이르는 말.

前夜祭 前照燈 紀元前 風前燈火

則 법칙 칙, 곧 즉

刂부 7획 ⑨

刂 月 目 貝 則 則

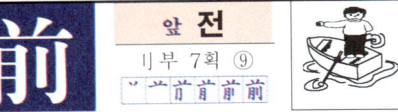

(英) rule, and then　　　(日) ソク(のり)

規則(규칙) : 정해진 질서.
法則(법칙) : 여러 현상들 사이에 객관적으로 존
　　　　　　재하는 필연적인 관련 관계.
然則(연즉) : 그러면.

校則 反則 罰則 變則 學則 犯則金

リ

剛 굳셀 강
リ부 8획 ⑩

冂 冂 冂 岡 岡 剛

(英) hard　　　(日) ゴウ(つよい)

剛健(강건) : 마음이 곧고 뜻이 굳세어 건전함.
強兵(강병) : 굳세고 강한 병정.
剛直(강직) : 마음이 굳세고 곧음.
內剛(내강) : 속마음이 굳음.

剛柔 剛烈 金剛山 外柔內剛

創 비롯할 창
リ부 10획 ⑫

𠂉 𠂉 户 倉 倉 創

(英) create　　　(日)

創刊(창간) : 정기 간행물인 신문·잡지 따위의
　　　　　맨 첫 번 것을 간행함.
創造(창조) : ① 조물주가 처음으로 우주를 만듦.
　　　　　② 처음으로 생각해 내어서 만듦.

創建 創團 創設 創案 創世記 草創期

劃 그을 획
リ부 12획 ⑭

聿 書 書 畫 劃 劃

(英) draw　　　(日) カク(かぎる)

區劃(구획) : 경계를 갈라서 정함. 또는 갈라 정
　　　　　한 구역.
劃期的(획기적) : 새로운 시대나 기원을 이룰 만
　　　　　큼 특출한 것.

劃數 劃策 計劃 家族計劃

劇 심할 극
リ부 13획 ⑮

丶 广 广 虍 虏 康 劇

(英) violent　　　(日) ゲキ(はげしい)

劇團(극단) : 연극하는 단체.
劇烈(극렬) : 과격하고 맹렬함.
劇場(극장) : 영화나 연극을 상연(上演) 하는 곳.
慘劇(참극) : 참혹한 사건.

劇藥 歌劇 悲劇 單幕劇 連續劇

副 버금 부
リ부 9획 ⑪

一 𠃋 畐 畐 畐 畐 副

(英) assistant　　　(日) フク(そう)

副業(부업) : 본업밖에 하는 벌이.
副作用(부작용) : ① 약이 가지는 치료적 작용 이
　　　　　외에 생기는 딴 작용. ② 부차적
　　　　　으로 미치는 작용.

副官 副詞 副題 副敎授 副葬品

割 벨 할
リ부 10획 ⑫

宀 空 宔 害 害 割

(英) divide　　　(日) カツ(わる)

割當(할당) : 몫을 나누어 분배함. 몫을 정함.
割腹(할복) : 배를 가름. 배를 칼로 째서 죽음.
割引(할인) : 일정한 금액에서 얼마간의 돈을 감
　　　　　(減)함.

割禮 割愛 割增 割賦金 群雄割據

劍 칼 검
リ부 13획 ⑮

𠆢 合 슦 슦 슦 僉 劍

(英) sword　　　(日) ケン(つるぎ)

劍客(검객) : 검술을 잘 하는 사람.
劍舞(검무) : 칼을 들고 추는 춤.
劍術(검술) : 칼을 쓰는 수법.
帶劍(대검) : 소총 끝에 꽂는 칼.

劍道 短劍 寶劍 銃劍術

부 수 2 획	부수 명칭	상형 연상과정 (3)	상형 연상과정 (2)	상형 연상과정 (1)
力	힘 력			

字 源

힘쓸 때 팔에 생기는 '근육'의 모양을 본뜬 자.

力 힘 력
力부 0획 ②
フ力

(英) force　　　(日) リョク, リキ(ちから)

力士(역사) : 뛰어나게 힘이 센 사람.
力說(역설) : 힘써 말함.
力作(역작) : 애써서 지음. 훌륭한 작품.
電力(전력) : 전기의 힘.

強力 怪力 國力 氣力 努力 魅力

加 더할 가
力부 3획 ⑤
フカか加加

(英) add　　　(日) カ(くわえる)

加工(가공) : 일정한 제품을 만들기 위하여 소재
　　　　　 나 원료에 인공을 더함.
加重(가중) : 더 무거워짐.
參加(참가) : 모임이나 단체에 끼임.

加擔 加盟 加味 加害 添加 特加法

功 공 공
力부 3획 ⑤
一丁工功功

(英) merit　　　(日) コウ(いさお)

功過(공과) : 공로와 과실.
功勞(공로) : 일에 애를 쓴 공적.
功名(공명) : 공을 세워 이름을 날림.
成功(성공) : 목적을 이룸. 뜻을 이룸.

功德 功績 功勳 恩功

劣 못할 렬
力부 4획 ⑥
ㅣ小少劣劣

(英) inferior　　　(日) レツ(おとる)

劣等(열등) : 낮은 등급. 등급이 떨어짐.
卑劣(비열) : 성품과 행실이 천하고 용렬함.
庸劣(용렬) : 어리석고 변변치 못함.
拙劣(졸렬) : 옹졸하고 비열(卑劣)함.

劣性 劣勢 劣惡 劣弱 優劣

努 힘쓸 노
力부 5획 ⑦
女 女 奴 奴 努 努
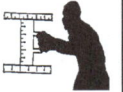

(英) strive　　　(日) ド(つとめる)

努力(노력) : 힘을 씀.
努肉(노육) : 굳은 살.

助 도울 조
力부 5획 ⑦
ㅣ П 月 且 助 助

(英) aid, help　　　(日) ジョ(たすける)

助攻(조공) : 도와서 공격함.
助力(조력) : 힘을 도와줌.
助手(조수) : 교수(敎授)의 지휘를 받아 학술 연
　　　　　 구 또는 사무에 시중드는 사람.

助詞 助演 救助 內助 補助 贊助

力

勉 힘쓸 면
力부 7획 ⑨
ク ク ク ク 免 免 勉

(英) exert oneself
(日) ベン(つとめる)

勉從(면종) : 마지 못하여 복종함.
勉學(면학) : 학문에 힘씀.
勸勉(권면) : 타일러서 힘쓰게 함.
勤勉(근면) : 부지런히 힘씀.

勉强 勉勵 勉行

勇 날랠 용
力부 7획 ⑨
マ ア 不 甬 勇 勇

(英) brave
(日) コウ(いさましい)

勇敢(용감) : 씩씩하고 기운참.
勇斷(용단) : 용기있게 결단함.
勇猛(용맹) : 날래고 사나움.
勇士(용사) : 용기(勇氣)있는 사나이.

勇退 蠻勇 義勇軍 勇氣百倍

動 움직일 동
力부 9획 ⑪
一 ㅗ 审 重 動 動

(英) move
(日) ドウ(うごく)

動機(동기) : 어떤 행동을 일으키게 하는 계기.
動搖(동요) : ①흔들리어 움직거림. ②입장이나
　　　　　　 사상이 확고하지 못하고 흔들림.
騷動(소동) : 소란하게 되는 일.

動力 動脈 動物 動詞 始動 移動

務 힘쓸 무
力부 9획 ⑪
マ ユ 矛 矜 務

(英) endeavor
(日) ム(つとめる)

公務(공무) : 국가 또는 공공단체의 사무.
事務(사무) : 주로 문서 따위를 처리하는 일.
義務(의무) : 일정한 사람에게 부과되어 반드시
　　　　　　 실행해야 하는 일.

業務 用務 債務 總務 刑務所

勞 일할 로
力부 10획 ⑫
丷 ㅗ 林 炏 悐 勞

(英) labor
(日) ロウ(つかれる, いたわる)

勞賃(노임) : 품삯. 노동임금.
慰勞(위로) : 고달픔을 풀도록 따뜻하게 대해줌.
疲勞(피로) : 정신이나 육체의 지나친 활동으로
　　　　　　 작업능력이 감퇴한 상태.

勞役 功勞 過勞 勤勞 不勞所得

勝 이길 승
力부 10획 ⑫
月 肝 胖 胖 滕 勝

(英) overcome
(日) ショウ(かつ)

勝率(승률) : 이길 수 있는 확률.
勝利(승리) : 싸움에 이김.
勝敗(승패) : 이김과 짐. 승부(勝負)
名勝(명승) : 이름난 경치.

勝負 勝訴 勝者 決勝 連勝 優勝

勤 부지런할 근
力부 11획 ⑬
芔 芇 菫 堇 勤 勤

(英) diligent
(日) キン(つとめる)

勤儉(근검) : 부지런하고 검소함.
勤勞(근로) : 부지런히 일함.
勤務(근무) : 일정한 직장에 적을 두고 일함.
勤學(근학) : 정성껏 배움. 학문에 힘씀.

勤勉 皆勤 缺勤 退勤 甲勤稅

募 모을 모, 뽑을 모
力부 11획 ⑬
艹 苎 莒 莫 莫 募

(英) collect
(日) ボ(つのる)

募金(모금) : 기부금을 모음.
募集(모집) : 뽑아서 모음.
公募(공모) : 널리 공개하여 모집함.
應募(응모) : 모집에 응함.

募兵 募緣 急募

勢

형세 세
力부 11획 ⑬

⺊ ⺊ ⺊ 坴 埶 勢 勢

(英) influence　(日) セイ(いきおい)

勢道(세도) : 정치상의 권세를 잡음.
勢力(세력) : 권세의 힘.
去勢(거세) : 생식기능을 없애버리는 일.
時勢(시세) : 그때의 형세.

加勢 強勢 權勢 大勢 實勢 行勢

勵

힘쓸 려
力부 15획 ⑰

厂 尸 厉 厲 厲 勵

(英) urge　(日) レイ(はげむ)

激勵(격려) : 마음이나 기운을 북돋우어 힘쓰도록 함.
獎勵(장려) : 좋은 일에 힘쓰도록 권하고 북돋아 줌.

勵精 勵行 督勵

勸

권할 권
力부 18획 ⑳

⺧ 吅 葟 葟 雚 勸

(英) encourage　(日) カン(すすめる)

勸告(권고) : 타일러서 권함.
勸誘(권유) : 권하여 꾀임.
強勸(강권) : 억지로 권함.
勸學歌(권학가) : 학문을 권장하는 노래.

勸農 勸士 勸獎 勸酒 勸善懲惡

부 수 2 획	부 수 명 칭	상형 연상과정 (3)	상형 연상과정 (2)	상형 연상과정 (1)
勹	쌀 포	(그림)	勹	(그림)

字 源

몸을 구부리며 두 팔로 안아 감싸고 있는 모양에서 '싸다'의 뜻이 된 자.

勿

말 물
勹부 2획 ④

丿 勹 勿 勿

(英) not　(日) ブツ(なかれ)

勿驚(물경) : 엄청난 것을 말할 때 '놀라지 말라' 또는 '놀랍게도'의 뜻으로 쓰는 말.
勿論(물론) : 말할 것도 없음.
勿施(물시) : 하려던 일을 그만둠.

勿禁 勿入 勿侵 四勿 勿忘草

包

쌀 포
勹부 3획 ⑤

丿 勹 勹 勺 包

(英) pack　(日) ホウ(つつむ)

包攝(포섭) : 받아들임. 감싸줌.
包圍(포위) : 언저리를 둘러쌈.
包裝(포장) : 물건을 싸서 꾸림.
小包(소포) : 우편의 한 종류.

包括 包袋 包含 內包 包容力

부 수 2 획	부수 명칭	상형 연상과정 (3)	상형 연상과정 (2)	상형 연상과정 (1)
匕	비수 비			

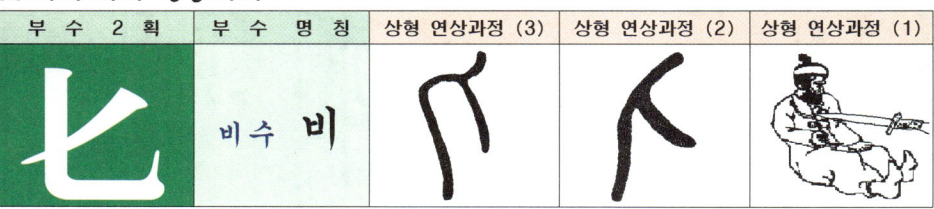

字源

'숟가락', 고기를 베는 '비수' 또는 허리가 꼬부라진 노인의 모양을 본뜬 자.

化	될 화	
	匕부 2획 ④	
	ノ イ 化 化	

(英) change　　　(日) カ, ケ(ばける)

化合(화합) : 두 가지 이상의 물질이 화학 변화로
　　　　　써 새로운 물질이 되는 현상.
感化(감화) : 정신적으로 좋은 점을 받아 감동하여
　　　　　생각과 감정이 변화함.

化石 強化 開化 教化 歸化 進化

北	북녘 북, 달아날 배	
	匕부 3획 ⑤	
	一 ㅓ ㅓ ㅓ- 北	

(英) north, be defeated　　　(日) ホク(きた)

北極(북극) : 지구 북쪽 끝의 지방.
北方(북방) : 북쪽 지방.
訪北(방북) : 북쪽지방을 방문함.
敗北(패배) : 싸움에 승리하지 못하고 짐.

北道 北部 北側 北韓 拉北 越北

부 수 2 획	부수 명칭	상형 연상과정 (3)	상형 연상과정 (2)	상형 연상과정 (1)
匚	감출 혜 (터진에운담)			

字源

뚜껑이 있는 상자 모양을 본뜬 자.

匹	짝 필	
	匚부 2획 ④	
	一 ㄱ 兀 匹	

(英) mate　　　(日) ヒツ(ひき)

匹夫(필부) : ①한 사람의 남자
　　　　　　②보잘 것 없는 남자.
匹敵(필적) : 서로 비슷함.
配匹(배필) : 부부로서 알맞은 짝.

匹馬單騎 匹夫之勇 匹夫匹婦

區	구분할 구	
	匚부 9획 ⑪	
	一 ㄱ 冂 冋 品 區	

(英) district　　　(日) ク

區區(구구) : 작은 모양. 근소한 모양.
區內(구내) : 어떤 구역 안.
區分(구분) : 구별하여 나눔.
區域(구역) : 갈라놓는 지역.

區間 區別 區廳 管區 教區 地區

부 수 2 획	부 수 명 칭	상형 연상과정 (3)	상형 연상과정 (2)	상형 연상과정 (1)
十	열 십	十	十	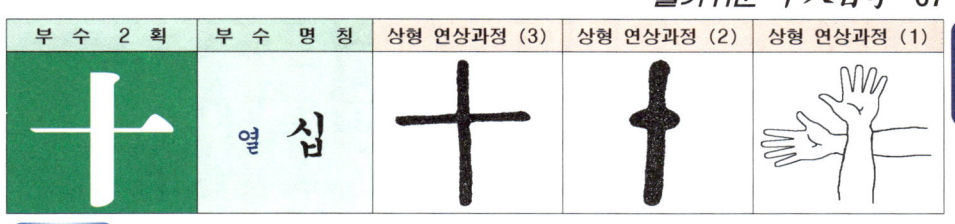

字 源

다섯 손가락씩 있는 두 손이 서로 엇걸려 있는 모양에서 '열'을 뜻하게 된 자.

十	열 십	

十부 0획 ②
一 十
(英) ten　　　　　(日) ジュウ(とお)

十年知己(십년지기) : 오래전부터 사귀어 온 친구.
十常八九(십상팔구) : 열 가운데 여덟이나 아홉이 됨. 거의 다 됨을 가리키는 말.

十干 十傑 十代 十里 十分 十誡命

千	일천 천	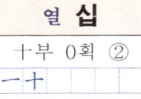

十부 1획 ③
丿 二 千
(英) thousand　　　　(日) セン(ち)

千金(천금) : 많은 돈의 비유.
千載一遇(천재일우) : ① 천년에 한번 만남. ② 좀처럼 얻기 어려운 기회.
千軍萬馬(천군만마) : 많은 군사와 말.

千辛萬苦 千秋遺限 危險千萬

升	되 승, 오를 승	

十부 2획 ④
丿 二 千 升
(英) measure of bushel　　(日) ショウ(ます)

升聞(승문) : 윗사람이 들음.
升進(승진) : 계급 따위가 올라 높아짐.
升平(승평) : 나라가 태평함.
斗升(두승) : 말과 되.

升啓 升斗之利

午	낮 오	

12
十부 2획 ④
丿 一 二 午
(英) noon　　　　　(日) ゴ(うま)

午夢(오몽) : 낮잠에서 꾼 꿈.
午睡(오수) : 낮잠.
午前(오전) : 정오(正午) 이전.
午餐(오찬) : 점심.

午後 端午 正午 下午 甲午更張

半	반 반	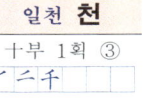

十부 3획 ⑤
丿 丷 二 半 半
(英) half　　　　　(日) ハン(なかば)

半徑(반경) : 원이나 구의 반지름.
半心(반심) : 할까말까 망설이는 마음.
半折(반절) : 반으로 가름.
過半(과반) : 반이 넘음. 반수(半數) 이상.

半信半疑 半身不隨 夜半逃走

卑	낮을 비	

十부 6획 ⑧
丿 冂 白 申 甲 卑
(英) low　　　　　(日) ヒ(いやしい)

卑脚(비각) : 짧은 다리.
卑怯(비겁) : ① 비열하고 겁이 많음. ② 정정당당하지 못하고 야비함.
卑賤(비천) : 신분이 낮고 천함.

卑屈 卑劣 卑屬 野卑 男尊女卑

十

卒
마칠 **졸**
十부 6획 ⑧
`丶 亠 亠 亠 卒 卒`

(英) finish　　　(日) ソツ(おわる)

卒倒(졸도) : 뇌출혈이나 뇌빈혈 따위로 인하여
　　　　　갑자기 정신을 잃고 쓰러짐.
卒業(졸업) : 학생이 규정된 교과나 학과과정을
　　　　　마침.

卒兵 捕卒 腦卒中 烏合之卒

協
화할 **협**
十부 6획 ⑧
`十 十 十 木 枠 協 協`

(英) harmony　　　(日) キョウ(かなう)

協同(협동) : 힘과 마음을 함께 합침.
協力(협력) : 힘을 합쳐서 서로 도움.
協奏(협주) : 두 개 이상의 악기로 동시에 연주하
　　　　　는 일.

協商 協約 協議 協助 協贊 協會

南
남녘 **남**
十부 7획 ⑨
`十 内 内 内 南 南`

(英) south　　　(日) ナン(みなみ)

南向(남향) : 남쪽으로 향함.
湖南(호남) : 전라남북도 지방.
南男北女(남남북녀) : 우리 나라 남쪽지방은 남자
　가 북쪽지방은 여자가 아름답게 태어난다는 말.

南端 南部 南側 越南 南柯一夢

博
넓을 **박**
十부 10획 ⑫
`十 十十 十百 博 博博 博`

(英) extensive　　　(日) ハク, バク(ひろい)

博愛(박애) : 모든 사람을 널리 평등하게 사랑함.
博覽(박람) : ①책을 많이 읽음. ②사물을 널리 봄.
博識(박식) : 보고 들은 것이 넓어서 아는 것이
　　　　　많음.

賭博 該博 博物館 博學多識

부 수 2 획	부 수 명 칭	상형 연상과정 (3)	상형 연상과정 (2)	상형 연상과정 (1)
卜	점 복	卜		

字 源

불에 태운 거북의 등껍떼기에 나타난 금을 보고 점을 쳤다는데서 '점'의
뜻이 된 자.

卜
점 **복**
卜부 0획 ②
`卜卜`

(英) divination　　　(日) ボク(うらなう)

卜吉(복길) : 길(吉)한 날을 점쳐서 받음.
卜師(복사) : 점치는 사람.
卜債(복채) : 점친 값으로 내주는 돈.
問卜(문복) : 점쟁이에게 길흉을 물음.

卜居 卜馬 卜術 卜定 卜駄

占
점령할 **점**, 점칠 **점**
卜부 3획 ⑤
`丨 卜 卜 占 占`

(英) divination, divine　　　(日) セン(うらなう)

占領(점령) : 일정한 땅을 차지하여 제것으로 함.
占守(점수) : 차지하여 지킴.
占有(점유) : 자기소유로 차지함.
獨占(독점) : 혼자서 독차지함.

占據 占卦 占術 强占 先占 占星術

부수 2 획	부수 명칭	상형 연상과정 (3)	상형 연상과정 (2)	상형 연상과정 (1)
卩(㔾)	병부 **절** (마디절)			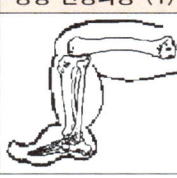

卩

字源

구부러진 '무릎마디'의 모양을 본뜬 자.

卯 | **토끼 묘** 卩부 3획 ⑤

丿丆卯卯卯

(英) hare　　　(日) ボウ(う)

卯飯(묘반) : 아침밥.
卯睡(묘수) : 아침잠.
卯時(묘시) : 오전 5시~7시 까지의 사이.
卯酒(묘주) : 아침 6시에 마시는 해장술.

卯坐酉向 己卯士禍

危 | **위태할 위** 卩부 4획 ⑥

丿クㅗ产产危

(英) dangerous　　　(日) キ(あやうい)

危國(위국) : 나라를 위태롭게 함.
危急(위급) : 위태롭고 급함.
危機(위기) : 위험한 고비.
危險(위험) : 위태로움. 안전하지 못함.

危難 危篤 危重 危殆 安危

印 | **도장 인** 卩부 4획 ⑥

丿丫戶戶印印

(英) sign　　　(日) イン(しるし)

印鑑(인감) : 관공서 기타 거래처에 미리 신고하
　　　　　 여 둔 도장.
印刷(인쇄) : 글이나 그림을 판에 박아내는 일.
捺印(날인) : 도장을 찍음.

印章 刻印 烙印 拇印 職印

却 | **물리칠 각** 卩부 5획 ⑦

一十土去去却

(英) reject　　　(日) キュク(しりぞく)

賣却(매각) : 물건을 팔아버림.
忘却(망각) : 잊어버림. 기억에서 사라진 상태.
退却(퇴각) : 뒤로 물러남.
却說(각설) : 화제(話題)를 돌림.

却下 棄却 冷却 燒却 減價償却

卵 | **알 란** 卩부 5획 ⑦

丿丬乒乒卯卵

(英) egg　　　(日) ラン(たまこ)

卵生(난생) : 알을 낳아 새끼를 까는 일.
鷄卵(계란) : '달걀'의 한자어.
産卵(산란) : 알을 낳음.
卵白(난백) : 알 속의 흰자위.

卵巢 明卵 排卵 採卵 卵油

卽 | **곧 즉** 卩부 7획 ⑨

丿阝自自自卽

(英) namely　　　(日) ソク(すなわち)

卽位(즉위) : 왕위에 오름. 자리에 앉음.
卽興(즉흥) : 즉석에서 일어나는 흥취.
卽刻(즉각) : 당장에. 곧.
卽死(즉사) : 그 자리에서 곧 죽음.

卽決 卽席 卽時 卽效 一觸卽發

卩

卷

책 권, 말 권
卩부 6획 ⑧
一 ㅛ ㅛ 半 类 卷

(英) volume　　(日) カン(まく)

卷曲(권곡) : 휘어짐. 굽음.
壓卷(압권) : 책 가운데서 가장 잘 된 대목.
席卷(석권) : 자리를 말 듯 쉽게 공략함.
卷頭言(권두언) : 책 따위의 머리말.

卷末 卷數 卷耳 單卷 全卷 通卷

卿

벼슬 경
卩부 10획 ⑫
白 卯 卯 卯 卵 卿

(英) noble　　(日) キョウ, ケイ

公卿(공경) : 삼공(三公)과 구경(九卿). 곧 높은
　　　　　 벼슬아치를 이름.
卿相(경상) : 재상. 대신(大臣).
卿士大夫(경사대부) : 정승(政丞)이외의 모든 벼슬.

樞機卿 公卿大夫

부 수 2 획	부 수 명 칭	상형 연상과정 (3)	상형 연상과정 (2)	상형 연상과정 (1)
厂	굴바위 엄 (민엄호)	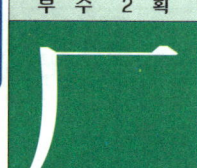	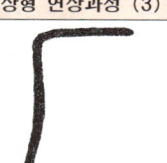	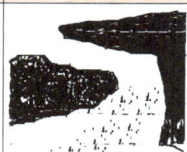

字源

산기슭 바위가 옆으로 쑥 삐어져 나온 모양을 본떠 '굴바위'의 뜻이 된
자.

厄

액 액
厂부 2획 ④
一 厂 厄 厄

(英) calamity　　(日) ヤク

厄年(액년) : 운수가 사나운 해.
厄運(액운) : 액을 당할 모질고 사나운 운수.
災厄(재액) : 재앙과 액운.
橫厄(횡액) : 뜻밖에 닥쳐오는 재액.

厄會 厄難 厄禍 送厄迎福

厚

두터울 후
厂부 7획 ⑨
厂 厂 厈 厚 厚 厚

(英) thick　　(日) コウ(あつい)

厚待(후대) : 후하게 대접함. 또는 그러한 대접.
厚意(후의) : 남을 위하여 두텁게 쓰는 마음.
濃厚(농후) : ① 빛깔이 매우 짙음.
　　　　　 ② 가능성이 다분히 있음.

厚德 厚薄 厚生 溫厚 厚顔無恥

原

언덕 원
厂부 8획 ⑩
厂 厂 厈 原 原 原

(英) origin　　(日) ゲン(はら)

原理(원리) : 으뜸이 되는 이치.
平原(평원) : 넓고 평평한 들판.
原動力(원동력) : 사물을 활동시키는 근원이 되는
　　　　　　 힘.

原告 原稿 原料 原始 原因 原則

厥

그 궐
厂부 10획 ⑫
厂 厂 厈 厈 厥 厥

(英) the, it　　(日) ケツ(その)

厥角(궐각) : 이마를 조아리어 절을 함.
厥女(궐녀) : 그 여자.
厥尾(궐미) : 짧은 꼬리.
厥後(궐후) : 그 이후.

厥者 厥初 突厥

부 수 2 획	부 수 명 칭	상형 연상과정 (3)	상형 연상과정 (2)	상형 연상과정 (1)
厶	사사 **사** (마늘모)	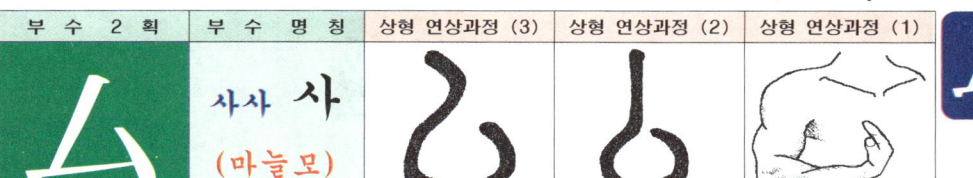		

字 源

팔꿈치를 구부려서 물건을 자기 쪽으로 감싸고 있는 모양에서 '사사롭
다'의 뜻이 된 자.

去 갈 **거**

厶부 3획 ⑤

一 十 土 去 去

(英)go away　　(日)キョ, コ(さる)

去就(거취) : 일신의 진퇴.
過去(과거) : 이미 지나간 때.
撤去(철거) : 걷어 치워버림.
除去(제거) : 헐어내어 떨어버림.

去勢 去來 去處 逝去 收去 退去

參 참여할 **참**, 석 **삼**

厶부 9획 ⑪

亠 厶 厽 夈 夈 參

(英)participate, three　　(日)サン(まいる)

參見(참견) : 참여하여 관계됨.
參席(참석) : 자리에 참여함.
持參(지참) : 무엇을 가지고 가서 참석함.
參考(참고) : 살펴서 생각함.

參加 參謀 參拜 參與 參酌 新參

부 수 2 획	부 수 명 칭	상형 연상과정 (3)	상형 연상과정 (2)	상형 연상과정 (1)
又	또 **우**			

字 源

오른손의 엄지와 검지가 맞닿아 있는 모양을 본뜬 자.

又 또 **우**

又부 0획 ②

フ 又

(英)again　　(日)ユウ(また)

又況(우황) : 하물며. 더군다나.
又重之(우중지) : 더욱이.

及 미칠 **급**

又부 2획 ④

ノ ア 乃 及

(英)reach　　(日)キュウ(およぶ)

及第(급제) : 과거나 시험에 합격됨.
普及(보급) : 세상에 널리 퍼지게 함.
言及(언급) : 어떤 문제에 대해서 말함.
波及(파급) : 어떤 일의 여파나 영향이 멀리 미침.

及其也 可及的 大科及第 後悔莫及

反

돌이올 **반**, 돌이킬 **반**
又부 2획 ④
一厂万反

(英) return　　　(日) ハン、ホン(そる)

反共(반공) : 공산주의에 반대함.
反對(반대) : 사물이 맞서 다름.
反復(반복) : 같은 일을 되풀이 함.
相反(상반) : 서로 반대됨.

反擊 反亂 反應 反證 二律背反

友

벗 **우**
又부 2획 ④
一ナ方友

(英) friend　　　(日) ユウ(とも)

友邦(우방) : 서로 친밀히 상통하는 나라.
友愛(우애) : 동기간의 사랑.
友情(우정) : 벗 사이의 정.
學友(학우) : 함께 공부하는 벗.

友誼 友好 莫逆之友 兄友弟恭

受

받을 **수**
又부 6획 ⑧
一爫爫爫受受

(英) receive　　　(日) ジュ(うける)

受賞(수상) : 상을 받음.
受信(수신) : 우편 등의 통신을 받음.
領受(영수) : 돈이나 물품을 받음.
引受(인수) : 물건이나 권리를 넘겨 받음.

受難 受命 受侮 受容 受益 受胎

叔

아재비 **숙**
又부 6획 ⑧
上十丰末叔叔

(英) uncle　　　(日) シュク

叔父(숙부) : 아버지의 동생.
叔姪(숙질) : 아저씨와 조카.
堂叔(당숙) : 오촌 아저씨.
外叔(외숙) : 외삼촌. 어머니의 남자 형제.

叔父母 外叔母

取

가질 **취**
又부 6획 ⑧
一F F 耳取取

(英) take　　　(日) シュ(とる)

取扱(취급) : 다룸. 처리함.
取得(취득) : 자기 소유로 만듦.
取材(취재) : 작품이나 기사의 재료를 얻음.
爭取(쟁취) : 싸워서 빼앗아 가짐.

取消 取擇 詐取 攝取 取捨選擇

叛

배반할 **반**
又부 7획 ⑨
ハ丷半扑叛叛

(英) rebel, revolt　　　(日) ハン、ホン(そむく)

叛起(반기) : 배반하고 일어남.
叛亂(반란) : 배반하여 난리를 일으킴.
叛逆(반역) : 배반하여 모역함.
謀叛(모반) : 반역을 꾀함.

叛骨 叛軍 叛徒 叛旗 背叛

叙

펼 **서**
又부 7획 ⑨
ハ亼스余 叙叙

(英) state　　　(日) ジョ(のべる)

叙事(서사) : 사실을 있는 그대로 서술함.
叙述(서술) : 일정한 내용을 차례에 따라 적음.
叙情(서정) : 자기가 느낀 감정을 나타냄.
叙勳(서훈) : 훈등(勳等)과 훈장(勳章)을 내림.

追叙 叙事詩 叙情詩 叙品式 自叙傳

부 수 3 획	부 수 명 칭	상형 연상과정 (3)	상형 연상과정 (2)	상형 연상과정 (1)
口	입 구	ㅂ	ㅂ	

口

字 源

사람의 '입' 모양을 본뜬 자. 입의 기능에서 '말하다', 그 모양에서 '어귀'의 뜻으로도 쓰임.

口	입 **구** 
	口부 0획 ③
	ㅣ ㄇ 口

(英) mouth　　　　　　　(日) コウ(くち)

家口(가구) : 집안 식구. 집안의 사람 수효.
食口(식구) : 한 집안에서 같이 살며 끼니를 함께
　　　　　하는 사람.
窓口(창구) : 창을 뚫어 놓은 곳.

口令　口辯　口述　口臭　口舌數　突破口

可	옳을 **가**  
	口부 2획 ⑤
	一 ㄱ ㅁ 叮 可

(英) right　　　　　　　(日) カ(よい)

可觀(가관) : 볼 만함. 언행이 꼴답지 않아 비웃는
　　　　　말.
可望(가망) : 될 만한 희망.
不可抗力(불가항력) : 천재지변과 같이 사람의 힘
　　　　　으로는 어찌할 수 없는 일.

可決　可恐　可當　不可侵　燈火可親

古	예 **고** 
	口부 2획 ⑤
	一 十 十 古 古

(英) old　　　　　　　(日) コ(ふるい)

古宮(고궁) : 옛 궁전. 옛 대궐.
古典(고전) : 옛날의 의식, 작품, 문헌.
古色蒼然(고색창연) : 퍽 오래되어 옛날의 풍치가
　　　　　그대로 드러나 보이는 모양.

古家　古鐵　古風　萬古不變　自古以來

句	글귀 **구** 
	口부 2획 ⑤
	' ㄱ 勺 句 句

(英) phrase　　　　　　　(日) ク

句文(구문) : 한 구절의 글.
句句節節(구구절절) : 구절 구절마다.
美辭麗句(미사여구) : 아름다운 말로 꾸민, 듣기
　　　　　좋은 글귀.

名句　詩句　語句　句讀點　一言半句

叫	부르짖을 **규** 
	口부 2획 ⑤
	ㅣ ㄇ ㅁ 叮 叫

(英) shout　　　　　　　(日) キョウ(さけぶ)

叫聲(규성) : 부르짖는 소리.
絶叫(절규) : 힘을 다하여 부르짖음.
阿鼻叫喚(아비규환) : 아비 지옥의 고통을 못 참아
　　　　　울부짖는 소리.

叫吟　叫呼　叫喚地獄

司	맡을 **사** 
	口부 2획 ⑤
	ㄱ ㄱ 귀 刮 司 司

(英) preside　　　　　　　(日) シ(つかさどる)

司正(사정) : 그릇된 일을 다스려 바로잡음.
上司(상사) : 자기보다 윗 벼슬인 사람. 상관.
司令官(사령관) : 사령부의 장. 명령·지휘·통솔권
　　　　　을 행사함.

司法官　首防司　司法警察　總司令部

史

사기 **사**
口부 2획 ⑤
`丶口口史史`

(英) history　　　(日) シ(ふみ)

史料(사료) : 역사를 연구하는데 필요한 자료들.
史書(사서) : 역사책.
史學(사학) : 역사를 연구하는 학문.
史話(사화) : 역사에 관한 이야기들.

史實 史的 歷史 野史 暗行御史

召

부를 **소**
口부 2획 ⑤
`フ刀刀召召`

(英) call　　　(日) キ(その、それ)

召命(소명) : 신하를 부르는 왕명.
召集(소집) : 불러서 모음.
召喚(소환) : 관청에서 오라고 부르는 것.
應召(응소) : 소집에 응함.

召還 遠禍召福

右

오른쪽 **우**, 오른 **우**
口부 2획 ⑤
`一ナオ右右`

(英) right　　　(日) ユウ、ウ(みぎ)

左右(좌우) : 왼쪽과 오른쪽을 말함.
右往左往(우왕좌왕) : '우로 갔다 좌로 갔다' 한다
　　　　　　는 것과 '갈팡질팡' 한다는 뜻.
左之右之(좌지우지) : 제 마음대로 다룸.

座右銘 極右派 左衝右突

只

다만 **지**
口부 2획 ⑤
`丨口口只只`

(英) only　　　(日) シ(ただ)

只管(지관) : 오직. 다만.
只今(지금) : 현재. 말하는 바로 이때.
只有(지유) : 다만 있음.
但只(단지) : 다만. 겨우. 오직 그것뿐.

只要 只因 只且

各

각각 **각**
口부 3획 ⑥
`丿クタ久各各`

(英) each　　　(日) カク(おのおの)

各各(각각) : 따로따로. 제각기.
各名(각명) : 각 사람. 각 사람의 이름.
各自(각자) : 제각기. 각각의 자신.
各種(각종) : 갖가지. 여러 가지. 여러 종류.

各界 各部 各層 各個擊破 各樣各色

吉

길할 **길**
口부 3획 ⑥
`一十土吉吉吉`

(英) lucky　　　(日) キツ、キチ(よい)

吉夢(길몽) : 좋은 일이 생길 징조의 꿈.
吉報(길보) : 아주 좋은 소식.
吉日(길일) : 좋은 날.
吉凶(길흉) : 좋은 일과 언짢은 일. 행복과 재앙.

吉兆 吉凶禍福 運數不吉 立春大吉

同

한가지 **동**
口부 3획 ⑥
`丨冂冂冋同同`

(英) same　　　(日) ドウ(おなじ)

同門(동문) : 같은 학교에서 또는 같은 선생에게
　　　　　서 배우는 일. 또는 그 동무.
同席(동석) : ① 같은 석차. ② 자리를 같이함.
同寢(동침) : 부부 또는 남녀가 같이 잠을 잠.

同感 同甲 同乘 同業 大同小異

吏

벼슬아치 **리**
口부 3획 ⑥
`一丆后吏吏吏`

(英) officer　　　(日) リ(つかさ)

吏民(이민) : 관리와 서민.
官吏(관리) : 관원. 공무원.
稅吏(세리) : 세무 행정에 종사하는 공무원.
汚吏(오리) : 청렴하지 못한 관리.

吏讀 吏房 吏曹 淸白吏 貪官汚吏

口

名 이름 명
口부 3획 ⑥
ノ ク タ タ 名 名
(英) name　(日) メイ(な)

名曲(명곡) : 유명한 노래나, 악곡.
名勝(명승) : 경치가 아름답고 훌륭하고 이름난 자연 풍치.
名銜(명함) : 성명·주소·신분 등을 적은 작은 종이.

名劍 名單 名聲 名作 名節 擧名

吐 토할 토
口부 3획 ⑥
丨 口 口 叶 吐 吐
(英) vomit　(日) ト(はく)

吐露(토로) : 속마음을 죄다 드러내어서 말함.
吐說(토설) : 말하지 않던 사실을 비로소 털어놓음.
嘔吐(구토) : 먹은 음식물을 게움. 구역질. 토역.
實吐(실토) : 거짓말을 섞지 않고 사실대로 말함.

吐氣 吐瀉 吐出 吐血 嘔吐泄瀉

合 합할 합
口부 3획 ⑥
ノ 人 合 合 合 合
(英) unite　(日) ゴウ(あう)

合格(합격) : 시험에 붙음. 규격 또는 격식 기준에 맞음.
合計(합계) : 합쳐 계산함.
合同(합동) : 여럿이 모여 하나가 되어 함께 함.

聯合 合唱 適合 協同組合

向 향할 향
口부 3획 ⑥
ノ イ 白 白 向 向
(英) face　(日) コウ(むく)

向方(향방) : 향하여 나아가는 일정한 방향.
向學(향학) : 학문에 뜻을 두고 그 길로 나아감.
動向(동향) : 움직이는 방향. 개인 또는 단체행동의 경향.

向背 向後 傾向 意向 志向 趣向

告 고할 고
口부 4획 ⑦
ノ 一 生 生 告 告
(英) tell　(日) コク(つげる)

告白(고백) : 숨긴 일이나 생각하는 바를 솔직히 말함.
報告(보고) : 일의 내용이나 결과를 알리어 진술하는 일.
布告(포고) : 일반에게 널리 알림. 정부에서 국민에게 널리 알림.

告發 告別 勸告 抗告審 宣戰布告

君 임금 군
口부 4획 ⑦
フ コ ヨ 尹 君 君
(英) king　(日) クン(きみ)

君臣(군신) : 임금과 신하.
郎君(낭군) : 아내가 남편을 사랑스럽게 이르는 말.
諸君(제군) : '여러분'의 뜻으로 손아래 사람에게 대하여 쓰는 말.

君臨 檀君 暴君 君臣有義 梁上君子

否 아닐 부
口부 4획 ⑦
一 ア イ 不 否 否
(英) not　(日) ヒ(いな)

否定(부정) : 그렇지 않다고 인정함.
可否(가부) : 옳음과 그름.
安否(안부) : 편안함과 편안하지 아니 함.
眞否(진부) : 참됨과 그렇지 않은 것을 말함.

否決 否票 與否 拒否權 曰可曰否

吾 나 오
口부 4획 ⑦
一 丆 五 吾 吾 吾
(英) I　(日) ゴ(われ)

 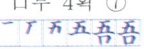 

吾等(오등) : 우리들.
吾人(오인) : 나. 우리 일류.
吾兄(오형) : '나의 형'이라는 뜻으로 벗을 친절하게 부르는 말.

吾鼻三尺

口

吟 읊을 음
口부 4획 ⑦
丶 ㄇ ㄇ 吟 吟 吟

(英) recite　(日) キン

吟味(음미) : 사물의 의미를 새겨 궁구함.
吟詠(음영) : 시나 노래를 읊음.
呻吟(신음) : 병으로 앓는 소리를 냄. 괴로워서 끙끙거리는 소리.

吟遊詩人　吟風弄月

含 머금을 함
口부 4획 ⑦
人 人 今 今 含 含

(英) include　(日) ガン(ふくむ)

包含(포함) : 속에 들어 있음.
含哺鼓腹(함포고복) : 실컷 먹고 배를 두드림. 곧, 백성이 배부르게 먹고 삶을 즐기는 평화스러운 모습.

含量　含蓄性　含有量　含憤蓄怨

命 목숨 명
口부 5획 ⑧
人 人 今 合 合 命 命

(英) life　(日) メイ、ミョウ(いのち)

命題(명제) : 글의 제목을 정함. 또는 그 제목
命令(명령) : 윗사람이 아랫사람에게 무엇을 하도록 시킴.
天命(천명) : 하늘의 명령.

命中　救命　別命　任命　致命傷　反革命

周 두루 주
口부 5획 ⑧
丿 ㄇ ㄇ 円 用 周 周

(英) around　(日) シュウ(まわる)

周到(주도) : 주의가 두루 미쳐 빈틈이 없음.
周旋(주선) : 일이 잘 되도록 이리저리 힘씀.
周圍(주위) : 중심을 둘러싸고 있는 바깥.
周知(주지) : 여러 사람이 두루 앎.

周易　周波數　周到綿密　用意周到

吹 불 취
口부 4획 ⑦
丶 ㄇ ㄇ 吟 吹 吹

(英) blow　(日) スイ(ふく)

吹入(취입) : 불어넣어 줌.
吹奏(취주) : 관악기를 입으로 불어 연주함.
鼓吹(고취) : ① 사상 등을 열렬히 주장함.
　　　　　　② 북을 치고 피리를 붊.

吹打　吹奏樂　大吹打

吸 마실 흡
口부 4획 ⑦
丶 ㄇ ㄇ 吸 吸 吸
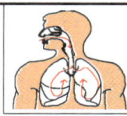
(英) inhale　(日) キュウ(すと)

吸收(흡수) : 외부 것을 내부로 모아들이는 것.
吸煙(흡연) : 담배를 피움.
吸入(흡입) : 빨아들임.
吸血(흡혈) : 피를 빨아먹음.

吸氣　吸力　吸着　呼吸　深呼吸　吸引力

味 맛 미
口부 5획 ⑧
丶 ㄇ ㄇ 叶 咔 味 味

(英) taste　(日) ミ(あじ)

味覺(미각) : 혀 따위로 맛을 느끼는 감각.
妙味(묘미) : 미묘한 맛. 또는 묘한 맛.
吟味(음미) : 시가를 읊조려 그 뜻을 맛봄.
意味(의미) : 말이나 글이 지니는 뜻.

加味　趣味　興味　山海珍味

呼 부를 호
口부 5획 ⑧
丶 ㄇ ㄇ 呮 呼 呼 呼

(英) call　(日) コ(よぶ)

呼價(호가) : 팔거나 사려는 물건의 값을 얼마라고 부름. 값을 정함.
呼名(호명) : 이름을 부름.
呼出(호출) : 불러냄.

呼客　呼應　呼稱　連呼　呼訴文　歡呼聲

口

和 화할 화
口부 5획 ⑧
`ノ 二 千 禾 禾 和`

(英) mild　　(日) ワ(やわらぐ)

和氣(화기) : 온화한 날씨. 온화한 기색. 화목한 분위기.
和親(화친) : 서로 의좋게 지내는 것.
和解(화해) : 다툼질을 끝내고 좋은 사이가 됨.

和答 和睦 和音 雙和湯 附和雷同

哀 슬플 애
口부 6획 ⑨
`一 亠 亠 亠 亠 亨 哀`

(英) sad　　(日) アイ(あわれ)

哀乞(애걸) : 애처롭게 사정하여 빎.
哀悼(애도) : 사람의 죽음을 슬퍼함.
哀願(애원) : 애처롭게 사정하여 간절히 바라는 것.
悲哀(비애) : 슬퍼하고 서러워함.

哀戀 哀慕 哀惜 哀痛 喜怒哀樂

哉 어조사 재
口부 6획 ⑨
`一 十 吉 吉 哉 哉`

(英) particle　　(日) サイ(カナ)

哉生魄(재생백) : 달에 처음으로 백(魄)이 생긴다는 뜻으로 음력16일을 일컫는 말. '魄'이란 달 둘레의 어두운 부분을 말함.
嗚呼痛哉(오호통재) : 아, 슬프도다.

快哉

品 물건 품
口부 6획 ⑨
`丨 冂 丬 口 口 品 品`

(英) grade　　(日) ヒン(しな)

品格(품격) : 품성과 인격.
品質(품질) : 물건의 성질과 바탕.
品行(품행) : 품성과 행실. 몸가짐.
物品(물품) : 물건이나 제품.

品階 品貴 品詞 納品 工藝品 類似品

咸 다 함, 성 함
口부 6획 ⑨
`一 厂 厂 戌 咸 咸 咸`

(英) all　　(日) カン(みな)

咸告(함고) : 하나도 빠뜨리지 아니 하고 다 고함.
咸悅(함열) : 모두 기뻐함.
咸集(함집) : 모두 모임.
咸興差使(함흥차사) : 한번 가면 소식이 없음.

咸登 咸服 咸池 咸氏

哭 울 곡
口부 7획 ⑩
`丨 口 吅 吅 哭 哭 哭`

(英) weep　　(日) コク(なく)

哭聲(곡성) : 곡하는 소리.
哭泣(곡읍) : 소리내어 슬퍼함.
痛哭(통곡) : 소리내어 슬피 욺. 또는 그 울음.
號哭(호곡) : 소리내어 슬피 우는 울음.

哭歎 弔哭 大聲痛哭

唐 당나라 당, 당황할 당
口부 7획 ⑩
`丶 亠 广 广 庐 唐 唐`

(英) boisterous　　(日) トウ(から)

唐弓(당궁) : 강약이 알맞은 활.
唐突(당돌) : 꺼리거나 어려워함이 없이 올차고 다부짐.
荒唐(황당) : 거칠고 허황됨.

唐手 唐詩 唐四柱 荒唐無稽

員 인원 원
口부 7획 ⑩
`丨 冂 円 呂 昌 員 員`

(英) official　　(日) イン(かず)

員數(원수) : 물건의 수. 사람의 수.
減員(감원) : 인원수를 줄임.
官員(관원) : 벼슬아치.
滿員(만원) : 정한 인원이 다함.

缺員 黨員 隊員 鼠生員 乘務員

口

哲 밝을 철
口부 7획 ⑩
一十才才折折哲

(英) sagacious　(日) テシ

哲人(철인) : 학식이 높고 사리에 밝은 사람. 철학가.
哲學(철학) : 자연·인생·세계·지식에 관한 근 본원리를 연구하는 학문.
明哲(명철) : 세태나 사리에 밝음.

啓 열 계
口부 8획 ⑪
丿丿尸户政啓

(英) enlighten　(日) ケイ(ひらく)

啓告(계고) : 여쭘. 아룀.
啓導(계도) : 깨우쳐 이끌어 줌.
啓蒙(계몽) : 우매한 사람을 가르치고 깨우쳐 줌.
啓發(계발) : 사상·지능 따위를 깨우쳐 열어 줌.

啓示 謹啓 狀啓 天啓 啓明星

問 물을 문
口부 8획 ⑪
丨丨丬丬門門問

(英) ask　(日) モン(とう)

問題(문제) : 대답을 얻기 위한 물음. 당면한 연 구 사항.
問責(문책) : 일의 잘못을 물어 책망함.
訪問(방문) : 남을 찾아가 봄.

問病 檢問 設問 疑問 禪問答

商 장사 상
口부 8획 ⑪
丶亠宀内内商

(英) trade　(日) ショウ(あきなう)

商街(상가) : 상점이 많이 늘어서 있는 거리.
商業(상업) : 장사하는 영업.
商品(상품) : 팔고 사는 물건들.
行商(행상) : 돌아다니며 물건을 팖.

商船 商店 商標 商號 雜商人 仲介商

唯 오직 유
口부 8획 ⑪
丨口叩叩咋唯唯

(英) only　(日) イ、ユイ(ただ)

唯物(유물) : 오직 물질만이 존재한다고 하는 일.
唯一(유일) : 오직 하나 밖에 없음.
唯我獨尊(유아독존) : 세상에서 나만 홀로 옳다는 뜻으로 자기 혼자 잘난 체하는 태도를 이름.

唯心論 唯物史觀 唯一無二

唱 부를 창
口부 8획 ⑪
丨口叩叩唱唱唱

(英) sing　(日) ショウ(となえる)

唱歌(창가) : 곡조에 맞추어 노래부름. 또는 그 노래.
先唱(선창) : 맨 먼저 주창(主唱)함.
合唱(합창) : 여러 사람이 혼성으로 노래를 부름.

齊唱 再唱 夫唱婦隨 復名復唱

單 홑 단
口부 9획 ⑫
吅吅吅唱單單

(英) single　(日) タン

單一(단일) : 단하나. 다른 것이 섞여 있지 않음.
名單(명단) : 성명과 해당사항을 간단하게 적은 문건.
單刀直入(단도직입) : 혼자서 한 자루의 칼을 휘 두르며 거침없이 적진에 쳐들어감.

單價 單獨 單純 單幕劇 簡單明瞭

喪 잃을 상
口부 9획 ⑫
土吐声中喪喪喪

(英) lose　(日) ソウ(も)

喪家(상가) : 초상난 집. 상제의 집.
喪禮(상례) : 상중에 행하는 모든 예절.
喪服(상복) : 상제로 있는 동안 입는 예복.
喪失(상실) : 잃어버림.

喪輿 初喪 冠婚喪祭 記憶喪失

口

善

| 착할 선 |
| 口부 9획 ⑫ |
| `` 丷 羊 善 善 善 |

(英) good　　　　　(日) ゼン(よい)

善導(선도) : 올바른 길로 인도함.
善良(선량) : 착하고 어짊.
善惡(선악) : 착함과 악함.
善用(선용) : 알맞게 잘 씀.

善處 僞善 積善 善竹橋 改過遷善

喉

| 목구멍 후 |
| 口부 9획 ⑫ |
| 口 미 吖哧咔喉喉 |

(英) throat　　　　　(日) コウ(のど)

喉頭(후두) : 호흡기관의 윗 부분.
喉舌(후설) : 목구멍과 혀.
喉音(후음) : 내쉬는 숨으로 내는 소리.
咽喉(인후) : 목구멍.

喉頭炎 咽喉炎 耳鼻咽喉科

喜

| 기쁠 희 |
| 口부 9획 ⑫ |
| 一 十 吉 吉 直 喜 |

(英) pleasure　　　　　(日) キ(よろこぶ)

喜報(희보) : 기쁜 소식. 희소식.
喜悲(희비) : 기쁨과 슬픔.
喜色(희색) : 기뻐하는 얼굴색.
歡喜(환희) : 매우 즐거움.

喜劇 喜捨 喜悅 喜消息 喜怒哀樂

嗚

| 슬플 오 |
| 口부 10획 ⑬ |
| 口 미 吖吤嗚嗚嗚 |

(英) alas　　　　　(日) オ

嗚咽(오열) : 목메어 욺.
嗚嗚(오오) : 노래를 부르는 소리.
嗚呼(오호) : ① 탄식하는 소리.
　　　　　　② 말을 걸기 위하여 부르는 말.

嗚呼痛哉

嘗

| 맛볼 상 |
| 口부 11획 ⑭ |
| 业 产 尚 尚 嘗 嘗 |

(英) taste　　　　　(日) ショウ(なめる)

嘗膽(상담) : 쓸개를 맛봄.
嘗味(상미) : 맛을 봄. 먹어 봄.
嘗試(상시) : 시험하여 봄.
未嘗不(미상불) : 아닌게 아니라.

嘗糞之徒 臥薪嘗膽

器

| 그릇 기 |
| 口부 13획 ⑯ |
| 口 吅 吅 哭 哭 器 |

(英) vessel　　　　　(日) キ(うつわ)

器具(기구) : 그릇이나 세간·연장 등의 총칭.
器皿(기명) : 살림에 쓰는 그릇붙이.
大器(대기) : 크게 될 인물의 됨됨이.
食器(식기) : 밥을 담아서 먹는 그릇.

製圖器 核武器 擴聲器 金管樂器

噫

| 한숨쉴 희, 트림할 애 |
| 口부 13획 ⑯ |
| 口 口 吁 吽 咅 噫 噫 |

(英) sigh　　　　　(日) イ(ああ)

噫嗚(희오) : 슬피 탄식하며 마음 괴로워하는 모양.
噫噫(희희) : 감탄하는 소리. 탄식하는 소리.
噫欠(애흠) : 트림과 하품.

噫氣

嚴

| 엄할 엄 |
| 口부 17획 ⑳ |
| 口 严 严 厭 嚴 嚴 |

(英) solemn　　　　　(日) ゲン、コン(おごそか)

嚴格(엄격) : 언행이 엄숙함.
嚴禁(엄금) : 엄중하게 금지함.
威嚴(위엄) : 위의가 있어서 점잖고 엄숙함.
嚴冬雪寒(엄동설한) : 혹독하게 추운 겨울.

嚴密 嚴罰 嚴選 戒嚴令

부 수 3 획	부 수 명 칭	상형 연상과정 (3)	상형 연상과정 (2)	상형 연상과정 (1)
口	에울 위 (큰입구)			

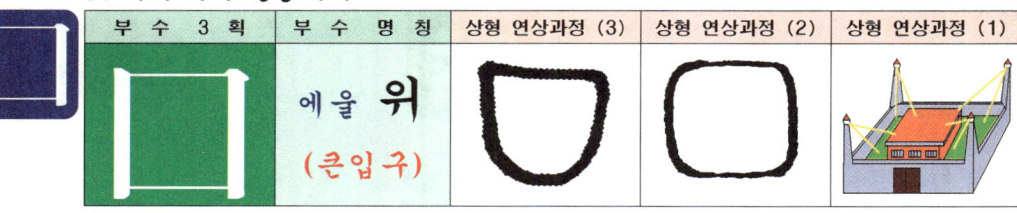

字源

성벽 등으로 사방을 '에워싼' 모양을 본뜬 자.

넉 사

□부 2획 ⑤

丨 冂 冂 四 四

(英) four　　　(日) シ(よつ)

四角(사각) : 네모 모양.
四面(사면) : 사방의 모든 주위.
朝三暮四(조삼모사) : 꾀를 부려 사람을 농락하는
　　　　　　　　것.

四季 四苦 四端 四德 四法 四象

가둘 수

□부 2획 ⑤

丨 冂 冂 囚 囚

(英) imprisom　　　(日) ショウ(とらえる)

囚人(수인) : 옥에 갇힌 사람. 죄수.
罪囚(죄수) : 옥에 갇힌 죄인.
死刑囚(사형수) : 사형 판결을 받는 죄수.
脫獄囚(탈옥수) : 감옥을 도망친 죄수.

囚禁 囚役 囚衣 旣決囚 良心囚

인할 인

□부 3획 ⑥

冂 冂 冂 囚 因 因

(英) cause　　　(日) イン(よる)

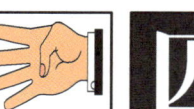

因果(인과) : 원인과 결과를 뜻함.
因襲(인습) : 예전대로 따라서 행함.
原因(원인) : 일이 말미암아서 되는 근본을 말함.
因人成事(인인성사) : 남의 힘을 의지해 일을 이룸.

因習 因緣 因子 近因 基因 火因

돌아올 회

□부 3획 ⑥

丨 冂 冂 冋 回 回

(英) return　　　(日) カイ, エ(まわる)

回答(회답) : 물음에 답을 줌.
回轉(회전) : 빙빙 돌아가 구르는 일.
旋回(선회) : 둘레로 빙빙 돌아가는 것. 항공기가
　　　　　그 길을 바꿈.

回軍 回覽 回路 回想 回線 回數

곤할 곤

□부 4획 ⑦

丨 冂 冂 冈 困 困

(英) tired　　　(日) コン(こまる)

困窮(곤궁) : 가난하고 곤란함.
困難(곤란) : 어려움.
勞困(노곤) : 나른하고도 고달픔.
貧困(빈곤) : 가난하여 살기 어려움.

困境 困馬 困辱 困惑 春困 疲困

굳을 고

□부 5획 ⑧

丨 冂 冂 冂 固 固 固

(英) firm　　　(日) コ(かたい)

固守(고수) : 굳게 지킴.
堅固(견고) : 굳고 튼튼함.
固陋(고루) : 낡은 관념이나 습관에 젖어서 고집
　　　　　이 많고 변통성이 없음.

固辭 固有 固定 固執 固着 固體

國 나라 국

□부 8획 ⑪

丨 冂 冂 冂 國 國 國

(英) nation　　(日) コク(くに)

國家(국가) : 나라.
國民(국민) : 그 나라의 국적을 가진 사람.
祖國(조국) : 조상 때부터 살던 나라.
外國(외국) : 다른 나라.

國歌 國監 國境 國論 國法 國祿

圍 에워쌀 위

□부 9획 ⑫

丨 冂 冂 冏 圍 圍 圍

(英) surround　　(日) イ(かこむ)

範圍(범위) : 제한된 둘레의 언저리.
周圍(주위) : 둘레. 환경.
包圍(포위) : 주위를 둘러쌈.
圍碁(위기) : 바둑. 또는 바둑을 둠.

胸圍 廣範圍 雰圍氣 周圍環境

圓 둥글 원

□부 10획 ⑬

丨 冂 冂 冏 圓 圓

(英) round　　(日) エン(まる)

圓滿(원만) : ① 모난 데가 없고 둥글둥글함.
　　　　　　② 서로 의가 좋음.
　　　　　　③ 일의 진행이 순조로움.
一圓(일원) : 어느 지역의 전부.

圓光 圓盤 圓熟 圓心 圓滑

園 동산 원

□부 10획 ⑬

丨 冂 冂 冐 園 園 園

(英) garden　　(日) エン

公園(공원) : 오락을 위하여 만들어 놓은 큰 동산.
園頭幕(원두막) : 참외, 수박 따위를 심은 밭을
　　　　　　　 지키기 위하여 밭 언저리 또는
　　　　　　　 중앙에 만든 막.

農園 樂園 莊園 庭園 花園

團 둥글 단

□부 11획 ⑭

丨 冂 冂 冐 團 團 團

(英) round　　(日) ダン

團結(단결) : 많은 사람이 한마음으로 뭉침.
團體(단체) : 모임. 같은 목적을 가진 사람들끼리
　　　　　　모인 단체.
集團(집단) : 모임. 단체. 떼.

團旗 團束 團員 團長 公團 船團

圖 그림 도

□부 11획 ⑭

丨 冂 冂 冏 圖 圖

(英) picture　　(日) ト, ズ

圖書(도서) : 책. 서적.
圖謀(도모) : 앞으로 할 일을 위하여 방법을 꾀함.
企圖(기도) : 어떤 일을 이루려고 계획을 세우거
　　　　　　나 그것의 실현을 꾀함.

圖鑑 圖上 圖式 圖案 構圖 版圖

 ## 착각하지 맙시다.

順(순할 순)자는 頁부수에 속하는 글자이며, 馴(길들 순)자는 馬부수에 속하는 글자이며, 訓(가르칠 훈)자는 言부수에 속하는 글자입니다.

胤(이을 윤)자는 月부수에 속하는 글자이며, 後(뒤 후)자는 彳부수에 속하는 글자이며, 繼(이을 계)자는 糸부수에 속하는 글자이며, 聯(잇달 련)자는 耳부수에 속하는 글자이며, 斷(끊을 단)자는 斤부수에 속하는 글자입니다.

부 수 3 획	부 수 명 칭	상형 연상과정 (3)	상형 연상과정 (2)	상형 연상과정 (1)
土	흙 토			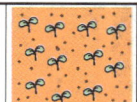

字 源

땅(흙) 위로 새싹이 움터 자라나는 모양에서 '흙'의 뜻이 된 자.

土 흙 토
土부 0획 ③
一 十 土

(英) soil　　　　(日) ド(つち)

土窟(토굴) : 땅 속으로 파낸 굴.
土砂(토사) : 흙과 모래.
土星(토성) : 태양계의 여섯 번째 행성.
國土(국토) : 국가의 영토.

土建 土管 土器 土臺 土俗 土壤

在 있을 재
土부 3획 ⑥
一 ナ ナ 右 存 在

(英) exist　　　　(日) ザイ(ある)

在京(재경) : 서울에 머물러 있음.
在來(재래) : 전부터 있어 내려옴.
在學(재학) : 학교에 다니고 있음.
所在(소재) : 있는 곳.

在家 在庫 在民 在美 在席 在職

地 땅 지
土부 3획 ⑥
一 十 圡 圵 地 地

(英) earth　　　　(日) チ, ジ(つち)

地面(지면) : 땅의 표면.
地名(지명) : 땅의 이름.
地位(지위) : 처지. 위치. 신분.
居住地(거주지) : 사람이 살고 있는 곳.

地價 地檢 地境 地帶 地圖 處地

均 고를 균
土부 4획 ⑦
一 十 圵 圴 均 均

(英) even　　　　(日) キン(ひとしい)

均等(균등) : 차별 없이 고름.
均衡(균형) : 치우침 없이 고름.
平均臺(평균대) : 체조경기의 여자종목에 쓰이는
　　　　　　　　용구.

均配 均分 均一 成均館 平均値

坐 앉을 좌
土부 4획 ⑦
ノ 人 ルヘ ルヘ 坐 坐

(英) sit　　　　(日) ザ(すわる)

坐定(좌정) : 자리잡아 앉음.
坐罪(좌죄) : 죄를 받음.
坐禪(좌선) : 불교에서 가부좌를 하고 조용히 참
　　　　　　선함.

坐立 坐像 坐視 坐藥 對坐 連坐

坤 땅 곤
土부 5획 ⑧
一 十 圵 圹 坤 坤

(英) earth　　　　(日) コン(ひつじさる)

乾坤(건곤) : 하늘과 땅.
坤方(곤방) : 팔방의 하나.
乾坤一擲(건곤일척) : 운명과 흥망을 걸고 단판걸
　　　　　　　　　　이로 승부나 성패를 겨룸.

坤靈 坤女 坤元 坤殿

土

埋
묻을 매
土부 7획 ⑩
土 圹 圬 坢 坢 埋
(英) bury   (日) アイ(うるゆ)

埋沒(매몰) : 파묻음. 또는 파묻힘.
埋伏(매복) : 몰래 숨어있음.
埋立(매립) : 우묵한 땅을 메움. 또는 하천이나
          바다를 메워서 육지로 만드는 일.

埋藏量 假埋葬 生埋葬 暗埋葬

城
재 성
土부 7획 ⑩
圬 圬 圬 城 城 城
(英) castle   (日) マイ(うめる)

城門(성문) : 성의 출입문.
城壁(성벽) : 성의 담벼락.
干城(간성) : 나라를 지키는 군대를 비유하여 일
          컬음.

城郭 城內 城樓 城主 牙城 築城

堅
굳을 견
土부 8획 ⑪
丨 丨 丩 臣 臤 堅
(英) hard   (日) ケン(かたい)

堅固(견고) : 굳세고 단단함.
堅持(견지) : 굳게 지킴.
堅實(견실) : 튼튼하고 충실함.
中堅(중견) : 단체 등의 중심이 되는 사람.

堅剛 堅陣 堅執 中堅手 中堅作家

基
터 기
土부 8획 ⑪
一 艹 甚 其 其 基
(英) base   (日) キ

基幹(기간) : 본바탕이 되는 줄기.
基因(기인) : 근본적 원인.
基礎(기초) : 건물 따위의 무게를 받치기 위하여
          만든 바닥. 토대. 사물의 근본.

基金 基盤 基數 基軸 基層 國基

堂
집 당
土부 8획 ⑪
丨 丨 卅 屵 堂 堂
(英) hall   (日) ドウ

堂堂(당당) : 매우 의젓하고 떳떳함.
堂姪(당질) : 오촌 조카. 곧 사촌의 아들.
殿堂(전당) : ①신불을 모신 집.
          ②크고 화려한 집.

佛堂 聖堂 堂叔 講堂 內堂 明堂

培
북돋울 배
土부 8획 ⑪
一 丨 圵 圹 培 培
(英) nourish   (日) バイ(つちかう)

栽培(재배) : 식물을 심어 가꿈.
培植(배식) : 초목을 북돋우어 심음.
培養(배양) : 식물이나 미생물 따위를 인공적으로
          기르는 일. 또는 인재를 길러 냄.

肥培 清淨栽培

域
지경 역
土부 8획 ⑪
丨 圵 圹 域 域 域
(英) boundary   (日) イキ

域內(역내) : 구역. 또는 지역의 안.
異域(이역) : 자기 고장이 아닌 딴 곳.
區域(구역) : 일정한 기준에 의하여 갈라놓는 지역.
聖域(성역) : 신성한 장소.

廣域 領域 流域 墓域 地域

執
잡을 집
土부 8획 ⑪
土 夺 幸 剚 執 執
(英) take   (日) シツ(とる)

執權(집권) : 정권을 잡음.
執務(집무) : 사무를 맡아봄.
執念(집념) : 머리에서 떠나지 않는 생각. 한가지
          일에 몰두함.

執刀 執禮 執事 執拗 執着 執銃

土

報 알릴 보
土부 9획 ⑫
士 幸 幸 報 報
(英) reward　(日) ホウ(むくいる)

報復(보복) : 앙갚음.
報道(보도) : 신문, 통신 등의 뉴스. 고하여 알림.
報告(보고) : 상부나 상사에게 일의 내용이나 결과를 말 또는 글로 알림.

報國　報答　報償　報恩　報酬　朗報

場 마당 장
土부 9획 ⑫
圹 圹 坦 坍 場 場
(英) place　(日) ジョウ(ば)

場所(장소) : 처소, 자리, 곳.
場內(장내) : 어떠한 처소의 안.
登場(등장) : 무대나 연단 위에 나옴.
入場(입장) : 장내에 들어감.

場面　場勢　場外　開場　劇場　農場

堤 둑 제
土부 9획 ⑫
圹 圹 坍 埕 堤 堤
(英) dike　(日) テイ(つつみ)

堤防(제방) : 둑, 방죽.
堤堰(제언) : 둑, 방죽, 댐.
防波堤(방파제) : 밀려드는 파도를 막기 위하여 항만에 쌓은 둑.

堤塘　防潮堤　碧骨堤

塊 흙덩이 괴
土부 10획 ⑬
圹 圹 坷 坤 塊 塊
(英) lump　(日) カイ(かたまり)

塊石(괴석) : 돌덩이.
塊炭(괴탄) : 덩어리로 된 석탄.
金塊(금괴) : 금덩이.
土塊(토괴) : 흙덩이.

塊然　銀塊　地塊

塞 막힐 색, 변방 새
土부 10획 ⑬
宀 宀 宊 寒 塞 塞
(英) frontier　(日) ソク(ふさぐ)

梗塞(경색) : 흐름이 막히고 사멸됨.
窘塞(군색) : 살기가 구차함.
要塞(요새) : 국방상 중요한 지점에 구축하여 놓은 군사적 방어시설.

甕塞　窒塞　閉塞　塞翁之馬　拔本塞源

塔 탑 탑
土부 10획 ⑬
圹 圹 产 状 塔 塔
(英) tower　(日) トウ

佛塔(불탑) : 절에 세운 탑.
石塔(석탑) : 돌로 만든 탑.
金字塔(금자탑) : 영원히 전해질 만한 가치있는 업적.

寺塔　鐵塔　管制塔　顯忠塔　象牙塔

境 지경 경
土부 11획 ⑭
圹 圹 产 垟 境 境
(英) boundary　(日) キョウ(さかい)

國境(국경) : 나라와 나라 사이의 경계.
接境(접경) : 경계가 서로 접함.
境界(경계) : 지역의 분계. 일정한 표준에 의하여 분간되는 한계.

境內　境遇　境地　困境　邊境　越境

墓 무덤 묘
土부 11획 ⑭
艹 苩 芭 草 莫 墓
(英) grave　(日) ボ(はか)

墓幕(묘막) : 산소 근처에 지은 집.
墓碑(묘비) : 무덤 앞에 세우는 비석.
墓所(묘소) : 무덤이 있는 곳.
省墓(성묘) : 조상의 산소를 찾아가서 살펴 돌봄.

墓域　墓祭　墓地　墳墓　侍墓

土

墨 먹 묵

土부 12획 ⑮
口口甲里黑墨
(英)black-ink　(日)ボク(すみ)

墨畫(묵화) : 먹으로 그린 동양화.
墨客(묵객) : 글씨를 쓰거나 그림을 그리는 사람.
墨香(묵향) : 먹의 향기.
白墨(백묵) : 하얀 분필.

墨字 墨紙 墨筆 水墨畫 紙筆硯墨

墳 봉분 분, 무덤 분

土부 12획 ⑮
土 圵圵圵墳墳
(英)mound　(日)フン(はか)

墳起(분기) : 봉긋함. 도도록함.
墳墓(분묘) : 무덤.
古墳(고분) : 옛 무덤.
封墳(봉분) : 흙으로 쌓아 올려서 만든 무덤.

雙墳

增 더할 증

土부 12획 ⑮
土 圵圹圹增增增
(英)increase　(日)ゾン(ます)

增加(증가) : 더해져서 많아짐.
增産(증산) : 생산량을 늘림.
增減(증감) : 많아지는 일과 적어지는 일.
增便(증편) : 배, 항공기의 운행횟수를 늘림.

增刊 增强 增大 增面 增補 割增料

墮 떨어질 타

土부 12획 ⑮
｜ F 阝阝隋墮
(英)fall　(日)ダ(おちる)

墮胎(타태) : 밴 아이를 인공적으로 떨어지게 함.
墮淚(타루) : 눈물을 흘림.
墮落(타락) : 도덕적으로 잘못된 길로 빠지거나
　　　　　　 떨어짐.

墮弱 墮替

壇 단 단

土부 13획 ⑯
土 圹圹墇增增
(英)alter　(日)ダン

祭壇(제단) : 제사를 지내기 위하여 만들어 놓은 단.
登壇(등단) : 연단. 교단에 오름.
演壇(연단) : 연설을 하는 사람이 올라서는 단.
文壇(문단) : 문인들의 사회.

壇上 講壇 教壇 論壇 花壇

壁 벽 벽

土부 13획 ⑯
尸 居 居 辟 辟壁
(英)wall　(日)ヘキ(かべ)

壁畫(벽화) : 바람벽 위에 그린 그림.
壁報(벽보) : 벽에 써 붙여 여러 사람들에게 알리
　　　　　　 는 글.
絶壁(절벽) : 경사가 급한 낭떠러지.

壁紙 防壁 赤壁 氷壁 鐵壁

墙 담 장

土부 13획 ⑯
土 圹圹圹墙墙
(英)fence　(日)ショウ(かき)

墙內(장내) : 담 안을 말함.
墙壁(장벽) : 담과 벽을 말함.
墙外(장외) : 담 바깥.
短墙(단장) : 나지막하고 작은 단장.

墙下 路柳墙花

壓 누를 압, 억누를 압

土부 14획 ⑰
厂厂厈厭壓壓
(英)press　(日)アツ(おす)

壓倒(압도) : 상대편을 눌러 넘어뜨림.
壓力(압력) : 누르는 힘.
鎭壓(진압) : 위엄으로 진정시켜 억누름.
彈壓(탄압) : 함부로 올러대고 억누름.

壓卷 壓死 壓勝 强壓 變壓器

壞 무너질 괴

土부 16획 ⑲

土 广 圹 圹 坤 壞 壞

(英) collapse　　　(日) カイ(こわす)

壞滅(괴멸) : 깨뜨려 쪼갬. 부서져 갈라짐.
崩壞(붕괴) : 허물어져 무너져 내림.
損壞(손괴) : 손상하고 파괴하는 것.
破壞(파괴) : 부수어 무너뜨림.

壞廢　壞血病

壤 흙덩이 양

土부 17획 ⑳

土 广 圹 埣 壤 壤

(英) soil　　　(日) ジョウ(つう)

土壤(토양) : 곡물이 잘 자랄 수 있는 흙.
擊壤歌(격양가) : 풍년이 들어 농부가 태평한 세
　　　　　　　월을 구가하는 노래.
天壤之差(천양지차) : 하늘과 땅 사이 같이 큰 차이.

土壤浸蝕

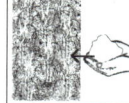

부 수 3 획	부 수 명 칭	상형 연상과정 (3)	상형 연상과정 (2)	상형 연상과정 (1)
士	선비 사	士	士	

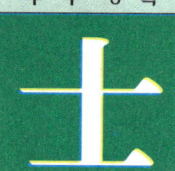 

字源

하나(一)를 배우면 열(十)을 안다는 '선비'를 뜻하게 된 자.

士 선비 사

士부 0획 ③

一 十 士

(英) scholar　　　(日) シ(さむらい)

士氣(사기) : 젊은이로서 자신있고 씩씩한 기세.
士兵(사병) : 하사관 이하의 군인.
志士(지사) : 고매한 뜻을 품은 사람.
士大夫(사대부) : 벼슬이 있거나 문벌이 높은 사람.

士官　士禍　居士　武士　樂士　學士

壬 북방 임

土부 1획 ④

丿 二 千 壬

(英) stems(north)　　　(日) ニン, ジン(みずのえ)

壬人(임인) : 간사한 사람.
壬方(임방) : 정북방에서 서쪽으로 15도 되는 방
　　　　　위를 뜻함.
壬辰倭亂(임진왜란) : 임진년에 왜가 일으킨 전란.

壬亂　壬子

壯 장할 장

士부 4획 ⑦

丨 丬 丬 壯 壯 壯

(英) brave　　　(日) ソウ(さかん)

壯觀(장관) : 굉장하여 볼만한 광경.
壯丁(장정) : 기운이 좋으며 젊음이 넘치는 남자.
壯年(장년) : 기운이 한창인 나이.
雄壯(웅장) : 으리으리하여 아주 크고 훌륭함.

壯擧　壯途　壯談　壯大　壯元　悲壯

壹 한 일, 갖은한 일

士부 9획 ⑫

士 声 声 壹 壹 壹

(英) one　　　(日) イチ(ひとつ)

壹是(일시) : 모든 것이 한결같이.
壹意(일의) : 한 가지 일에 모든 뜻을 두고 오로
　　　　　지 이 일만을 함.

士

壽 | 목숨 수
士부 11획 ⑭
亠 士 圭 圭 喜 喜 壽

(英) longevity　(日) ジュ(ことぶき)

壽宴(수연) : 장수를 축하하는 잔치.
壽命(수명) : 타고난 목숨. 물품이 그 사용에 견디는 기간.
萬壽無疆(만수무강) : 한없이 오래오래 목숨이 긺.

壽衣 米壽 長壽 天壽 十年減壽

攵

부 수 3 획	부 수 명 칭	상형 연상과정 (3)	상형 연상과정 (2)	상형 연상과정 (1)
攵	천천히걸을 쇠			

字 源

두 다리를 끌듯이 느릿느릿 '천천히 걸어가는' 모양을 본뜬 자.

夏 | 여름 하
攵부 7획 ⑩
一 ㄱ 百 百 頁 夏 夏

(英) summer　(日) カ(なつ)

夏服(하복) : 여름에 입는 옷.
盛夏(성하) : 한여름.
夏爐冬扇(하로동선) : 여름의 하로와 겨울의 부채. 곧 철에 맞지 않는 사물.

夏季 夏穀 夏期 夏節 夏至 立夏

 착각하지 맙시다.

記(기록할 기)자는 言부수에 속하는 글자이며, 紀(실마리 기)자는 糸부수에 속하는 글자이며, 起(일어날 기)자는 走부수에 속하는 글자이며, 忌(꺼릴 기)자는 心부수에 속하는 글자이며, 杞(나무 이름 기)자는 木부수에 속하는 글자이며, 改(고칠 개)자는 攵부수에 속하는 글자이며, 妃(왕비 비)자는 女부수에 속하는 글자이며, 配(아내 배)자는 酉부수에 속하는 글자입니다.

부 수 3 획	부 수 명 칭	상형 연상과정 (3)	상형 연상과정 (2)	상형 연상과정 (1)
夕	저녁 석			

字 源

초승달(반달)의 모양을 본뜬 자로 '저녁'의 뜻으로 쓰임.

夕 저녁 석
夕부 0획 ③
ノクタ

(英) evening　　　　(日) セキ(ゆうべ)

夕刊(석간) : 저녁에 배달되는 신문.
夕陽(석양) : 저녁나절에 넘어가려는 해.
一朝一夕(일조일석) : 하루아침, 하루저녁 처럼 빠른 시일.

夕霧 夕飯 秋夕 七夕 朝夕禮佛

外 바깥 외
夕부 2획 ⑤
ノクタ外外

(英) outside　　　　(日) ガイ、ゲ(そと)

外信(외신) : ① 외국으로부터의 통신.
　　　　　　② 외국의 신문·통신.
外貨(외화) : 외국의 화폐.
外交官(외교관) : 외국에서 외교업무를 보는 관리.

外家 外界 外廓 外貌 外泊 外遊

多 많을 다
夕부 3획 ⑥
ノクタ多多多

(英) many　　　　(日) タ(おおい)

多樣(다양) : 모양이나 양식이 여러 가지임.
過多(과다) : 너무 많음.
多邊化(다변화) : 방법이나 양상이 단순하지 않고 다원적으로 복잡해짐.

多角 多量 多幸 多讀 雜多 多情多感

夜 밤 야
夕부 5획 ⑧
一亠广疒疗夜夜

(英) night　　　　(日) ヤ(よる)

夜景(야경) : 밤의 경치.
夜勤(야근) : 밤에 근무함.
夜學(야학) : 밤에 배우는 공부.
徹夜(철야) : 잠을 자지 않고 밤을 샘.

夜警 夜光 夜襲 夜食 夜話 白夜

夢 꿈 몽
夕부 11획 ⑭
艹芇苩莔夢夢

(英) dream　　　　(日) ム(ゆめ)

胎夢(태몽) : 아이를 밸 징조의 꿈.
夢想(몽상) : ① 실현성이 없는 헛된 생각.
　　　　　　② 꿈에서까지 생각함.
非夢似夢(비몽사몽) : 꿈인지 생시인지 어렴풋함.

蒙昧 迷夢 惡夢 解夢 同床異夢

부 수 3 획	부수 명칭	상형 연상과정 (3)	상형 연상과정 (2)	상형 연상과정 (1)
大	큰 대			 

字 源

두 팔을 벌리고 서있는 사람의 모습이 '큰'을 가리킨 자.

大 — 큰 대
大부 0획 ③
一ナ大

(英) big　　(日) タイ, ダイ(おおきい)

大望(대망) : 큰 희망.
大地(대지) : 넓고 큰 땅.
大器晩成(대기만성) : 크게 될 사람은 늦게 이루어짐.

大家 大權 大綱 大概 大陸 大法院

夫 — 지아비 부
大부 1획 ④
一二丯夫

(英) man　　(日) フ(おっと)

夫人(부인) : 남의 아내를 높인 말임.
農夫(농부) : 농사를 업으로 삼는 사람.
匹夫(필부) : ① 한 사람의 남자.
　　　　　　② 신분이 낮은 사내.

夫婦 工夫 鑛夫 令夫人 荷役夫

天 — 하늘 천
大부 1획 ④
一二デ天

(英) heaven　　(日) テン(そら, あめ)

天然(천연) : 자연 그대로. 타고난 그대로.
天職(천직) : 타고난 직분.
樂天的(낙천적) : 인생이나 어떤 사태에 대하여 걱정하지 않고 낙관하는 것.

天干 天國 天倫 天才 天高馬肥

太 — 클 태
大부 1획 ④
一ナ大太

(英) big　　(日) タイ(ふどい)

太古(태고) : 아주 오랜 옛날.
太半(태반) : 절반이 지남. 반 수 이상.
太平聖代(태평성대) : 어진 임금이 다스리는 태평한 세상.

太陽 太極旗 太平洋 太陽電池

失 — 잃을 실
大부 2획 ⑤
ノ一二失失

(英) lose　　(日) シツ(うしなう)

失言(실언) : 실수로 말을 잘못함.
失意(실의) : 실망.
失敗(실패) : 일의 목적과는 반대로 헛일이 됨.
失業者(실업자) : 직업을 잃은 사람.

失脚 失格 失權 失期 失禮 失利

央 — 가운데 앙
大부 2획 ⑤
丶口口央央

(英) center　　(日) オウ

中央(중앙) : ① 사방의 중심이 되는 곳.
　　　　　　② 가장 요긴한 위치.
中央集權(중앙집권) : 정치상의 실권이 중앙정부에 집중되어 있는 일.

中央廳 中央煖房

大

夷 오랑캐 이
大부 3획 ⑥
一 ㄱ ㅋ 늙 夷 夷

(英) barbarian (日) イ(おびす)

東夷(동이) : 동쪽의 오랑캐라는 뜻으로 동쪽에 있
는 족속들을 멸시하여 일컫는 말.
以夷制夷(이이제이) : 오랑캐로 오랑캐를 제어함.
즉 한 세력으로 다른 세력을 제어함.

夷界 夷滅 武夷

奈 어찌 내, 나락 나
大부 5획 ⑧
一 ナ 大 杏 杏 奈 奈

(英) why (日) ナ

奈落(나락) : ① 지옥. ② 벗어나기 어려운 절망적
상황을 비유하여 이르는 말.
莫無可奈(막무가내) : 남의 말을 듣지 않고 완강하
게 제 뜻을 고집하는 모양.

奈何

奔 달릴 분
大부 6획 ⑨
一 ナ 大 本 本 奔

(英) run-away (日) ホン(はしる)

奔忙(분망) : 매우 바쁨.
奔走(분주) : 몹시 바쁨. 바쁘게 돌아다님.
東奔西走(동분서주) : 동으로 서로 분주하게 돌아
다님을 이르는 말.

奔女 奔放 分配 奔逸 狂奔

奚 어찌 해
大부 7획 ⑩
一 ペ 쬬 쬬 쬬 奚 奚

(英) why (日) ケイ(なんぞ)

奚故(해고) : 무슨 까닭.
奚琴(해금) : 향악기에 속하는 칠현악기의 하나로
속칭은 깡깡이라고도 함.
奚奴(해노) : 종. 하인(下人).

奚論歌

奇 기특할 기
大부 5획 ⑧
一 大 굿 슙 奇

(英) strange (日) キ(めずらしい)

奇蹟(기적) : 사람이 도저히 할 수 없는 신기한 일.
怪奇(괴기) : 괴상하고 기이함.
珍奇(진기) : 보배롭고 기이함.
好奇心(호기심) : 기이한 것을 좋아하는 마음.

奇談 奇妙 奇拔 奇書 奇聲 奇特

奉 받들 봉
大부 5획 ⑧
三 ㄹ 夫 夫 表 奉

(英) offer (日) ホウ(たてまつる)

奉仕(봉사) : ①남의 뜻을 받들어 섬김. ②국가·
사회를 위해 헌신적으로 일함.
奉養(봉양) : 집안의 어른을 받들어 모시고 섬김.
信奉(신봉) : 믿고 정직하게 받듦.

奉命 奉事 奉唱 奉祝 滅私奉公

契 맺을 계, 나라이름 글
大부 6획 ⑨
三 ㅡ 丰 却 却 却 契 契

(英) bond (日) ケイ(ちぎる)

契機(계기) : ① 본질적인 사태나 요소. ②동인(動因)
契約(계약) : 쌍방이 지켜야 할 의무에 관해서 서
면이나 구두로 하는 약속.
默契(묵계) : 말없는 가운데 우연히 뜻이 맞음.

契員 契印 假契約 親睦契 契丹

獎 장려할 장
大부 11획 ⑭
爿 爿 將 將 將 獎 獎

(英) exhort (日) ショウ(すすめる)

獎勵(장려) : 권하여 북돋아 줌.
勸獎(권장) : 권하여 장려함.
獎學金(장학금) : 학문을 연구하기 위한 보조금.
가난한 학생을 위한 학비 보조금.

獎導

大

女

奪

빼앗을 탈
大부 11획 ⑭
一大卆杂杏奪

(英)deprive　(日)タツ(うばう)

奪還(탈환) : 빼앗긴 것을 도로 찾음.
奪取(탈취) : 빼앗아 가짐.
剝奪(박탈) : 재물이나 권리를 빼앗음.
掠奪(약탈) : 폭력을 써서 억지로 빼앗음.

奪胎 强奪 劫奪 收奪 與奪 爭奪

奮

떨칠 분
大부 13획 ⑯
一ナ大卆杏奮奮

(英)rouse-up　(日)フン(ふるう)

奮發(분발) : 마음과 힘을 돋우어 일으킴.
興奮(흥분) : ① 감정이 복받쳐 일어남.
　　　　　② 어떤일에 감동되어 분기함.
孤軍奮鬪(고군분투) : 홀로 여럿을 상대로 싸움.

奮起 奮然 奮戰 激奮 發奮

부 수 3 획	부 수 명 칭	상형 연상과정 (3)	상형 연상과정 (2)	상형 연상과정 (1)
女	계집 녀			

字源

두 손을 무릎 위에 모으고 '얌전히 앉아 있는 여인'의 모양을 본뜬 자.

女

계집 녀
女부 0획 ③
一ㄜ女

(英)lady　(日)ジョ(おんな)

女流(여류) : 일부 명사 앞에 쓰이어 '여자'의 뜻
　　　　을 나타냄.
淑女(숙녀) : 교양과 품격을 갖춘 여자.
女丈夫(여장부) : 남자같이 기개 있고 헌걸찬 여자.

侍女 醜女 孝女 有夫女 窈窕淑女

奴

종 노
女부 2획 ⑤
ㄑ女女奴奴

(英)slave　(日)ド(やっこ)

奴婢(노비) : 사내종과 계집종의 총칭.
奴隷(노예) : 자유가 없이 남에게 부림을 받는 자.
賣國奴(매국노) : 매국 행위를 하는 사람.
守錢奴(수전노) : '구두쇠'의 낮은 말.

奴視

妄

망령될 망
女부 3획 ⑥
一ㄴㅗ亡妄妄

(英)absurd　(日)ボウ, モウ(みたり)

妄想(망상) : 망령된 생각. 허황된 생각.
妄言(망언) : 망령된 말.
妖妄(요망) : 요사하며 망령됨.
輕擧妄動(경거망동) : 경솔하고 망령되게 행동함.

妄覺 妄靈 妄發 輕妄 被害妄想

妃

왕비 비
女부 3획 ⑥
ㄑ女女女'妃妃

(英)queen　(日)ヒ(きさき)

大妃(대비) : 선왕의 후비.
妃嬪(비빈) : 임금의 정실과 후궁을 함께 이르는
　　　　말.
王妃(왕비) : 임금의 아내.

妃色 皇妃 楊貴妃 王大妃

女

如 같을 여
女부 3획 ⑥
ㄴ 섯 섯 쳐 如 如
(英) like　　(日) ジョ、ニョ(ごとし)

如實(여실) : 사실과 똑같음.
如反掌(여반장) : 손바닥을 뒤집는 것처럼 매우
　　　　　　　쉽다는 뜻.
如何間(여하간) : 어떻든 간에. 여하튼.

如前 如此 缺如 如意珠 萬事如意

好 좋을 호
女부 3획 ⑥
ㄴ 섯 섯 쳐 好 好
(英) good　　(日) コウ(よい)

好轉(호전) : ① 무슨 일이 잘 되어 가기 시작함.
　　　　　② 병 증세가 차츰 낫기 시작함.
好況(호황) : 경기가 좋음.
絕好(절호) : 더할 수 없이 좋음.

好感 好奇心 好色漢 同好人

妙 묘할 묘
女부 4획 ⑦
ㄴ 섯 섯 쳐 妙 妙
(英) exquisite　　(日) ミョウ(たえ)

妙技(묘기) : 교묘한 기술과 재주.
妙齡(묘령) : 여자 이십 전후의 나이.
巧妙(교묘) : 솜씨나 꾀가 재치 있고 약빠름.
奇奇妙妙(기기묘묘) : 매우 기묘함.

妙味 妙手 妙案 微妙 奧妙 絕妙

妨 방해할 방
女부 4획 ⑦
ㄴ 섯 섯 쳐 妨 妨
(英) hinder　　(日) ボウ(さきたげる)

妨害(방해) : 남의 일에 헤살을 놓아 못하게 함.
無妨(무방) : 거리낄 것이 없음. 지장이 없음.
妨害罪(방해죄) : 권리자의 행위나 수익을 방해함
　　　　　　　으로써 성립하는 죄.

妥 온당할 타
女부 4획 ⑦
ㅡ ㅉ ㅉ 妥 妥
(英) proper　　(日) ダ

妥結(타결) : 서로 좋도록 협의하여 약속을 맺음.
妥當(타당) : 사리에 맞아 마땅함.
妥協的(타협적) : 모든 일을 서로 협의해서 하는
　　　　　　　것. 타협하려는 태도가 있는 것.

妥定 普遍妥當性

姑 시어미 고
女부 5획 ⑧
ㄴ 섯 섯 쳐 女'姑 姑
(英) mother-in-law　　(日) コ(しゅうとめ)

姑母(고모) : 아버지의 누이.
姑婦(고부) : 시어머니와 며느리.
姑從(고종) : 고모의 아들이나 딸들.
姑息(고식) : 당장에는 탈이 없는 일시적인 안정.

堂姑母 王姑母

妹 누이 매
女부 5획 ⑧
ㄴ 섯 섯 쳐 女' 妹
(英) younger sister　　(日) マイ(いもうと)

妹夫(매부) : 누이의 남편.
妹兄(매형) : 손위 누이의 남편.
男妹(남매) : 오라비와 누이. 오누이.
姉妹(자매) : 손위 누이와 손아래 누이.

親男妹 兄弟姉妹

姓 성 성
女부 5획 ⑧
ㄴ 섯 섯 쳐 女'姓 姓
(英) surname　　(日) セイ(かばね)

姓名(성명) : 성과 이름.
百姓(백성) : 일반 국민. 문벌이 높지 않은 보통
　　　　　사람.
同姓同本(동성동본) : 성도 같고 본관도 같음.

姓氏 姓銜 他姓 通姓名

女

始

비로소 **시**
女부 5획 ⑧
ㄥ 女 女 女 始 始 始

(英) begin　　　　　(日) シ(はじめる)

始作(**시작**) : ① 처음으로 함.
　　　　　　　② 쉬었다가 다시 비롯함.
始務式(**시무식**) : 연초에 근무를 시작하는 의식.
始終一貫(**시종일관**) : 처음부터 끝까지 한결같음.

始祖 始初 開始 始末書 今始初聞

委

맡길 **위**
女부 5획 ⑧
ㄧ 千 禾 禾 委 委

(英) entrust　　　　　(日) イ(ゆだねる)

委員(**위원**) : 특정 사항의 처리를 위임 맡은 사람
　　　　　　으로서 임명, 또는 선거된 사람.
委囑(**위촉**) : 맡기어 부탁함.
委託(**위탁**) : 위촉하여 부탁함.

特委 委員長 委任狀 委託販賣

姉

손위누이 **자**
女부 5획 ⑧
ㄥ 女 女 女 姉 姉

(英) elder sister　　　　　(日) シ(あね)

姉妹(**자매**) : ① 손위 누이와 손아래 누이.
　　　　　　② 관계가 아주 밀접한 사이를 말함.
姉母(**자모**) : 누이와 어머니.
姉兄(**자형**) : 손위 누이의 남편.

姉夫 兄弟姉妹

妻

아내 **처**
女부 5획 ⑧
ㄧ 三 事 妻 妻 妻

(英) wife　　　　　(日) サイ(つま)

恐妻家(**공처가**) : 아내에게 꼼짝못하고 눌려지내
　　　　　　는 남편.
嚴妻侍下(**엄처시하**) : 아내에게 쥐여사는 사람을
　　　　　　조롱하는 말.

妻福 妻弟 愛妻家 帶妻僧 賢母良妻

妾

첩 **첩**
女부 5획 ⑧
ㄧ ㅗ 立 立 产 妾 妾

(英) concubine　　　　　(日) ショウ(めかけ)

妾室(**첩실**) : 첩을 점잖게 일컫는 말.
小妾(**소첩**) : 여자가 남편이나 정실에게 자기를
　　　　　　낮추어 일컫는 말.
愛妾(**애첩**) : 사랑하는 첩.

妾婦 妾子

姦

간음할 **간**
女부 6획 ⑨
ㄥ 女 女 女 姦 姦
姦 姦

(英) adultery　　　　　(日) カン

姦淫(**간음**) : 부부 아닌 남녀가 성적 관계를 맺음.
姦通(**간통**) : 배우자가 있는 사람이 배우자 이외
　　　　　　의 이성과 정을 통함.
姦慝(**간특**) : 간사하고 능갈침.

强姦 輪姦 姦婦 姦心 近親相姦

威

 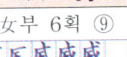

위엄 **위**
女부 6획 ⑨
ㄧ 厂 厈 威 威 威

(英) dignity　　　　　(日) イ

威力(**위력**) : ① 강대한 힘.
　　　　　　② 남을 복종시키는 힘.
威容(**위용**) : 위엄 있는 모습.
國威(**국위**) : 나라의 권세와 위력.

威勢 威壓 威嚴 示威 狐假虎威

姻

혼인 **인**
女부 6획 ⑨
ㄥ 女 女 女 姻 姻 姻

(英) marriage　　　　　(日) イン

姻叔(**인숙**) : 고모부.
姻戚(**인척**) : 외가와 처가에 딸린 친척.
結印(**결인**) : 연분을 맺음.
婚姻(**혼인**) : 남녀가 부부가 되는 길.

姻親 婚姻聖事

女

姿 모양 자
女부 6획 ⑨

一ソ次次姿姿

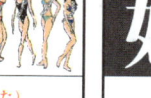

(英) figure　　　　(日) シ(すかた)

姿勢(자세) : 몸가짐 모양과 그 태도.
姿態(자태) : ① 모습 또는 모양.
　　　　　 ② 몸을 가지는 태도와 맵시.
雄姿(웅자) : 웅장한 모습.

姿色　高姿勢　基本姿勢

姪 조카 질
女부 6획 ⑨

乙女女妒妒姪

(英) nephew　　　　(日) テツ

姪女(질녀) : 조카딸.
姪婦(질부) : 조카며느리.
姪孫(질손) : 조카의 아들.
叔姪(숙질) : 아저씨와 조카.

姪壻　堂姪　姨姪女

娘 계집 낭
女부 7획 ⑩

乙女女如妒娘娘

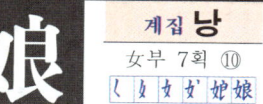

(英) girl　　　　(日) ジョウ(むすめ)

娘子(낭자) : 소녀. 아가씨. 처녀.
娘娘(낭낭) : 어머니. 왕비.
娘子軍(낭자군) : 여자로만 편성된 군대. 또는 선
　　　　　　 수단이나 단체.

娘家

娛 즐길 오
女부 7획 ⑩

乙女女如娛娛娛

(英) amuse　　　　(日) ゴ(たのしむ)

娛樂(오락) : 재미있게 즐겁게 노는 놀이. 또는
　　　　　　 즐겁게 놂.
娛遊(오유) : 즐겁게 놂.
歡娛(환오) : 매우 즐거움.

娛樂室　電子娛樂

婦 며느리 부
女부 8획 ⑪

乙女女妒婦婦婦

(英) wife　　　　(日) フ

寡婦(과부) : 남편이 죽어서 혼자 사는 여자.
婦人(부인) : 기혼 여자.
派出婦(파출부) : 임시로 출장하여 시간제로 가사
　　　　　　 따위를 돌보아 주는 사람.

姑婦　新婦　妖婦　姙産婦　慰安婦

婢 계집종 비
女부 8획 ⑪

乙女妒妒婢婢婢

(英) maid servant　　　　(日) ヒ

婢僕(비복) : 계집종과 사내종.
奴婢(노비) : 사내종과 계집종.
婢妾(비첩) : ① 계집종과 첩.
　　　　　 ② 종으로 첩이 된 계집.

婢女　婢子

婚 혼인할 혼
女부 8획 ⑪

乙女妒妒婚婚

(英) marriage　　　　(日) コン

婚談(혼담) : 혼처를 정하려고 오가는 말.
約婚(약혼) : 결혼하기로 약속함.
破婚(파혼) : 약혼을 파기하는 것.
婚需(혼수) : 혼인에 드는 물품이나 비용.

婚禮　請婚　結婚式　冠婚喪祭

媒 중매 매
女부 9획 ⑫

乙女妒妒媒媒

(英) go between　　　　(日) バイ(なかだち)

仲媒(중매) : 혼인을 어울리게 하는 일. 또 그 사람.
媒介(매개) : 양편의 중간에 서서 관계를 맺어 줌.
觸媒(촉매) : 화학반응 때 그 자체는 변화되지 않
　　　　　 으나 반응 속도를 촉진 또는 지체시키는 물질.

冷媒　靈媒　溶媒　媒介體

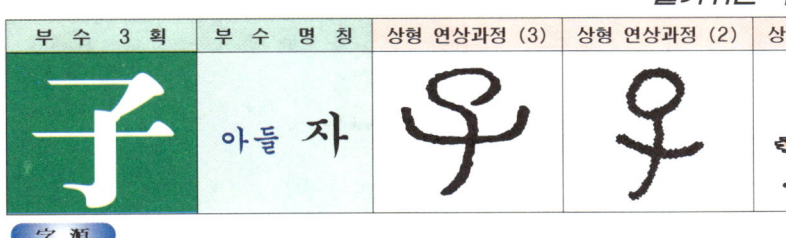

부수 3 획	부수 명칭	상형 연상과정 (3)	상형 연상과정 (2)	상형 연상과정 (1)
子	아들 자			

字 源

두 팔을 벌린 채 불안정한 자세로 서 있는 '어린애' 모양을 본뜬 자.

子 아들 자

子부 0획 ③
一 了 子
(英) son　　　(日) シ(こ)

子息(자식) : 아들과 딸의 총칭.
菓子(과자) : 밀가루에 설탕 우유 따위를 섞어 만든 기호품.
箱子(상자) : 나무, 종이 등으로 만든 손그릇.

子宮 子規 子女 子婦 子孫 男子

孔 구멍 공, 성 공

子부 1획 ④
一 了 孑 孔
(英) hole　　　(日) コウ(あな)

孔孟(공맹) : 공자와 맹자를 아울러 이름.
孔雀(공작) : 꿩과에 속하는 새.
瞳孔(동공) : 눈동자.
穿孔(천공) : 바윗돌 따위에 구멍을 뚫는 작업.

孔德 孔子 氣孔 十九孔炭

字 글자 자

子부 3획 ⑥
丶 丶 宀 宁 字
(英) letter　　　(日) ジ(あざ, あざな)

誤字(오자) : ① 잘못 쓴 글자.
　　　　　　② 활자를 잘못 꽂은 인쇄물의 글자.
脫字(탈자) : 글이나 인쇄물에서 빠뜨린 글자.
漢字(한자) : 중국의 글자.

字句 字幕 字母 字數 字源 字義

存 있을 존

子부 3획 ⑥
一 ナ オ オ 存 存
(英) exist　　　(日) ソン, ゾン(ある)

生存(생존) : 끝까지 살아남음.
依存(의존) : 의지하고 있음.
賦存資源(부존자원) : 경제적으로 이용할 수 있는 모든 천연자원.

存立 存亡 存續 存在 存廢 共存

孝 효도 효

子부 4획 ⑦
一 十 土 耂 孝 孝
(英) filial piety　　　(日) コウ
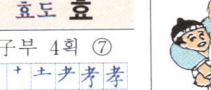

孝道(효도) : 부모님을 잘 섬기는 도리.
孝誠(효성) : 마음을 다해 부모를 섬기는 정성.
不孝子(불효자) : ① 불효한 자식. ② 부모에게 자기를 가리켜 편지에 쓰는 말.

孝女 孝婦 孝心 孝子 孝行 忠孝

季 계절 계

子부 5획 ⑧
二 千 禾 禾 季 季
(英) season　　　(日) キ(すえ)

季刊(계간) : 분기별로 한 해에 네 번 발행하는 출판물.
季節(계절) : 철.
冬季(동계) : 겨울철.

季氏 四季 秋季 春季 夏季 季節風

子

孤

외로울 고
子부 5획 ⑧

(英) lonely　　　　　(日) コ(みなしご)

孤獨(고독) : 외로움.

孤兒(고아) : 부모가 없는 아이.

絶海孤島(절해고도) : 육지에서 멀리 떨어진 외딴 섬.

孤高 孤島 孤寂 孤寒 孤軍奮鬪

孟

맏 맹, 성 맹
子부 5획 ⑧

(英) first　　　　　(日) モウ

孟母三遷(맹모삼천) : 맹자의 어머니가 맹자를 가르치려고 세 번 이사했다는 고사.

虛無孟浪(허무맹랑) : 터무니없이 허황하고 실상이 없음.

孟子 孟春 孔孟

孫

손자 손, 성 손
子부 7획 ⑩

(英) grandson　　　　　(日) ソン(まご)

王孫(왕손) : 임금의 손자. 또는 후손.

子孫(자손) : 아들과 손자.

後孫(후손) : 여러 대가 지난 뒤의 자손. 후예.

代代孫孫(대대손손) : 대대로 내려오는 자손.

孫子 世孫 宗孫 玄孫 孫悟空

孰

누구 숙
子부 8획 ⑪

(英) who　　　　　(日) ジュウ(いずれ)

孰若(숙약) : 양쪽을 비교해서 물어볼 때 쓰는 말. 어느 쪽인가.

孰能禦之(숙능어지) : 누가 능히 막으랴는 뜻으로 '막아내기 어려움'을 일컬음.

學

배울 학
子부 13획 ⑯

(英) study, learn　　　　　(日) ガク(まなぶ)

學費(학비) : 학업을 닦는데 쓰이는 비용.

大學(대학) : 학술의 연구 및 교육의 최고기관.

獨學(독학) : 스승 없이 혼자 공부함.

入學(입학) : 학교에 들어가 학생이 됨.

學界 學科 學校 學內 學堂 學說

 착각하지 맙시다.

庭(뜰 정)자는 广부수에 속하는 글자이며, 艇(거룻배 정)자는 舟부수에 속하는 글자이며, 挺(뺄 정)자는 扌부수에 속하는 글자이며, 健(튼튼할 건)자는 亻부수에 속하는 글자이며, 鍵(열쇠 건)자는 金부수에 속하는 글자이며, 腱(힘줄 밑동 건)자는 月(肉)부수에 속하는 글자입니다.

부 수 3 획	부 수 명 칭	상형 연상과정 (3)	상형 연상과정 (2)	상형 연상과정 (1)
宀	집 면 (갓머리)			

字源

'움집' 모양을 본뜬 자.

守 지킬 수
宀부 3획 ⑥
丶丶宀宁守守
(英) keep　　　　(日) シュ(まもる)

守備(수비) : 적의 침입으로부터 지키어 방비함.
守則(수칙) : 행동, 절차에 관하여 지켜야 할 사항을 정한 규칙.
遵守(준수) : 규칙,명령 등을 그대로 쫓아서 지킴.
守令 守兵 守城 守勢 守衛 守錢奴

安 편안할 안
宀부 3획 ⑥
丶丶宀安安安
(英) peaceful　　　　(日) アン(やすらか)

安否(안부) : 편안함과 편하지 않음.
安心(안심) : 걱정 없이 마음을 편히 가짐.
安逸(안일) : 편안하고 한가로움.
不安(불안) : 마음이 뒤숭숭함.
安寧 安息 保安 慰安 治安 安定

宇 집 우
宀부 3획 ⑥
丶丶宀宀宇宇
(英) house　　　　(日) ウ

宇宙船(우주선) : 대기권 밖의 우주공간을 사람이나 관측장치 따위를 싣고 다니는 비행체.
宇宙人(우주인) : ①지구이외의 다른 행성에 살지도 모를 생물을 일컬음. 외계인. ②우주비행사.
氣宇

宅 집 택, 집 댁
宀부 3획 ⑥
丶丶宀宅宅宅
(英) house　　　　(日) タク(おる)

宅地(택지) : 집터.
住宅(주택) : 살림살이를 할 수 있도록 지은 집.
宅內(댁내) : 상대자를 높이어 그의 집안을 이르는 말.
家宅 自宅 邸宅 聯立住宅

完 완전할 완
宀부 4획 ⑦
丶丶宀宀宇完
(英) complete　　　　(日) カン(まったい)

完璧(완벽) : ①흠이 없는 구슬.
　　　　②결점이 없이 훌륭함.
完備(완비) : 빠짐없이 완전히 구비함.
完成(완성) : 완전히 다 이룸.
完決 完結 完工 完納 完了 完遂

官 벼슬 관
宀부 5획 ⑧
丶宀宀宁官官
(英) official　　　　(日) カン(つかさ)

舊官(구관) : 옛 벼슬아치.
教官(교관) : ①학술을 교수하는 관리.
　　　　②군대에서 교직에 종사하는 장교.
明官(명관) : 선정을 베푸는 관리. 현명한 관리.
官家 官權 官僚 官吏 官公署

宜 마땅할 의
宀부 5획 ⑧
丶丶宀宀官官宜宜

(英) suitable　　　　(日) ギ(よろしい)

宜當(의당) : 마땅히 그러함.
時宜(시의) : 그 때의 사정에 맞음.
便宜(편의) : 여러 조건이 갖추어져 생활이나 일
　　　　　 하는데 편하고 좋음.

宜寧君

定 정할 정
宀부 5획 ⑧
丶丶宀宀宁字定

(英) settle　　　　(日) テイ(さだめる)

鑑定(감정) : 사물의 전부와 좋고 나쁨을 감별하
　　　　　 여 결정함.
指定(지정) : 이것이라고 가리켜 정함.
判定(판정) : 판별하여 결정함.

定價 定款 認定 確定 通商協定

宗 마루 종
宀부 5획 ⑧
丶丶宀宀宇宇宗宗

(英) ancestral　　　　(日) ショウ, ソウ(むね)

宗敎(종교) : 신의 힘이나 초자연적인 존재에 대
　　　　　 한 신앙과 숭배.
宗團(종단) : 종교 또는 종파의 단체.
宗派(종파) : 지파에 따른 종가의 계통.

宗家 宗畓 宗孫 宗氏 宗親 改宗

宙 집 주
宀부 5획 ⑧
丶丶宀宀宁宙宙

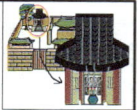

(英) heaven　　　　(日) チュウ

宇宙(우주) : ①온갖 물질이 존재하는 공간.②무한
　　　　　 히 큰 공간과 그곳에 존재하는 모든 물질.
宇宙游泳(우주유영) : 우주비행사가 우주선 밖의
　　　　　 우주공간에 나와 행동하는 일.

宇宙船 宇宙人 宇宙基地

客 손 객
宀부 6획 ⑨
丶丶宀宀宀客客客

 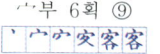

(英) guest　　　　(日) キャク

客席(객석) : 손님이 앉는 자리.
觀客(관객) : 구경하는 사람.
客氣(객기) : ①혈기가 넘쳐서 나는 용기.
　　　　　 ②객적게 부리는 혈기.

客室 客地 客體 顧客 食客 主客

宣 베풀 선
宀부 6획 ⑨
丶丶宀宀宁宁宣宣

(英) proclaim　　　　(日) セン(のびる)

宣言(선언) : ①널리 퍼서 말함. ②단체나 국가
　　　　　 가 자기의 방침을 외부에 정식으로 표명함.
宣戰布告(선전포고) : 상대국과 전쟁상태에 들어
　　　　　 감을 선언, 공포함.

宣告 宣誓 宣揚 宣傳 宣敎師

室 집 실
宀부 6획 ⑨
丶丶宀宀宁宇室室

(英) room　　　　(日) シツ(むろ)

居室(거실) : 거처하는 방.
寢室(침실) : 잠을 자도록 마련된 방.
室內裝飾(실내장식) : 건축물 내부를 그 용도에
　　　　　 따라 아름답게 장식하는 일.

室溫 敎室 內室 茶室 密室 畵室

家 집 가
宀부 7획 ⑩
丶丶宀宀宀宇家家

(英) house　　　　(日) カ(いえ)

家風(가풍) : 한 집안의 전하여 오는 풍습이나 범
　　　　　 절.
家訓(가훈) : 집안의 조상이나 어른이 자손들에게
　　　　　 일러주는 가르침.

家門 家事 家勢 家庭 出家 親家

宀

宮

집 궁

宀부 7획 ⑩

丶宀宀宀宮宮宮

(英) palace　　　(日) キュウ(みや)

古宮(고궁) : 옛 궁전.

迷宮(미궁) : ① 한 번 들어가면 쉽게 빠져 나올 수 없게 되어있는 곳. ② 사건이 얽혀서 쉽게 판단하기 어려운 일.

宮闕 宮內 宮女 宮城 宮殿 宮合

宴

잔치 연

宀부 7획 ⑩

丶宀宀宴宴宴宴

(英) banquet　　　(日) エン(うたげ)

宴會(연회) : 축하, 위로, 환영, 석별 등을 위하여 여러 사람이 모여서 베푸는 잔치.

披露宴(피로연) : 기쁜 일이 있을 때에 음식을 차리고 손님을 청하여 즐기는 일.

小宴 壽宴 酒宴 祝賀宴 回甲宴

容

얼굴 용

宀부 7획 ⑩

丶宀宀宀突容容

(英) face　　　(日) ヨウ(いれる)

容器(용기) : 물건을 담는 그릇.

容納(용납) : 너그럽게 받아들임.

容恕(용서) : ① 관용을 베풀어 벌하지 않음. ② 꾸짖지 아니 함.

容共 容量 容貌 容易 容認 容態

害

해할 해

宀부 7획 ⑩

丶宀宀宀宔害害

(英) harm　　　(日) ガイ(そこなう)

加害(가해) : 남에게 손해나 상처를 입힘.

妨害(방해) : 남의 일에 헤살을 놓아서 해를 끼침.

災害(재해) : 재앙으로 인해 받은 피해.

被害(피해) : 재산, 명예, 신체상의 손해를 입음.

害黨 害毒 害惡 害蟲 公害 冷害

寄

부칠 기

宀부 8획 ⑪

宀宀宀宋寄寄

(英) lodge　　　(日) キ(よる)

寄稿(기고) : 원고를 신문사나 잡지사에 냄.

寄生(기생) : 남에게 의지하여 삶.

寄宿(기숙) : 남의 집에 몸 붙여 있는 것.

寄贈(기증) : 물품을 보내어 줌.

寄居 寄附 寄與 寄託 寄港 寄航

密

빽빽할 밀

宀부 8획 ⑪

宀宀宀宓密密

(英) dense　　　(日) ミツ(ひそか)

密告(밀고) : 비밀히 고함.

密林(밀림) : 울창하게 들어선 수풀.

秘密(비밀) : 남에게 알려서는 안 되는 특별한 일의 내용.

密談 密度 密獵 密賣 密命 密封

宿

잘 숙, 별자리 수

宀부 8획 ⑪

宀宀宀宿宿宿

(英) lodge　　　(日) シュク(やどる)

宿命(숙명) : 날 때부터 정해진 운명. 타고난 운명.

宿泊(숙박) : 남의 집이나 여관에서 머무름.

宿患(숙환) : 오래 묵은 병.

星宿(성수) : 모든 성좌의 별들.

宿所 宿食 宿怨 宿敵 宿題 宿醉

寅

범 인

宀부 8획 ⑪

宀宀宀宙宙寅寅

(英) tiger　　　(日) イン(とら)

寅念(인념) : 삼가 생각을 함.

寅方(인방) : 24방위의 하나. 동북동서 북쪽으로 15도까지의 방위.

寅時(인시) : 오전 3부터 5시 사이.

戊寅年

寂 고요할 적
宀부 8획 ⑪
宀宀宁宇宋寂寂

(英) desolate　(日) セキ(さびしい)

寂寞(적막) : 적적함. 고요함.
寂滅(적멸) : 사라져 없어짐. 불교에서 말하는 번
　　　　 뇌와 생사의 괴로움에서 벗어난 경지.
寂寂(적적) : 외롭고 쓸쓸한 모양.

孤寂 鬱寂 入寂 靜寂 閑寂

富 부자 부
宀부 9획 ⑫
宀宀宀亠宣富富富

(英) rich　(日) フ(とむ)

富强(부강) : 나라의 재정이 부유하고 군사력이
　　　　 강함.
富貴(부귀) : 재산이 많고 지위가 높음.
致富(치부) : 재물을 모아 부자가 됨.

富農 富者 富村 富豪 巨富 豊富

寒 찰 한
宀부 9획 ⑫
宀宀宀宵宲実寒寒

(英) cold　(日) カン(さむい)

寒氣(한기) : 추운 기운.
寒暖(한난) : 추움과 따뜻함.
寒心(한심) : 몹시 두려워 몸이 오싹거림.
寒村(한촌) : 가난한 마을.

寒帶 寒流 寒食 寒波 寒害 酷寒

寡 적을 과
宀부 11획 ⑭
宀宀宀宣寡寡寡寡

(英) few　(日) カ(すくない)

寡聞(과문) : 말수가 적음. 견문이 적음.
寡婦(과부) : 홀어미.
寡人(과인) : 덕이 적은 사람이라는 뜻으로 임금
　　　　 이 자기 자신을 이르는 말.

寡默 寡慾 多寡 獨寡占 衆寡不敵

寧 편안할 녕
宀부 11획 ⑭
宀宀宀宀空宵寧寧

(英) peaceful　(日) ネイ(やすい)

寧日(영일) : 평안한 날.
寧親(영친) : 부모를 뵈려고 고향으로 돌아감.
康寧(강녕) : 건강하고 편안함.
安寧(안녕) : 몸이 건강하고 마음이 편안함.

寧居 寧邊 壽福康寧

實 열매 실
宀부 11획 ⑭
宀宀宀宵宵實實實

(英) fruit　(日) ジツ(み, みのる)

實感(실감) : 실제의 느낌.
實費(실비) : 실제로 드는 비용.
實質(실질) : 실상의 본바탕.
名實(명실) : 이름과 실상.

實果 實權 實技 實力 實物 梅實

察 살필 찰
宀부 11획 ⑭
宀宀宀宵宵察察察

(英) watch　(日) サツ

考察(고찰) : 생각하여 살펴봄.
査察(사찰) : 규정에 따라 처리되고 있는지를 조
　　　　 사하여 살핌.
巡察(순찰) : 순회하여 살핌.

監察 檢察 不察 省察 視察 診察

寢 잘 침
宀부 11획 ⑭
宀宀宀宀宀痹痹寢

(英) sleep　(日) シン(ねる)

寢具(침구) : 이부자리와 베개. 잠옷 따위.
寢食(침식) : 잠자는 일과 먹는 일.
寢睡(침수) : 잠을 잠. 수면.
就寢(취침) : 잠자리에 듦.

寢牀 起寢 同寢 不寢番 寢不安席

寬

너그러울 관
宀부 12획 ⑮
宀 宀 宀 宀 寬 寬

(英) generous (日) カン (ひろい)

寬大(관대) : 마음이 너그럽고 큼.
寬恕(관서) : 너그럽게 용서함.
寬容(관용) : 마음이 넓어 남의 말을 잘 들음. 너
그럽게 용서함.

寬裕

寫

베낄 사
宀부 12획 ⑮
宀 宀 宀 宀 寫 寫

(英) copy (日) シャ (うつす)

寫本(사본) : 문서나 책을 옮겨 베낌.
寫實(사실) : 사실 그대로 그려냄.
寫眞(사진) : 실제의 모양을 그대로 그려냄. 사진
기로 찍은 형상.

謄寫 模寫 描寫 複寫 試寫會

審

살필 심
宀부 12획 ⑮
宀 宀 宀 宀 審 審

(英) investigate (日) シン (つまびらか)

審問(심문) : 자세히 물음.
審査(심사) : 자세히 조사함.
審議(심의) : 심사하고 의논함.
再審(재심) : 두 번째로 심리함.

審理 審美 審判 結審 陪審 誤審

寶

보배 보
宀부 17획 ⑳
宀 宀 宀 宀 寶 寶

(英) treasure (日) ホウ (たから)

寶劍(보검) : 보배로운 칼. 귀중한 칼.
寶庫(보고) : 보물을 쌓아두는 곳. 물자가 많이
산출되는 땅.
寶座(보좌) : 임금의 자리. 부처가 앉는 자리.

寶物 寶石 寶貨 家寶 國寶 東醫寶鑑

부 수 3 획	부 수 명 칭	상형 연상과정 (3)	상형 연상과정 (2)	상형 연상과정 (1)
寸	마디 촌	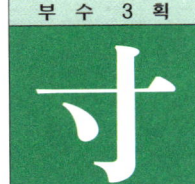		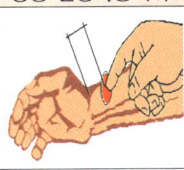

字源

맥박이 뛰고 있는 (오른) 손의 모양을 나타낸 자로 손목에서 맥박이 뛰
는 데까지 '한치'의 길이라는 뜻으로 쓰이게 된 자.

寸

마디 촌
寸부 0획 ③
一 寸 寸

(英) inch (日) スン

寸數(촌수) : 친족 사이의 멀고 가까운 관계를 나
타낸 수.
寸陰(촌음) : 썩 짧은 시간.
寸評(촌평) : 매우 짧게 비평함.

寸刻 寸劇 寸志 寸鐵殺人 一寸光陰

寺

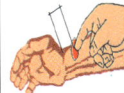  

절 사, 관청 시
寸부 3획 ⑥
一 十 土 吐 寺 寺

(英) temple, office (日) ジ (てら)

寺院(사원) : 절·교회 따위의 교당을 두루 이르
는 말.
寺刹(사찰) : 절.
山寺(산사) : 산 속에 있는 절.

寺址 寺塔 本寺 男寺黨

寸

封 봉할 봉

寸부 6획⑨

十 圭 圭 圭 封封

(英) seal up　(日) ホウ、フウ

封鎖(봉쇄) : 봉하여 꼭 잠금.

開封(개봉) : 봉한 것을 떼어 엶. 영화의 첫 상영.

封建(봉건) : 옛날 임금이 토지를 제후에게 나누
　　　　　어주어 다스리게 하던 일.

封印 封套 密封 藥封紙 金一封

將 장수 장

寸부 8획⑪

丬 丬 丬爿 丬爿 將將

(英) general　(日) ショウ(ひきいる)

將校(장교) : 군대의 지휘관.

將來(장래) : 장차 옴. 앞날.

將次(장차) : 차츰. 앞으로.

將軍(장군) : 군을 지휘, 통솔하는 우두머리.

將帥 猛將 勇將 守門將 百戰老將

尋 찾을 심

寸부 9획⑫

크 彐 글 글 尋尋

(英) visit　(日) ジン(たずねる)

尋訪(심방) : 방문함. 찾아봄.

尋常(심상) : 대수롭지 않고 예사로움.

推尋(추심) : 찾아서 가져옴.

千尋(천심) : 아주 높거나 아주 깊음의 뜻.

尋究 尋求 尋問 尋味 尋思

對 대할 대

寸부 11획⑭

丵 丵 丵 丵 對對

(英) reply　(日) タイ(こたえる)

對答(대답) : 부름, 물음, 시킴 등에 응하는 말.

對策(대책) : 어떤 일에 대응하는 방책.

相對(상대) : ①마주 대하는 대상.

　　　　　　②서로 겨루거나 맞설만한 대상.

對價 對局 對談 對備 對照 對話

射 쏠 사

寸부 7획⑩

丬 丬 丬 丬身 射射

(英) shoot　(日) シャ(いる)

射手(사수) : 활이나 총을 쏘는 사람. 사격수.

射倖(사행) : 우연한 이익을 얻고자 함. 요행을
　　　　　노림.

發射(발사) : 총포나 활을 내쏨.

射擊 射殺 亂射 反射 速射 應射

專 오로지 전

寸부 8획⑪

一 中 申 車 專專

(英) only　(日) セン(もっぱら)

專決(전결) : 혼자서 제 마음대로 결정함.

專攻(전공) : 한 가지 부분을 전문적으로 연구함.

專管(전관) : 단독으로 관리함.

專用(전용) : 혼자서만 씀.

專念 專擅 專屬 專任 專用機

尊 높을 존

寸부 9획⑫

八 酋 酋 酋 尊尊

(英) honorable　(日) ソン(とうとう)

尊敬(존경) : 받들어 공경함.

尊待(존대) : 받들어 대접함.

尊長(존장) : 나이가 많은 어른.

自尊(자존) : 스스로 자기를 높인 것.

尊貴 尊重 尊稱 尊嚴性 唯我獨尊

導 인도할 도

寸부 13획⑯

艹 首 首 道 導導

(英) guide　(日) ドウ(みちびく)

導入(도입) : 끌어들임.

導水(도수) : 물을 일정한 방향으로 흐르도록 이
　　　　　끄는 것.

指導(지도) : 가리키어 이끎.

啓導 敎導 善導 引導 傳導 指導力

부수 3 획	부수 명 칭	상형 연상과정 (3)	상형 연상과정 (2)	상형 연상과정 (1)
小	작을 소	川	小	小 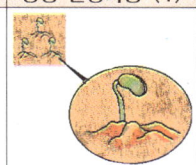

字源

미세한 것을 둘로 나눈 모양을 본뜬 자로 미세한 것을 다시 둘로 나누었으니 '작다'라는 뜻으로 쓰임.

小 | 작을 **소**
小부 0획 ③
丨 亅 小

(英) small　　　(日) ショウ(ちいさい)

小生(소생) : 어른 앞에서 자기를 낮추어 일컫는 말.
小心(소심) : 도량이 좁음. 대담하지 못함.
小作(소작) : 남의 전답을 빌어서 경작함.
縮小(축소) : 줄이어 작게 함.

小康 小計 小便 小說 小幅 狹小

少 | 적을 **소**, 젊을 **소**
小부 1획 ④
丨 亅 小 少

(英) little　　　(日) ショウ(すくない)

少年(소년) : 어린 사내아이.
少時(소시) : 어릴 때.
少壯(소장) : 나이가 젊고 혈기가 왕성함.
多少(다소) : 많음과 적음.

少量 少論 少領 減少 僅少 最少

尖 | 뾰족할 **첨**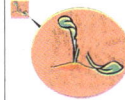
小부 3획 ⑥
丨 亅 小 少 尖 尖

(英) sharp　　　(日) セン(とがる)

尖端(첨단) : 사조, 유행 등의 맨 앞장.
尖兵(첨병) : 부대의 전방을 경계·수색하는 소부대.
尖銳(첨예) : 뾰족하고 날카로움.
尖形(첨형) : 끝이 아주 뾰족한 형태.

尖峰 尖塔 尖銳化 尖端技術

尙 | 오히려 **상**, 성 **상**
小부 5획 ⑧
丨 亅 小 少 尙 尙

(英) still　　　(日) ショウ(なお)

尙武(상무) : 무예를 숭상함.
尙存(상존) : 아직 존재함.
高尙(고상) : 품은 뜻과 몸가짐이 높음.
崇尙(숭상) : 높이어 소중히 여김.

尙氏 尙宮 尙州 嘉尙 時機尙早

 착각하지 맙시다.

彛(떳떳할 이)자는 彐부수에 속하는 글자이며, 鼻(코 비)자는 鼻부수자이며, 戒(경계할 계)자는 戈부수에 속하는 글자이며, 開(열 개)자는 門부수에 속하는 글자이며, 算(셀 산)자는 竹부수에 속하는 글자입니다.

貳(두 이)자는 貝부수에 속하는 글자이며, 鳶(소리개 연)자는 鳥부수에 속하는 글자이며, 武(호반 무)자는 止부수에 속하는 글자입니다.

尤

부 수 3 획	부 수 명 칭	상형 연상과정 (3)	상형 연상과정 (2)	상형 연상과정 (1)
尤	절름발이 **왕**	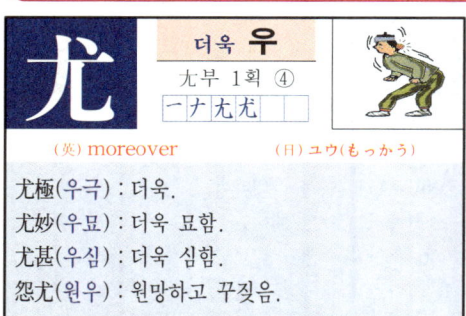		

字 源

다리가 불구인 사람이 절뚝거리며 걷는 모양에서 '절름발이'를 가리키는 자.

尤

더욱 **우**
尤부 1획 ④
一 尢 尤 尤

(英) moreover　　　　(日) ユウ(もっかう)

尤極(우극) : 더욱.
尤妙(우묘) : 더욱 묘함.
尤甚(우심) : 더욱 심함.
怨尤(원우) : 원망하고 꾸짖음.

尤物　尤異　尤悔　不怨天不尤人

就

나아갈 **취**
尤부 9부 ⑫
亠 亨 京 亰 就 就

(英) enter　　　　(日) シュウ(つく)

成就(성취) : 목적대로 일을 이룸.
就任(취임) : 맡은 임무에 처음으로 나감.
就職(취직) : 일정한 직업을 잡아서 직장에 나감.
去就(거취) : 물러감과 나아감.

就業　就役　就寢　就學　就航　進就

 착각하지 맙시다.

空(빌 공)자는 穴부수에 속하는 글자이며, 功(공 공)자는 力부수에 속하는 글자이며, 攻(칠 공)자는 攵부수에 속하는 글자이며, 貢(바칠 공)자는 貝부수에 속하는 글자이며, 恐(두려울 공)자는 心부수에 속하는 글자이며, 控(당길 공)자는 扌(手)부수에 속하는 글자이며, 鞏(묶을 공)자는 革부수에 속하는 글자이며, 江(강 강)자는 氵(水)부수에 속하는 글자이며, 腔(빈 속 강)자는 月(肉)부수에 속하는 글자이며, 舡(오나라 배 강)자는 舟부수에 속하는 글자이며, 項(목 항)자는 頁부수에 속하는 글자이며, 肛(똥구멍 항)자는 月(肉)부수에 속하는 글자이며, 缸(항아리 항)자는 缶부수에 속하는 글자이며, 紅(붉을 홍)자는 糸부수에 속하는 글자이며, 鴻(큰기러기 홍)자는 鳥부수에 속하는 글자이며, 虹(무지개 홍)자는 虫부수에 속하는 글자이며, 訌(무너질 홍)자는 言부수에 속하는 글자이며, 汞(수은 홍)자는 水부수에 속하는 글자입니다.

부 수 3 획	부 수 명 칭	상형 연상과정 (3)	상형 연상과정 (2)	상형 연상과정 (1)

尸 　주검 시 　　　　　　　　　　　　尸

字源

죽은 사람을 뉘어 놓은 모양에서 '주검'을 뜻하는 자.

尺 자 척
尸부 1획 ④
ㄱㄱㄹ尺
(英) ruler　　(日) シャク

尺度(척도) : 계략이나 평가의 기준.
尺牘(척독) : 편지. 척간.
尺土(척토) : 얼마 안 되는 땅.
咫尺(지척) : 아주 가까운 거리.

越尺 縮尺圖 三尺童子 吾鼻三尺

局 판 국
尸부 4획 ⑦
ㄱ尸尸局局局
(英) board　　(日) キョク(つぼね)

局面(국면) : 일이 되어 가는 형편.
局外(국외) : 어떤 일에 관계되는 그 테두리의 밖.
局限(국한) : 어느 한 부분에 한정함.
對局(대국) : 바둑이나 장기를 마주 대하여 둠.

局番 局部 難局 藥局 破局 電話局

尾 꼬리 미
尸부 4획 ⑦
ㄱ尸尸尸尾尾
(英) tail　　(日) ビ(お)

尾行(미행) : 몰래 남의 뒤를 밟음.
大尾(대미) : 맨 끝. 대단원.
末尾(말미) : 끝 부분. 맨 끄트머리.
後尾(후미) : 뒤쪽의 끝. 대열의 맨 끝.

交尾 燕尾服 去頭截尾 龍頭蛇尾

居 살 거
尸부 5획 ⑧
ㄱ尸尸尸居居居
(英) dwell　　(日) キョ(いる)

居喪(거상) : 상을 당하고 있음. 상중.
居室(거실) : 거처하는 방.
居住(거주) : 일정한 곳에 자리를 잡고 삶.
居處(거처) : 사는 곳.

同居 別居 隱居 蟄居 居留民團

屈 굽힐 굴
尸부 5획 ⑧
ㄱ尸尸尸屈屈屈
(英) bend　　(日) クツ(かがむ)

屈曲(굴곡) : 이리저리 구부러짐.
屈服(굴복) : 굽히어 복종함.
屈折(굴절) : 휘어 꺾임. 또는 휘어 꺾음.
卑屈(비굴) : 비겁하여 용기가 없음.

屈辱 屈指 不屈 屈巾祭服 百折不屈

屛 병풍 병
尸부 8획 ⑪
ㄱ尸尸尸屛屛屛
(英) folded screen　　(日) ヘイ(おおう)

屛去(병거) : 물리쳐 버림.
屛風(병풍) : 주로 집 안에서 장식을 겸하여 무엇을 가리거나 바람을 막거나 하기 위하여 둘러치는 물건.

屛居 繡屛

屋 | 집 **옥**
尸부 6획 ⑨
⌐ 尸 尸 尸 屋 屋
(英) house | (日) オク(や)

屋上(옥상) : 지붕 위.
屋外(옥외) : 집 바깥. 건물의 밖.
家屋(가옥) : 사람이 사는 집.
韓屋(한옥) : 한국식 전통 가옥.

古屋 洋屋 社屋 屋內外 屋上架屋

展 | 펼 **전**
尸부 7획 ⑩
⌐ 尸 尸 屈 屈 展
(英) spread | (日) テン(のべる)

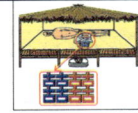

展開(전개) : 펴서 벌임.
展望(전망) : 멀리 바라봄. 또는 멀리 바라보이는
          경치. 앞날을 내다봄.
展示(전시) : 여러 가지를 벌여 놓고 보임.

國展 發展 進展 展覽會 展示效果

屢 | 자주 **루**
尸부 11획 ⑭
尸 尸 屏 屢 屢 屢
(英) frequently | (日) ル(しばしば)

屢屢(누누) : 여러 번.
屢代(누대) : 여러 대.
屢報(누보) : 여러 번 알림.
屢次(누차) : 여러 차례. 여러 번.

屢年 屢世

履 | 밟을 **리**
尸부 12획 ⑮
尸 尸 尸 屝 屝 履
(英) step | (日) リ(くつ)

履歷(이력) : 지금까지의 학업·직업 따위의 경력.
履修(이수) : 차례를 따라 학문을 닦음.
履行(이행) : ① 실제로 행함. ② 법적 의무의 실행.
木履(목리) : 나막신.

履歷書 不履行

層 | 층 **층**
尸부 12획 ⑮
尸 尸 屏 屏 層 層
(英) floor | (日) ソウ

層階(층계) : 층층대.
階層(계층) : 사회를 형성하는 여러 가지 층.
高層(고층) : 높은 층. 건물에서 높이 지은 여러 층.
深層(심층) : 속의 깊은 층

各層 單層 地層 富裕層 特權層

屬 | 붙일 **속**
尸부 18획 ㉑
尸 尸 屛 屬 屬 屬
(英) belong to | (日) ゾク(つく)

屬國(속국) : 정치적으로 다른 나라에 매어 있는 나라.
屬性(속성) : 사물의 특징. 또는 성질.
歸屬(귀속) : 재산이나 권리·영토 따위가 누구
          또는 어디에 딸리게 되는 것.

配屬 附屬 所屬 輕金屬 直屬上官

 착각하지 맙시다.

錄(기록할 록)자는 **金**부수에 속하는 글자이며, 綠(초록빛 록)자는 **糸**부수에 속하는 글
자이며, 祿(복 록)자는 **示**부수에 속하는 글자이며, 碌(돌 양 록)자는 **石**부수에 속하는
글자입니다.

扌(手)부수에 속하는 글자이나 扌부수로 여기기 **쉽지 않은** 글자로는 才(재주 재), 承(이
을 승)자 등이 있습니다.

부 수 3 획	부 수 명 칭	상형 연상과정 (3)	상형 연상과정 (2)	상형 연상과정 (1)
山	메 산			

字 源

멀리서 바라보는 '산'의 모양을 본뜬 자.

山   메 **산**   山部 0획 ③
丨 凵 山

(英) mountain   (日) サン(やま)

山間(산간) : 산 속. 산골짜기.
山林(산림) : 산과 숲. 산에 있는 숲.
山所(산소) : 무덤. 조상의 무덤이 있는 곳.
山水(산수) : 산과 물. 자연의 경치.

山景 山野 山脈 山門 山寺 山水

岳   큰산 **악**   山部 5획 ⑧
丨 ﾉ ﾉﾉ 乒 岳 岳

(英) mountain   (日) ガク(たけ)

岳母(악모) : 아내의 어머니. 장모.
岳父(악부) : 아내의 아버지. 장인.
山岳(산악) : 높고 큰 산들.

岳家 岳牧 雪岳山

岸   언덕 **안**   山部 5획 ⑧
丨 山 屵 屵 屵 岸 岸

(英) shore   (日) ガン(きし)

對岸(대안) : 강, 호수 등의 건너편 언덕이나 기슭.
沿岸(연안) : 육지와 닿아 있는 강, 바다, 호수 등의 물가.
海岸(해안) : 바닷가. 바닷가의 언덕.

此岸 彼岸 海岸線 南海岸

島   섬 **도**   山部 7획 ⑩
ﾉ ﾉ 白 阜 鳥 島 島

(英) island   (日) トウ(しま)

島民(도민) : 섬에서 사는 사람. 섬사람.
島嶼(도서) : 크고 작은 여러 섬들.
半島(반도) : 한 쪽만 대륙에 연결되고 삼면이 바다에 둘러싸인 육지.

落島 諸島 獨島 三多島 絶海孤島

峯   봉우리 **봉**   山部 7획 ⑩
丿 ﾉﾉ 业 发 峯 峯

(英) peak   (日) ホウ(もね)

峯頭(봉두) : 산봉우리.
奇峯(기봉) : 기이하게 생긴 산봉우리.
主峯(주봉) : 산줄기에서 가장 높은 봉우리.
最高峯(최고봉) : 가장 높은 봉우리.

高峯 靈峯 雪峯 雲峯 雙峯駱駝

崩   무너질 **붕**   山部 8획 ⑪
丨 山 屵 崩 崩 崩

(英) collapse   (日) ホウ(くずねる)

崩壞(붕괴) : 무너짐.
崩落(붕락) : 허물어져 떨어짐.
崩御(붕어) : 천자의 죽음. 왕의 죽음.
雪崩(설붕) : 눈사태가 남.

崩角 崩湍 崩漏

崇 높을 숭

山부 8획 ⑪

(英) venerate (日) スク(たっとぶ)

崇高(숭고) : 존엄하고 고상함.
崇文(숭문) : 글을 숭상함.
崇拜(숭배) : 높이 우러러 존대함.
崇尙(숭상) : 높여 소중하게 여김.

崇慕 崇丘 崇期 崇德 崇禮門

嶺 고개 령

山부 14획 ⑰

(英) ridge (日) レイ(みね)

雪嶺(설령) : 눈으로 덮인 산 고개.
峻嶺(준령) : 높고 험한 고개.
分水嶺(분수령) : '일이 어떻게 될 것인가가 결정
　　　　　　　되는 고비'를 비유하여 이르는 말.

嶺東 嶺西 嶺湖南 高嶺土 泰山峻嶺

巖 바위 암

山부 20획 ㉓

(英) rock (日) ガン(いわお)

巖窟(암굴) : 바위에 뚫은 굴.
巖盤(암반) : 너르고 반반하게 깔린 반석.
巖石(암석) : 바위.
層巖(층암) : 여러 층을 이루고 있는 바위.

巖壁 怪巖 巖刻畫 花崗巖 奇巖怪石

 ## 착각하지 맙시다.

刊(책 펴낼 간)자는 刂부수에 속하는 글자이며, 肝(간 간)자는 月(肉)부수에 속하는 글자이며, 奸(범할 간)자는 女부수에 속하는 글자이며, 竿(장대 간)자는 竹부수에 속하는 글자이며, 杆(나무 이름 간)자는 木부수에 속하는 글자이며, 稈(짚 간)자는 禾부수에 속하는 글자이며, 岸(언덕 안)자는 山부수에 속하는 글자이며, 汗(땀 한)자는 氵(水)부수에 속하는 글자이며, 旱(가물 한)자는 日부수에 속하는 글자이며, 澣(빨 한)자는 氵(水)부수에 속하는 글자이며, 罕(그물 한)자는 罒부수에 속하는 글자이며, 悍(사나울 한)자는 忄(心)부수에 속하는 글자이며, 軒(추녀 헌)자는 車부수에 속하는 글자입니다.

科(과정 과)자는 禾부수에 속하는 글자이며, 魁(으뜸 괴)자는 鬼부수에 속하는 글자입니다.

부 수 3 획	부 수 명 칭	상형 연상과정 (3)	상형 연상과정 (2)	상형 연상과정 (1)
巛(川)	내 천 (개미허리셋)	)|(	)|(	

字源

개울을 따라 흘러가는 (개울)물의 모양을 본떠 `내`를 뜻하는 자.

川
내 천
巛부 0획 ③
丿 丿| 川

(英) stream   (日) セン(かわ)

川邊(천변) : 냇가.

山川(산천) : 산과 내라는 뜻으로 '자연'을 이르는
말.

名山大川(명산대천) : 이름난 산과 큰 내.

乾川 河川 山川草木 晝夜長川

州
고을 주
巛부 3획 ⑥
丶 丶 丬 州 州 州

(英) region   (日) シュウ(す)

州郡(주군) : 주와 군의 뜻으로 지방을 일컬음.

州倉(주창) : 주에 있는 곡식 창고.

州縣(주현) : 주와 현. 도시에 대하여 '지방'을 이
르는 말.

州曲 州里 州牧 全州 濟州

巡
순행할 순
巛부 4획 ⑦
〈 巛 巛 巡 巡 巡

(英) patrol   (日) ジュン(めぐる)

巡禮(순례) : 성지 등을 차례로 예배하며 돌아다님.

巡視(순시) : 두루 다니며 보살핌.

巡察(순찰) : 순회하며 사정을 살핌.

巡廻(순회) : 여러 곳을 차례로 돌아다님.

巡訪 巡航 一巡 巡洋艦

 착각하지 맙시다.

牧(칠 목)자는 牛부수에 속하는 글자이며, 枚(줄기 매)자는 木부수에 속하는 글자이며,

孜(이를 치)자는 子부수에 속하는 글자이며, 致(이를 치)자는 至부수에 속하는 글자이며,

赦(용서할 사)자는 赤부수에 속하는 글자입니다.

酒(술 주)자는 酉부수에 속하는 글자입니다.

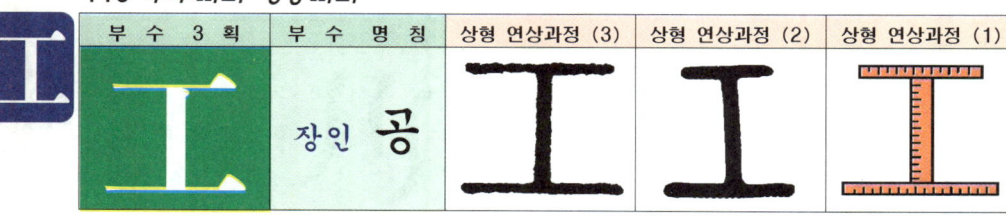

부 수 3 획	부 수 명 칭	상형 연상과정 (3)	상형 연상과정 (2)	상형 연상과정 (1)
工	장인 공	工	工	工

字 源

'목수(장인)'가 쓰는 자와 망치의 모양을 본뜬 자.

장인 공
工부 0획③
一丁工

(英) artisan　　(日) コウ、ク(たくみ)

工巧(공교) : 교묘함. 솜씨가 좋음.
工具(공구) : 일에 쓰이는 소기구.
工事(공사) : 토목이나 건축 등에 관한 일.
工場(공장) : 기계를 사용하여 가공, 제조하는 곳.

工團 工法 工程 加工 竣工 着工

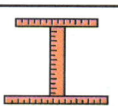

클 거
工부 2획⑤
一丁丏丏巨

(英) great　　(日) キョ(おおきい)

巨金(거금) : 많은 돈.
巨物(거물) : 큰 인물이나 물건.
巨富(거부) : 큰 부자.
巨星(거성) : 큰 별. 위대한 사람을 비유한 말.

巨軀 巨大 巨木 巨人 巨匠 巨漢

공교할 교
工부 2획⑤
一丁工 工 巧
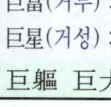

(英) skillful　　(日) コウ(たくみ)

巧妙(교묘) : 썩 잘되고 묘함.
巧詐(교사) : 교묘하게 사람을 속임.
技巧(기교) : 솜씨가 기이하고 교묘함.
精巧(정교) : 정밀하고 교묘함.

巧計 奸巧 計巧 巧言令色

왼 좌
工부 2획⑤
一ナ左左左

(英) left　　(日) サ(ひだり)

左相(좌상) : 좌의정을 달리 이르는 말.
左言(좌언) : 사리에 어긋나는 말.
左右(좌우) : 왼쪽과 오른쪽.
左側(좌측) : 왼쪽 곁.

左傾 左邊 左腕 左遷 左之右之

다를 차
工부 7획⑩
丷 丷 羊 差 差 差

(英) differ　　(日) サ(さす、きし)

差減(차감) : 비교하여 덜어냄.
差度(차도) : 병이 나아져 가는 일.
差別(차별) : 등급지게 나눠 가름.
差異(차이) : 서로 다름. 틀림.

差額 差跌 隔差 落差 時差 誤差

부 수 3 획	부 수 명 칭	상형 연상과정 (3)	상형 연상과정 (2)	상형 연상과정 (1)
己	몸 기	ㄹ	ㄹ	

字 源

사람의 척추마디 모양을 나타내어 '몸', 또는 '자기'를 뜻하게 된 자.

己	몸 **기**	
	己부 0획 ③	
	ㄱ ㄱ 己	

(英) body　　　　　(日) キ、コ(おのれ)

克己(**극기**) : 사욕을 이성(理性)으로 눌러 이김.
知己(**지기**) : 자기의 속마음을 알뜰하게 알아 줌.
　　　　　　또는 그런 사람.
利己心(**이기심**) : 자기 한 몸의 이익만 차리는 마음.

自己 己卯士禍 十年知己

巳	뱀 **사**	
	己부 0획 ③	
	ㄱ ㄱ 巳	

(英) snake　　　　　(日) シ(み)

巳時(**사시**) : 오전 9시부터 11시 사이.
巳初(**사초**) : 오전 9시경.
上巳(**상사**) : 음력 3월 3일. 삼짇날.
辰巳(**진사**) : 지지의 5,6번째.

巳末 巳生 巳時佛供

已	이미 **이**	
	己부 0획 ③	
	ㄱ ㄱ 已	

(英) already　　　　　(日) イ(すでに)

已決(**이결**) : 이미 결정함.
已往(**이왕**) : 지나간 때.
不得已(**부득이**) : 마지 못하여 하는 수 없이 함.
已往之事(**이왕지사**) : 이미 지나간 일.

已甚 已決 已知

巷	거리 **항**	
	己부 6획 ⑨	
	丷 丷 丷 共 共 巷	

(英) street　　　　　(日) コウ(ちまた)

巷間(**항간**) : 보통 사람들 사이.
巷談(**항담**) : 항설(巷說).
巷說(**항설**) : 세상의 풍설.
陋巷(**누항**) : 좁고 더러운 거리.

巷處 巷街 巷議

 착각하지 맙시다.

衫(적삼 **삼**)자는 衤(衣)부수에 속하는 글자이며, 杉(삼나무 **삼**)자는 木부수에 속하는 글자이며, 參(간여할 **참**, 석 **삼**)자는 厶부수에 속하는 글자이며, 蔘(인삼 **삼**)자는 ++(艸)부수에 속하는 글자이며, 滲(스밀 **삼**)자는 氵(水)부수에 속하는 글자이며, 慘(참혹할 **참**)자는 忄(心)부수에 속하는 글자입니다.

巾

부 수 3 획	부 수 명 칭	상형 연상과정 (3)	상형 연상과정 (2)	상형 연상과정 (1)
巾	수건 **건**			

字 源

> 어깨에 걸치고 있는 '수건(천)'의 모양을 본뜬 자.

市

저자 **시**
巾부 2획 ⑤
' 一 亠 市 市

(英) market (日) シ(いち)

市街(시가) : 도시의 큰 길거리.
市價(시가) : 상품이 시장에서 매매되는 값.
市民(시민) : 도시의 주민.
市井(시정) : 인가가 모여 있는 곳.

市界 市道 市立 都市 撤市 波市

布

베 **포**, 보시 **보**
巾부 2획 ⑤
ノ ナ 疒 布 布

(英) linen (日) フ(めの)

布教(포교) : 종교를 널리 폄.
布木(포목) : 베와 무명.
布陣(포진) : 진을 침.
公布(공포) : 일반에게 널리 알림.

流布 毛布 頒布 配布 撤布 宣布

希

바랄 **희**
巾부 4획 ⑦
ノ メ チ 产 希 希

(英) hope (日) キ(まれ、こいねがう)

希求(희구) : 원하며 바람.
希念(희념) : 바라고 염원함.
希望(희망) : 앞일에 대하여 기대를 가지고 바람.
希願(희원) : 희망.

希毛 希世

帥

장수 **수**
巾부 6획 ⑨
' ⺊ 阝 阝 卽 帥

(英) general (日) スイ(ひきいる)

元帥(원수) : 군인의 가장 높은 계급.
將帥(장수) : 군사를 거느리는 우두머리.
統帥(통수) : 군대를 통솔함.
大元帥(대원수) : 전 군대를 통솔하는 대장.

總帥 統帥權 都元帥

帝

임금 **제**
巾부 6획 ⑨
二 亠 立 产 帝 帝

(英) emperor (日) テイ(みかど)

帝國(제국) : 황제가 통치하는 나라.
帝王(제왕) : 황제. 국왕의 총칭.
帝政(제정) : 황제가 베푸는 정치.
皇帝(황제) : 제국의 군주.

大帝 反帝 日帝 玉皇上帝

師

스승 **사**
巾부 7획 ⑩
' ⺊ 阝 自 師 師 師

(英) teacher (日) シ(いくさ)

師團(사단) : 군대 편성의 한 단위.
師表(사표) : 학식과 인격이 높아 남의 모범이 될
　　　　　　 만한 사람.
教師(교사) : 학술 등을 가르치는 스승.

師範 師父 師恩 師表 牧師 醫師

席

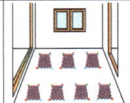

자리 **석**
巾부 7획 ⑩
亠广广庐庐席
(英) seat　(日) セキ(むしろ)

席上(석상) : 여럿이 모인 자리.
席次(석차) : 자리의 차례. 성적 순서.
缺席(결석) : 출석(出席)하지 않음.
卽席(즉석) : 곧바로. 당장.

席卷 出席 客席 同席 座席 參席

帶

띠 **대**
巾부 8획 ⑪
一卅卅带带带
(英) belt　(日) タイ(おび)

帶劍(대검) : 칼을 참. 또는 몸에 차는 칼.
帶同(대동) : 데리고 함께 감.
革帶(혁대) : 가죽 띠.
帶妻僧(대처승) : 살림을 차리고 가족을 거느린 중.

聲帶 溫帶 紐帶 一帶 地帶 携帶

常

떳떳할 **상**
巾부 8획 ⑪
宀宀宀宀常常常
(英) ordinary　(日) ジョウ(つね)

常理(상리) : 떳떳한 도리.
常備(상비) : 늘 준비하여 둠.
常識(상식) : 보통사람이 지니거나 또는 지녀야
할 지식.

常勤 常設 常習 常存 常套 恒常

帳

장막 **장**
巾부 8획 ⑪
冂巾巾帳帳帳
(英) curtain　(日) チョウ(とばり)

帳幕(장막) : 천막. 둘러치는 휘장.
帳中(장중) : 장막의 안.
日記帳(일기장) : 나날이 일어나는 일·감상을 적
은 장부.

帳簿 臺帳 記帳 元帳 預金通帳

幅

폭 **폭**
巾부 9획 ⑫
冂巾巾帕帕帕
(英) width　(日) フウ(はば)

江幅(강폭) : 강의 너비.
路幅(노폭) : 도로의 너비.
大幅(대폭) : 큰 폭. ↔ 小幅(소폭)
步幅(보폭) : 한 걸음의 너비.

落幅 增幅 振幅 車幅燈

幕

장막 **막**
巾부 11획 ⑭
艹苗莫莫幕幕
(英) curtain　(日) ギク, マク

幕間(막간) : 연극에 있어서 막과 막 사이.
幕舍(막사) : 판자나 천막 따위로 임시로 간단하
게 지은 집.
幕後(막후) : 막의 뒤. 배후.

幕僚 內幕 序幕 煙幕 銀幕 黑幕

幣

화폐 **폐**
巾부 12획 ⑮
亠㡀敝敝幣幣
(英) money　(日) ヘイ

幣物(폐물) : 선사하는 물건.
僞幣(위폐) : 위조한 화폐, 지폐.
造幣(조폐) : 화폐를 만듦.
紙幣(지폐) : 종이에 인쇄하여 만든 화폐.

幣帛 納幣 貨幣 造幣公社 僞造紙幣

干

부 수 3 획	부 수 명 칭	상형 연상과정 (3)	상형 연상과정 (2)	상형 연상과정 (1)
干	방패 간			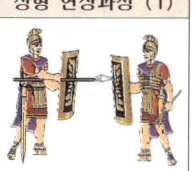

字 源

'방패'의 모양을 본뜬 자.

干 | 방패 간

土부 0획 ③

一 二 干

(英) shield　　　　(日) カン (はす)

干戈(간과) : 창과 방패.
干涉(간섭) : 남의 일에 참견함.
干拓(간척) : 바다를 막아 육지를 만듦.
若干(약간) : 얼마 안됨.

干滿 干城 干與 干潮 干證 干支

平 | 평평할 평

土부 2획 ⑤

一 一 六 二 平

(英) flat　　　　(日) ヘイ

平等(평등) : 차별이 없음. 동등함.
平野(평야) : 편편한 들.
平面(평면) : 평평한 표면.
平凡(평범) : 뛰어나지 않고 그저 보통임.

平年 平和 平生 平穩 平易 泰平

年 | 해 년

土부 3획 ⑥

丿 一 一 二 五 年

(英) year　　　　(日) ネン (トし)

年老(연로) : 나이가 많아서 늙음.
年少(연소) : 나이가 젊음.
年初(연초) : 그 해의 처음. ↔ 年末(연말)
來年(내년) : 올해의 다음 해.

年內 年俸 年中 晚年 靑年 豊年

幸 | 다행 행

土부 5획 ⑧

十 土 ㅎ ㅎ ㅎ 幸

(英) fortunate　　　　(日) コウ (さいわい)

幸福(행복) : 만족감을 느끼는 상태.
不幸(불행) : 행복하지 못함.
天幸(천행) : 하늘이 준 은혜나 다행.
幸運兒(행운아) : 좋은 운수를 만난 사람.

多幸 幸不幸 千萬多幸

幹 | 줄기 간

土부 10획 ⑬

十 音 卓 人ㅎ人ㅎ 幹

(英) trunk　　　　(日) カン (みき)

幹部(간부) : 단체의 수뇌부의 임원.
幹線(간선) : 도로·철도·전신 등의 중요한 선.
骨幹(골간) : ①뼈대. ②사물의 중요한 부분.
才幹(재간) : 재주.

幹事 根幹 主幹 語幹 基幹産業

부 수 3 획	부 수 명 칭	상형 연상과정 (3)	상형 연상과정 (2)	상형 연상과정 (1)
幺	작을 요	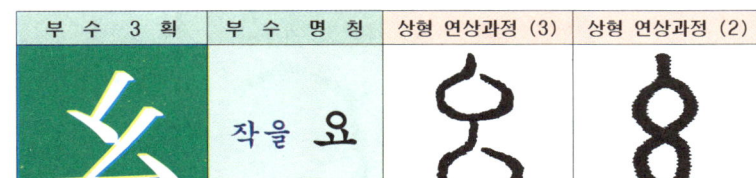		

字 源

갓 태어난 아기의 모양을 본떠 '작다'의 뜻으로 쓰이는 자.

 幼

어릴 유
幺부 2획 ⑤
幺 幺 幻 幼

(英) young　　　(日) ヨウ(おさない)

幼年(유년) : 어린 나이.
幼兒(유아) : 어린아이.
幼稚(유치) : 나이가 어림. 아직 미숙함.
幼稚園(유치원) : 어린아이를 보육하는 곳.

幼蟲 幼兒洗禮 長幼有序

幽

그윽할 유
幺부 6획 ⑨
幺 幺 幺 幺 幽 幽

(英) gloomy　　　(日) ヨウ(かすか)

幽靈(유령) : 죽은 사람의 혼령.
幽明(유명) : ① 어두움과 밝음. ② 저승과 이승.
幽人(유인) : 세상을 피하여 숨어사는 사람.
幽閉(유폐) : 깊숙이 가두어 둠.

幽宅 深山幽谷

 幾

몇 기
幺부 9획 ⑫
幺 幺 幺 幺 幾 幾

(英) somewhat　　　(日) キ(いく)

幾個(기개) : 몇 개.
幾微(기미) : ① 낌새. ② 어떤 일이 일어날 기운.
幾何(기하) : ① 얼마. ② 기하학(幾何學)의 준말.

幾十萬 幾何級數 幾何平均

 착각하지 맙시다.

枝(가지 지)자는 木부수에 속하는 글자이며, 肢(사지 지)자는 月(肉)부수에 속하는 글자이며, 技(재주 기)자는 扌(手)부수에 속하는 글자이며, 妓(기생 기)자는 女부수에 속하는 글자이며, 岐(갈림길 기)자는 山부수에 속하는 글자이며, 伎(재주 기)자는 亻부수에 속하는 글자이며, 翅(날개 시)자는 羽부수에 속하는 글자입니다.

부 수 3 획	부 수 명 칭	상형 연상과정 (3)	상형 연상과정 (2)	상형 연상과정 (1)
广	집 엄 (엄호)			

字 源

바위를 지붕 삼아 지은 허술한 '집'의 모양을 본뜬 자.

床

상 상
广부 4획 ⑦
`亠广广庁床床`

(英) couth　　　　(日) ショウ(とこ)

起床(기상) : 잠자리에서 일어남.
病床(병상) : 앓아 누워있는 자리.
册床(책상) : 책을 보기 위하여 놓은 상.
寢床(침상) : 누울 수 있게 된 평상.

臨床 溫床 平床 水刺床 同床異夢

庚

별 경
广부 5획 ⑧
`亠广广庐庚庚`

(英) star　　　　(日) コウ(かのう)

庚伏(경복) : 삼복(三伏).
同庚(동경) : 같은 나이. 동갑(同甲).
長庚星(장경성) : 저녁에 서쪽 하늘에 보이는 샛별.
　　　　　　 금성. 태백성.

庚炎 庚帖 庚辰字

底

밑 저
广부 5획 ⑧
`亠广庐底底底`

(英) bottom　　　　(日) テイ(そこ)

底力(저력) : 속에 간직한 끈기 있는 힘.
底意(저의) : 속으로 생각하고 있는 의도.
徹底(철저) : 속 깊이까지 투철함.
海底(해저) : 바다의 밑바닥.

底稿 底極 底邊 基底 底引網

序

차례 서
广부 4획 ⑦
`亠广广庐庐序`

(英) order　　　　(日) ジョ(ついで)

序論(서론) : 머리말이 되는 논설.
序幕(서막) : 일의 처음 시작.
序戰(서전) : 싸움의 시작.
順序(순서) : 정해진 차례.

序曲 序頭 序列 序文 順序 秩序

府

관청 부, 마을 부
广부 5획 ⑧
`亠广广庐府府`

(英) office　　　　(日) フ(くら)

府庫(부고) : 문서나 재물을 넣어두는 창고.
府尹(부윤) : 조선 때 종2품의 외관직.
官府(관부) : 조정 또는 정부.
政府(정부) : 통치권을 행사하는 기관.

府使 權府 幕府 學府 臨時政府

店

가게 점
广부 5획 ⑧
`亠广广店店店`

(英) shop　　　　(日) テン(みせ)

店員(점원) : 가게에서 일을 보는 고용인.
店鋪(점포) : 가게. 상점.
商店(상점) : 상품을 파는 가게의 총칭.
書店(서점) : 책 파는 가게.

賣店 酒店 支店 飯店 開店休業

廣

度

법도 도, 헤아릴 탁
广부 6획 ⑨
亠广广产庐度

(英) law　　　(日) ド(のり)

角度(각도) : 두 직선의 벌어진 정도.
制度(제도) : 국가·사회구조의 체계나 국가의 형태.
態度(태도) : 몸을 가지는 모양이나 맵시.
忖度(촌탁) : 남의 마음을 미루어서 헤아림.

度量 度數 感度 强度 程度 高度

庫

곳집 고
广부 7획 ⑩
亠广户斥庐庫

(英) warehouse　　　(日) コ(くら)

金庫(금고) : 귀중품을 보관하는 궤.
書庫(서고) : 책을 넣어두는 곳집.
在庫(재고) : 창고에 있는 것.
倉庫(창고) : 물자를 보관하는 건물.

國庫 文庫 寶庫 氷庫 車庫 出庫

庭

뜰 정
广부 7획 ⑩
亠广广庄庭庭

(英) garden　　　(日) テイ(にわ)

庭園(정원) : 집안에 있는 뜰.
庭球(정구) : 운동경기의 하나. 테니스.
家庭(가정) : 한 가족이 살림하고 있는 집안.
親庭(친정) : 시집간 여자의 본집.

校庭 內庭 家庭教育 家庭法院

座

자리 좌
广부 7획 ⑩
亠广广应座座

(英) seat　　　(日) ザ(すわる)

座席(좌석) : 앉는 자리.
上座(상좌) : 윗자리.
座談會(좌담회) : 앉은 채로 이야기하는 모임.
座右銘(좌우명) : 일상의 경계로 삼는 말이나 글.

座定 座中 座礁 座標 講座 權座

康

편안할 강
广부 8획 ⑪
亠广户庐康康

(英) comfortable　　　(日) コウ(やすい)

健康(건강) : 튼튼하고 병이 없음.
康寧(강녕) : 건강하고 평안함.
康衢煙月(강구연월) : 태평한 시대의 평화스러운
　　　　　　　　모습.

康福 萬康 康熙字典 健康診斷

庶

여러 서
广부 8획 ⑪
亠广广庐庐庶

(英) multitude　　　(日) ショ(もろもろ)

庶母(서모) : 아버지의 첩.
庶務(서무) : 여러 가지 잡다한 사무.
庶民(서민) : 중류 이하의 넉넉하지 못한 백성.
庶出(서출) : 첩의 소생.

庶功 庶官 庶子 嫡庶

庸

떳떳할 용
广부 8획 ⑪
广户户庐庸庸

(英) common　　　(日) ヨウ(つね)

庸劣(용렬) : 어리석고 변변치 못함.
庸人(용인) : 평범한 사람.
登庸(등용) : 인재를 골라 뽑아서 씀. 등용(登用).
中庸(중용) : 어느 쪽으로도 치우치지 않음.

庸德 庸常 庸言

廊

사랑채 랑, 행랑 랑
广부 10획 ⑬
广户广府廊廊
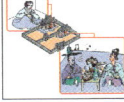
(英) corridor　　　(日) ロウ

廊下(낭하) : 행랑. 복도.
廊漢(낭한) : 행랑살이하는 사람의 비칭(卑稱).
畫廊(화랑) : 그림 등 미술품을 전시해 놓은 시설
　　　　　이나 가게.

廊廟 行廊 回廊 舍廊房

廉

청렴할 **렴**, 성 **렴**

广부 10획 ⑬

广产产产序廉廉

(英) upright　　　(日) レン(かど)

廉價(염가) : 싼값.
廉恥(염치) : 청렴하여 부끄러움을 아는 마음.
低廉(저렴) : 값이 쌈.
淸廉(청렴) : 고결하고 물욕이 없음.

破廉恥 不顧廉恥 廉氏

廣

넓을 **광**

广부 12획 ⑮

广产产席席廣廣

(英) broad　　　(日) コウ(ひるい)

廣告(광고) : 신문·방송 등으로 널리 알림.
廣大(광대) : ① 넓고 큼.
　　　　　　② 연극 또는 판소리를 하는 사람.
廣闊(광활) : 훤하게 넓음.

廣野 廣義 廣場 廣範圍 廣域化

廟

사당 **묘**

广부 12획 ⑮

广产庐庐廟廟

(英) shrine　　　(日) ビョウ(あたまや)

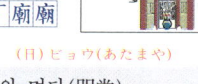

廟堂(묘당) : ① 종묘(宗廟)와 명당(明堂).
　　　　　　② 조정(朝廷).
廟號(묘호) : 임금의 시호.
宗廟(종묘) : 제왕들의 위패를 모시는 집.

廟廊 廟院 宗廟社稷 廟庭配享

廢

폐할 **폐**, 버릴 **폐**

广부 12획 ⑮

广广庐庐庲廢廢

(英) abolish　　　(日) ハイ(すたれる)

廢刊(폐간) : 신문·잡지 등의 간행물을 폐지함.
廢物(폐물) : 못쓰게 된 물건.
改廢(개폐) : 고치거나 폐지(廢止)함.
荒廢(황폐) : 버려두어 거칠고 못쓰게 됨.

廢家 廢鑛 廢校 廢棄 廢船 存廢

廳

관청 **청**

广부 22획 ㉕

广广庐庐廚廳廳

(英) public office　　　(日) チョウ

廳舍(청사) : 관청의 집.
官廳(관청) : 국가의 사무를 맡아보는 기관.
市廳(시청) : 시의 행정을 맡아보는 집.
支廳(지청) : 본청(本廳)의 하위 관청.

廳長 郡廳 外廳 檢察廳 國稅廳

 착각하지 맙시다.

近(가까울 근)자는 辶(辵)부수에 속하는 글자이며, 芹(미나리 근)자는 艹(艸)부수에 속하는 글자이며, 劤(힘셀 근)자는 力부수에 속하는 글자이며, 欣(기뻐할 흔)자는 欠부수에 속하는 글자이며, 昕(아침 흔)자는 日부수에 속하는 글자이며, 炘(화끈거릴 흔)자는 火부수에 속하는 글자입니다.

汽(김 기)자는 氵(水)부수에 속하는 글자이며, 愾(성낼 개)자는 忄(心)부수에 속하는 글자입니다.

부 수 3 획	부 수 명 칭	상형 연상과정 (3)	상형 연상과정 (2)	상형 연상과정 (1)
廴	길게걸을 **인** (민책받침)	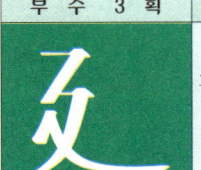		

字源

발을 '길게 끌며' 힘들게 걷는 모양을 본뜬 자.

延

	늘일 **연**
	廴부 4획 ⑦
	一丁丁丐延延

(英) delay　　　　　(日) エン(ひく)

延期(연기) : 정해놓은 기한을 물림.
延命(연명) : 목숨을 겨우 이어감.
延長(연장) : 늘이어 길게 함.
遲延(지연) : 끌어서 늦춤.

延着 延滯 蔓延 順延 延人員

廷

조정 **정**	
廴부 4획 ⑦	
一二千壬廷廷	

(英) court　　　　　(日) テイ(にわ)

宮廷(궁정) : 대궐 안.
法廷(법정) : 송사를 심리, 판결하는 곳.
朝廷(조정) : 옛날에 나라의 정치를 의논, 집행하
　　　　　던 곳.

開廷 出廷 退廷 閉廷 休廷

建

	세울 **건**
	廴부 6획 ⑨
	一一一三聿建建

(英) build　　　　　(日) ケン(たてる)

建國(건국) : 나라를 세움.
建設(건설) : 새로 만들어 세움.
建築(건축) : 집·성·다리 같은 것을 세움.
再建(재건) : 무너진 것을 다시 세움.

建軍 建立 建物 建造 創建 土建

 착각하지 맙시다.

批(칠 비)자는 扌(手)부수에 속하는 글자이며, 庇(덮을 비)자는 广부수에 속하는 글자
이며, 砒(비상 비)자는 石부수에 속하는 글자이며, 琵(비파 비)자는 玉부수에
속하는 글자이며, 粃(쭉정이 비)자는 米부수에 속하는 글자이며, 枇(비파나무 비)자
는 木부수에 속하는 글자입니다.

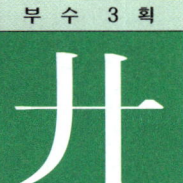

부 수 3 획	부 수 명 칭	상형 연상과정 (3)	상형 연상과정 (2)	상형 연상과정 (1)
廾	들 공 (스물입발)			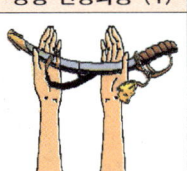

字 源

두 손으로 마주잡아 '받들고' 있는 모양을 본뜬 자.

弄	희롱할 롱 廾부 4획 ⑦ 一 T 王 玉 弄 弄	

(英) flirt　　　　　(日) ロウ(もてあそぶ)

弄奸(농간) : 남을 속이려는 간사한 짓.
弄談(농담) : 실없이 하는 장난 말.
愚弄(우롱) : 어리석게 만들어 놀림.
嘲弄(조롱) : 비웃거나 깔보고 놀림.

弄調 才弄 戲弄 吟風弄月

弊	폐단 폐, 해질 폐 廾부 12획 ⑮ 艹 朮 敝 敝 敝 弊	

(英) corruption　　　　　(日) ヘイ(やぶれる)

弊社(폐사) : 자기회사를 낮추어 이르는 말.
弊習(폐습) : 폐해가 많은 풍습. 나쁜 풍습.
弊害(폐해) : 폐단(弊端)과 손해.
語弊(어폐) : 말의 폐단이나 결점.

弊家 弊端 民弊 惡弊 作弊 通弊

부 수 3 획	부 수 명 칭	상형 연상과정 (3)	상형 연상과정 (2)	상형 연상과정 (1)
弋	주살 익 (픗말익)			

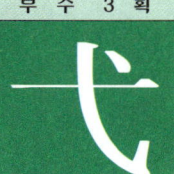

字 源

'주살(줄이 달려있는 화살)'의 모양을 본뜬 자.

式	법 식 弋부 3획 ⑥ 一 二 三 式 式	

(英) rule　　　　　(日) シキ(のり)

式場(식장) : 식(式)을 행사하는 곳.
樣式(양식) : 일정한 모양과 형식.
正式(정식) : 규정에 의한 정당한 방법.
形式(형식) : 겉모습. 격식(格式).

式辭 式順 式典 格式 方式 型式

부 수 3 획	부 수 명 칭	상형 연상과정 (3)	상형 연상과정 (2)	상형 연상과정 (1)
弓	활 궁	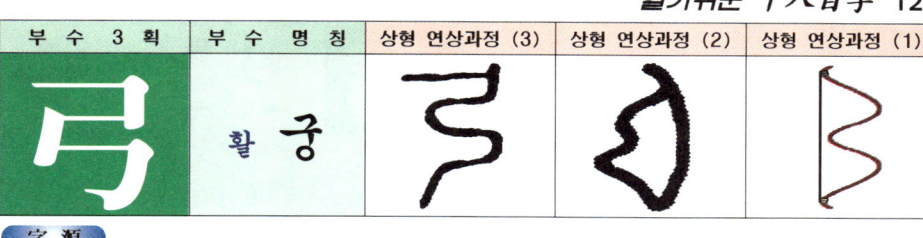		

弓

字源

'활'의 모양을 본뜬 자.

弓 **활 궁**
弓부 0획 ③
`一 𡿨 弓`

(英) bow　　　(日) キュウ(ゆみ)

弓師(궁사) : 활을 만드는 사람.
弓術(궁술) : 활 쏘는 기술.
弓矢(궁시) : 활과 화살.
大弓(대궁) : 큰 활.

弓士 名弓 石弓 洋弓 傷弓之鳥

引 **끌 인**
弓부 1획 ④
`一 𡿨 弓 引`

(英) pull　　　(日) イン(ひく)

引導(인도) : 지도함. 길을 안내함.
引力(인력) : 물체가 서로 당기는 힘.
引責(인책) : 책임을 스스로 짐.
誘引(유인) : 꾀어 냄.

引渡 引上 引率 引揚 引用 拘引

弔 **조상할 조**
弓부 1획 ④
`一 𡿨 弓 弔`

(英) condole　　　(日) チョウ(とむらう)

弔客(조객) : 조상하러 온 손님.
弔旗(조기) : 조의(弔意)를 표한 기.
弔喪(조상) : 사람의 죽음에 대하여 슬퍼하는 뜻
　　　　　을 표하는 것.

弔歌 弔哭 弔問 弔意 弔電 弔鐘

弗 **아닐 불, 말 불**
弓부 2획 ⑤
`一 𡿨 弓 弗 弗`

(英) not　　　(日) フツ(ず)

弗素(불소) : 기체원소의 하나. 엷은 황록색 기체
　　　　　로 질소 이외의 모든 원소와 화합함.
弗貨(불화) : 달러(dollar)를 단위로 하는 화폐.
弗乎(불호) : 아님(부인하는 말).

百萬弗

弘 **클 홍**
弓부 2획 ⑤
`一 𡿨 弓 弘 弘`

(英) great　　　(日) コウ(ひろい)

弘大(홍대) : 넓고 큼.
弘報(홍보) : 널리 알림.
寬弘(관홍) : 마음이 너그럽고 큼.
弘益人間(홍익인간) : 널리 인간을 이롭게 함.

弘濟 弘文館

弟 **아우 제**
弓부 4획 ⑦
`丷 丷 弟 弟 弟`

(英) younger brother　　　(日) テイ(おとうと)

弟嫂(제수) : 동생의 아내.
弟子(제자) : 가르침을 받는 사람.
子弟(자제) : 아드님.
師弟之間(사제지간) : 스승과 제자 사이.

弟氏 師弟 妻弟 難兄難弟 呼兄呼弟

弦

시위 현
弓부 5획 ⑧
`ㄱ 弓 갸 갸 弦 弦`

(英) string　　　(日) ゲン(つる)

弦矢(현시) : 활시위와 화살.
弦月(현월) : 초승달.
上弦(상현) : 음력 7~8일 무렵의 반달.
下弦(하현) : 음력 22~23일 무렵의 반달.

弦管　弦琴　弦樂器

弱

약할 약
弓부 7획 ⑩
`ㄱ 弓 弓 弓 弱 弱`

(英) weak　　　(日) ジャク(よわい)

弱冠(약관) : 20세의 남자.
弱勢(약세) : 약한 세력.
弱者(약자) : 힘이 약한 사람·생물·집단.
軟弱(연약) : 가냘프고 약함.

弱骨　弱點　弱震　弱體　弱化　衰弱

張

베풀 장
弓부 8획 ⑪
`ㄱ 弓 弘 张 張 張`

(英) extend　　　(日) チョウ(はる)

緊張(긴장) : 마음을 단단히 조심함.
主張(주장) : 자기 의견을 내세움.
出張(출장) : 용무로 어떤 곳에 가거나 파견됨.
擴張(확장) : 범위 또는 세력을 늘려서 넓힘.

張力　張數　張皇　誇張　緊張　伸張

强

강할 강
弓부 9획 ⑫
`ㄱ 弓 弘 弹 强 强`

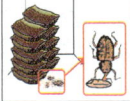

(英) strong　　　(日) キョウ(つよい)

强力(강력) : 힘이 셈.
强者(강자) : 힘이 센 사람
强奪(강탈) : 억지로 빼앗음.
富强(부강) : 나라가 부하고 강함.

强健　强攻　强迫　强占　强要　增强

彈

탄알 탄
弓부 12획 ⑮
`ㄱ 彈 彈 彈 彈 彈`

(英) bullet　　　(日) ダン(たま)

彈力(탄력) : 용수철처럼 튕기는 힘.
彈丸(탄환) : 탄알.
糾彈(규탄) : 잘못을 꼬집어 내어 탄핵함.
爆彈(폭탄) : 폭발력 있는 병기의 하나.

彈頭　彈性　彈壓　彈劾　防彈　實彈

 착각하지 맙시다.

祇(토지의 신 기)자는 示부수에 속하는 글자이며, 紙(종이 지)자는 糸부수에 속하는 글자이며, 昏(저물 혼)자는 日부수에 속하는 글자이며, 婚(혼인할 혼)자는 女부수에 속하는 글자입니다.

酒(술 주)자는 酉부수에 속하는 글자이며, 畓(논 답)자는 田부수에 속하는 글자이며, 尿(오줌 뇨)자는 尸부수에 속하는 글자입니다.

부 수 3 획	부 수 명 칭	상형 연상과정 (3)	상형 연상과정 (2)	상형 연상과정 (1)
	터럭 **삼** (삐친석삼)	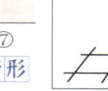		

字 源

곱게 빗어 내린 '긴 머리카락'의 모양을 본뜬 자.

形

 모양 **형**
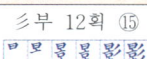 彡부 4획 ⑦

(英)form　　　(日)ケイ(かたち)

形式(형식) : 겉모양.
形態(형태) : 사물의 생김새.
形便(형편) : 일의 모양이나 형세(形勢).
人形(인형) : 사람의 모양으로 된 장난감.

形局 形像 形成 形質 形體 外形

彩

채색 **채**
彡부 8획 ⑪

(英)color　　　(日)サイ(いろどる)

彩色(채색) : 여러 가지 고운 빛깔.
光彩(광채) : 눈부신 빛. 찬란한 빛.
文彩(문채) : 무늬. 아름다운 광채.
水彩畫(수채화) : 채료를 물에 풀어서 그린 그림.

彩畫 多彩 色彩 異彩 彩文土器

影

 그림자 **영**
彡부 12획 ⑮

(英)shadow　　　(日)エイ(かげ)

影像(영상) : 광선에 의하여 비치는 형상.
影子(영자) : 그림자.
影響(영향) : 다른 사물에 미치는 결과.
幻影(환영) : 감각 등의 착오로 헛것을 봄.

影印 影幀 近影 暗影 撮影 投影

 착각하지 맙시다.

魚(물고기 어)자는 魚부수에 속하는 글자이며, 馬(말 마)자는 馬부수에 속하는 글자이며, 鳥(새 조)자는 鳥부수에 속하는 글자입니다.

斧(도끼 부)자는 斤부수에 속하는 글자이며, 釜(가마 부)자는 金부수에 속하는 글자입니다.

부 수 3 획	부 수 명 칭	상형 연상과정 (3)	상형 연상과정 (2)	상형 연상과정 (1)
彳	자축거릴 **척** (두인변)			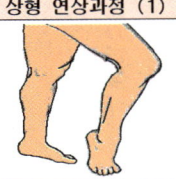

字 源

'자축거리는' 두 다리의 모양을 본뜬 자.

役 부릴 **역**
彳부 4획 ⑦
丿 彳 彳 役 役 役
(英) work　　(日) エキ、ヤク

役事(역사) : 부역, 토목, 건축 따위의 공사.
役割(역할) : 구실.
苦役(고역) : 고된 일. 힘드는 노동.
使役(사역) : 남을 부려 시킴.

役軍 代役 配役 兵役 用役 轉役

往 갈 **왕**
彳부 5획 ⑧
丿 彳 彳 彳 往 往
(英) go　　(日) オウ(ゆく)

往年(왕년) : 지나간 해. 옛날.
往來(왕래) : 가고 오고 함.
往復(왕복) : 갔다가 돌아옴.
往往(왕왕) : 이따금. 때때로.

往診 來往 說往說來 右往左往

征 칠 **정**
彳부 5획 ⑧
丿 彳 彳 征 征 征
(英) attack　　(日) セイ(やく)

征途(정도) : 여행하는 길. 정벌하러 가는 길.
征服(정복) : 정벌하여 복종시킴.
遠征(원정) : 멀리 적을 치러 감. 먼 곳에 운동경
　　　　　 기나 조사, 탐험 따위를 하러 감.

征伐 征討 長征 出征 遠征隊

彼 저 **피**
彳부 5획 ⑧
丿 彳 彳 扩 彼 彼
(英) that　　(日) ヒ(かれ)

彼我(피아) : 남과 나. 저편과 이편.
彼岸(피안) : 저편의 강 언덕. 불교에서 인간세계
　　　　　 의 저쪽에 있다는 정토.
彼此(피차) : 저것과 이것.

於此彼 彼此一般 此日彼日

待 기다릴 **대**
彳부 6획 ⑨
丿 彳 彳 待 待 待
(英) wait　　(日) タイ(まつ)

待望(대망) : 기다리고 바람.
待遇(대우) : 예의를 갖추어 대함.
期待(기대) : 희망을 가지고 기다림.
優待(우대) : 특별히 잘 대접함.

待接 待避 應待 賤待 虐待 歡待

律 법칙 **률**
彳부 6획 ⑨
丿 彳 彳 律 律 律
(英) law　　(日) リツ(のり)

律動(율동) : 음률적인 운동이나 곡조.
規律(규율) : 질서나 제도를 유지하기 위하여 정
　　　　　 해 놓은 규범.
自律(자율) : 자기의 행동을 스스로 절제함.

律士 紀律 法律 調律 二律背反

後

뒤 후
彳부 6획 ⑨
ノ 彳 彳 彳 衫 後 後

(英) after　　　　　　(日) ゴ、コウ(のち、あと)

後退(후퇴) : 뒤로 물러남.
後患(후환) : 뒤에 생기는 근심.
後悔(후회) : 지난 잘못을 뒤늦게 깨닫고 뉘우침.
落後(낙후) : 뒤떨어짐.

後門 後食 後者 後援 後進 後光

徑

길 경
彳부 7획 ⑩
ノ 彳 彳 徑 徑 徑 徑

(英) road　　　　　　(日) ケイ(こみち)

直徑(직경) : 지름. 원이나 구의 중심을 지나 그
　　　　　둘레의 두 점을 직선으로 이은 선분.
半徑(반경) : 반지름.
捷徑(첩경) : 지름길.

徑道 徑情 口徑

徒

무리 도
彳부 7획 ⑩
ノ 彳 彳 往 往 徒 徒

(英) crowd　　　　　　(日) ト(いたずら)

徒勞(도로) : 헛된 수고. 헛수고.
徒步(도보) : 걸어서 감.
徒手(도수) : 맨 손.
無爲徒食(무위도식) : 하는 일없이 놀고 먹음.

徒輩 敎徒 司徒 生徒 信徒 暴徒

徐

천천할 서
彳부 7획 ⑩
ノ 彳 彳 彳 谷 谷 徐

(英) slow　　　　　　(日) ジョ(おもむろ)

徐來(서래) : 천천히 옴. 아주 조용히 옴.
徐徐(서서) : 움직임, 거동이 찬찬한 모양.
徐行(서행) : 느리게 천천히 감.
徐羅伐(서라벌) : '신라'의 옛 이름.

徐看 徐軌 徐步

得

얻을 득
彳부 8획 ⑪
ノ 彳 彳 得 得 得 得

(英) get　　　　　　(日) トク(える)

得勢(득세) : 세력을 얻음.
得失(득실) : 얻음과 잃음. 이익과 손해. 성공과
　　　　　실패. 장점과 단점.
利得(이득) : 이익을 얻음. 또는 그 이익.

得意 得點 得票 納得 說得 所得

御

거느릴 어
彳부 8획 ⑪
ノ 彳 彳 徉 徉 御 御

(英) attend　　　　　　(日) ギョ、ゴ(おん)

御命(어명) : 임금의 명령.
御用(어용) : 임금이 쓰는 물건. 임금이 씀.
御宇(어우) : 천하를 다스림.
御前(어전) : 임금의 앞.

御駕 御殿 制御 御史花 暗行御史

從

좇을 종
彳부 8획 ⑪
彳 彳 彳 犲 犲 從 從

(英) obey　　　　　　(日) ジュウ(したがう)

從軍(종군) : 군대를 따라 싸움터로 나감.
從事(종사) : 어떤 일을 일삼아 함. 어떤 사람을
　　　　　좇아 사귐.
從業(종업) : 어떤 일에 종사함.

從來 從屬 順從 侍從 主從 追從

復

회복할 복, 다시 부
彳부 9획 ⑫
ノ 彳 彳 彳 佑 佑 復 復

(英) recover, repeat　　　　　　(日) フク(かえる)

復歸(복귀) : 본래의 상태로 돌아감.
復命(복명) : 명령받은 일을 집행하고 나서 그 결
　　　　　과를 보고함.
復讐(복수) : 앙갚음. 원수를 갚음.

復古 復刊 復舊 復習 復職 復興

循

돌 순
彳부 9획 ⑫
彳 犭 犭 循 循 循

(英) turn　　　　(日) ジュン(めぐる)

循行(순행) : 여러 곳을 돌아다님.
循環(순환) : 끊임없이 주기적으로 반복하여 돎.
　　　　　또는 그 과정.
惡循環(악순환) : 나쁜 순환으로 자꾸 돎.

因循姑息　血液循環

微

작을 미
彳부 10획 ⑬
彳 犭 犭 德 微 微

(英) tiny　　　　(日) ビ(かすか)

微妙(미묘) : 섬세하고 묘함.
微細(미세) : 매우 가늘고 작음.
微笑(미소) : 소리를 내지 아니 하고 가볍게 웃음.
微賤(미천) : 신분이 낮고 천함.

微動　微量　微弱　輕微　機微　稀微

徵

부를 징
彳부 12획 ⑮
彳 犭 犭 徍 徵 徵

(英) summon　　　　(日) チョウ(しるし)

徵兵(징병) : 국민 중에서 강제로 군사를 뽑음.
徵收(징수) : 조세, 돈, 곡식, 물품을 거둠.
徵兆(징조) : 어떤 일이 생길 기미가 보이는 현상.
特徵(특징) : 특별히 두드러진 표적.

懲罰　徵集　徵表　徵候　象徵　追徵

徹

통할 철
彳부 12획 ⑮
彳 犭 循 衛 徹 徹

(英) penetrate　　　　(日) テツ(トおる)

徹夜(철야) : 자지 않고 밤을 새움.
貫徹(관철) : 끝까지 뚫어 통하게 함. 어려움을
　　　　　이겨내어 목적을 이룸.
透徹(투철) : 사리가 밝고 확실함.

徹底　冷徹　徹頭徹尾　徹天之恨

德

큰 덕
彳부 12획 ⑮
彳 犭 德 德 德 德

(英) virtue　　　　(日) トク

德望(덕망) : 덕행으로 얻은 명망.
功德(공덕) : ① 공로와 인덕.
　　　　　② 착한 일을 많이 한 힘.
厚德(후덕) : 두터운 덕행.

德分　德行　變德　惡德　公衆道德

착각하지 맙시다.

孚(미쁠 부)자는 子부수에 속하는 글자이며, 妥(평온할 타)자는 女부수에 속하는 글
자이며, 受(받을 수)자는 又부수에 속하는 글자이며, 采(캘 채)자는 木부수에 속하
는 글자이며, 奚(어찌 해)자는 大부수에 속하는 글자이며, 愛(사랑 애)자는 心부
수에 속하는 글자입니다.

부 수 3 획	부 수 명 칭	상형 연상과정 (3)	상형 연상과정 (2)	상형 연상과정 (1)
忄	마음 심 (심방변)			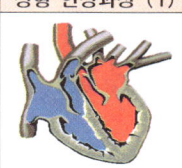

忄

字源

마음은 '심장'에서 우러나온다 하여 그의 모양을 본떠 '마음'의 뜻으로 널리 쓰인다.

忙 바쁠 망
忄부 3획 ⑥
丶 丶 忄 忙 忙

(英) busy　　　(日) ボウ(いそがしい)

奔忙(분망) : 몹시 바쁨.
慌忙(황망) : 바빠서 갈팡질팡함.
忙中閑(망중한) : 바쁜 가운데의 한가한 때.
公私多忙(공사다망) : 공적·사적인 일로 매우 바쁨.

忙工 忙殺 忙月

快 쾌할 쾌
忄부 4획 ⑦
丶 丶 忄 忙 快 快

(英) cheerful　　　(日) カイ(こころよい)

快調(쾌조) : 아주 컨디션이 좋음.
快擲(쾌척) : 금품을 마땅히 쓸 자리에 시원스레 내어 줌.
痛快(통쾌) : 불만이 풀려 마음이 매우 상쾌함.

快感 快擧 快哉 快調 快活 完快

怪 괴이할 괴
忄부 5획 ⑧
丶 丶 忄 忆 怪 怪

(英) strange　　　(日) カイ(あやしい)

怪奇(괴기) : 괴상하고 기이함.
怪物(괴물) : 괴상한 물체.
怪常罔測(괴상망측) : 괴상하기 짝이 없음.
奇巖怪石(기암괴석) : 기묘한 바위와 괴상한 돌.

怪談 怪力 怪癖 怪獸 怪異 奇怪

性 성품 성
忄부 5획 ⑧
丶 丶 忄 怂 性 性

(英) nature　　　(日) セウ

性格(성격) : 각 사람의 특유한 성질.
性急(성급) : 성미가 팔팔하고 급함.
理性(이성) : ① 사물의 이치를 생각하는 능력. ② 자율적·도덕적 의지와 행동을 규정하는 능력.

性能 性慾 性質 根性 慢性 知性

恨 한할 한
忄부 6획 ⑨
丶 忄 忄 恨 恨 恨

(英) regret　　　(日) コン(うらむ)

恨歎(한탄) : 원통하거나 뉘우침이 있을 때 한숨 쉬며 탄식함을 말함.
怨恨(원한) : 원통하고 한되는 생각.
悔恨(회한) : 뉘우치고 한탄함.

餘恨 痛恨 千秋遺恨 徹天之恨

恒 항상 항
忄부 6획 ⑨
丶 忄 忄 忄 恒 恒

(英) constant　　　(日) コウ(つね)

恒常(항상) : 늘. 언제나.
恒性(항성) : 항상 그대로인 성질.
恒時(항시) : 평상시. 보통 때.
恒久的(항구적) : 변하지 않고 오래가는 것.

恒溫 恒星 恒用

忄

悅 기쁠 열
忄부 7획 ⑩
丶丶忄忄忄悅悅

(英) glad　(日) エツ(よろこぶ)

悅樂(열락) : 기뻐하고 즐거워 함.
法悅(법열) : 설법을 듣고 진리를 깨달아 마음에서 우러나오는 기쁨.
喜悅(희열) : 기쁨과 즐거움.

悅康 悅勸 悅目

悟 깨달을 오
忄부 7획 ⑩
丶丶忄忄忊悟悟悟

(英) awake　(日) ゴ(さとる)

覺悟(각오) : ①도리를 깨달음. ②앞으로 닥쳐올 일을 알아차리고 마음을 정함.
大悟(대오) : ①번뇌를 벗고 진리를 깨달음. ②크게 깨달음.

悟禪 頓悟 孫悟空 大悟覺醒

悔 뉘우칠 회
忄부 7획 ⑩
忄忄忄忄悔悔悔

(英) regret　(日) カイ(くいる)

悔改(회개) : 잘못을 뉘우치고 고침.
懺悔(참회) : 과거의 죄악을 깨달아서 깊이 뉘우치고 마음을 고침.
後悔(후회) : 이전의 잘못을 뉘우침.

悔心 悔恨 懺悔錄 後悔莫及

惜 아낄 석
忄부 8획 ⑪
丶丶忄忄忄惜惜惜

(英) grudge　(日) セキ(おしむ)

惜別(석별) : 서로 헤어지기를 애틋하게 여김. 작별을 섭섭히 여김.
惜敗(석패) : 아깝게 짐.
哀惜(애석) : 슬프고 아까움.

惜暮 惜福 惜陰 惜一 痛惜

惟 생각할 유
忄부 8획 ⑪
丶丶忄忄忄惟惟惟

(英) think　(日) イ(おもう)

惟獨(유독) : 많은 가운데 홀로.
思惟(사유) : 경험하여 아는 사실을 비교하여 그 관계를 정하고 여기에 기초하여 판단, 추리하는 정신작용.

惟肯 惟度

情 뜻 정
忄부 8획 ⑪
丶丶忄忄忄情情情

(英) feelings　(日) ジョウ(なさけ)

情感(정감) : 정조와 감흥.
情景(정경) : 감흥과 경치.
敍情詩(서정시) : 주관적이며 관조적 수법으로 자기 내부의 감정을 나타낸 시.

情緒 情事 情趣 情況 物情 愛情

悽 슬퍼할 처
忄부 8획 ⑪
丶丶忄忄忄悽悽悽

(英) grieved　(日) セイ(いたむ)

悽然(처연) : 쓸쓸하고 구슬픈 모양.
悽絶(처절) : 몹시 처참함.
悽慘(처참) : 슬프고 참혹함.
悽愴(처창) : 마음이 몹시 구슬픔.

悽苦 悽悼

惱 번뇌할 뇌 괴로워할 뇌
忄부 9획 ⑫
丶丶忄忄忄惱惱惱

(英) vexed　(日) ノウ(なやむ)

惱殺(뇌쇄) : 애가 타도록 몹시 괴롭힘. 특히 여자가 아름다움으로 남자를 매혹하는 일.
苦惱(고뇌) : 괴로워하고 번뇌함. 고민.
煩惱(번뇌) : 마음이 시달려서 괴로움.

惱苦 惱亂 百八煩惱

愧	부끄러워할 **괴**
	亻부 10획 ⑬
	亻 忄 忄 愧 愧 愧

(英) bashful　　　　(日) キ(はじる)

愧色(괴색) : 부끄러워하는 얼굴 빛.
愧恥(괴치) : 부끄러워 함.
愧汗(괴한) : 부끄러워 땀을 흘림.
自愧之心(자괴지심) : 스스로 부끄러워하는 마음.

愧服　愧死

愼	삼갈 **신**
	亻부 10획 ⑬
	亻 忄 忄 愼 愼 愼

(英) careful　　　　(日) シン(つつしむ)

愼重(신중) : 매우 조심스러움.
謹愼(근신) : ① 언행을 삼가고 조심함.
　　　　　　② 과오에 대하여 반성하고 들어앉아
　　　　　　행동을 삼감.

愼機　愼謹　愼獨

慨	슬퍼할 **개**
	亻부 11획 ⑭
	亻 忄 忾 忾 慨 慨

(英) lament　　　　(日) ガイ

慨歎(개탄) : 분하게 여기어 탄식함.
憤慨(분개) : 격분하여 개탄함.
感慨無量(감개무량) : 사물에 대한 회포의 느낌이
　　　　　　　　　한이 없음.

慨世　慨息　慨焉

慣	익숙할 **관**
	亻부 11획 ⑭
	亻 忄 忄 慣 慣 慣

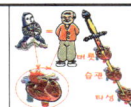

(英) accustomed　　　　(日) カン(られる)

慣行(관행) : 전부터 관례가 되어 자주 행함.
慣性(관성) : 물체가 외부 작용 없이 정지 또는 운
　　　　　　동 상태를 영구히 지속하려는 성질.
習慣(습관) : 버릇.

慣念　慣習　慣例　慣用

慢	거만할 **만**
	亻부 11획 ⑭
	亻 忄 恨 慢 慢 慢

(英) haughty　　　　(日) マン(あなどる)

慢性(만성) : ① 급히 악화되지도 낫지도 않는 병의
　　　　　　성질. ② 성질이 버릇이 되어 고치기 힘드는 일.
倨慢(거만) : 겸손하지 않고 뽐냄.
緩慢(완만) : ① 행동이 느림. ② 경사가 급하지 않음.

自慢　驕慢　傲慢　怠慢

慘	참혹할 **참**
	亻부 11획 ⑭
	亻 忄 忄 怂 怂 慘

(英) miserable　　　　(日) サン、ザン(みじめ)

慘憺(참담) : ① 참혹하고 암담함.
　　　　　　② 보기에 딱하고 가슴이 아픔.
慘狀(참상) : 참혹한 양상.
悲慘(비참) : 슬프고도 끔찍함.

慘劇　慘變　慘事　無慘　悽慘　慘酷

慚	부끄러워할 **참**
	亻부 11획 ⑭
	亻 忄 恒 慚 慚 慚

(英) ashamed　　　　(日) ザン(はじる)

慚愧(참괴) : 부끄럽게 여김.
慚死(참사) : 부끄러워 죽을 지경임.
慚色(참색) : 부끄러워하는 안색.
慚悔(참회) : 부끄러워서 뉘우침.

慚德　慚伏　慚汗　慚恨

憐	불쌍히여길 **련**
	亻부 12획 ⑮
	亻 忄 忙 惨 憐 憐

(英) pity　　　　(日) レン(あわれむ)

憐憫(연민) : 불쌍하고 가련함.
可憐(가련) : 신세가 딱하고 가엾음.
同病相憐(동병상련) : ① 같은 병의 환자끼리 서로
가엾게 여김. ② 어려운 사람끼리 동정하고 도움.

憐悼　憐惜　憐愛　憐察　憐恤

憫 민망할 민

忄부 12획 ⑮
火 炉 炉 炉 憫 憫
(英) pity　　(日) ビン(あわれむ)

憫急(민급) : 걱정이 아주 절박함.
憫憫(민망) : 답답하고 딱하여 안타까움.
憫恤(민휼) : 불쌍한 사람을 도와줌.
憐憫(연민) : 불쌍하고 가련함.

憫悼　憫憫　憫笑

憤 분할 분

忄부 12획 ⑮
忄 忄 忄 憤 憤 憤
(英) indignant　　(日) ヒン(いきどおる)

憤怒(분노) : 분하여 성냄.
憤痛(분통) : 몹시 분개하여 마음이 쓰리고 아픔.
悲憤慷慨(비분강개) : 의롭지 못한 일이나 세태 등이
　　　　　　　　　슬프고 분하여 마음이 복받침.

憤慨　憤然　憤敗　激憤　含憤蓄怨

憎 미울 증

忄부 12획 ⑮
忄 忄 忄 憎 憎 憎
(英) hate　　(日) ゾウ(にくむ)

憎惡(증오) : 몹시 미워함.
可憎(가증) : 얄밉게 생각됨. 보기에 괘씸하고 얄
　　　　　미움.
愛憎(애증) : 사랑과 미움.

憎忌　憎毒　憎酸　憎怨

憶 생각할 억

忄부 13획 ⑯
忄 憶 憶 憶 憶 憶
(英) recall　　(日) オク(おもう)

記憶(기억) : ①지난날을 잊지 아니 함.
　　　　　②컴퓨터 안에 필요한 데이터 등을
　　　　　축적해 두는 일.
追憶(추억) : 지난 일을 돌이켜 생각함.

憶念　憶昔　記憶喪失

懷 품을 회

忄부 16획 ⑲
广 忄 忄 憒 懷 懷
(英) cherish　　(日) カイ(いだく)

懷柔(회유) : 어루만져 잘 달램.
懷抱(회포) : 마음 속에 품은 생각.
感懷(감회) : 마음에 느낀 생각과 회포.
懷疑的(회의적) : 의심을 품는 것.

懷古　懷鄕　述懷　虛心坦懷

懼 두려워할 구

忄부 18획 ㉑
忄 忄 忄 懼 懼 懼
(英) fear　　(日) ク(おそれる)

懼懣(구만) : 두려워하며 번민함.
懼然(구연) : 두려워하는 모양.
悚懼(송구) : 마음에 두렵고 거북함.
疑懼心(의구심) : 의심하고 두려워하는 마음.

懼震

 ## 착각하지 맙시다.

投(던질 투)자는 扌(手)부수에 속하는 글자이며, 役(부릴 역)자는 彳부수에 속하는 글자이며, 設(베풀 설)자는 言부수에 속하는 글자이며, 股(넓적다리 고)자는 月(肉)부수에 속하는 글자이며, 般(돌이킬 반)자는 舟부수에 속하는 글자이며, 穀(곡식 곡)자는 禾부수에 속하는 글자입니다.

부 수 3 획	부수 명칭	상형 연상과정 (3)	상형 연상과정 (2)	상형 연상과정 (1)
才	손 수 (재방변)	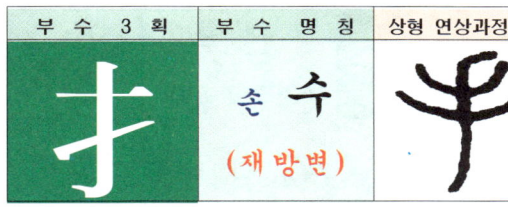		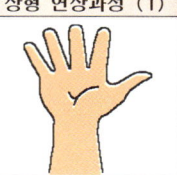

字 源

손목과 다섯 손가락을 펼쳐 모은 '손'의 모양을 본뜬 자.

才 재주 재

才부 0획 ③

一 十 才

(英) talent　　　　(日) サイ(ざえ)

才能(재능) : 재주와 능력.
才媛(재원) : 재주가 있는 젊은 여자.
秀才(수재) : ① 뛰어난 재주. 또 그 사람.
　　　　　　② 미혼 남자에 대한 존칭.

才幹 才談 才弄 才致 鬼才 鈍才

打 칠 타

才부 2획 ⑤

一 十 扌 扌 打

(英) strike　　　　(日) ダ(うつ)

打開(타개) : 얽히고 막힌 일을 잘 처리하여 나아
　　　　　　갈 길을 개척함.
打診(타진) : 남의 의사를 떠봄.
利害打算(이해타산) : 이해관계를 따져 셈함.

打倒 打令 打鐘 打破 毆打 連打

托 맡길 탁

才부 3획 ⑥

一 十 扌 扌 扚 托

(英) leave　　　　(日) タク(たのず)

托生(탁생) : ① 세상에 태어나서 살아감. ② 남에
　　　　　　게 의탁하여 살아감. 탁생(託生).
托鉢僧(탁발승) : 경문을 외우며 집집이 돌아다니
　　　　　　면서 동냥하는 중.

託故 無依無托

技 재주 기

才부 4획 ⑦

一 十 扌 扌 扚 抟 技

(英) skill　　　　(日) ギ(わざ)

技能(기능) : 기술상의 재능.
技術(기술) : 만들거나 짓거나 하는 재주.
競技(경기) : ① 무술, 운동으로 승부를 겨루는
　　　　　　일. ② 기술의 우열을 가리는 일.

技法 技倆 技士 實技 演技 雜技

扶 도울 부

才부 4획 ⑦

一 十 扌 扫 扶 扶

(英) assist　　　　(日) フ(たすける)

扶養(부양) : 혼자 살아갈 능력이 없는 사람의 생
　　　　　　활을 돌봄.
扶助(부조) : 남을 붙들어 도와줌.
相扶相助(상부상조) : 서로서로 도움.

扶餘 扶育 扶持 抑强扶弱

批 비평할 비

才부 4획 ⑦

一 十 扌 扌 扯 批

(英) criticize　　　　(日) ヒ(うつ)

批判(비판) : ① 비평. 판단함.
　　　　　　② 인물, 행위, 작품 등을 평가함.
批評(비평) : 사물의 선악, 시비, 미추를 평가하여
　　　　　　논함.

批准 批答 批點

抑 누를 억
扌부 4획 ⑦
一 亅 扌 扩 扚 抑

(英) supress　　(日) ヨク(おさえる)

抑留(억류) : ① 억지로 머무르게 함.
　　　　　② 자유를 구속하여 억지로 붙잡아 둠.
抑壓(억압) : 힘으로 억누름.
抑制(억제) : 억눌러서 제어함.

抑揚 抑鬱 抑止 抑强扶弱 抑何心情

抄 뽑을 초
扌부 4획 ⑦
一 亅 扌 扚 扚 抄

(英) select　　(日) ショウ(かすゆる)

抄錄(초록) : 소용될 만한 것만 뽑아서 적음.
抄本(초본) : 원본의 일부를 베끼거나 발췌한 글.
抄譯(초역) : 원문의 일부를 뽑아서 번역함. 또는,
　　　　　그 번역.

抄啓 抄略 招出 抄筆 詩抄

抗 겨룰 항
扌부 4획 ⑦
一 亅 扌 扩 扩 抗

(英) compete　　(日) コウ(あたる)

對抗(대항) : 서로 맞서서 버티어 겨룸.
抵抗(저항) : 굽히거나 따르지 않고 거슬러 버팀.
不可抗力(불가항력) : 사람의 힘으로 저항을 하거
　　　　　나 막아낼 수 없는 힘.

抗拒 抗命 抗議 抗體 反抗 抗訴審

拘 잡을 구
扌부 5획 ⑧
一 亅 扌 扚 拘 拘

(英) catch　　(日) コウ(かかわる)

拘束(구속) : ① 체포하여 신체를 속박함.
　　　　　② 자유 행동을 제한 또는 정지시킴.
拘引(구인) : 잡아끌고 감.
拘置所(구치소) : 미결 수용자를 수용하는 시설.

拘禁 拘留 拘礙 不拘 不拘束

折 꺾을 절
扌부 4획 ⑦
一 亅 扌 扩 折 折

(英) break　　(日) セツ(おる)

曲折(곡절) : ① 이러 저러한 복잡한 사정이나 까
　　　　　닭. ② 구불구불 꺾이어 있는 상태.
夭折(요절) : 나이 젊어서 죽음.
挫折(좌절) : 어떤 계획이 수포로 돌아감.

折半 折衝 屈折 骨折 中折帽

投 던질 투
扌부 4획 ⑦
一 亅 扌 扩 投 投

(英) throw　　(日) トウ(なげる)

投機(투기) : 기회를 엿보아 큰 이익을 보려는
　　　　　것. 또는 그러한 거래.
投賣(투매) : 손해를 무릅쓰고 상품을 막 싸게 팖.
投資(투자) : 사업에 밑천을 댐.

投稿 投網 投宿 投身 投入 投降

拒 막을 거
扌부 5획 ⑧
一 亅 扌 扩 护 拒

(英) resist　　(日) キウ(にばむ)

拒逆(거역) : 윗사람의 뜻 명령을 항거하여 거스름.
拒絕(거절) : 응낙하지 않고 물리침.
拒否反應(거부반응) : 어떤 사물이나 사람에 대하
　　　　　여 기피하는 감정이나 태도를 나타내는 일.

拒納 拒否 拒逆 拒止 抗拒 拒否權

拍 칠 박
扌부 5획 ⑧
一 亅 扌 扩 拍 拍

(英) clap　　(日) ハク(うつ)

拍手(박수) : 손뼉을 침.
拍子(박자) : ① 곡조의 진행시간을 헤아리는 단
　　　　　위. ② 음악에 장단을 맞추는 일.
拍掌大笑(박장대소) : 손뼉을 치며 크게 웃음.

拍動 拍車 拍手喝采

拔 뽑을 발
扌부 5획 ⑧
一 扌 扌 扩 拔 拔 拔

(英) pull out　　　(日) バク(ぬく)

拔群(발군) : 여럿 속에 뛰어남.
拔擢(발탁) : 여러 사람 가운데 추려서 뽑음.
拔本塞源(발본색원) : 폐단의 근원을 아주 뽑아서 없애 버림.

拔萃 拔取 簡拔 奇拔 選拔 海拔

拂 떨칠 불
扌부 5획 ⑧
一 扌 扌 扚 拂 拂 拂

(英) shake　　　(日) フツ(はらう)

拂入(불입) : 세금이나 공과금 등을 냄.
支拂(지불) : 값을 내어 돈을 치러 줌.
滯拂(체불) : ① 지급이 연체됨.
　　　　　② 지급을 지체함.

拂拭 拂下 假拂 未拂 先拂 還拂

抵 대항할 저
扌부 5획 ⑧
一 扌 扌 扐 抵 抵

(英) resist　　　(日) テイ(あたる)

抵當(저당) : ① 맞서서 겨룸. ② 채무의 담보로서 부동산 등을 전당 잡힘.
抵觸(저촉) : ① 서로 부딪침. 서로 모순됨. ② 법률, 규칙 등에 위반되거나 거슬림.

抵抗 大抵 根抵當 無抵抗 抵死爲限

拙 졸할 졸
扌부 5획 ⑧
一 扌 扌 扚 拙 拙

(英) clumsy　　　(日) セツ(つたない)

拙速(졸속) : 서투르지만 빠름.
拙作(졸작) : ① 졸렬한 제작, 작품.
　　　　　② 자기 작품의 겸칭.
拙戰(졸전) : 서투른 싸움이나 시합.

拙劣 拙者 拙策 拙筆 壅拙 稚拙

拓 넓힐 척, 박을 탁
扌부 5획 ⑧
一 扌 扌 扩 拓 拓

(英) develop　　　(日) タク(ひらく)

開拓(개척) : ① 산야, 황무지를 일구어 논밭을 만듦. ② 새로운 분야에 처음으로 손을 댐.
拓本(탁본) : 금석에 새긴 글씨를 종이에 박아 냄.
干拓地(간척지) : 간척하여 이룬 땅.

拓土 落拓

招 부를 초
扌부 5획 ⑧
一 扌 扌 扚 招 招

(英) invite　　　(日) ショウ(まねく)

招來(초래) : 어떤 결과를 가져옴.
招聘(초빙) : 예를 갖춰 불러 맞아들임.
招請(초청) : 청하여 부름.
自招(자초) : 스스로 불러들임.

招待 招出 招致 招魂 問招 自招

抽 뽑을 추
扌부 5획 ⑧
一 扌 扌 扣 抽 抽 抽

(英) draw out　　　(日) チュウ(ぬく)

抽籤(추첨) : 제비를 뽑음.
抽出(추출) : 빼냄. 뽑아 냄.
抽象的(추상적) : ① 구체성이 없고 막연한 것. ② 사물의 공통적 속성을 종합한 것.

抽讀 抽拔 抽象 抽身

抱 안을 포
扌부 5획 ⑧
一 扌 扌 扚 扚 抱 抱

(英) embrace　　　(日) ホウ(いだく)

抱擁(포옹) : 품에 껴안음.
懷抱(회포) : 마음 속에 품은 시름.
抱腹絶倒(포복절도) : 너무 우스워 배를 안고 몸을 가누지 못 할 지경임.

抱卵 抱負 抱孫 抱主 抱含

才

挑 돋울 도
才부 6획 ⑨
一 十 扌 扎 扐 挑 挑

(英) provoke　　　(日) チョウ(いどむ)

挑發(도발) : 집적거려 일을 일으킴.
挑戰(도전) : ① 싸움을 걸거나 돋움. ② 비유적으
　　　　　　로 어려운 사업이나 기록 경신에 맞섬.
挑出(도출) : 시비를 걸거나 싸움을 돋움.

挑燈

拾 주울 습, 열 십
才부 6획 ⑨
一 十 扌 扒 拾 拾

(英) pick up　　　(日) シュウ(ひろう)

拾得(습득) : 주워서 얻음.
收拾(수습) : ① 흩어진 물건을 주워 거둠.
　　　　　　② 흐트러진 정신이나 사태를 거두어
　　　　　　바로 잡음.

拾遺 拾萬

持 가질 지
才부 6획 ⑨
一 十 扌 扩 扩 持 持

(英) hold　　　(日) ジ(あつ)

持病(지병) : 고치기 어려운 병.
持參(지참) : 무엇을 가지고 가서 참석함.
維持(유지) : 지탱하여 감. 지니어 감.
持久力(지구력) : 오래 견디어 내는 힘.

持論 持分 堅持 所持 支持 持續性

指 가리킬 지
才부 6획 ⑨
一 十 扌 扩 扩 指 指

(英) finger　　　(日) シ(ゆび)

指定(지정) : 이것이라고 가리켜 정함.
指針(지침) : ① 지시 장치에 붙어 있는 바늘.
　　　　　　② 생활이나 행동의 방향 준칙 따위.
指揮(지휘) : 지시해 일을 하도록 시킴.

指令 指目 指紋 指示 指稱 指標

振 떨칠 진
才부 7획 ⑩
一 十 扌 扩 扩 振 振

(英) shake off　　　(日) シン(ふる)

振動(진동) : 흔들려 움직임.
振作(진작) : 떨쳐 성하게 함.
振興(진흥) : 떨쳐 일으킴.
不振(부진) : 떨치지 못함.

振武 振幅 堅振 奪三振

捉 잡을 착
才부 7획 ⑩
一 十 扌 扩 护 捉 捉

(英) seize　　　(日) サク(とらえる)

捉來(착래) : 잡아 옴.
捉囚(착수) : 죄인을 잡아 가둠.
捕捉(포착) : ① 꼭 붙잡음. ② 사람의 마음이나
　　　　　　표현의 뜻 따위를 이해함.

捉去 捉送

捕 잡을 포
才부 7획 ⑩
一 十 扌 折 捐 捕 捕

(英) catch　　　(日) ホ(とらえる)

捕虜(포로) : ① 전투에서 적에게 사로잡힌 병사.
　　　　　　② 어떤 것에 매여서 꼼짝못하는 상태.
捕獲(포획) : 적병이나 범법한 선박을 사로잡음.
拿捕(나포) : 죄인이나 선박을 붙잡는 일.

捕縛 捕手 捕繩 捕卒 捕捉 逮捕

掛 걸 괘
才부 8획 ⑪
一 十 扌 扗 挂 掛 掛

(英) hang　　　(日) カイ(かける)

掛念(괘념) : 마음에 두고 잊지 아니 함.
掛圖(괘도) : 벽에 걸게 된 그림이나 지도.
掛鐘時計(괘종시계) : 벽이나 기둥에 걸게 된 자
　　　　　　명종 시계.

掛竿 掛冠 掛金

才

掠 노략질할 략

才부 8획 ⑪

`才 扌 扩 护 护 掠 掠`

(英) plunder (日) リャク(かすめる)

擄掠(노략) : 떼를 지어 사람 또는 재물을 빼앗아
　　　　　감.
掠治(약치) : 볼기를 쳐 죄인을 다스림.
掠奪(약탈) : 폭력을 써서 빼앗음.

掠治 拷掠

捨 버릴 사

才부 8획 ⑪

`才 扌 扩 扩 捨 捨 捨`

(英) throw away (日) シャ(すてる)

喜捨(희사) : 마음에 즐기어서 재물을 냄.
四捨五入(사사오입) : 반올림.
取捨選擇(취사선택) : 취할 것은 취하고 버릴 것
　　　　　　은 버려서 골라잡음.

捨身 捨撤 捨生取義 求則得捨則失

授 줄 수

才부 8획 ⑪

`才 扌 扩 护 护 拶 授`

(英) give (日) ジュ(さずける)

授受(수수) : 주고받고 함.
授業(수업) : 학예를 가르쳐 줌.
傳授(전수) : 전하여 줌.
授與式(수여식) : 상장이나 훈장 따위를 주는 식.

授權 授賞 授乳 授精 敎授

採 캘 채

才부 8획 ⑪

`才 扌 扩 扩 採 採 採`

(英) pick (日) サイ(とる)

採用(채용) : ① 인재를 등용함.
　　　　　② 채택하여 씀.
採集(채집) : 찾아서 모음.
採擇(채택) : 골라서 가려냄. 가려서 뽑음.

採鑛 採掘 採點 採取 公採 伐採

排 밀칠 배

才부 8획 ⑪

`一 才 打 扫 扫 排 排`

(英) reject (日) ハイ(おす)

排除(배제) : 물리쳐서 제거함.
排出(배출) : ① 밀어 내보냄.
　　　　　② 배설(排泄).
排他的(배타적) : 남을 배척하는 경향이 있는 것.

排擊 排球 排尿 排便 排斥 彭排

掃 쓸 소

才부 8획 ⑪

`才 扌 扌 护 护 掃 掃`

(英) sweep (日) ソウ(はく)

掃除(소제) : 떨고, 쓸고, 닦아서 깨끗이 함
掃蕩(소탕) : 휩쓸어 죄다 없애 버림.
一掃(일소) : 모조리 쓸어버림.
淸掃(청소) : 깨끗이 소제함.

掃萬 掃滅 掃海艇 機銃掃射

接 이을 접

才부 8획 ⑪

`一 才 扩 护 护 接 接`

(英) connect (日) セツ(つぐ)

接境(접경) : 경계가 서로 접함.
接近(접근) : 가까이 함. 바싹 다가붙음.
接觸(접촉) : ① 맞붙어 닿음. ② 교섭함.
隣接(인접) : 이웃해 있음.

接見 接木 接續 接受 待接 面接

推 밀 추

才부 8획 ⑪

`一 才 扩 扩 推 推`

(英) push (日) スイ(おす)

推仰(추앙) : 높이 받들어 우러러 봄.
推移(추이) : 일이나 형편이 변하여 나아감.
推進(추진) : 밀고 나아감.
推薦(추천) : 인재를 천거함.

推計 推戴 推理 推尋 推定 類推

才

探 찾을 탐
才부 8획 ⑪
扌 扌 扩 扩 押 探
(英) search　　(日) タン(さぐる)

探聞(탐문) : 더듬어 찾아서 들음.
探索(탐색) : 살피어 찾음.
探偵(탐정) : ①비밀히 사람을 더듬어 살핌.
　　　　　　②탐정하는 사람.

探究 探問 探訪 探査 探知 廉探

援 도울 원
才부 9획 ⑫
扌 扌 扩 扩 垾 援
(英) rescue　　(日) エン(たすける)

援助(원조) : 도와줌.
救援(구원) : ①도와 건져 줌.
　　　　　　②인류를 죄악에서 건져 냄.
後援(후원) : 뒤에서 도와 줌.

援軍 援用 援護 聲援 支援 請援

換 바꿀 환
才부 9획 ⑫
扌 扩 扔 押 換 換
(英) exchange　　(日) カン(かえる)

換率(환율) : 한 나라 화폐와 외국 화폐와의 교환
　　　　　　비율.
交換(교환) : 이것과 저것을 서로 바꿈.
換節期(환절기) : 계절이 바뀌는 시기.

換氣 換拂 換算 換錢 變換 互換

損 덜 손
才부 10획 ⑬
扌 扌 扩 捐 捐 損
(英) disadvantage　　(日) ソン(そこなう)

損失(손실) : 잃거나 축이 나서 손해를 봄.
缺損(결손) : ①축이 남. ②재산상의 손실.
毀損(훼손) : ①체면이나 명예를 손상함.
　　　　　　②헐거나 깨뜨리어 못쓰게 만듦.

損壞 損傷 損益 損害 貸損 破損

揚 날릴 양
才부 9획 ⑫
扌 扌 扫 押 揚 揚
(英) raise　　(日) ヨウ(あげる)

浮揚(부양) : 띄워 올림. 떠올림.
引揚(인양) : 끌어올림.
讚揚(찬양) : 아름다움을 기리고 표창함.
立身揚名(입신양명) : 출세하여 이름을 떨침.

揚陸 揭揚 高揚 宣揚 仰揚 止揚

提 끌 제, 들 제
才부 9획 ⑫
扌 扩 押 捍 捍 提
(英) hold　　(日) テイ(さげる)

提高(제고) : 쳐들어 높임.
提案(제안) : 의안을 제출함.
提出(제출) : 의견, 문안 등을 내어 놓음.
提携(제휴) : 서로 붙들어 도와줌.

提供 提起 提訴 提示 提唱 前提

揮 휘두를 휘
才부 9획 ⑫
扌 扌 扩 捁 揎 揮
(英) brandish　　(日) キ(ふるう)

揮毫(휘호) : 붓을 휘둘러 글씨를 씀.
發揮(발휘) : 가지고 있는 힘이나 특성 따위를 충
　　　　　　분히 밖으로 드러냄.
一筆揮之(일필휘지) : 글씨를 단숨에 내리 씀.

指揮 揮發油 指揮權

搖 흔들 요
才부 10획 ⑬
扌 扩 扵 搾 搖 搖
(英) shake　　(日) ヨウ(ゆれる)

搖動(요동) : 흔들어 움직임.
動搖(동요) : ①흔들려 움직임.
　　　　　　②어수선하여 갈팡질팡 함.
搖之不動(요지부동) : 흔들어도 꼼짝 않음.

搖亂 搖籃

才

携

이끌 **휴**
才부 10획 ⑬
一 扌 扞 推 携 携

(英) carry　　　　　　(日) ケイ(たずさえる)

携帶(휴대) : 손에 들거나 몸에 지님.
提携(제휴) : 서로 붙들어 도와줌.
携手同歸(휴수동귀) : 손을 붙잡고 함께 들어감.
　　　　　　곧 행동을 같이 함.

携手 携帶品 技術提携

摘

딸 **적**
才부 11획 ⑭
一 扌 扩 捇 摘 摘 摘

(英) pluck　　　　　　(日) テキ(つむ)

摘發(적발) : 숨겨진 사물을 들추어 냄.
摘要(적요) : 요점을 따서 적음.
指摘(지적) : ① 손가락질해 가리킴.
　　　　　　② 허물을 들추어 폭로함.

適決 摘芽 摘示 摘出

播

뿌릴 **파**
才부 12획 ⑮
一 扌 扩 採 播 播

(英) sow　　　　　　(日) ハ(まく)

播多(파다) : 소문 등이 널리 퍼져 있음.
播種(파종) : 논밭에 곡식의 씨앗을 뿌려 심음.
播遷(파천) : 임금이 도성을 떠나 피난함.
傳播(전파) : 전하여 널리 퍼짐.

代播 直播 點播機 乾畓直播

據

근거 **거**
才부 13획 ⑯
一 扌 扩 护 據

(英) base　　　　　　(日) キョ、コ(よる)

據點(거점) : 활동의 근거가 되는 지점.
根據(근거) : ① 사물의 토대.
　　　　　　② 이론 등의 근본이 되는 사실.
占據(점거) : ① 차지하여 자리잡음. ② 점령.

論據 雄據 準據 證據物 群雄割據

擔

멜 **담**
才부 13획 ⑯
扌 扩 扩 护 擔 擔

(英) bear　　　　　　(日) タン(になう)

擔當(담당) : 어떤 일을 넘겨 맡음.
負擔(부담) : 어떤 일을 맡아 의무나 책임을 짐.
分擔(분담) : 일을 나누어서 맡음.
全擔(전담) : 어떤 일의 전부를 담당함.

擔保 擔任 加擔 自擔 專擔 擔稅率

操

잡을 **조**
才부 13획 ⑯
一 扌 扩 护 捛 操

(英) grasp　　　　　　(日) ソウ(みさお)

操業(조업) : 작업을 실시함.
操作(조작) : ① 사물을 자기에게 편리하게 만들기
　　　　　　위하여 조종함. ② 작업.
操縱(조종) : 늦췄다 당겼다 하며 움직임.

操心 貞操 曹操 志操 體操 操舵手

擇

가릴 **택**
才부 13획 ⑯
一 扌 扩 押 揮 擇 擇

(英) select　　　　　　(日) タク(えらぶ)

擇日(택일) : 좋은 날짜를 고름.
選擇(선택) : 골라 가림.
採擇(채택) : 골라서 가려냄.
兩者擇一(양자택일) : 둘 가운데 하나를 택함.

擇處 取捨選擇

擴

넓힐 **확**
才부 15획 ⑱
一 扌 扩 护 擂 擴

(英) expand　　　　　　(日) カク(ころげる)

擴大(확대) : ① 늘여 크게 함. ② 사진을 원판보
　　　　　　다 늘여 크게 하는 일.
擴散(확산) : 흩어져 번짐.
擴張(확장) : 범위, 규범, 세력 등을 늘여 넓힘.

擴充 擴大鏡 擴聲器 核擴散

부 수 3 획	부 수 명 칭	상형 연상과정 (3)	상형 연상과정 (2)	상형 연상과정 (1)
氵	물 수 (삼수변)			

字源

개울을 흘러가는 '물'의 흐름을 본뜬 자.

江 — 강 강

氵부 3획 ⑥
丶氵氵汀江江
(英) river　　　(日) コウ(え)

江邊(강변) : 강가.
江山(강산) : ① 강과 산. ② 나라의 영토.
江湖(강호) : ① 강과 호수. 세상.
　　　　　　② 속세를 떠난 선비가 사는 곳.

江南 江村 江上 江幅 渡江 長江

汎 — 넓을 범

氵부 3획 ⑥
丶氵氵汎汎汎
(英) vast　　　(日) ハン(うかぶ)

汎濫(범람) : ① 물이 넘쳐흐름. ② 바람직하지 못
　　　　　　한 것이 크게 나돎. 범람(氾濫).
汎溢(범일) : 물이 넘쳐 흐름.
汎國民的(범국민적) : 널리 국민 전체에 관계됨.

汎稱 汎野圈 汎主流

汝 — 너 여

氵부 3획 ⑥
丶氵氵汝汝汝
(英) you　　　(日) ジョ(なんじ)

汝等(여등) : 너희들.
汝輩(여배) : 너희들.
汝牆折角(여장절각) : '네 담이 아니면 내 쇠뿔 부
　러지랴'의 뜻. 곧 제 잘못을 남에게 씌우려 함.

汝矣島

汚 — 더러울 오

氵부 3획 ⑥
丶氵氵汙汚
(英) dirty　　　(日) オ(けがす)

汚名(오명) : ① 더러워진 이름이나 명예. ② 누명.
汚物(오물) : 지저분하고 더러운 물건.
汚染(오염) : 더럽게 물듦.
汚點(오점) : ① 얼룩. ② 불명예스러운 점.

汚吏 汚辱 汚水 汚損 貪官汚吏

池 — 못 지

氵부 3획 ⑥
丶氵氵汁池池
(英) pond　　　(日) チ(いけ)

天池(천지) : 백두산 정상에 있는 큰 못.
貯水池(저수지) : 물을 하천에서 끌어들여 모아둘
　　　　　　목적으로 만들어 놓은 못.
酒池肉林(주지육림) : 호사스런 술잔치.

池沼 蓮池 瑤池鏡 乾電池 水源池

汗 — 땀 한

氵부 3획 ⑥
丶氵氵汗汗汗
(英) sweat　　　(日) カン(あせ)

汗蒸(한증) : 불을 때서 뜨겁게 한 곳에서 땀을
　　　　　　내어 병을 다스리는 일.
發汗(발한) : 병을 다스리기 위하여 땀을 냄.
不汗黨(불한당) : 떼를 지어 행패부리는 무리.

汗漫 汗血 汗衣 汗顔

決 결단할 결

氵부 4획 ⑦
丶 冫 冫 讠 決 決

(英) determine　　　　(日) ケツ(きめる)

決心(**결심**) : 마음을 굳게 정함.
對決(**대결**) : 양자가 맞서 우열을 결정함.
解決(**해결**) : 얽힌 일을 풀어서 처리함.
決定的(**결정적**) : 거의 확실함.

決斷 決裂 決勝 決行 終決 判決

沐 머리감을 목

氵부 4획 ⑦
丶 冫 冫 汁 沐 沐

(英) wash　　　　(日) モク, ボク(あらう)

沐浴(**목욕**) : 머리를 감으며 몸을 씻는 일.
沐浴湯(**목욕탕**) : 목욕을 위해 설비를 갖춘 곳.
沐浴齋戒(**목욕재계**) : 목욕하고 마음을 가다듬어
　　　　　　　부정을 피함.

沐間 沐雨

沒 빠질 몰

氵부 4획 ⑦
丶 冫 冫 沪 沪 沒

(英) sink　　　　(日) ボツ(しずむ)

沒頭(**몰두**) : 어떤 일에 온 정신을 다 기울임.
沒落(**몰락**) : 멸망하여 없어짐.
埋沒(**매몰**) : 파묻음.
沈沒(**침몰**) : 물에 빠져 잠김.

沒殺 沒收 出沒 沒廉恥 沒人情

沙 모래 사

氵부 4획 ⑦
丶 冫 冫 沪 沙 沙

(英) sand　　　　(日) サ(すな)

沙漠(**사막**) : 크고 넓은 불모의 모래 벌판.
沙汰(**사태**) : ① 언덕, 산비탈이 비로 한목 무너지
　　는 일. ② 사람, 물건이 한꺼번에 쏟아져 나옴.
黃紗(**황사**) : 누런 모래.

沙丘 沙金 沙工 沙鉢 沙場 土沙

沈 잠길 침, 성 심

氵부 4획 ⑦
丶 冫 冫 汓 沈 沈

(英) sink　　　　(日) チン(しずむ゜)

沈降(**침강**) : 가라앉음.
沈溺(**침닉**) : ① 물에 빠져 가라앉음.
　　　　　　② 사물에 지나치게 열중함.
沈默(**침묵**) : 아무런 말을 하지 않음.

沈淪 沈眠 沈潛 沈着 沈滯 浮沈

泥 진흙 니

氵부 5획 ⑧
丶 冫 冫 沪 沪 泥

(英) mud　　　　(日) デイ(どろ)

泥田鬪狗(**이전투구**) : 진탕에서 싸우는 개의 뜻으
　　로 명분이 서지 않는 일로 물꼴 사납게 싸움.
雲泥之差(**운니지차**) : 구름과 진흙의 차. 차이가
　　　　　　썩 심함을 이르는 말.

泥土 泥沙

泊 배댈 박, 머무를 박

氵부 5획 ⑧
丶 冫 冫 泊 泊 泊

(英) anchor　　　　(日) ハク(とまる)

宿泊(**숙박**) : 여관이나 주막에 들어 잠을 자고 머
　　　　　　무름.
外泊(**외박**) : 일정한 숙소 이외의 곳에서 잠.
碇泊(**정박**) : 배가 닻을 내리고 머무름.淳泊(**정박**)

民泊 漂泊

法 법 법

氵부 5획 ⑧
丶 冫 冫 汢 法 法

(英) law　　　　(日) ホウ(のり)

秘法(**비법**) : ① 비밀로 되어 있는 약의 처방.
　　　　　　② 비밀스러운 방법.
適法(**적법**) : 법규에 맞음.
便法(**편법**) : 편리한 방법.

法度 法令 法律 法廷 方法 說法

沿

물따라갈 **연**, 따를 **연**
氵부 5획 ⑧
氵 氵 氵 沿 沿 沿

(英) go along　　(日) エン(きう)

沿岸(연안) : 강, 바다, 호수에 연한 물가. 또는 그 지방.
沿革(연혁) : 변천하여 온 내력.
沿近海(연근해) : 육지에 가까이 있는 얕은 바다.

沿道 沿邊 沿海州 沿道人波

泳

헤엄칠 **영**
氵부 5획 ⑧
氵 氵 氵 汾 泳 泳

(英) swim　　(日) エイ(およぐ)

背泳(배영) : 위를 향해 번듯이 누워서 치는 헤엄.
水泳(수영) : 헤엄.
遊泳(유영) : ① 물 속에서 헤엄치며 놂.
　　　　　　② 어떤 경지에서 즐김.

泳法 競泳 蝶泳 混泳

油

기름 **유**
氵부 5획 ⑧
氵 氵 氵 汕 油 油

(英) oil　　(日) ユ、コウ(あぶら)

油田(유전) : 석유가 나오는 지역.
油徵(유징) : 지하에 원유가 있음을 나타내는 징후.
原油(원유) : 유전에서 퍼낸 정제하지 않은 석유.
精油(정유) : 석유를 정제함.

油脂 給油 石油 搾油 廢油 重油

泣

울 **읍**
氵부 5획 ⑧
氵 氵 氵 汁 汁 泣

(英) weep　　(日) キュウ(なく)

泣訴(읍소) : 눈물을 흘리며 간절히 하소연함.
感泣(감읍) : 감격하여 흐느낌.
泣斬馬謖(읍참마속) : 울면서 마속을 베어, 죽임.
　　즉, 큰 목적을 위하여 사랑하는 사람도 버림.

泣諫 泣請

注

부을 **주**
氵부 5획 ⑧
氵 氵 氵 汁 注 注

(英) pour　　(日) チュウ(そそぐ)

注目(주목) : ① 눈을 한곳에 쏟음.
　　　　　　② 의심하고 경계하는 눈으로 봄.
注意(주의) : 마음에 새겨 두어 조심함.
注文生産(주문생산) : 주문에 따라 생산함.

注文 注視 注入 注射 發注 受注

治

다스릴 **치**
氵부 5획 ⑧
氵 氵 氵 沙 治 治

(英) govern　　(日) ジ、チ(おさめる)

治療(치료) : 병이나 상처를 다스려서 낫게 함.
治安(치안) : ① 나라를 평안하게 다스림.
　　　　　　② 국가 사회의 안녕 질서를 유지함.
完治(완치) : 병을 완전히 고침.

治癒 治粧 治績 治下 自治 退治

波

물결 **파**
氵부 5획 ⑧
氵 氵 氵 汐 波 波

(英) wave　　(日) ハ(なみ)

波及(파급) : 어떤 일의 영향이 전하여 멀리 미침.
餘波(여파) : ① 바람이 간 뒤에도 아직 이는 파도. ② 주위나 후세에 끼치는 영향.
人波(인파) : 많이 모인 사람.

波濤 波動 波紋 波長 秋波 風波

河

물 **하**
氵부 5획 ⑧
氵 氵 氵 河 河 河

(英) river　　(日) カ(かわ)

河口(하구) : 강물이 바다로 흘러드는 어귀.
河川(하천) : 시내와 강.
渡河(도하) : 강을 건넘.
山河(산하) : 산과 큰 내. 자연의 총칭.

河床 大河 氷河 運河 銀河水

況

상황 **황**
氵부 5획 ⑧
丶氵冫沪沪況

(英) circumstances   (日) キョウ(いわんや)

狀況(상황) : 일이 되어 가는 형편이나 모양.

盛況(성황) : 많은 사람이 관여하여 활기 가 넘침.

戰況(전황) : 전쟁의 상황.

現況(현황) : 현재의 상황.

近況 不況 實況 景況 作況 好況

洞

골 **동**, 통할 **통**
氵부 6획 ⑨
丶氵汩汩沪洞洞

(英) village   (日) ドウ(ほら)

洞窟(동굴) : 깊고 넓은 굴.

洞察力(통찰력) : 사물을 통찰하는 능력.

空洞化現象(공동화현상) : 주거공간이 교외로 바뀌
면서 도심의 상주인구가 감소되는 현상.

洞里 洞長 洞口 洞達 洞燭 分洞

洛

물이름 **락**
氵부 6획 ⑨
丶氵氵汐洛洛

(英) name of river   (日) ラク(かわのな)

洛陽紙價貴(낙양지가귀) : 낙양의 종이 값이 비싸
졌다는 뜻으로 '책이 세상에 널리
퍼져 많이 읽힘'을 이르는 말.

洛東江오리알(낙동강-) : 처량하게 떨어진 신세.

洛陽 洛誦

流

흐를 **류**
氵부 6획 ⑨
丶氵氵汁浐流流

(英) flow   (日) リュウ(ながれる)

流布(유포) : 널리 퍼짐. 널리 퍼뜨림.

流行(유행) : 의복, 사상 등의 양식이 일시적으로
널리 퍼지는 현상.

流言蜚語(유언비어) : 근거 없이 널리 퍼진 풍설.

流動 流浪 流配 流出 流通 風流

洗

씻을 **세**
氵부 6획 ⑨
丶氵氵汁泙洗

(英) wash   (日) セン(あらう)

洗練(세련) : ①지식을 연마하고 익혀 서투른 데
가 없음. ②사상이나 시문을 잘 다듬음.

洗劑(세제) : 세탁에 쓰이는 약제. 세척제.

洗濯(세탁) : 빨래.

洗禮 洗滌 洗腦 洗面 洗手 洗車

洋

큰바다 **양**
氵부 6획 ⑨
丶氵氵汸洋洋

(英) ocean   (日) ヨウ(う゛う゛うみ)

洋服(양복) : 서양식의 의복.

西洋(서양) : 구미. ↔ 東洋(동양).

遠洋漁業(원양어업) : 어선에 물고기의 저장, 가
공 설비를 갖추어 원양을 항해하며 하는 어업.

洋傘 洋食 洋屋 洋弓 洋書 大洋

洲

물가 **주**
氵부 6획 ⑨
丶氵汀汋洲洲

(英) shore   (日) シュウ(す)

三角洲(삼각주) : 강물이 운반한 토사가 쌓여 강
어귀에 이룬 삼각형 모양의 땅.

六大洲(육대주) : ①아시아, 아프리카, 유럽, 남·
북아메리카, 오세아니아 주의 총칭. ②전세계.

滿洲 美洲 亞洲 洲島 阿洲 濠洲

派

갈래 **파**
氵부 6획 ⑨
丶氵沪沪浱派

(英) branch   (日) ハ

派遣(파견) : 임무를 띠워 사람을 보냄.

派生(파생) : 사물의 주체로부터 갈려나와 생김.

急派(급파) : 급히 파견함.

特派員(특파원) : 특파된 사람.

派閥 派兵 敎派 黨派 宗派 學派

洪 넓을 홍
氵부 6획 ⑨
氵氵汁汁洪洪洪
(英) vast   (日) コウ

洪福(홍복) : 큰 행복.
洪纖(홍섬) : 넓고 큰 것과 가늘고 작은 것.
洪水(홍수) : ① 큰물. ② 사람이나 물건이 엄청나
　　　　게 쏟아져 나오는 상태.

洪魚　洪量　洪志

活 살 활
氵부 6획 ⑨
氵氵汒汗活活
(英) live   (日) カツ(いきる)

活動(활동) : ① 기운차게 움직임. ② 무슨 일의
　　　　성과를 거두기 위해 운동함.
活潑(활발) : ① 움직임이 기운차고 시원스러움.
　　　　② 생기가 있어 원기가 좋음.

活氣　活力　活用　活字　活躍　復活

浪 물결 랑
氵부 7획 ⑩
氵氵沪浪浪浪
(英) wave   (日) ロウ(なみ)

浪費(낭비) : 재물, 시간 따위를 헛되이 씀.
浪說(낭설) : 터무니없는 헛소문.
虛無孟浪(허무맹랑) : 터무니없이 허황되고 실상
　　　　이 없음.

浪漫　浪說　浪人　激浪　放浪　風浪

浮 뜰 부
氵부 7획 ⑩
氵氵汿浮浮浮
(英) float   (日) フ(うかぶ)

浮刻(부각) : 사물의 특징을 두드러지게 나타냄.
浮沈(부침) : ① 물 위에 떠오름과 잠김.
　　　　② 시세의 변천. 성함과 쇠함.
浮揚策(부양책) : 떠워 올리기 위한 책략.

浮動　浮浪　浮力　浮上　浮浪輩

涉 건널 섭
氵부 7획 ⑩
氵汁沪沪洪涉
(英) cross   (日) ショウ(わたる)

涉獵(섭렵) : 온갖 책을 널리 읽음.
涉外(섭외) : 외부와 연락, 교섭하는 일.
干涉(간섭) : 남의 일에 참견함.
交涉(교섭) : 어떤 일을 위하여 서로 의논함.

涉歷　不干涉　內政干涉　幕後交涉

消 사라질 소
氵부 7획 ⑩
氵氵沪消消消
(英) extinguish   (日) ショウ(きえる)

消息(소식) : 안부나 어떤 사실에 대한 기별.
取消(취소) : 기재하거나 진술한 사실을 말살함.
解消(해소) : 지워 없앰.
消極的(소극적) : 자진해서 일을 하지 않는 것.

消防　消日　消耗　消費　消火　消滅

浴 목욕할 욕
氵부 7획 ⑩
氵氵汀浴浴浴
(英) bathe   (日) ヨク(あびる)

森林浴(삼림욕) : 숲 속에서 숲의 공기를 쐬는 일.
日光浴(일광욕) : 온 몸을 햇빛에 쬐어 건강을 증
　　　　진시키는 일.
海水浴(해수욕) : 바닷물에서 헤엄치거나 노는 일.

浴室　浴槽　沐浴　入浴　沐浴齋戒

浸 잠길 침
氵부 7획 ⑩
氵汀浔浔涅浸
(英) sink   (日) シン(ひたす)

浸水(침수) : 물에 젖거나 잠김.
浸蝕(침식) : 빗물이나 흐르는 물이 지반을 깎아
　　　　골짜기를 만들고 산을 무너뜨리는 작용.
浸透(침투) : 스며 젖어서 속속들이 뱀.

浸沒　浸染　浸禮教　土壤浸蝕

浦

개 포
氵부 7획 ⑩
氵汀汀汀浦浦

(英) bay　　　(日) ホ

浦口(포구) : 배가 드나드는 개의 어귀. 강물이나 냇물이 바다로 들어가는 어귀.

浦村(포촌) : 갯가에 있는 마을.

浦灣 南浦 浦項 木浦 麻浦 多大浦

海

바다 해
氵부 7획 ⑩
氵汒汒海海海

(英) sea　　　(日) カイ(うみ)

海岸(해안) : 바닷가의 언덕.

海域(해역) : 바다 위의 구역.

海溢(해일) : 지진, 화산의 폭발이나 해상의 폭풍으로 바다의 큰 물결이 육지로 넘쳐 오르는 일.

海難 海流 海峽 海運 海陸 航海

浩

넓을 호
氵부 7획 ⑩
氵汒汼洪浩浩

(英) vast　　　(日) コウ(ひろい)

浩蕩(호탕) : 아주 넓어서 끝이 없음.

浩然之氣(호연지기) : ① 하늘과 땅 사이에 넘치도록 가득한 넓고도 큰 원기. ② 사물에서 해방되어 자유스럽고 유쾌한 마음.

浩氣 浩然 浩繁 浩博

淡

맑을 담
氵부 8획 ⑪
氵氵汋汋淡淡

(英) clear　　　(日) タン(あわい)

淡白(담백) : 욕심이 없음. 맛이 산뜻함.

冷淡(냉담) : ① 사물에 흥미나 관심이 없음.
② 동정심이 없고 불친절함.

濃淡(농담) : 짙음과 옅음.

淡水 淡靑 淡綠 淡彩畫 淡水魚

淚

눈물 루
氵부 8획 ⑪
氵汇汇沪淚淚

(英) tear　　　(日) ルイ(なみだ)

落淚(낙루) : 눈물을 떨어뜨림.

燭淚(촉루) : 촛농.

血淚(혈루) : 피 눈물.

催淚彈(최루탄) : 최루 가스를 넣은 탄환.

淚液 淚河 感淚

淑

맑을 숙
氵부 8획 ⑪
氵汀汁湫淑淑

(英) clear　　　(日) シュク(よい)

私淑(사숙) : 직접 가르침은 안 받으나 스스로 그 사람의 덕을 사모하고 본받아서 학문을 닦음.

貞淑(정숙) : 여자의 행실이 곧고 마음씨가 맑음.

窈窕淑女(요조숙녀) : 품위 있고 정숙한 여자.

淑淸 淑德 淑行 淑女 淑性

深

깊을 심
氵부 8획 ⑪
氵汀汒浬深深

(英) deep　　　(日) シン(ふかい)

深刻(심각) : 아주 중대하고 절실함.

深層(심층) : 속의 깊은 층.

深化(심화) : 깊어짐. 깊게 되어 감.

深思熟考(심사숙고) : 깊이 잘 생각함.

深度 深夜 水深 深奧 深遠 深醉

涯

물가 애
氵부 8획 ⑪
氵汀汒涯涯涯

(英) shore　　　(日) ガイ(はて)

生涯(생애) : ① 살아 있는 동안. ② 일생 동안.
③ 생계.

天涯(천애) : ① 하늘 끝.
② 아득히 떨어진 타향.

涯岸 水涯 無涯

淫 음란할 음

氵부 8획 ⑪
氵 氵 氵 氵 氵 淫 淫 淫

(英) obscene　　　　(日) イン（みだう）

淫蕩(음탕) : 주색에 빠져 방탕함.
賣淫(매음) : 여자가 돈을 받고 아무 남자에게나
　　　　　　 몸을 파는 일.
淫亂物(음란물) : 음탕하고 난잡한 사물.

淫女　淫行　姦淫　手淫　淫談悖說

淨 깨끗할 정
氵부 8획 ⑪
氵 氵 氵 氵 淨 淨 淨

(英) clean　　　　(日) ジョウ（きよい）

淨潔(정결) : 맑고 깨끗함.
淸淨(청정) : ① 맑고 깨끗하여 속되지 아니 함.
　　　　　　 ② 죄가 없어 깨끗함.
西方淨土(서방정토) : 아미타불의 세계. 서방극락.

淨水　淨化　洗淨　自淨　淨水器

淺 얕을 천

氵부 8획 ⑪
氵 氵 氵 淺 淺 淺

(英) shallow　　　　(日) セン（あさい）

淺薄(천박) : 학문이나 생각이 얕음.
深淺(심천) : 깊음과 얕음.
日淺(일천) : ① 날짜가 많지 않음.
　　　　　　 ② 시작한지 얼마 되지 않음.

淺見　淺近　淺綠

添 더할 첨
氵부 8획 ⑪
氵 氵 氵 沗 添 添

(英) add　　　　(日) テン（そえる）

添加(첨가) : 덧붙임. 더 넣음.
添削(첨삭) : 시문, 답안 등을 더하거나 깍거나
　　　　　　 하여 고침.
別添(별첨) : 서류 따위를 따로 붙임.

添附　添酌　添盞　錦上添花

淸 맑을 청

氵부 8획 ⑪
氵 氵 汁 淸 淸 淸

(英) clear　　　　(日) セイ（きよい）

淸廉(청렴) : 성품이 고결하고 탐욕이 없음.
淸貧(청빈) : 청백하고 가난함.
淸純(청순) : 맑고 순박함.
淸白吏(청백리) : 청백한 관리.

淸算　淸楚　淸潔　淸明　淸掃　肅淸

混 섞을 혼
氵부 8획 ⑪
氵 沪 沪 混 混 混

(英) mix　　　　(日) コン（まぜる）

混亂(혼란) : ① 뒤섞여서 어지러움.
　　　　　　 ② 뒤죽박죽 되어 질서가 없음.
混雜(혼잡) : 한데 뒤섞여 분잡함.
混戰(혼전) : 두 편이 뒤섞이어 싸움.

混沌　混濁　混合　混同　混線　混食

渴 목마를 갈

氵부 9획 ⑫
氵 沪 渇 渇 渇 渇

(英) thirsty　　　　(日) カツ（かわく）

渴望(갈망) : 간절히 바람.
枯渴(고갈) : 돈이나 물건 같은 것이 매우 귀해짐.
解渴(해갈) : ① 갈증을 풀어 버림. ② 가뭄에 비
　　　　　　 가 내려 마르는 상태를 겨우 면함.

渴症　渴求　渴急　飢渴　渴水期

減 덜 감
氵부 9획 ⑫
氵 氵 沥 減 減 減

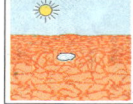

(英) decrease　　　　(日) ゲン（へる）

減免(감면) : 경감과 면제.
減員(감원) : 인원수를 줄임.
削減(삭감) : 깎아서 줄임.
節減(절감) : 절약하여 줄임.

減額　減刑　減量　減俸　減縮　蕩減

渡

건널 **도**
氵부 9획 ⑫
氵汇沪沪渡渡

(英) cross over　　　　(日) ト(わたる)

賣渡(매도) : 물건을 팔아 넘김.
不渡(부도) : 수표·어음을 가진 사람이 기한이
　　　　　　되어도 지급인한테서 수표·어음에
　　　　　　대한 지급을 받을 수 없는 일.

渡江 渡船 渡來 渡美 渡河 引渡

測

헤아릴 **측**
氵부 9획 ⑫
氵泪泪泪測測

(英) measure　　　　(日) ソク(はかる)

測定(측정) : ① 헤아려 정함. ② 크기를 어떤 단
　　　　　　위를 기준으로 하여 잼.
臆測(억측) : 이유와 근거 없는 추측.
推測(추측) : 미루어 헤아림.

測量 計測 實測 豫測 凶測 目測

湯

끓을 **탕**
氵부 9획 ⑫
氵泪泪湯湯湯

(英) boil　　　　(日) トウ(ゆ)

溫湯(온탕) : ① 온천의 뜨거운 물.
　　　　　　② 적당한 온도의 탕.
沐浴湯(목욕탕) : 목욕할 수 있도록 설비를 갖추
　　　　　　어 놓은 곳.

湯藥 湯池 湯器 女湯 雜湯 重湯

港

항구 **항**
氵부 9획 ⑫
氵汇沖洪洪港

(英) harbor　　　　(日) コウ(みなと)

港口(항구) : 바닷가에 배를 대게 설비한 곳.
空港(공항) : 상업용 항공기가 발착하는 비행장.
歸港(귀항) : 배가 떠난 항구로 다시 돌아감.
出港(출항) : 선박이나 항공기가 출발함.

港灣 港都 開港 軍港 歸港 漁港

湖

호수 **호**
氵부 9획 ⑫
氵汁汁湖湖湖

(英) lake　　　　(日) コ(みずうみ)

湖畔(호반) : 호수의 가.
湖水(호수) : 사면이 육지로 싸이고 물이 핀 곳.
江湖(강호) : ① 강과 호수.
　　　　　　② 속세를 떠난 선비가 사는 곳.

湖心 湖沼 湖南 畿湖 嶺湖南

溪

시내 **계**
氵부 10획 ⑬
氵沪沪溪溪溪

(英) brook　　　　(日) ケイ(なに)

溪谷(계곡) : 물이 흐르는 골짜기.
溪流(계류) : 산골짜기를 흐르는 시냇물.
淸溪(청계) : 깨끗한 시냇물.
碧溪水(벽계수) : 푸르고 맑은 시냇물.

溪川 溪畔 溪水

滅

멸할 **멸**, 꺼질 **멸**
氵부 10획 ⑬
氵汇沪滅滅滅

(英) ruin　　　　(日) メツ(ほろびる)

湮滅(인멸) : 흔적도 없이 모조리 없어짐.
破滅(파멸) : 파괴하고 멸망함.
滅私奉公(멸사봉공) : 사심을 버리고 공공을 위하
　　　　　　여 힘써 일함.

滅亡 滅族 滅共 潰滅 不滅 掃滅 幻滅

溫

따뜻할 **온**
氵부 10획 ⑬
氵汇汩汩溫溫

(英) warm　　　　(日) オン(あたたかい)

溫度(온도) : 덥고 찬 정도.
溫室(온실) : 내부온도를 높이는 설비가 된 방.
溫故知新(온고지신) : 옛것을 연구해 새 지식이나
　　　　　　견해를 찾아냄.

溫暖 溫床 溫順 溫柔 溫情 體溫

源 근원 원
氵부 10획 ⑬
氵氵沪沪沪源源

(英) source　(日) ゲン(みなもと)

根源(근원) : 사물이 생겨나는 본 바탕.
財源(재원) : 재화를 얻을 수 있는 원천.
地下資源(지하자원) : 지하에 있는 아직 파내지
　　　　　　　　않은 광산물 자원.

源泉 起源 語源 字源 資源 電源

滄 큰바다 창
氵부 10획 ⑬
氵入氵滄滄滄

(英) vast sea　(日) ソウ

滄茫(창망) : 넓고 멀어서 아득함.
滄海一粟(창해일속) : 창해 안의 한 알의 좁쌀의
　　　　　　　뜻으로 광대한 것 속의 극히 작은 물건.
萬頃滄波(만경창파) : 한없이 넓고 푸른 물결.

滄浪 滄波 滄海 滄海桑田

漠 넓을 막
氵부 11획 ⑭
氵氵浩浩浩漠

(英) vast　(日) バク

漠漠(막막) : 너르고 멀어서 아득함.
漠然(막연) : ① 아득함.
　　　　　　② 똑똑하지 못하고 어렴풋함.
沙漠(사막) : 가마득하게 크고 넓은 불모의 땅.

茫漠 砂漠

漫 흩어질 만
氵부 11획 ⑭
氵氵湿湿湿漫

(英) scatter　(日) マン(みだりに)

漫評(만평) : ① 체계가 없이 생각나는 대로 하는
　　　　　　비평. ② 만화로써 비평함.
放漫(방만) : 하는 일이 야무지지 못하고 엉성함.
散漫(산만) : 걷잡을 수 없이 어수선하게 흩어짐.

漫談 漫然 漫筆 浪漫 天眞爛漫

準 준할 준
氵부 10획 ⑬
氵氵淮淮淮準

(英) rule　(日) ジュン(なぞえる)

準備(준비) : 미리 마련하여 갖춤.
準則(준칙) : 표준으로서 적용할 규칙.
基準(기준) : 기본이 되는 표준.
水準(수준) : 사물의 표준.

準據 準用 標準 照準 平準化

漏 샐 루
氵부 11획 ⑭
氵沪涓漏漏漏
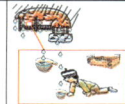

(英) leak　(日) ロウ(もる)

漏落(누락) : 마땅히 기록되어야 할 것이 빠짐.
漏泄(누설) : ① 물이 샘.
　　　　　　② 비밀이 밖으로 새어 알려짐.
漏出(누출) : 새어 나옴.

漏水 漏電 早漏 脫漏 天機漏泄

滿 찰 만
氵부 11획 ⑭
氵汁涉滿滿滿

(英) full　(日) マン(みちる)

滿面(만면) : 온 얼굴.
滿足(만족) : 마음에 흡족함.
肥滿(비만) : 몸에 기름기가 많아 뚱뚱함.
超滿員(초만원) : 더할 수 없이 꽉 찬 만원.

滿喫 滿了 滿朔 滿員 滿點 充滿

漁 고기잡을 어
氵부 11획 ⑭
氵沪汭漁漁漁

(英) fishing　(日) ギョ(すなどる)

漁具(어구) : 고기잡이에 쓰는 도구.
漁網(어망) : 물고기 잡는 그물.
漁夫(어부) : 물고기잡이를 업으로 하는 사람.
出漁(출어) : 물고기를 잡으러 나감.

漁撈 漁船 漁業 漁場 漁況 漁獲

演

펼 연
氵부 11획 ⑭
氵汒沪湥湥演
(英) extend　　(日) エン(のべる)

演習(연습) : 학문, 기예 등을 연마하여 익힘.
演奏(연주) : 여러 사람 앞에서 기악을 들려 줌.
公演(공연) : 관중 앞에서 음악, 극, 무용 따위를
　　　　　하는 일.

演劇 演技 演說 演藝 再演 出演

滴

물방울 적
氵부 11획 ⑭
氵氵沍涪滴滴
(英) drop　　(日) テキ(したたる)

餘滴(여적) : ① 글을 다 쓰거나 그림을 다 그리고
　　　　　남은 먹물. ② 나머지 사실의 기록.
硯滴(연적) : 벼룻물을 담는 그릇.

滴露 滴下 水滴 雨滴

漸

점점 점
氵부 11획 ⑭
氵沪沪漸漸漸
(英) gradually　　(日) ゼン(ようやく)

漸漸(점점) : 조금씩 더하거나 덜 해지는 모양.
漸增(점증) : 점점 증가함.
漸次(점차) : 차례를 따라 점점.
漸入佳境(점입가경) : 차차 재미있는 경지로 들어감.

漸染 漸進 漸高 漸騰 漸進的

漆

옻 칠
氵부 11획 ⑭
氵汁汏漆漆漆
(英) lacquer　　(日) シツ(うるし)

漆器(칠기) : ① 옻칠같이 검은 잿물로 된 도자기.
　　　　　② 칠목기.
漆板(칠판) : 분필로 글씨를 쓰게 만든 널조각.
漆黑(칠흑) : 칠처럼 검고 광택이 있음.

漆工 漆木 漆夜 金漆 油漆 着漆

漂

떠다닐 표
氵부 11획 ⑭
氵潭潭潭潭潭
(英) float　　(日) ヒョウ(ただよう)

漂流(표류) : ① 물에 떠서 흘러감.
　　　　　② 정처 없이 돌아다님.
漂白(표백) : 바래거나 약품을 써서 희게 함.
漂漂(표표) : 물에 둥둥 떠 있음. 높이 떠 있음.

漂然 漂着 漂白劑

漢

한강 한
氵부 11획 ⑭
氵汁沽漌漢漢
(英) Han river　　(日) カン

怪漢(괴한) : 차림새나 거동이 괴상함.
惡漢(악한) : 나쁜 짓을 하는 남자.
門外漢(문외한) : 그 일에 전문가가 아닌 사람.
好色漢(호색한) : 여색을 특히 좋아하는 사람.

漢文 漢方 漢詩 漢陽 漢醫 漢字

潔

깨끗할 결
氵부 12획 ⑮
氵沣潔潔潔潔
(英) pure　　(日) ケツ(いさぎよい)

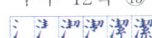

潔白(결백) : ① 깨끗하고 힘.
　　　　　② 지조를 더럽힘이 없이 깨끗함.
簡潔(간결) : 간단하고 요령있음.
潔白症(결백증) : 지나치게 깨끗함을 좋아하는 증세.

潔癖 潔行 高潔 不潔 純潔 淸潔

潭

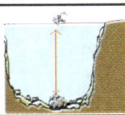

못 담
氵부 12획 ⑮
氵沪沪潭潭潭
(英) pool　　(日) タン(ふち)

潭水(담수) : 깊은 못이나 늪의 물.
潭深(담심) : ① 물이 깊음. ② 학문이 깊음.
潭心(담심) : 깊은 못의 중심이나 바닥.
潭潭(담담) : 물이 깊은 모양.

潭淵 湖潭 靑潭

潤

불을 윤, 윤택할 윤
氵부 12획 ⑮
氵氵氵潤潤潤潤

(英) enrich　　　　(日) ジュン(うるおう)

潤氣(윤기) : 윤택한 기운.
潤澤(윤택) : ① 윤기있는 광택.
　　　　　② 물건이 풍부하고 넉넉함.
利潤(이윤) : 장사하여 남은 돈. 이익.

潤色　潤筆　浸潤　潤滑油

潛

잠길 잠
氵부 12획 ⑮
氵氵氵潛潛潛

(英) dive　　　　(日) セン(ひそむ)

潛伏(잠복) : ① 몰래 숨어 엎드림. ② 감염은 됐
　　　　　으나 증상은 나타나지 않음.
潛在(잠재) : 겉으로 드러나지 않고 속에 숨음.
潛跡(잠적) : 종적을 아주 감춤.

潛水　潛入　潛行　沈潛　潛望鏡

潮

조수 조
氵부 12획 ⑮
氵氵氵潮潮潮

(英) tide　　　　(日) チョウ(しお)

退潮(퇴조) : 왕성하던 세력이 쇠퇴함.
風潮(풍조) : ① 바람에 따라 흐르는 조수.
　　　　　② 시대에 따라 변하는 세태.
最高潮(최고조) : 분위기나 감정 등이 최고에 이름.

潮流　潮水　滿潮　逆潮　赤潮　紅潮

激

과격할 격, 격할 격
氵부 13획 ⑯
氵氵氵激激激

(英) violent　　　　(日) ゲキ(はげしい)

激勵(격려) : 기운을 북돋우어 힘쓰도록 하게 함.
激烈(격렬) : 몹시 맹렬함.
激務(격무) : 몹시 고되고 힘든 직무.
過激(과격) : 지나치게 격렬함.

激突　激動　激昂　激憤　激戰　急激

濃

짙을 농
氵부 13획 ⑯
氵氵氵濃濃濃

(英) thick　　　　(日) ノウ(こい)

濃淡(농담) : 짙음과 옅음.
濃縮(농축) : 즙액 등이 진하게 엉기어 졸아듦.
濃厚(농후) : ① 빛깔이 매우 짙음.
　　　　　② 가능성이 다분히 있음.

濃度　濃霧　濃墨　濃熟　濃艶　濃化

濁

흐릴 탁
氵부 13획 ⑯
氵氵氵濁濁濁

(英) muddy　　　　(日) ダク(にごる)

濁流(탁류) : 흘러가는 흐린 물.
鈍濁(둔탁) : ① 성질이 굼뜨고 흐리터분함.
　　　　　② 소리 따위가 둔하고 탁함.
混濁(혼탁) : 맑지 아니 함.

濁水　濁音　濁酒　淸濁　上濁下不淨

澤

못 택
氵부 13획 ⑯
氵氵氵澤澤澤

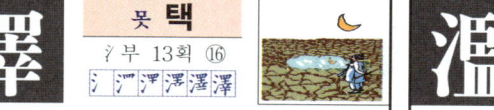

(英) pond　　　　(日) ダク(さわ)

光澤(광택) : 빛의 반사에 의하여 물질 표면이 번
　　　　　쩍이는 현상.
德澤(덕택) : 덕분.
惠澤(혜택) : 은혜와 덕택.

澤畔　澤雨　沼澤　潤澤　河海之澤

濫

넘칠 람
氵부 14획 ⑰
氵氵氵濫濫濫

(英) overflow　　　　(日) ラン(みだりに)

濫發(남발) : 법령, 지폐, 탄환 등을 마구 발표,
　　　　　발행, 발사함.
濫用(남용) : 함부로 씀.
濫獲(남획) : 가리지 않고 마구 잡음.

濫伐　氾濫　猥濫　職權濫用

濕	젖을 **습**

氵부 14획 ⑰

氵 沪 沪 涅 濕 濕

(英) wet　　　　　(日) シツ(しめる)

濕氣(습기) : 축축한 기운.

濕度(습도) : 대기의 건습의 정도.

乾濕(건습) : 건조와 습기.

高溫多濕(고온다습) : 온도가 높고 습기가 많음.

濕地 濕疹 濕布 冷濕 風寒暑濕

濟	건널 **제**

氵부 14획 ⑰

氵 氵 浐 滦 濟 濟

(英) cross　　　　　(日) サイ(わたる、すむ)

決濟(결제) : 대금 수수에 의해 거래관계를 끝맺음.

救濟(구제) : 구하여 건짐.

辨濟(변제) : 빚을 갚음.

經濟事犯(경제사범) : 경제질서를 침해한 사람.

濟民 濟世 濟度 濟化 濟世安民

濯	씻을 **탁**

氵부 14획 ⑰

氵 氵 沢 濯 濯 濯

(英) wash　　　　　(日) タク(あらう)

濯足(탁족) : ① 발을 씻음.

　　　　　② 여름철에 물이 좋은 곳을 찾아다
니며 발을 씻고 노는 모임.

洗濯(세탁) : 빨래를 함.

洗濯所

 착각하지 맙시다.

煮(삶을 자)자는 灬(火)부수에 속하는 글자이며, 奢(사치할 사)자는 大부수에 속하는 글자이며, 著(드러날 저)자는 ++(艸)부수에 속하는 글자이며, 猪(돼지 저)자는 犭(犬)부수에 속하는 글자이며, 箸(젓가락 저)자는 竹부수에 속하는 글자이며, 楮(닥나무 저)자는 木부수에 속하는 글자이며, 渚(물가 저)자는 氵(水)부수에 속하는 글자이며, 躇(머뭇거릴 저)자는 足부수에 속하는 글자이며, 藷(사탕수수 저)자는 ++(艸)부수에 속하는 글자이며, 儲(쌓을 저)자는 亻부수에 속하는 글자이며, 緖(실마리 서)자는 糸부수에 속하는 글자이며, 署(관청 서)자는 罒부수에 속하는 글자이며, 曙(새벽 서)자는 日부수에 속하는 글자이며, 暑(더울 서)자는 日부수에 속하는 글자이며, 薯(참마 서)자는 ++(艸)부수에 속하는 글자이며, 諸(모든 제)자는 言부수에 속하는 글자이며, 都(도읍 도)자는 阝(邑)부수에 속하는 글자이며, 屠(잡을 도)자는 尸부수에 속하는 글자이며, 堵(담 도)자는 土부수에 속하는 글자이며, 睹(볼 도)자는 目부수에 속하는 글자입니다.

부 수 3 획	부 수 명 칭	상형 연상과정 (3)	상형 연상과정 (2)	상형 연상과정 (1)
犭	개 견 (개사슴록변)	犬	犬	

字 源

앞발을 들고 귀를 펄럭거리며 입을 크게 벌려 짖어대는 '개'의 모양을 본뜬 자.

犯 범할 **범**
犭부 2획 ⑤
` ノ 犭 犭 犯 `

(英) offend　　　(日) ハン(わかす)

犯人(범인) : 죄를 범한 사람.
犯罪(범죄) : 죄를 범함.
共犯(공범) : 두 사람 이상이 공모하여 죄를 범함.
侵犯(침범) : 남의 영토, 권리 따위를 범함.

犯行 累犯 防犯 再犯 虞犯地帶

狗 개 **구**
犭부 5획 ⑧
` ノ 犭 犭 犳 狗 狗 `

(英) dog　　　(日) コン(いぬ)

走狗(주구) : ① 사냥할 때 부리는 개.
　　　　　　② 남의 앞잡이.
羊頭狗肉(양두구육) : 양의 대가리를 내어놓고 실은 개고기를 판다는 뜻. 겉만 훌륭함을 이름.

黃狗 海狗腎 泥田鬪狗 喪家之狗

猛 사나울 **맹**
犭부 8획 ⑪
` ノ 犭 犭 犸 猛 猛 `

(英) fierce　　　(日) モウ(たけし)

猛攻(맹공) : 맹렬히 공격함.
猛獸(맹수) : 사나운 짐승.
猛威(맹위) : 사나운 위세. 맹렬한 위력.
勇猛(용맹) : 용감하고 사나움.

猛犬 猛將 猛烈 猛虎 猛活躍

猶 오히려 **유**
犭부 9획 ⑫
` ノ 犭 扩 扮 猶 猶 `

(英) yet　　　(日) ユウ(はかりごと)

猶豫(유예) : ① 망설여 일을 결행하지 않음.
　　　　　　② 시일을 미루거나 늦춤.
猶父猶子(유부유자) : 아저씨와 조카. 삼촌과 조카.
過猶不及(과유불급) : 지나침은 미치지 못함과 같음.

猶太敎 執行猶豫 起訴猶豫

獨 홀로 **독**
犭부 13획 ⑯
` ノ 犭 犭 犸 獨 獨 `

(英) alone　　　(日) ドク(ひとり)

獨占(독점) : 독차지.
獨特(독특) : ① 특별하게 다름. ② 훨씬 뛰어남.
獨步的(독보적) : 남이 따를 수 없을 만큼 홀로
　　　　　　　뛰어난 것.

獨立 獨房 獨善 獨身 獨學 孤獨

獲 얻을 **획**
犭부 14획 ⑰
` 犭 犭 犷 犳 獲 獲 獲 `

(英) get　　　(日) カク(える)

獲得(획득) : 손에 넣음.
濫獲(남획) : 물고기, 짐승을 가리지 않고 마구 잡음.
捕獲(포획) : ① 적병을 사로잡음.
　　　　　　② 짐승이나 물고기를 잡음.

虜獲 漁獲 外貨獲得

부 수 3 획	부 수 명 칭	상형 연상과정 (3)	상형 연상과정 (2)	상형 연상과정 (1)
阝	언덕 부 (좌부변)			

字源

흙이 겹겹이 쌓이고 덮쳐진 산의 단층모양을 본떠 '언덕'을 뜻한 자.

防 막을 **방**
阝부 4획 ⑦
` ` ` 阝 阝 防 防

(英) protect　　　(日) ボウ(ふせぐ)

防空(방공) : 적의 항공기 공격에 대한 방어.
防毒面(방독면) : 독가스를 막기 위한 마스크.
民防衛(민방위) : 적의 침공이나 재난으로부터 주
　　　　민을 구하기 위한 일체의 자위적인 활동.
防備 防止 防水 防疫 善防 豫防

附 붙을 **부**
阝부 5획 ⑧
` ` 阝 阝 附 附 附

(英) attach　　　(日) フ(つく)

附言(부언) : 덧붙이어 말함.
寄附(기부) : 어떤 일을 도와줄 목적으로 자기 재
　　　　산을 내어줌.
附隨的(부수적) : 붙어서 따라가는 것.
附屬 附着 附課 附錄 添附 回附

阿 언덕 **아**
阝부 5획 ⑧
` 阝 阝 阝 阝 阿 阿 阿

(英) hill　　　(日) ア(おも)

阿諂(아첨) : 남의 환심을 사기 위해 알랑거림.
阿片(아편) : 양귀비 진액을 말린 것.
阿諛苟容(아유구용) : 남에게 아첨하여 구차스레
　　　　구는 모양.
阿附 阿洲 阿修羅 阿鼻叫喚

限 한할 **한**
阝부 6획 ⑨
` 阝 阝 阝 阝 阳 限 限

(英) limit　　　(日) ゲン(かぎる)

限界(한계) : 사물의 정하여 놓은 범위.
局限(국한) : 어떤 부분에만 한정함.
上限(상한) : 수 또는 값의 위쪽의 한계.
限界狀況(한계상황) : 극한 상황.
限度 限定 權限 時限 制限 上限

降 내릴 **강**, 항복할 **항**
阝부 6획 ⑨
` 阝 阝 阝 阝 降 降 降

(英) surrender　　　(日) コウ(おりる)

降等(강등) : 등급이나 계급이 내림.
降伏(항복) : 전쟁, 싸움 등에 패배하여 굴복함.
降者不殺(항자불살) : 항복하여 오는 사람은 죽이
　　　　지 아니 함.
降臨 降雨 降書 投降 滑降 下降

院 집 **원**
阝부 7획 ⑩
` 阝 阝 阝 阝 阶 院 院

(英) public building　　　(日) イン

院長(원장) : 병원 따위의 우두머리.
病院(병원) : 병의 치료 및 예방사업을 하는 보건
　　　　기관.
療養院(요양원) : 요양에 대한 시설이 구비된 곳.
院內 院生 棋院 法院 入院 學院

除

덜 **제**

阝부 7획 ⑩

阝阝阣阣阣除

(英) deduct　　(日) ジョ(のぞく)

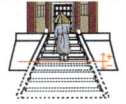

除去(제거) : 덜어 없앰.

除毒(제독) : 독을 없애버림.

驅除(구제) : 몰아내어 없애버림.

除草劑(제초제) : 잡초만을 없애는 약제.

除隊 除夜 除名 除外 削除 解除

陶

질그릇 **도**

阝부 8획 ⑪

阝阝阞陶陶陶

(英) china　　(日) トウ(すえ)

陶工(도공) : 옹기장이.

陶冶(도야) : ①도기를 굽고 쇠붙이를 녹임.
　　　　　　②심신(心身)을 닦고 기름.

陶磁器(도자기) : 질그릇. 사기그릇의 총칭.

陶藝 陶人 陶醉 陶淵明 陶山書院

陵

언덕 **릉**

阝부 8획 ⑪

阝阝阦陉陵陵

(英) hill　　(日) リョウ(みささぎ)

陵蔑(능멸) : 업신여겨 깔봄.

王陵(왕릉) : 임금의 무덤.

陵參奉(능참봉) : 능을 지키며 그것에 관한 일을
　　　　　　맡아보던 종9품 벼슬.

陵谷 陵寢 丘陵 武陵桃源

陳

베풀 **진**, 묵을 **진**

阝부 8획 ⑪

阝阝阨陳陳陳

(英) arrange　　(日) チン(つらねる)

陳腐(진부) : 묵어서 썩음.

開陳(개진) : 의견을 진술함.

新陳代謝(신진대사) : 묵은 것이 없어지고 새것이
　　　　　　대신 생김.

陳頭 陳謝 陳述 陳言 陳列 陳情

陣

진칠 **진**

阝부 7획 ⑩

阝阝阝阞陣陣

(英) encamp　　(日) ジン

陣痛(진통) : 일이 이루어질 때 겪는 어려움.

敵陣(적진) : 적의 진지.

背水陣(배수진) : 물을 등에 등지고 치는 진법.

參謀陣(참모진) : 고급지휘관의 막료들.

陣營 陣地 布陣 後陣 長蛇陣

陸

뭍 **륙**

阝부 8획 ⑪

阝阝阝陆陸陸

(英) land　　(日) リク(おか)

上陸(상륙) : 배에서 육지로 오름.

離着陸(이착륙) : 이륙과 착륙.

水陸兩用(수륙양용) : 물 위에서나 육지에서나 다
　　　　　　활용할 수 있는 것.

陸軍 陸橋 陸路 陸運 陸地 大陸

陰

그늘 **음**

阝부 8획 ⑪

阝阝阝陰陰陰

(英) shade　　(日) イン(かげ)

陰謀(음모) : 몰래 꾸미는 약한 계략.

陰散(음산) : 날씨가 흐리고 으스스함.

陰地(음지) : 응달. 볕이 잘 들지 않는 곳.

寸陰(촌음) : 얼마 안 되는 시간.

陰氣 陰陽 陰刻 陰曆 光陰 夜陰

陷

빠질 **함**

阝부 8획 ⑪

阝阝阞陷陷陷

(英) sink　　(日) カン(おちいる)

陷穽(함정) : ①짐승을 잡으려고 판 구덩이.
　　　　　　②남을 해치기 위한 모략.

缺陷(결함) : 흠이 있어서 완전하지 못함.

謀陷(모함) : 남을 궁지에 빠뜨리고자 꾀함.

陷落 陷沒

階

섬돌 **계**
阝부 9획 ⑫

(英) stairs (日) カイ(きざはし)

階層(계층) : 층계. 사회를 형성하는 여러 층.
現段階(현단계) : 현재의 단계.
位階秩序(위계질서) : 관등과 직책의 상하관계에
　　　　　　　서 당연히 지켜져야 할 질서.

階梯　階級　音階　品階　無産階級

隊

무리 **대**
阝부 9획 ⑫

(英) band (日) タイ

隊列(대열) : 대를 지어 늘어선 행렬.
隊員(대원) : 대를 이르고 있는 사람.
部隊(부대) : 한 단위의 군대.
特攻隊(특공대) : 기습공격을 위해 훈련된 부대.

隊伍　軍隊　編隊　入隊　除隊　艦隊

隆

높을 **륭**
阝부 9획 ⑫

(英) flourish (日) リュウ(たかい)

隆起(융기) : 평면보다 높게 불룩 일어남.
隆盛(융성) : 기운차게 높이 일어남.
隆崇(융숭) : 극히 정성스러움.
隆昌(융창) : 한창 번영함.

隆恩　隆興

陽

볕 **양**
阝부 9획 ⑫

(英) sun (日) ヨウ(ひ)

陽地(양지) : 볕이 바로 드는 곳.
斜陽(사양) : ① 저녁 때 서쪽으로 기울어진 해.
　　　　　　② 점점 쇠퇴하여 가는 일.
夕陽(석양) : 저녁 때의 해.

陽刻　陽氣　陽曆　漢陽　陽性化

障

막을 **장**
阝부 11획 ⑭

(英) obstruct (日) ショウ(さわる)

障碍(장애) : 막아서 거치적거림.
故障(고장) : 기계, 기구, 따위의 기능이 탈이 남.
保障(보장) : 잘못되는 일이 없도록 보증함.
支障(지장) : 일의 진행에 방해가 되는 장애.

障壁　障害　白內障　安全保障

際

즈음 **제**
阝부 11획 ⑭

(英) time (日) サイ(きわ)

實際(실제) : 실지의 경우나 형편.
此際(차제) : 이 즈음. 이 때.
國際社會(국제사회) : 다수의 국가가 상호교통과
　　　　　　　의존으로 국제적 공동생활을 영위하는 사회.

交際　國際線　國際聯合

隣

이웃 **린**
阝부 12획 ⑮

(英) neighbor (日) リン(となり)

隣近(인근) : 거리상 가까운 이웃.
隣接(인접) : 이웃하여 있음.
隣村(인촌) : 이웃하여 있는 마을.
善隣(선린) : 이웃과 친근하게 지내는 일.

隣敵　隣舍　交隣

隨

따를 **수**
阝부 13획 ⑯

(英) follow (日) ズイ(したがう)

隨想(수상) : 그 때 그 때 떠오르는 생각, 느낌.
隨時(수시) : 때때로. 때에 따라.
隨筆(수필) : 체험, 감상 등을 자유롭게 쓴 글.
附隨的(부수적) : 주 되는 것에 따라 가는 것.

隨伴　隨意　隨行　隨想錄　夫唱婦隨

險

험할 **험**

阝 부 13획 ⑯

阝 阝`险 险 險 險

(英) winding　　(日) ケン(けわしい)

險難(험난) : 위태로움.

險路(험로) : 험한 길.

險峻(험준) : 지세가 험하고 가파름.

冒險(모험) : 위험을 무릅씀.

險惡 險談 險狀 保險 危險千萬

隱

숨을 **은**

阝 부 14획 ⑰

阝 阝ˆ阼 隱 隱 隱

(英) hide　　(日) イン(かくれる)

隱居(은거) : 세상을 피해 숨어 삶.

隱退(은퇴) : 직위에서 물러남.

隱忍自重(은인자중) : 마음 속으로 참으며 몸가짐
　　　　　　　　　을 조심함.

隱匿 隱密 隱士 隱語 隱喩 惻隱

부 수 3 획	부 수 명 칭	상형 연상과정 (3)	상형 연상과정 (2)	상형 연상과정 (1)
阝	고을 **읍** (우부방)			

字 源

일정한 경계(囗) 안에 사람(巴←卩=마디 절)들이 모여 사는 `고을` 또는
`읍`을 뜻한 자.

那

어찌 **나**

阝 부 4획 ⑦

ㄱ ㄱ ㅋ 月 那 那

(英) how　　(日) ナ(なんぞ)

那落(나락) : 지옥. 나락(奈落).

那邊(나변) : ①어느 곳. 어디.
　　　　　　②저기. 저쪽. 저곳.

刹那(찰나) : 아주 짧은 동안. 순간.

那何 支那

邦

나라 **방**

阝 부 4획 ⑦

一 二 三 丰 邦 邦

(英) nation　　(日) ホウ(くに)

萬邦(만방) : 모든 나라.

盟邦(맹방) : 동맹을 맺은 나라.

友邦(우방) : 가까이 사귀는 나라.

異邦人(이방인) : 다른 나라 사람. 이국인. 외국인.

邦畫 聯邦 合邦

邪

간사할 **사**

阝 부 4획 ⑦

一 丆 玡 玡 邪 邪

(英) wicked　　(日) ジャ(よこしま)

邪敎(사교) : 요사스러운 종교.

邪慾(사욕) : 못된 욕심. 부정한 욕망.

破邪顯正(파사현정) : 사견, 사도를 파괴하여 정
　　　　　　　　　법을 창현함.

邪道 邪心 邪惡 奸邪 妖邪 酒邪

郊

들 **교**

阝 부 6획 ⑨

亠 亠 交 交 郊 郊

(英) suburbs　　(日) コウ

郊外(교외) : 도시 주위의 들.

近郊(근교) : 도시에 가까운 주변.

郡

고을 군
阝부 7획 ⑩
ㄱ ㄱ ㄹ 尹 君 君 郡 郡
(英) county　　　　(日) ダン(こおり)

郡民(**군민**) : 고을에 사는 사람들.
郡史(**군사**) : 한 군의 역사.
郡守(**군수**) : 한 군의 우두머리.
郡廳(**군청**) : 한 군을 다스리는 관청.

郡內　郡議員　漢四郡　郡縣制度

郭

둘레 곽, 성곽
阝부 8획 ⑪
亠 古 亨 亨 享 郭
(英) outer wall　　　(日) カク(くるわ)

郭氏(**곽씨**) : 곽씨 성.
城郭(**성곽**) : 내성과 외성을 통틀어 이르는 말.
外郭(**외곽**) : 성밖으로 다시 둘러쌓은 성.

郵

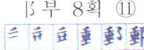

우편 우
阝부 8획 ⑪
亠 垂 垂 垂 郵 郵
(英) mail　　　　(日) コウ

郵送(**우송**) : 우편으로 보냄.
郵票(**우표**) : 우편물에 붙이는 증표.
郵便物(**우편물**) : 우편에 의해 송부하는 서신·물품.
航空郵便(**항공우편**) : 특수취급 우편물의 하나.

郵政　郵趣　郵遞局　郵便番號

鄕

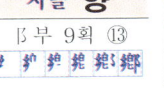

시골 향
阝부 9획 ⑬
亠 纩 纩 絼 鄉 鄉
(英) country　　　　(日) キョウ(さと)

鄕愁(**향수**) : 고향을 그리워하는 마음이나 시름.
故鄕(**고향**) : 자기가 태어나서 자란 고장.
歸鄕(**귀향**) : 객지에서 고향으로 돌아감.
他鄕(**타향**) : 제 고장이 아닌 다른 고장.

鄕村　鄕土　鄕校　鄕約　望鄕　愛鄕

郎

사내 랑
阝부 7획 ⑩
亠 亠 亠 良 良 郎
(英) man　　　　(日) ロウ(えとこ)

郎君(**낭군**) : 젊은 아내가 자기의 남편을 사랑스
　　　　　　　 럽게 일컫는 말.
婿郎(**서랑**) : 사위.
新郎(**신랑**) : 곧 결혼할 남자나 갓 결혼할 남자.

郎官　侍郎　太郎　花郎道

部

떼 부
阝부 8획 ⑪
亠 立 音 音 音 部
(英) group　　　　(日) ブ(わける)

部隊(**부대**) : 한 단위의 군대.
本部(**본부**) : 한 기관의 중심이 되는 조직.
支部(**지부**) : 본부 아래 일정 지역에 설치된 조직.
恥部(**치부**) : 남에게 알리고 싶지 않은 부분.

部署　部下　部首　部類　部品　幹部

都

도읍 도
阝부 9획 ⑫
亠 尹 者 者 都 都
(英) capital　　　　(日) ト(みやこ)

首都(**수도**) : 나라나 한 지방의 중심지. 서울.
遷都(**천도**) : 도읍을 옮김.
港都(**항도**) : 항구 도시.
還都(**환도**) : 정부가 딴 곳에서 다시 수도로 돌아옴.

都給　都農　都賣　都市　都邑

心

부 수 4 획	부 수 명 칭	상형 연상과정 (3)	상형 연상과정 (2)	상형 연상과정 (1)
心	마음 심			

字源

마음은 '심장'에서 우러나온다 하여 그의 모양을 본떠 '마음'의 뜻으로 널리 쓰인다.

心 마음 심
心부 0획 ④
丶 心 心 心

(英) mind　　(日) シン(こころ)

心境(심경) : 마음의 상태. 마음가짐.
心腹(심복) : 마음놓고 믿을 수 있는 부하.
心臟(심장) : 염통. '중심', '핵심'을 비유하는 말.
都心(도심) : 도시의 중심부.

心理 心性 心中 小心 人心 孝心

必 반드시 필
心부 1획 ⑤
丶 ソ 必 必 必

(英) surely　　(日) ヒツ(かならず)

必勝(필승) : 반드시 이김.
必須(필수) : 꼭 필요로 함.
必要(필요) : 꼭 요구되는 바 있어야 하는 것.
必死的(필사적) : 죽음을 각오하고 행하는 것.

必讀 必修 必需 必是 必然 期必

忌 꺼릴 기
心부 3획 ⑦
フ ㄱ ㄹ ㄹ 忌 忌
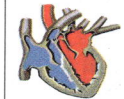
(英) avoid　　(日) キ(いむ)

禁忌(금기) : 금하고 꺼림.
忌避(기피) : 꺼리어 피함.
忌憚(기탄) : 꺼림.
忌祭祀(기제사) : 죽은 날에 해마다 지내는 제사.

忌日 忌中 週忌 妬忌心 猜忌心

忘 잊을 망
心부 3획 ⑦
丶 亠 亡 忘 忘 忘

(英) forget　　(日) ボウ(わすれる)

忘年會(망년회) : 한 해의 모든 괴로움을 잊자는
　　　　　　　뜻으로 연말에 베푸는 잔치.
備忘錄(비망록) : 잊지 않으려고 적어 두는 책자.
健忘症(건망증) : 잘 잊어버리는 병증.

忘却 忘失 忘恩 忘閑 癡呆不忘

忍 참을 인
心부 3획 ⑦
フ ㄲ ㄲ 忍 忍 忍

(英) patient　　(日) ニン(しのぶ)

忍耐(인내) : 참고 견딤.
忍辱(인욕) : 욕되는 일을 참음.
忍從(인종) : 참고 복종함.
不忍(불인) : 차마 하기가 어려움.

忍苦 强忍 殘忍 目不忍見

志 뜻 지
心부 3획 ⑦
一 十 士 志 志 志

(英) intention　　(日) シ(こころざし)

同志(동지) : 뜻을 서로 같이하는 사람.
意志(의지) : 일을 완수하려는 마음의 작용.
初志一貫(초지일관) : 처음에 세운 뜻을 끝까지
　　　　　　　밀고 나감.

志望 志士 志願 志向 有志 寸志

心

念 생각할 념
心부 4획 ⑧
ノ 人 个 今 念 念

(英) think　　(日) ネン(おもう)

念慮(염려) : 마음을 놓지 못해 걱정하는 마음.
念佛(염불) : 부처의 공덕을 생각하면서 '나무아미
　　　　　타불'을 부르는 일.
念願(염원) : 마음에 생각하고 간절히 바라는 것.

無念 想念 信念 理念 一念 諦念

忠 충성 충
心부 4획 ⑧
口 口 中 忠 忠 忠

(英) loyalty　　(日) チュウ

忠誠(충성) : 참 마음에서 우러나오는 정성.
忠告(충고) : 진심으로 남의 잘못에 대해 주의를 줌.
忠臣(충신) : 충성스러운 신하.
忠魂碑(충혼비) : 충혼을 기리기 위해 세운 비.

忠節 忠情 忠志 忠孝 忠州 不忠

忽 갑자기 홀
心부 4획 ⑧
ノ ク 勿 勿 忽 忽

(英) suddenly　　(日) コツ(たちまち)

忽然(홀연) : 문득. 갑자기.
疎忽(소홀) : 허술히 여기거나 대수롭지 않게 봄.
忽待(홀대) : 소홀히 대접함.
忽往忽來(홀왕홀래) : 갑자기 가고 오는 일

忽易 忽諸 忽地 忽怳

急 급할 급
心부 5획 ⑨
ク 勺 刍 刍 急 急 急

(英) urgent　　(日) キュウ(いそぐ)

急落(급락) : 물가나 시세 따위가 갑자기 떨어짐.
急變(급변) : ① 갑자기 달라짐.
　　　　　② 별안간 일어난 변고.
急騰勢(급등세) : 물가가 급등하거나 급등할 기세.

急減 急求 急流 急死 急性 急行

怒 성낼 노
心부 5획 ⑨
女 奴 奴 奴 怒 怒 怒

(英) angry　　(日) ド(いかる)

怒濤(노도) : 무서운 기세로 밀려오는 큰 파도.
憤怒(분노) : 분해 성냄.
怒發大發(노발대발) : 몹시 성을 냄.
天人共怒(천인공노) : 누구나 분노할 만큼 증오스러움.

怒號 激怒 震怒 大怒 喜怒哀樂

思 생각 사
心부 5획 ⑨
口 田 田 思 思 思

(英) think　　(日) シ(おもう)

思慕(사모) : 그리워함. 우러러 받들고 따름.
思想(사상) : 사회 및 인생에 대한 일정한 견해.
思索(사색) : 사물의 이치를 따지어 깊이 생각함.
思潮(사조) : 그 시대 사상의 일반적인 경향.

思考 思慮 思惟 思母曲 思春期

怨 원망할 원
心부 5획 ⑨
夕 夕 夗 夗 怨 怨

(英) grudge　　(日) エン(うらむ)

怨望(원망) : 마음에 불평을 품고 미워함.
怨恨(원한) : 원통하고 한이 되는 생각.
怨讎(원수) : 자기에게 해를 끼친 사람.
怨靈(원령) : 원한을 품고 죽은 사람의 혼령.

怨聲 民怨 私怨 宿怨 誰怨誰咎

怠 게으를 태
心부 5획 ⑨
ム 台 台 台 怠 怠 怠

(英) lazy　　(日) タイ(おこたる)

怠業(태업) : 노동자가 단결하여 일의 능률을 낮
　　　　　추는 노동쟁의 행위의 한 방법.
懶怠(나태) : 느리고 게으름.
倦怠(권태) : 게으름이나 싫증.

怠慢 怠禮 過怠料

心

恐 두려울 공
心부 6획 ⑩
亻 丮 丮 恐 恐 恐

(英) fear　　　　　　　(日) キョウ(おそれる)

恐喝(공갈) : 무섭게 으르고 위협함.
恐怖(공포) : 두려움과 무서움.
恐水病(공수병) : 물을 무서워하는 병. 광견병이
　　　　　　라고도 함.

恐龍 恐慌 可恐 恐妻家 惶恐無地

恕 용서할 서
心부 6획 ⑩
女 如 如 恕 恕 恕

(英) pardon　　　　　　　(日) ジョ

容恕(용서) : 잘못이나 죄를 꾸짖거나 벌하지 않음.
忠恕(충서) : 자기의 정성을 다하고 남을 헤아려
　　　　　　동정함. 孔子之道의 핵심 사상임.
恕宥(서유) : 관대하게 용서함.

恕免 恕思

恩 은혜 은
心부 6획 ⑩
冂 冃 冈 因 恩 恩

(英) favor　　　　　　　(日) オン

恩寵(은총) : 높은 자에게서 받은 특별한 은혜.
恩惠(은혜) : 베풀어주는 고마운 혜택.
恩功(은공) : 은혜와 공로.
報恩(보은) : 받은 은혜에 보답함.

恩德 恩師 恩人 恩典 忘恩 背恩忘德

恥 부끄러울 치
心부 6획 ⑩
厂 厂 耳 耳 恥 恥

(英) shame　　　　　　　(日) チ(はじる)

恥辱(치욕) : 부끄럽고 욕됨.
羞恥(수치) : 부끄러움.
厚顔無恥(후안무치) : 뻔뻔스러워 부끄러워할 줄
　　　　　　을 모름.

恥部 廉恥 雪恥 破廉恥 不顧廉恥

恭 공손할 공
心부 6획 ⑩
艹 艹 共 恭 恭 恭

(英) polite　　　　　　　(日) キョウ(うやうやしい)

恭敬(공경) : 삼가고 존경함.
恭遜(공손) : 공경하고 겸손함.
恭待(공대) : ① 공손하게 대접함.
　　　　　　② 상대자에게 경어를 씀.

恭儉 恭順 不恭 恭賀新年

息 쉴 식
心부 6획 ⑩
亻 冂 自 自 息 息
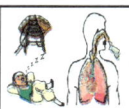
(英) breathe　　　　　　　(日) ソク(いき)

安息(안식) : 편안하게 쉼.
窒息(질식) : 숨이 막힘.
休息(휴식) : 하던 일을 멈추고 쉼.
棲息地(서식지) : 동물이 깃들여 사는 곳.

利息 子息 喘息 歎息 無消息 瞬息間

恣 방자할 자, 마음대로 자
心부 6획 ⑩
冫 次 次 次 恣 恣

(英) impudent　　　　　　　(日) シ(ほしいまま)

恣行(자행) : 제 멋대로 행동함.
放恣(방자) : 삼가지 않고 제멋대로 굶.
恣意(자의) : 방자한 마음. 제멋대로의 생각.
恣樂(자락) : 마음대로 즐김.

恣暴

悠 멀 유
心부 7획 ⑪
亻 攸 攸 悠 悠 悠

(英) distant　　　　　　　(日) コウ(はるか)

悠久(유구) : 연대가 아득히 멂.
悠然(유연) : 성질이 침착하고 여유가 있는 모양.
悠悠自適(유유자적) : 속된 일에 마음을 괴롭히지
　　　　　　않고 자기가 하고 싶은 대로 편히 삶.

悠長

患

근심 **환**
心부 7획 ⑪
宀 吕 串 患 患 患

(英) anxiety　　(日) カン(うれえる)

疾患(질환) : 질병.
憂患(우환) : 근심이나 걱정이 되는 일.
宿患(숙환) : 오래 묵은 병.
患者(환자) : 병을 앓는 사람.

患亂 患部 急患 老患 病患 後患

悲

슬플 **비**
心부 8획 ⑫
丿 丬 非 非 悲 悲

(英) sad　　(日) ヒ(かなしい)

悲觀(비관) : 사물을 슬프게만 봄.
悲鳴(비명) : 다급한 외마디 소리.
悲劇(비극) : 비참한 사건 또는 슬픈 결말로 끝맺
　　　　　는 극.

悲戀 悲報 悲運 悲壯 悲慘 無慈悲

惡

악할 **악**, 미워할 **오**
心부 8획 ⑫
一 亞 哂 哂 惡 惡

(英) bad　　(日)

惡用(악용) : 잘못 씀. 또 나쁜 일에 씀.
罪惡(죄악) : 죄가 될만한 악행.
醜惡(추악) : 더럽고 지저분하며 아주 못생김.
惡寒(오한) : 갑자기 열이 나며 춥고 괴로운 증세.

惡黨 惡童 惡魔 惡妻 劣惡 險惡

惠

은혜 **혜**
心부 8획 ⑫
一 百 申 申 惠 惠

(英) grace　　(日) ケイ(めぐむ)

惠澤(혜택) : 은혜와 덕택.
天惠(천혜) : 하늘이 주신 혜택.
特惠(특혜) : 특별한 은혜, 혜택.
互惠(호혜) : 서로 도와 편익을 주는 은혜.

惠存 施惠 恩惠 慈惠 特惠關稅

惑

미혹할 **혹**
心부 8획 ⑫
一 或 或 或 惑 惑

(英) bewitch　　(日) ワク(まどう)

疑惑(의혹) : 의심하여 수상히 여김.
不惑(불혹) : 나이 마흔 살을 일컬음.
誘惑(유혹) : 남을 꾀어 정신을 어지럽게 함.
魅惑的(매혹적) : 남을 매혹할 만한 데가 있는 것.

惑世 惑星 困惑 當惑 迷惑 眩惑

感

느낄 **감**
心부 9획 ⑬
厂 咸 咸 咸 感 感

(英) feel　　(日) カン

感情(감정) : 느끼어 일어나는 심정·마음·기분.
感懷(감회) : ① 마음에 느낀 생각과 회포.
　　　　　② 지난 일을 생각하는 마음.
感傷的(감상적) : 마음이 느끼기 쉽고 슬퍼하기 쉬운 것.

感激 感動 感銘 感謝 感染 好感

想

생각 **상**
心부 9획 ⑬
木 朴 相 相 想 想

(英) imagine　　(日) ソウ(おもう)

想像(상상) : ① 마음 속에 그리며 미루어 생각함.
　　　　　② 공상(空想).
着想(착상) : 일의 실마리가 될만한 생각.
奇想天外(기상천외) : 아주 엉뚱한 생각.

想起 想念 假想 感想 豫想 回想

愁

근심 **수**
心부 9획 ⑬
丿 禾 利 秋 愁 愁

(英) anxiety　　(日) シュウ(うれい)

愁心(수심) : 근심스러운 마음.
哀愁(애수) : 가슴에 스며드는 슬픈 근심.
鄕愁(향수) : 고향이 그리워 느끼는 슬픔.
憂愁(우수) : 우려와 근심.

愁色 愁顔 愁怨 愁絶 旅愁

心

愛 사랑 애
心부 9획 ⑬

⺾ 爫 𢚩 愐 愛 愛

(英) love　(日) アイ(めでる)

愛讀(애독) : 즐겨서 읽음.
愛情(애정) : ① 사랑하는 마음. ② 연정(戀情).
偏愛(편애) : 어느 한 쪽을 치우쳐 사랑함.
博愛(박애) : 모든 사람을 평등하게 사랑함.

愛校 愛慕 愛憎 求愛 戀愛 寵愛

愚 어리석을 우
心부 9획 ⑬

口 吕 咼 禺 愚 愚

(英) stupid　(日) グ(おろか)

愚弄(우롱) : 남을 업신여겨서 놀림.
愚昧(우매) : 어리석고 몽매함.
愚直(우직) : 어리석고 고지식함.
愚鈍(우둔) : 어리석고 둔함.

愚民 愚惡 愚公移山 愚問賢答

愈 나을 유
心부 9획 ⑬

人 人 俞 愈 愈 愈

(英) get better　(日) ユ(いよいよ)

快愈(쾌유) : 병이 개운하게 다 나음.
愈往愈甚(유왕유심) : 갈수록 더욱 심함.
愈出愈怪(유출유괴) : 점점 더 괴상함.
愈出愈奇(유출유기) : 점점 더 기이함.

愈母 愈悲 愈兄 愈惠 大愈大悲

意 뜻 의
心부 9획 ⑬

一 立 音 音 意 意

(英) intention　(日) イ(こころ)

意慾(의욕) : 하고 싶어하는 마음.
不意(불의) : 뜻 밖에 생각하지 아니 하던 것.
失意(실의) : 실망.
底意(저의) : 속으로 품은 생각. 속마음.

意見 意志 故意 同意 注意 合意

慈 사랑할 자
心부 9획 ⑬

⺮ 𢆶 兹 兹 慈 慈

(英) mercy　(日) ジ

慈堂(자당) : 상대 어머니를 대접하여 이르는 말.
慈善(자선) : 불쌍한 사람을 동정하여 도와 줌.
慈愛(자애) : 아랫사람에게 대한 인자한 사랑.
仁慈(인자) : 어질고 인정이 많음.

慈母 慈悲 慈兄 慈惠 大慈大悲

態 모습 태
心부 10획 ⑭

⺊ 育 能 能 態 態

(英) attitude　(日) タイ(さま)

態度(태도) : ① 몸가짐 모양.
　　　　　　② 속의 뜻이 드러나 보이는 겉모양.
世態(세태) : 세상의 형편.
舊態依然(구태의연) : 옛 모양 그대로 다름이 없음.

嬌態 動態 事態 姿態 作態 醜態

慶 경사 경, 성 경
心부 11획 ⑮

广 产 庐 庐 慶 慶

(英) happy event　(日) ケイ(よろこぶ)

慶事(경사) : 축하할 만한 기쁜 일.
慶弔(경조) : ① 경사스러운 일과 궂은 일.
　　　　　　② 경사를 축하하고 흉사를 조문함.
慶賀(경하) : 경사스러운 일에 기쁜 뜻을 표함.

慶瑞 慶壽 慶氏 慶祝日 國慶日

慮 생각할 려
心부 11획 ⑮

广 广 庐 庐 慮 慮

(英) consider　(日) リョ(おもんばかる)

憂慮(우려) : 근심과 걱정. 염려.
考慮(고려) : 생각하여 봄.
心慮(심려) : 마음 속 근심.
思慮(사려) : 여러 가지 일에 대한 생각과 관심.

無慮 配慮 念慮 千慮一得 深謀遠慮

慕

그릴 **모**
心부 11획 ⑮
艹 艹 莫 莫 莫 慕 慕

(英) miss　　(日) ボ(したう)

思慕(사모) : 생각하고 그리워함.
追慕(추모) : 죽은 사람을 마음 속으로 그리워함.
慕情(모정) : 사모하는 마음.
欽慕(흠모) : 공경하고 사모함.

傾慕 敬慕 戀慕 崇慕 哀慕 愛慕

慾

욕심 **욕**
心부 11획 ⑮
欲 욕 谷 欲 欲 慾 慾

(英) desire　　(日) ヨク

慾望(욕망) : 하고자 하거나 가지려고 간절히 바람.
慾心(욕심) : 하고자 하거나 가지고자 하는 마음.
慾求不滿(욕구불만) : 욕구하는 것이 내부 또는
　　　　　　　　　　외부의 원인때문에 저해되는 상태.

過慾 禁慾 物慾 食慾 野慾 貪慾

憂

근심 **우**
心부 11획 ⑮
西 西 百 百 夏 憂 憂

(英) anxiety　　(日) ユウ(うれえる)

憂慮(우려) : 근심과 걱정.
憂國(우국) : 나라의 일을 근심함.
憂患(우환) : 근심이나 걱정되는 일.
杞憂(기우) : 쓸데없는 군걱정.

憂愁 憂鬱症 內憂外患 識字憂患

慰

위로할 **위**
心부 11획 ⑮
尸 昼 尉 尉 尉 慰 慰

(英) comfort　　(日) イ(なぐさめる)

慰勞(위로) : 괴로움, 슬픔을 잊게 하여 마음을
　　　　　　편하게 함.
慰問(위문) : 위로하기 위하여 문안함.
弔慰金(조위금) : 조위의 뜻을 나타내기 위해 내는 돈.

慰樂 慰安 自慰 慰安婦 慰藉料

慧

슬기로울 **혜**
心부 11획 ⑮
丰 彗彗 彗 彗 慧 慧

(英) clever　　(日) ケイ、エ(さとい)

慧眼(혜안) : 진리를 식별하는 총명한 눈.
慧敏(혜민) : 슬기롭고 민첩함.
慧智(혜지) : 총명한 슬기.
智慧(지혜) : 슬기.

慧性 慧聖 慧悟

憩

쉴 **게**
心부 12획 ⑯
千 舌 䑶 䑶 憩 憩

(英) rest　　(日) ケイ(いこう)

休憩室(휴게실) : ① 잠깐동안 머물러 쉬도록 설비
　　　　　한 공간. ② 공항, 고속도로 등에서
　　　　　과자점 영업과 다방 영업 등의 복합
　　　　　적인 형태의 영업을 하는 영업소.

憩止 憩休

憲

법 **헌**
心부 12획 ⑯
宀 宀 害 害 憲 憲 憲

(英) constitution　　(日) ケン(のり)

憲法(헌법) : ① 근본이 되는 법규. ② 국가 존립
　　　　　의 기본적 조건을 규정하는 근본법.
違憲(위헌) : 헌법에 위배됨.
官憲(관헌) : 관청의 법규. 관청 또는 관리.

憲兵 憲章 改憲 黨憲 立憲 制憲

懇

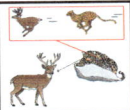

간절할 **간**
心부 13획 ⑰
豸 豸 銀 銀 懇 懇

(英) sincerity　　(日) コン(ねんごろ)

懇曲(간곡) : 간절하고 곡진함.
懇請(간청) : 간절히 청함.
懇切(간절) : 간곡하고 정성스러움.
懇談會(간담회) : 격의 없이 얘기하는 모임.

懇求 懇望 懇誠 懇惻

心

應

응할 **응**

心부 13획 ⑰

广 广 庐 應 應 應

(英) respond (日) オウ(こたえる)

不應(불응) : 응하지 않음.
反應(반응) : 어떠한 작용이나 자극에 의하여 일
　　　　　어나는 현상.
應急措置(응급조치) : 급한 일에 우선 베푸는 처리.

應諾　應答　應待　應募　應手　應試

懲

징계할 **징**

心부 15획 ⑲

彳 彳 彳 徵 徵 懲

(英) punish (日) チョウ(こらす)

懲戒(징계) : 허물을 뉘우치도록 꾸짖고 경계함.
懲役(징역) : 죄에 대한 응징으로 받는 옥살이.
勸善懲惡(권선징악) : 착한 일을 권장하고 악한
　　　　　　　　　　일을 징계함.

懲罰　膺懲　懲戒處分　有期懲役

懸

달 **현**

心부 16획 ⑳

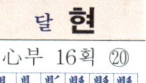

(英) hang (日) ケン(かける)

懸案(현안) : 이전부터 의논하여 오면서도 아직
　　　　　결정하지 못한 안건
懸隔(현격) : 동떨어지게 차이가 큼.
懸賞金(현상금) : 현상으로 내건 돈.

懸賞　懸板　懸垂幕　耳懸鈴鼻懸鈴

戀

그리워할 **련** 그릴 **련**

心부 19획 ㉓

(英) love (日) レン(こい)

戀愛(연애) : 남녀가 서로 그리워함.
戀慕(연모) : 사랑하여 그리워함.
戀敵(연적) : 자기의 연인을 넘보는 사람.
戀情(연정) : 남녀가 서로 사모하는 마음.

戀歌　戀書　戀人　悲戀　失戀　哀戀

 착각하지 맙시다.

椰(야자나무 **야**)자는 木부수에 속하는 글자이며, 爺(아비 **야**)자는 父부수에 속하는 글자
이며, 揶(놀릴 **야**)자는 扌(手)부수에 속하는 글자이며, 耶(어조사 **야**)자는 耳부수에 속하
는 글자입니다.

汶(내 이름 **문**)자는 氵(水)부수에 속하는 글자이며, 紋(무늬 **문**)자는 糸부수에 속하
는 글자이며, 紊(어지러울 **문**)자는 糸부수에 속하는 글자이며, 蚊(모기 **문**)자는 虫부수에
속하는 글자이며, 雯(구름 무늬 **문**)자는 雨부수에 속하는 글자이며, 閔(위문할 **민**)자
는 門부수에 속하는 글자이며, 憫(근심할 **민**)자는 忄(心)부수에 속하는 글자이며, 旼
(화락할 **민**)자는 日부수에 속하는 글자이며, 玟(옥돌 **민**)자는 玉부수에 속하는 글자이며,
旻(하늘 **민**)자는 日부수에 속하는 글자입니다.

槪(평미레 **개**)자는 木부수에 속하는 글자이며, 慨(분개할 **개**)자는 忄(心)부수에 속하는
글자이며, 漑(물댈 **개**)자는 氵(水)부수에 속하는 글자입니다.

부 수 4 획	부 수 명 칭	상형 연상과정 (3)	상형 연상과정 (2)	상형 연상과정 (1)
 戈	창 과	戈	戈	

戈

字 源

날 부분이 갈라진 '창'의 모양을 본뜬 자.

 戈

창 과
戈부 0획 ④
一 弋 戈 戈

(英) spear   (日) カ(ほこ)

戈甲(과갑) : 창과 갑옷.
戈劍(과검) : 창과 검.
戈鋒(과봉) : 창끝.
干戈(간과) : 방패와 창. 전쟁에 쓰는 무기.

戈矛 戈盾

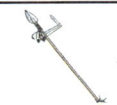 戊

천간 무
戈부 1획 ⑤
ノ 厂 戊 戊 戊

(英) flourish   (日) ボウ(つちのえ)

戊夜(무야) : 오전 3시에서 5시 사이.
戊午士禍(무오사화) : 조선 연산군 때 유자광이
　　　　　　　　　　 김종직을 모함하여 일으킨
　　　　　　　　　　 사화.

戊寅年 戊己黃中土

 戌

개 술
戈부 2획 ⑥
ノ 厂 厂 戌 戌 戌

(英) dog   (日) ジュツ(いぬ)

戌年(술년) : 태세(太歲)의 지지가 술로 된 해.
戌時(술시) : 오후 7시부터 9시 사이.

甲戌年 庚戌國恥

 戒

경계할 계
戈부 3획 ⑦
一 二 开 戒 戒 戒

(英) warn   (日) カイ(いましめる)

齋戒(재계) : 마음과 몸을 깨끗하게 함.
訓戒(훈계) : 타일러서 경계함.
戒嚴(계엄) : 전쟁이나 사변이 났을 때 어떤 지역
　　　　　　 의 행정, 사법권을 군대로써 관장하는 일.

戒律 破戒 斷機之戒 懲戒處分

 成

이룰 성
戈부 3획 ⑦
ノ 厂 厂 成 成 成

(英) accomplish   (日) せい(なる)

成功(성공) : 목적을 이룸.
成果(성과) : 일이 이루어진 결과.
成熟(성숙) : 발육이 다 됨.
成就(성취) : 일을 목적대로 이룸.

成事 成人 成績 成立 育成 贊成

 我

나 아
戈부 3획 ⑦
一 千 手 我 我 我

(英) I, we   (日) カ(われ)

我軍(아군) : 우리 편의 군대.
我執(아집) : 자기의 의견에만 사로잡혀 집착함.
自我(자아) : 자기 자신.
我田引水(아전인수) : 자기에게 이로울 대로만 함.

沒我 小我 自我 無我境 唯我獨尊

戈

或 혹 혹
戈부 4획 ⑧
一 一 戸 或 或 或

(英) maybe　　　　(日) ワク(あるいわ)

或間(혹간) : 가끔. 이따금.
或是(혹시) : 만일에. 행여나.
或曰(혹왈) : 혹 어떤 사람은 말하기를….
或者(혹자) : 어떤 사람.

或時 或說 間或 設或

戚 친척 척, 슬플 척
戈부 7획 ⑪
一 厂 戸 戚 戚 戚

(英) relatives　　　　(日) セキ(いたむ)

戚臣(척신) : 임금과 척분있는 신하.
姻戚(인척) : 외가와 처가의 혈족.
親戚(친척) : 친족과 성이 다른 가까운 척분.
休戚(휴척) : 기쁨과 슬픔. 편안함과 근심스러움.

外戚 戚戚 一家親戚

戰 싸움 전
戈부 12획 ⑯
四 罒 單 戰 戰 戰

(英) fight　　　　(日) セン(たたかう)

戰亂(전란) : 전쟁으로 인한 난리.
戰慄(전율) : 두려워서 벌벌 떪.
戰爭(전쟁) : 나라간의 싸움.
戰戰兢兢(전전긍긍) : 몹시 두려워하여 벌벌 떪.

戰警 戰略 戰死 挑戰 舌戰 接戰

戲 놀이 희
戈부 12획 ⑯
广 戶 虍 虗 戲 戲

(英) play　　　　(日) ギ(たわむれる)

戲曲(희곡) : 연극의 脚本(각본).
戲弄(희롱) : 말이나 행동으로 실없이 놀리는 일.
戲畫(희화) : 장난으로 그린 그림.
遊戲(유희) : 장난으로 즐겁게 놂.

戲劇 戲場 戲稱 戲筆

戶

부 수 4 획	부 수 명 칭	상형 연상과정 (3)	상형 연상과정 (2)	상형 연상과정 (1)
戶	집 호 (지게문호)			

字 源

'지게문(외짝문)'의 모양을 본뜬 자.

戶 집 호
戶부 0획 ④
一 二 三 戶

(英) house　　　　(日) コ(と)

戶別(호별) : 집마다.
戶籍(호적) : 호수 및 인구를 기록한 장부.
戶主(호주) : 한 집안의 주인이 되는 사람.
門戶(문호) : 출입구가 되는 긴요한 곳.

戶口 戶當 戶數 窓戶 家家戶戶

房 방 방
戶부 4획 ⑧
一 厂 戶 戶 房 房

(英) room　　　　(日) ボウ(ふき)

空房(공방) : 남편 없이 혼자 있는 방.
閨房(규방) : 부녀자가 거처하는 방.
暖房(난방) : 방을 덥게 함.
乳房炎(유방염) : 유방에 생기는 염증.

房門 房貰 茶房 監房 店房 册房

所 바 소

戶부 4획 ⑧

ノ ｒ ｆ 所 所 所

(英) place　　　　　(日) ショ(ところ)

所見(소견) : 사물을 보고 가지는 생각이나 의견.
所得(소득) : 얻은 바의 이익.
所有(소유) : 자기 것으로 가짐.
住所(주소) : 살고 있는 곳.

所感 所願 所在 所長 急所 場所

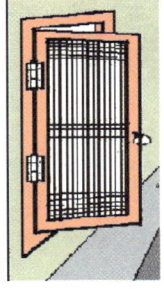

부 수 4 획	부 수 명 칭	상형 연상과정 (3)	상형 연상과정 (2)	상형 연상과정 (1)
手	손 수			

字 源

손목과 다섯 손가락을 펼쳐 모은 '손'의 모양을 본뜬 자.

手 손 수

手부 0획 ④

ノ 二 三 手

(英) hand　　　　　(日) シュ(て)

手配(수배) : 범인을 잡으려고 수사망을 펴는 일.
手腕(수완) : 일을 꾸미거나 치러 나가는 능력.
旗手(기수) : 행렬 등의 앞에서 기를 드는 사람.
名手(명수) : 어떤 일에 훌륭한 솜씨가 있는 사람.

手工 手記 手足 手術 着手 訓手

承 이을 승

手부 4획 ⑧

了 了 了 手 手 承

(英) inherit　　　　　(日) ショウ(うける)

承諾(승낙) : 승인하여 허락함.
承認(승인) : 옳다고 인정하여 허락함.
繼承(계승) : 조상이나 전임자의 뒤를 이어 받음.
　　　　　승계(承繼)

承服 傳承 承政院 都承旨 起承轉結

拜 절 배

手부 5획 ⑨

三 手 手 手 拜 拜

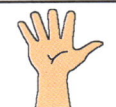 

(英) bow　　　　　(日) ハイ(おがむ)

拜見(배견) : 삼가 만나 봄.
拜伏(배복) : 엎드려 절함.
拜謁(배알) : 삼가 만나 뵘.
歲拜(세배) : 섣달 그믐이나 정초에 하는 인사.

拜禮 拜上 敬拜 單拜 崇拜 禮拜

拳 주먹 권

手부 6획 ⑩

ソ ソ ソ 失 夅 拳 拳

(英) fist　　　　　(日) ケン(こぶし)

拳銃(권총) : 피스톨.
拳鬪(권투) : 주먹으로 서로 때려서 승부를 결정
　　　　　하는 운동 경기.
跆拳(태권) : 우리 나라 고유의 호신 무술.

拳法 鐵拳 空拳 跆拳道 赤手空拳

掌

손바닥 **장**
手부 8획 ⑫

宀 宀 尚 堂 掌 掌

(英) palm   (日) ショウ

掌握(장악) : 손에 넣음. 자기의 것으로 만듦.
拍掌(박장) : 손바닥을 침.
分掌(분장) : 사무나 일을 나누어 맡음.
合掌(합장) : 두 손바닥을 마주 합침.

車掌 仙人掌 如反掌 拍掌大笑

擊

칠 **격**
手부 13획 ⑰

(英) attack   (日) ゲキ(うつ)

擊滅(격멸) : 쳐서 멸망시킴.
擊破(격파) : 쳐서 부숨.
攻擊(공격) : 적을 침.
目擊(목격) : 직접 맞닥뜨려 제 눈으로 봄.

擊墜 擊沈 擊破 射擊 狙擊 銃擊

擧

들 **거**
手부 14획 ⑱

𦥑 𦥑 與 與 擧 擧

(英) lift   (日) キョ(あげる)

擧論(거론) : 어떤 일을 들어 논제로 삼음.
選擧(선거) : 적당한 사람을 대표로 뽑아 냄.
列擧(열거) : 하나씩 들어 말함.
擧國的(거국적) : 온 나라가 통틀어서 하는 것.

擧事 擧行 擧手 檢擧 薦擧 快擧

支

부 수 4 획	부 수 명 칭	상형 연상과정 (3)	상형 연상과정 (2)	상형 연상과정 (1)
 支	지탱할 지			

字源

댓가지(十)를 손(又)에 꼭 틀어잡고 버틴다 하여 '지탱하다'의 뜻으로 된 자.

支

지탱할 **지**
支부 0획 ④

一 十 丂 支

(英) support   (日) シ(ささえる)

支拂(지불) : 돈을 치러 줌.
支援(지원) : 지지하여 응원함.
支持(지지) : 어떤 사람, 단체에 찬동하여 응원함.
十二地支(십이지지) : 12개의 지지.

支出 支社 支院 支店 依支 支配人

부 수 4 획	부 수 명 칭	상형 연상과정 (3)	상형 연상과정 (2)	상형 연상과정 (1)
攵	칠 복 (등글월문)	𣥂	𣥂	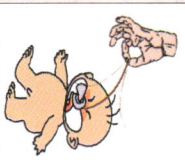

攵

字源

손(又)에 회초리(卜=상형)를 들고 '똑똑 두드리다', '치다' 또는 '때리다' 의 뜻으로 된 자.

收 거둘 수

攵部 2획 ⑥
丨 丩 収 収 收 收
(英)gather　　(日)シュウ(おさめる)

收監(수감) : 잡아서 가둠.
收拾(수습) : 어지러운 사태를 거두어 바로잡음.
收入(수입) : 돈 따위가 들어오는 일.
收穫(수확) : 곡식 따위를 거두어 들임.

收去 收金 收納 收錄 收買 收復

改 고칠 개

攵部 3획 ⑦
フ コ コ 改 改 改
(英)improve　　(日)カイ(あらためる)

改良(개량) : 좋도록 고침.
改善(개선) : 잘못을 고쳐 좋게 함.
改悛(개전) : 잘못을 뉘우쳐 고침.
改革(개혁) : 좋도록 고침.

改嫁 改閣 改名 改備 改書 改惡

攻 칠 공

攵部 3획 ⑦
一 T 工 巧 巧 攻
(英)attack　　(日)コウ(せめる)

攻擊(공격) : ①적을 침. ②시비를 가려서 논박함.
攻勢(공세) : 공격하는 태세나 그 세력.
攻玉(공옥) : ①옥을 다듬음. ②지덕을 닦음.
專攻(전공) : 전문적으로 연구함.

攻略 攻駁 攻防 攻守 攻襲 强攻

放 놓을 방

攵部 4획 ⑧
一 亠 方 扩 放 放
(英)release　　(日)ホウ(はなす)

放心(방심) : 다른 것에 정신이 팔려 주의하지 않음.
放任(방임) : 간섭하지 아니 하고 내버려 둠.
放蕩(방탕) : 주색에 빠져 난봉을 부림.
追放(추방) : 쫓아냄.

放課 放尿 放談 放流 放漫 放賣

故 연고 고

攵部 5획 ⑨
十 古 古 扩 故 故
(英)reason　　(日)コ(ゆえ)

故事(고사) : 옛날에 있었던 일.
故意(고의) : 일부러 하려는 뜻.
故人(고인) : 죽은 사람.
故鄕(고향) : 자기가 태어나 자란 고장.

故國 故障 別故 事故 緣故 作故

政 정사 정

攵部 5획 ⑨
T F 正 正 政 政
(英)politics　　(日)セイ(まつりごと)

政見(정견) : 정치상의 의견.
政黨(정당) : 정치상의 당파.
政府(정부) : 국가통치권을 행사하는 기관의 통칭.
政治(정치) : 주권자가 그 영토와 국민을 다스림.

政綱 政客 政經 政界 政局 政策

攵

效 본받을 효
女부 6획 ⑩
一 宀 交 宀 効 效
(英) imitate　(日) コウ(くき)

效果(효과) : 좋은 결과.
效死(효사) : 죽을 힘을 다함.
效用(효용) : 재화가 인간 욕망을 채울 수 있는 능력.

效能 效力 效率 效驗 無效 卽效

教 가르칠 교
女부 7획 ⑪
一 子 手 岑 孝 教
(英) teach　(日) キョウ(おしえる)

教唆(교사) : 못된 일을 하도록 남을 부추김.
教授(교수) : 대학에서 학문을 가르치는 사람.
教育(교육) : 지식을 넓혀 주며 품성을 길러줌.
宗教(종교) : 초인간적인 힘에 대해 신앙하는 행위.

教界 教官 教區 教具 教團 教服

救 구원할 구
女부 7획 ⑪
寸 扌 求 求 救 救
(英) save　(日) キョウ(すくう)

救急(구급) : 위급한 것을 구원함.
救援(구원) : 위험이나 어려운 고비에서 구해줌.
救濟(구제) : 어려운 사람을 도와 건짐.
救護(구호) : 도와서 보호함.

救國 救難 救命 救民 救出

敏 민첩할 민
女부 7획 ⑪
一 午 句 每 敏 敏
(英) quick　(日) ビン(さとい)

敏感(민감) : 감각이 예민함.
敏腕(민완) : 민첩한 수완.
敏捷(민첩) : 재빠르고 날램.
銳敏(예민) : 예리하고 민감함.

敏俊 敏活 過敏 機敏 不敏

敗 패할 패
女부 7획 ⑪
冂 日 貝 貯 敗 敗
(英) be defeated　(日) ハイ(やぶれる)

敗北(패배) : 싸움에서 짐.
敗訴(패소) : 재판에 짐.
腐敗(부패) : 썩어서 못쓰게 됨.
敗家亡身(패가망신) : 가산을 없애고 몸을 망침.

敗亡 敗色 敗者 敗走 敗着 敗退

敢 감히 감, 구태여 감
女부 8획 ⑫
一 工 耳 亘 敢 敢
(英) dare　(日) カン(あてえ)

敢行(감행) : 어려움을 무릅쓰고 과감하게 행함.
敢鬪(감투) : 필승의 각오로 잘 싸움.
焉敢生心(언감생심) : 감히 그런 마음을 먹을 수 도 없음.

敢決 果敢 敢不生心 勇敢無雙

敦 도타울 돈
女부 8획 ⑫
古 亨 亨 亨 敦 敦
(英) cordial　(日) トン

敦篤(돈독) : 인정이 도타움.
敦睦(돈목) : 사이가 도탑고 서로 화목함.
敦實(돈실) : 인정이 많고 진실함.
敦厚(돈후) : 심덕이 두터움.

敦固 敦朴 敦崇 敦化門

散 흩을 산
女부 8획 ⑫
卄 昔 昔 昔 散 散
(英) disperse　(日) サン

散漫(산만) : 흩어져 어수선함.
散文(산문) : 글자의 수, 운율 등에 제한없이 자 유롭게 기술하는 보통의 문장.
霧散(무산) : 안개가 걷히듯 흩어짐.

散亂 散賣 散發 散步 散在

敬

공경 경

攵부 9획 ⑬

艹 艿 苟 苟 敬 敬

(英) respect　　(日) ケイ(うやまう)

敬虔(경건) : 공경하는 마음으로 삼가고 조심함.
敬意(경의) : 공경하는 마음.
敬聽(경청) : 공경하는 마음으로 들음.
恭敬(공경) : 공손히 섬김.

敬禮 敬老 敬慕 敬拜 敬愛 敬語

數

셈 수

攵부 11획 ⑮

婁 婁 婁 數 數 數

(英) count　　(日) スウ(かず, かぞえる)

數式(수식) : 수나 양을 나타내는 숫자나 문자를
　　　　　　 계산 기호로 쓴 식.
數次(수차) : 두 서너 차례. 몇 차례.
術數(술수) : 꾀. 술책.

數個 數年 數多 數量 數理 數列

敵

대적할 적

攵부 11획 ⑮

啇 啇 啇 敵 敵 敵

(英) enemy　　(日) チキ(かたき)

敵國(적국) : 적대 관계에 있는 나라.
敵手(적수) : 싸움이나 경쟁의 상대자.
匹敵(필적) : 재주나 힘이 엇비슷하여 견줄 만함.
敵愾心(적개심) : 적을 미워하고 분개하는 심정.

敵軍 敵機 敵對 敵兵 敵産 敵意

整

가지런할 정

攵부 12획 ⑯

申 敕 敕 敕 整 整

(英) set in order, entire　　(日) セイ(ととのえる)

整頓(정돈) : 가지런히 바로잡음.
整理(정리) : 어지러운 것을 바로잡음.
整備(정비) : 차량 따위를 점검, 수리함.
整地(정지) : 땅을 평평하게 고름.

整軍 整列 整然 整風 調整

부 수 4 획	부 수 명 칭	상형 연상과정 (3)	상형 연상과정 (2)	상형 연상과정 (1)
文	글월 문			

字源

몸에 그린 '무늬' 모양, 또는 획을 이리저리 그어 된 '글자' 모양을 본뜬
자.

文

글월 문

文부 0획 ④

丶 亠 ナ 文

(英) sentence　　(日) ブン, モン(ふみ)

文盲(문맹) : 글자를 읽지 못하는 사람. 까막눈이.
文書(문서) : 글로써 어떤 내용을 나타낸 것의 총칭.
文獻(문헌) : 학문 연구에 참고가 될 만한 기록.
文豪(문호) : 문학이나 문자에 뛰어난 사람.

文匣 文件 文庫 文科 文官 文敎

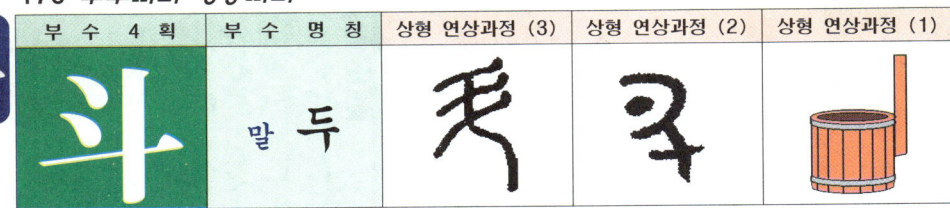

부 수 4 획	부 수 명 칭	상형 연상과정 (3)	상형 연상과정 (2)	상형 연상과정 (1)
斗	말 두			

字源

자루가 달린 국자 모양이나 용량을 헤아리는 '말'의 모양을 본뜬 자.

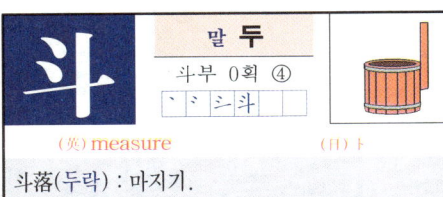

斗 말 **두**
斗부 0획 ④
丶 冫 二 斗
(英) measure   (日) ト

斗落(두락) : 마지기.
斗量(두량) : 말로 됨. 일을 두루 헤아려 처리함.
斗星(두성) : 북두칠성(北斗七星)을 가리킴.
斗酒不辭(두주불사) : 말술도 사양하지 않음.

北斗七星 升斗之利 泰山北斗

料 헤아릴 **료**
斗부 6획 ⑩
丷 쓰 米 米 料 料
(英) estimate   (日) リョウ(はかる)

料金(요금) : 대가로 치르는 돈.
料量(요량) : 말로 됨. 미리 헤아려 생각함.
料理(요리) : 음식물을 만듦. 또는 그 음식.
給料(급료) : 일을 한 보수로써 주어지는 돈.

稿料 過料 塗料 肥料 染料 資料

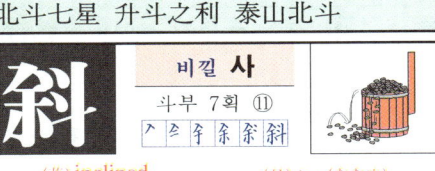

斜 비낄 **사**
斗부 7획 ⑪
人 二 午 余 余 斜
(英) inclined   (日) シャ(ななめ)

斜面(사면) : 경사진 면.
斜視(사시) : 사팔눈. 흘겨 봄.
斜陽(사양) : 서쪽으로 기울어진 해. 석양(夕陽).
傾斜(경사) : 비스듬히 기울어짐. 또 그 정도.

斜線 斜塔 斜柯 斜路 斜體

 착각하지 맙시다.

房(방 방)자는 戶부수에 속하는 글자이며, 防(둑 방)자는 阝(阜)부수에 속하는 글자이며, 放(놓을 방)자는 攵부수에 속하는 글자이며, 紡(자을 방)자는 糸부수에 속하는 글자이며, 訪(찾을 방)자는 言부수에 속하는 글자이며, 芳(꽃다울 방)자는 ++(艸)부수에 속하는 글자이며, 妨(방해할 방)자는 女부수에 속하는 글자이며, 肪(기름 방)자는 月(肉)부수에 속하는 글자입니다.

斤

부 수 4 획	부 수 명 칭	상형 연상과정 (3)	상형 연상과정 (2)	상형 연상과정 (1)
斤	근 근 (도끼 근)			

字 源

날이 선 자루 달린 '도끼' 모양을 본뜬 자.

斤

근 **근**, 도끼 **근**

斤부 0획 ④

丿 厂 斤 斤

(英) weight (日) キン(おの)

斤量(근량) : 무게.
斤數(근수) : 근 단위의 저울 무게.
斧斤(부근) : 큰 도끼와 작은 도끼.

一斤 十斤 百斤 千斤 萬斤

斥

물리칠 **척**

斤부 1획 ⑤

丿 厂 斤 斤 斥

(英) expel (日) セキ(しりぞける)

斥邪(척사) : 요사한 것을 물리침.
斥和(척화) : 화의(和議)를 물리침.
排斥(배척) : 물리쳐 내뜨림.
斥候兵(척후병) : 적정을 엿보는 병사.

斥候 斥和碑

斯

이 **사**

斤부 8획 ⑫

廿 甘 其 斯 斯 斯

(英) this (日) シ(この)

斯界(사계) : 그 사회. 그 전문 방면.
斯學(사학) : 이 학문.
如斯(여사) : 이와 같음.
瓦斯(와사) : 가스(gas)의 한역(漢譯).

俄羅斯 阿斯達 斯文亂賊

新

새 **신**

斤부 9획 ⑬

立 辛 亲 新 新 新

(英) new (日) シン(あたらしい)

新規(신규) : 새로운 규정이나 규모.
新聞(신문) : 새로운 소식을 전달하는 간행물.
新鮮(신선) : 새롭고 산뜻함.
新設(신설) : 새로 설치함.

新年 新春 新婚 新綠 新婦 更新

斷

끊을 **단**

斤부 14획 ⑱

幺 㡭 㡭 斷 斷 斷

(英) cut off (日) ダン(たつ)

斷念(단념) : 품었던 생각을 버림.
斷絶(단절) : 관계를 끊음.
斷行(단행) : 결단하여 행함.
判斷(판단) : 사물에 대한 생각의 결정.

斷食 斷定 斷髮 斷水 中斷 診斷

方

부 수 4 획	부 수 명 칭	상형 연상과정 (3)	상형 연상과정 (2)	상형 연상과정 (1)
方	모 방	与	方	

字 源

두 척의 배를 붙인 모양이 '모남'을 나타낸 자. 쟁기의 보습이 나아가는 '방향'을 가리킨 자.

方 모 방
方부 0획 ④
ㅡ ㅗ ㅎ 方

(英) square　　(日) ホウ(かた)

方今(방금) : 바로. 이제.
方法(방법) : 목적을 이루기 위한 수단.
方舟(방주) : 네모난 배.
處方(처방) : 약제를 배합하는 방법.

方面 方針 方案 方向 雙方 地方色

於 어조사 어, 탄식할 오
方부 4획 ⑧
ㅡ ㅗ 方 於 於 於

(英) in　　(日) オ(おいて)

於乎(오호) : 감탄하는 소리.
於中間(어중간) : 거의 중간이 되는 곳.
於此彼(어차피) : 어떻게 하든. 아무튼.
甚至於(심지어) : 심하게는.

於是乎 於焉間 於東於西

施 베풀 시
方부 5획 ⑨
ㅜ 方 扩 狮 狮 施

(英) perform　　(日) シ(ほどこす)

施肥(시비) : 땅에 거름을 줌.
施賞(시상) : 상을 줌.
施術(시술) : 술법을 행함. 수술을 함.
施行(시행) : 그대로 실지 행함.

施設 施政 施工 實施 施行錯誤

旅 나그네 려
方부 6획 ⑩
ㅜ 方 扩 旅 旅 旅

(英) travel　　(日) リョ(たび)

旅券(여권) : 해당 기관에서 외국 여행을 승인하
　　　　　는 증명서.
旅舍(여사) : 여관.
旅程(여정) : 여행하는 노정.

旅客 旅館 旅團 旅行 旅費 旅路

旋 돌 선
方부 7획 ⑪
ㅜ 方 扩 旅 旋 旋

(英) revolve　　(日) セン(めぐる)

旋風(선풍) : 회오리바람.
旋回(선회) : 둘레를 빙빙 돌음.
凱旋(개선) : 적과의 싸움에서 이기고 돌아옴.
周旋(주선) : 일이 잘 되도록 마련함.

旋盤 旋律 斡旋 急旋回 螺旋形

族 겨레 족
方부 7획 ⑪
ㅡ ㅗ 方 扩 扩 族

(英) tribe　　(日) ゾク(やから)

族譜(족보) : 씨족(氏族)의 계보.
族屬(족속) : 같은 종문·계통에 속하는 겨레붙이.
族戚(족척) : 일가. 친척.
民族(민족) : 인류의 종족(種族).

族長 家族 貴族 遺族 氏族 血族

기 旗

方부 10획 ⑭

방 方 扩 捀 旌 旗

(英) flag   (日) キ(すでに)

旗手(기수) : 기를 드는 사람.
旗幟(기치) : 기의 표지. 군중에서 쓰는 기.
旗幅(기폭) : 깃발. 깃발의 나비.
國旗(국기) : 나라를 상징하는 기.

半旗 弔旗 赤旗 五輪旗 太極旗

方

부 수 4 획	부 수 명 칭	상형 연상과정 (3)	상형 연상과정 (2)	상형 연상과정 (1)
无	없을 무 (이미기몸)			

无

字源

无는 兀(우뚝 올)의 왼쪽 획(丿)이 치뚫고 허공(一)까지 통하니 그 위
가 '없다'는 뜻으로 된 자.

이미 旣

无부 7획 ⑪

白 自 皀 皀 皀 皀 旣

(英) already   (日) キ(すでに)

旣決(기결) : 이미 결정하거나 결재함.
旣成(기성) : 이미 이루어짐.
旣得權(기득권) : 이미 얻은 권리.
皆旣蝕(개기식) : 개기월식과 개기일식을 말함.
旣約 旣定 旣存 旣婚 旣往之事

허겁지겁…

 착각하지 맙시다.

槪(평미레 개)자는 木부수에 속하는 글자이며, 慨(분개할 개)자는 ㅏ(心)부수에 속하는
글자이며, 漑(물댈 개)자는 氵(水)부수에 속하는 글자입니다.

炊(불땔 취)자는 火부수에 속하는 글자이며, 飮(마실 음)자는 食부수에 속하는 글자이며, 吹(불 취)
자는 口부수에 속하는 글자이며, 軟(연할 연)자는 車부수에 속하는 글자입니다.

부 수 4 획	부 수 명 칭	상형 연상과정 (3)	상형 연상과정 (2)	상형 연상과정 (1)
日	날 일			

字 源

'해(날)'의 모양을 본뜬 자.

날 일
日부 0획 ④

| ｜ 冂 月 日 |

(英) day　　　(日) ニチ、ジツ(ひ、か)

日間(일간) : 며칠 되지 아니한 동안.
日課(일과) : 날마다 하는 일.
日記(일기) : 날마다 생긴 일을 적는 기록.
平日(평일) : 평상의 나날.

日工　日報　日本　日字　日前　日誌

아침 단
日부 1획 ⑤

| ｜ 冂 月 日 旦 |

(英) morning　　　(日) タン

旦暮(단모) : 아침과 저녁.
旦夕(단석) : ① 아침과 저녁.
　　　　　　② 위급한 시기나 절박한 상태.
元旦(원단) : 설날 아침.

旦明　一旦　震旦

열흘 순
日부 2획 ⑥

| ノ 勹 勹 旬 旬 旬 |

1	2	3	4	5
甲	乙	丙	丁	戊
6	7	8	9	10
己	庚	辛	壬	癸

(英) ten days　　　(日) ジュン

旬年(순년) : 십년.
七旬(칠순) : 나이 70세.
下旬(하순) : 21일부터 말일까지의 동안.
旬刊誌(순간지) : 열흘마다 간행하는 잡지.

旬刊　旬報　上旬　旬望間　五旬節

이를 조
日부 2획 ⑥

| ｜ 冂 月 日 旦 早 |

(英) early　　　(日) ソウ(はやい)

早熟(조숙) : ① 일찍 익음. ② 일찍 성숙함.
早退(조퇴) : 정각 이전에 물러감.
早晩間(조만간) : ① 이르든지 늦든지 필경은.
　　　　　　　② 앞으로 멀지 않아.

早期　早稻　早老　早産　早春　早婚

가물 한
日부 3획 ⑦

| 冂 冃 日 旦 早 旱 |

(英) drought　　　(日) カン(ひでり)

旱稻(한도) : 밭에 심는 벼.
旱災(한재) : 가뭄으로 생기는 재앙.
旱天(한천) : 여름 가물 때의 하늘.
旱害(한해) : 가뭄으로 입은 피해.

旱乾　旱氣　旱路　旱雷　旱騷　旱田

밝을 명
日부 4획 ⑧

| 冂 日 旫 明 明 明 |

(英) bright　　　(日) メイ、ミョウ(あかるい)

明見(명견) : 밝은 의견.
明年(명년) : 내년.
明確(명확) : 똑똑하고 확실함.
失明(실명) : 눈이 멀음.

明卵　明晳　明暗　說明　賢明　表明

日

昔

예 **석**
日부 4획 ⑧
一 十 卅 井 昔 昔

(英) ancient　　　(日) セキ(むかし)

昔歲(석세) : 작년.
宿昔(숙석) : 멀지 않은 옛날.
今昔之感(금석지감) : 지금과 옛적과의 변화가 너
　　　　　　무 심한 것을 보고 일어나는 느낌.

昔年 昔日 昔時 昔者

昇

오를 **승**
日부 4획 ⑧
⺊ 曰 戸 尸 尽 昇

(英) rise　　　(日) ショウ(のぼる)

昇格(승격) : 어느 표준까지 격이 오름.
昇進(승진) : 지위가 오름.
昇天(승천) : 하늘로 올라감.
上昇(상승) : 위로 올라감.

昇級 昇給 昇段 昇華 昇降機

易

바꿀 **역**, 쉬울 **이**
日부 4획 ⑧
冂 日 日 月 易 易

(英) exchange　　(日) エキ, イ(かわる, やさしい)

交易(교역) : 서로 물건을 사고 팔고 하여 바꿈.
貿易(무역) : 외국과의 상품의 유통 매매에 관한
　　　　　경제적 활동.
簡易(간이) : 간단하고 쉬움. 용이(容易)

易書 易經 易學 周易 易地思之

昌

창성 **창**
日부 4획 ⑧
冂 日 日 旦 昌 昌

(英) prosperous　　(日) ショウ(さかん)

昌盛(창성) : 번성하고 잘 되어 감.
昌平(창평) : 나라가 평화함.
繁昌(번창) : 번화하고 창성함.
隆昌(융창) : 기운차고 성하게 일어남.

昌原 昌言 昌運 碧昌牛

昏

어두울 **혼**
日부 4획 ⑧
⺁ ⺁ 氏 昏 昏 昏

(英) dark　　　(日) コン(くらい)

昏君(혼군) : 사리에 어두운 임금.
昏迷(혼미) : 사리에 어둡고 흐리멍텅함.
昏睡(혼수) : 정신없이 잠듦.
黃昏(황혼) : 해가 지고 어둑어둑한 때.

昏季 昏暮 昏夜 昏絶 昏定晨省

星

별 **성**
日부 5획 ⑨
冂 日 旦 厓 星 星

(英) star　　　(日) セイ, ショ(ほし)

星霜(성상) : 일년 동안의 세월.
星宿(성수) : 모든 성좌(星座)의 별들.
星座(성좌) : 별자리.
彗星(혜성) : 갑자기 나타나 두각을 나타냄을 비유.

星群 星雲 流星 將星 行星 惑星

昭

밝을 **소**
日부 5획 ⑨
冂 日 日 昭 昭 昭

(英) brightness　　(日) ショウ(あきらか)

昭明(소명) : 분별이 밝고 똑똑함.
昭詳(소상) : 분명하고 자상함.
昭應(소응) : 감응이 뚜렷이 나타남.
昭著(소저) : 뚜렷하게 나타냄.

昭代 昭朗 昭雪 昭示 昭和

是

이 **시**
日부 5획 ⑨
冂 日 旦 무 무 是

(英) this　　　(日) セ(これ、この)

是非(시비) : 옳음과 그름.
是認(시인) : 옳다고 인정함.
是正(시정) : 잘못된 것을 바로 잡음.
國是(국시) : 나라의 올바른 근본 방침.

校是 本是 社是 亦是 必是 或是

日

映 비칠 영

日부 5획 ⑨

`丨 日 𠊯 𠊯 映 映`

(英) reflect　　　　(日) エイ(うつる)

映像(영상) : 광선의 굴곡 혹은 반사를 따라 물상
　　　　　 이 나타나는 것.
反映(반영) : ① 반사하여 되비침.
　　　　　 ② 어떤 영향이 다른 것에 미쳐 나타남.

放映 上映 終映 映寫機 映畫俳優

昨 어제 작

日부 5획 ⑨

`丨 日 日′ 𠀋 昨 昨`

(英) yesterday　　　　(日) サク(きのう)

昨今(작금) : 어제 오늘.
昨年(작년) : 지난 해.
昨夜(작야) : 어젯밤.
昨日(작일) : 어제.

昨晩 昨夢 再昨年 昨醉未醒

春 봄 춘

日부 5획 ⑨

`三 声 夫 春 春 春`

(英) spring　　　　(日) ショウ(はる)

春風(춘풍) : 봄바람.
晩春(만춘) : 늦은 봄.
靑春(청춘) : 젊은 나이.
春府丈(춘부장) : 남의 아버지의 높임말.

春季 春困 春秋 賣春 立春大吉

時 때 시

日부 6획 ⑩

`日 日′ 𠀋 𠀋 時 時`

(英) time　　　　(日) シ(とき)

時國(시국) : 당연한 국내 및 국제적 정세. 현재
　　　　　 의 세상형편.
時代(시대) : 역사적 구분의 하나.
時時刻刻(시시각각) : 자꾸자꾸 시간이 가는 대로.

時價 時間 時計 時急 時節 時效

晚 늦을 만

日부 7획 ⑪

`丨 日 日′ 𠀋 晩 晩`

(英) late　　　　(日) バン(おそい)

晩覺(만각) : 늙어서 깨달음.
晩年(만년) : 늙은 나이.
晩學(만학) : 나이가 많아서 공부를 시작함.
早晩(조만) : 이름과 늦음.

晩鐘 晩秋 晩婚 大器晩成

晨 새벽 신

日부 7획 ⑪

`日 尸 尸 辰 晨 晨`

(英) daybreak　　　　(日) シン(あした)

晨明(신명) : 새벽.
晨夕(신석) : 아침과 저녁.
晨省(신성) : 아침 일찍 일어나 부모의 침소에 가
　　　　　 서 밤 사이의 안부를 살핌. ↔ 昏定(혼정).

晨星 晨夜 晨昏 昏定晨省

晝 낮 주

日부 7획 ⑪

`→ ⇒ 晝 晝 晝 晝`

(英) daytime　　　　(日) チュウ(ひる)

晝間(주간) : 낮 동안.
白晝(백주) : 밝은 대낮.
晝耕夜讀(주경야독) : 낮에는 밭 갈고 밤에는 독
　　　　　 서함. 즉 바쁜 틈을 타서 어렵게 공부함.

晝宵 晝食 晝夜長川 不撤晝夜

景 별 경

日부 8획 ⑫

`日 旦 롣 롲 景 景`

(英) sunshine　　　　(日) ケイ(かげ)

景福(경복) : 커다란 행복.
景致(경치) : 자연의 아름다운 모습.
光景(광경) : 형편과 모양.
風景(풍경) : 경치.

景觀 景品 景況 背景 夜景 珍景

日

普

넓을 **보**
日부 8획 ⑫
丷 业 並 普 普 普

(英) universal　　　(日) フ(あまねし)

普及(보급) : 널리 퍼뜨려 실행되게 함.
普通(보통) : 예사로움.
普遍(보편) : 두루미침. 널리퍼짐.
弘普(홍보) : 크고 너름.

普選 普施 普遍妥當

智

지혜 **지**, 슬기 **지**
日부 8획 ⑫
夕 矢 知 知 智 智

(英) wisdom　　　(日) チ

知能(지능) : 지혜와 능력.
智謀(지모) : 슬기 있는 꾀.
奸智(간지) : 간사한 지혜.
機智(기지) : 재치 있게 변통하는 슬기.

智略 奇智 智慧 銳智 叡智 衆智

晴

개일 **청**
日부 8획 ⑫
日 旷 晴 晴 晴 晴

(英) clear up　　　(日) セイ

晴曇(청담) : 날씨의 개임과 흐림.
晴雨(청우) : 개임과 비옴.
晴天(청천) : 개인 하늘. 좋은 날씨.
快晴(쾌청) : 하늘이 시원스럽게 개임.

晴天霹靂 晴天白日

暇

틈 **가**, 겨를 **가**
日부 9획 ⑬
日 旷 旷 晬 暇 暇

(英) leisure　　　(日) カ(ひま)

餘暇(여가) : 일을 하다가 쉬게 되는 틈. 겨를.
閑暇(한가) : 별로 할 일이 없이 시간적인 여유를
　　　　　　 가짐.
休暇(휴가) : 일정한 기간을 쉬는 겨를.

暇日 病暇 餘暇善用 年次休暇

暖

따뜻할 **난**
日부 9획 ⑬
日 旷 旷 晬 暖 暖

(英) warm　　　(日) ダン(あたたかい)

暖流(난류) : 적도의 부근에서 고위도의 방향으로
　　　　　　 흐르는 해류. ↔ 寒流(한류)
暖房(난방) : 방을 덥게 함. 또는 따뜻한 방.
寒暖(한난) : 찬 기운과 따뜻한 기운.

暖帶 暖冬 暖室 溫暖化 寒暖計

暑

더울 **서**
日부 9획 ⑬
旦 早 昇 暑 暑 暑

(英) hot　　　(日) ジョ(あつい)

暴暑(폭서) : 몹시 심한 더위.
避暑(피서) : 더위를 피함.
寒暑(한서) : 추위와 더위.
酷暑(혹서) : 몹시 심한 더위.

暑氣 暑熱 暑炎 大暑 小暑 處暑

暗

어두울 **암**
日부 9획 ⑬
日 旷 旷 暗 暗 暗

(英) dark　　　(日) アン(くらい)

明暗(명암) : 밝음과 어둠.
暗誦(암송) : 책을 보지 않고 글을 욈.
暗行(암행) : 남 모르게 다님.
暗黑期(암흑기) : 어둡고 캄캄한 시기.

暗記 暗澹 暗算 暗示 暗躍 暗礁

暢

화창할 **창**
日부 10획 ⑭
申 申 申 申 暢 暢

(英) mild　　　(日) チョウ(のびる)

暢達(창달) : 막힘 없이 통함.
暢快(창쾌) : 마음이 썩 시원함.
流暢(유창) : 흐르는 듯이 말을 잘 함.
和暢(화창) : 날씨가 온화하고 맑음.

暢敍 暢月 暢適

저물 **모**
日부 11획 ⑮
艹 芒 苔 莫 莫 暮 暮

(英) sunset　　　　　(日) ボ(くれる)

暮景(모경) : 저녁 때의 경치.
暮秋(모추) : 늦가을.
歲暮(세모) : 한 해의 마지막 때.
朝令暮改(조령모개) : 아침 일을 저녁에 고침.

暮景　暮冬　朝三暮四

사나울 **폭**, 모질 **포**
日부 11획 ⑮
罒 星 显 杲 泉 暴 暴

(英) violent　　　　(日) ボウ, バク(あばれる, あばく)

暴徒(폭도) : 폭동을 일으키는 무리.
暴露(폭로) : 나쁜 일 등이 드러남.
暴行(폭행) : 난폭(亂暴)한 행동.
橫暴(횡포) : 몹시 포악(暴惡)함.

暴君　暴騰　暴落　暴發　暴炎　暴飮

새벽 **효**
日부 12획 ⑯
日 旷 胪 胪 睆 曉

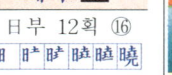

(英) dawn　　　　　(日) フ

曉達(효달) : 깨달아 통달함. 通曉(통효)
曉頭(효두) : 꼭두새벽.
曉星(효성) : 샛별.
曉鐘(효종) : 새벽 종소리.

曉光　曉起　曉氣　曉旦　曉習　曉風

잠깐 **잠**
日부 11획 ⑮
亘 車 斬 斬 暫 暫

(英) moment　　　　(日) サイ(しばらく)

暫間(잠간) : 매우 짧은 동안.
暫逢(잠봉) : 잠시 동안 만남.
暫時(잠시) : 조금 동안.
暫定(잠정) : 임시로 정함.

暫定措置

책력 **력**
日부 12획 ⑯
厂 厈 厇 厤 曆 曆

(英) calendar　　　　(日) レキ(こよみ)

曆法(역법) : 책력에 관한 법칙.
曆學(역학) : 책력에 관한 학문.
陽曆(양력) : 태양력(太陽曆)의 준말.
月曆(월력) : 달력.

西曆　陰曆　日曆　册曆　萬歲曆

 착각하지 맙시다.

가끔 犬부수에 속한 글자 중에는 다른 사람을 **경멸**하는 뜻으로 **쓰이기**도 하니 사용에 주의하여야 한다.

胥(서로 서)자는 月부수에 속하는 글자이며, 蛋(새알 단)자는 虫부수에 속하는 글자이며, 楚(모형 초)자는 木부수에 속하는 글자입니다.

부 수 4 획	부 수 명 칭	상형 연상과정 (3)	상형 연상과정 (2)	상형 연상과정 (1)
日	가로 왈	닙	닙	

字 源

말할 때 입(口)에서 입김(一)이 나가는 모양을 뜻하여 된 자, 또는 입 (口)에서 혀(一)가 움직이는 모양을 본뜬 자.

日

가로 **왈**
日부 0획 ④
丨 冂 冃 日

(英) speak　　(日) オツ(いわく)

曰若(왈약) : 말을 시작할 때의 조사.
曰牌(왈패) : 언행이 수선스러운 사람.
曰可曰否(왈가왈부) : 어떤 일에 좋거니 좋지 않거
　　　　　　　　니 말함.

曰字　孔子曰　孟子曰

曲

굽을 **곡**
日부 2획 ⑥
丨 冂 冉 曲 曲 曲

(英) bent　　(日) キョク(まげる)

曲線(곡선) : 구부러진 선.
曲折(곡절) : 복잡한 사연이나 내용.
屈曲(굴곡) : 위 아래, 좌우로 꺾이고 굽음.
樂曲(악곡) : 음악의 곡조.

懇曲　歪曲　編曲　狂詩曲　協奏曲

更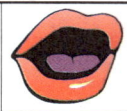

고칠 **경**, 다시 **갱**
日부 3획 ⑦
一 冂 冃 百 更 更

(英) change　　(日) コウ(あらためる)

更正(경정) : 바르게 고침.
更生(갱생) : 죽을 지경에서 다시 살아남.
更新(갱신) : 다시 새로워 짐.
變更(변경) : 바꾸어 고침.

更迭　三更　甲午更張　追更豫算

書

글 **서**
日부 6획 ⑩
一 中 聿 書 書 書

(英) writing　　(日) ショ(かく)

書簡(서간) : 편지.
書堂(서당) : 글방.
書類(서류) : 글자로 기록한 문서.
書籍(서적) : 책. 서책.

書庫　書記　書頭　書院　覺書　親書

曾

일찍이 **증**
日부 8획 ⑫
八 兴 曾 曾 曾 曾

(英) once　　(日) ソウ(かつて)

曾經(증경) : 이전에 겪음.
曾思(증사) : 깊이 생각함.
曾孫(증손) : 아들의 손자.
未曾有(미증유) : 일찍이 없었음.

曾子　曾祖父

替

바꿀 **체**
日부 8획 ⑫
二 夫 扶 替 替 替

(英) change　　(日) だい(かえる)

替換(체환) : 갈아 바꿈.
交替(교체) : 교대(交代).
代替(대체) : 다른 것으로 바꿈.
隆替(융체) : 성(盛)함과 쇠(衰)함.

改替　對替　移替　立替　替費地

日 最

가장 최

日부 8획 ⑫

曰 旦 昗 昗 昗 最

(英) most (日) サイ(もっとも)

最高(최고) : 가장 높음.
最上(최상) : 맨 위.
最善(최선) : 가장 좋음. 가장 착함. ↔ 最惡(최악)
最新(최신) : 가장 새로운 최근에 된 것.

最强 最近 最多 最低 最適 最終

會

모일 회

日부 9획 ⑬

亼 仒 侖 侖 會 會

(英) meet (日) カイ(あう)

會見(회견) : 서로 만나봄.
會計(회계) : 금전이나 물품 등의 출납을 계산함.
會議(회의) : 여럿이 모여 의논함.
會合(회합) : 모임.

會談 會同 會話 敎會 機會 社會

月

부 수 4 획	부 수 명 칭	상형 연상과정 (3)	상형 연상과정 (2)	상형 연상과정 (1)
月	달 월			

字源

초승'달'의 모양을 본뜬 자.

月

달 월

月부 0획 ④

丿 刀 月 月

(英) moon (日) ゲツ, ガツ(つき)

月刊(월간) : 매달 한 차례씩 인쇄물을 발행함.
　　　　　 또는 그 간행물.
月光(월광) : 달빛.
月給(월급) : 다달이 받는 급료.

月間 月建 月經 月計 月內 月曆

有

있을 유

月부 2획 ⑥

丿 ナ 冇 冇 冇 有

(英) exist (日) コウ(ある)

有利(유리) : 이로움이 있음.
有名(유명) : 이름남.
有識(유식) : 학식이 있음.
特有(특유) : 그것만이 특히 가지고 있음.

有價 有感 有故 有功 有關 有給

服

옷 복

月부 4획 ⑧

丿 月 月 刖 刖 服 服

(英) clothes (日) フク

服務(복무) : 맡은 일을 봄.
服色(복색) : 옷의 빛깔.
服用(복용) : 약을 먹음.
服裝(복장) : 옷차림.

服飾 服役 服人 服從 服中 服地

朋

벗 붕

月부 4획 ⑧

丿 刀 刖 刖 朋 朋

(英) friend (日) ホウ(とも)

朋黨(붕당) : 끼리끼리 모인 패.
朋友(붕우) : 친구.
朋友有信(붕우유신) : 친구 사이에는 믿음이 있어
　　　　　　　　　 야 함. 오륜(五倫)의 하나.

朋徒 朋輩 朋比 朋知

月

朔

| 초하루 **삭** |
| 月부 6획 ⑩ |
| 亠 半 半 朔 朔 朔 |

(英) the first　　　(日) サク(ついたち)

朔望(삭망) : 초하루와 보름.

朔方(삭방) : 북쪽.

朔風(삭풍) : 북풍.

朔月貰(삭월세) : 집세로 다달이 내는 돈.

朔漠　朔易　朔祭　滿朔　八朔童

朗

| 밝을 **랑** |
| 月부 7획 ⑪ |
| 丶 亠 良 良 朗 朗 |

(英) bright　　　(日) ロウ(ほがらか)

朗讀(낭독) : 소리내어 읽음.

朗報(낭보) : 즐거운 소식.

朗誦(낭송) : 소리를 높여 글을 욈.

晴朗(청랑) : 맑고 명랑함.

朗朗　朗吟　明朗

望

| 바랄 **망** |
| 月부 7획 ⑪ |
| 亠 亡 亡 切 望 望 |

(英) hope　　　(日) ボウ(のぞむ)

望月(망월) : 보름달.

望鄕(망향) : 고향을 그리워하며 바라봄.

待望(대망) : 기다리고 바람.

希望(희망) : 앞일에 대하여 기대를 가지고 바람.

望樓　可望　渴望　觀望　落望

期

| 기약할 **기** |
| 月부 8획 ⑫ |
| 卄 甘 其 其 期 期 期 |

(英) expect　　　(日) キ, ゴ

期間(기간) : 어떤 정해진 시기에서 다른 정해진 시기에 이르는 동안. 기한의 사이.

期待(기대) : 믿고 기다림.

期約(기약) : 때를 정하고 약속함.

期末　期日　期必　乾期　納期

朝

| 아침 **조** |
| 月부 8획 ⑫ |
| 古 吉 吉 朝 朝 朝 |

(英) morning　　　(日) チョウ(あさ)

朝刊(조간) : 아침에 발행하는 신문.

朝夕(조석) : 아침저녁.

朝廷(조정) : 나라의 정치를 의논 집행하던 곳.

入朝(입조) : 조정에 들어감.

朝貢　朝禮　朝飯　朝服　朝鮮　朝會

 착각하지 맙시다.

芽(싹 아)자는 艹(艸)부수에 속하는 글자이며, 雅(떼까마귀 아)자는 隹부수에 속하는 글자이며, 鴉(갈까마귀 아)자는 鳥부수에 속하는 글자이며, 訝(맞을 아)자는 言부수에 속하는 글자이며, 邪(간사할 사)자는 阝(邑)부수에 속하는 글자입니다.

片자는 뉘자와 같이 획수에 주의해야 할부수자로 5획처럼보이나 4획의 부수자이다.

木

부 수 4 획	부 수 명 칭	상형 연상과정 (3)	상형 연상과정 (2)	상형 연상과정 (1)
木	나무 목			

字 源

이쪽 저쪽으로 땅에 뿌리를 내리고(八) 위로 가지를 뻗으면서 자라나는 (十←屮=싹날 철) '나무' 모양을 본뜬 자.

木
나무 목
木부 0획 ④
一 十 才 木

(英) tree　　　(日) ボク(き)

木工(목공) : 목수.
木石(목석) : 나무와 돌. 감정이 둔한 사람.
樹木(수목) : 살아 있는 나무.
植木(식목) : 나무를 심음.

木手 木橋 木星 木材 木造 木版

末
끝말 말
木부 1획 ⑤
一 二 丰 末 末

(英) end　　　(日) マツ(すえ)

末端(말단) : 맨 끄트머리.
末席(말석) : 맨 끝자리.
粉末(분말) : 가루.
終末(종말) : 맨 나중의 끝.

末技 末尾 末運 末職 結末 初末

未
아닐 미
木부 1획 ⑤
一 二 丰 才 未

(英) not　　　(日) ミ(いまだ)

未來(미래) : 아직 오지 않은 때.
未定(미정) : 아직 결정하지 못함.
未盡(미진) : 아직 다하지 못함.
未洽(미흡) : 넉넉하지 못함.

未開 未決 未收 未時 未曾 未婚

本
근본 본
木부 1획 ⑤
一 十 才 木 本
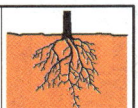
(英) origin　　　(日) ホン(もと)

本分(본분) : 사람마다 갖추고 있는 분수.
本色(본색) : 본바탕.
本性(본성) : 본디의 성질.
製本(제본) : 책을 매어서 꾸미는 일.

本格 本貫 本能 本末 本業 本意

朴
성 박, 질박할 박
木부 2획 ⑥
一 十 才 木 朴 朴

(英) simple　　　(日) ボリ(ほお)

朴刀(박도) : 칼집이 없는 칼.
素朴(소박) : 꾸밈없이 생긴 그대로임.
淳朴(순박) : 꾸밈이 없고 소박함.
質朴(질박) : 꾸민 데가 없이 수수함.

朴訥 朴硝 朴忠

朱
붉을 주
木부 2획 ⑥
丿 一 二 牛 牛 朱

(英) red　　　(日) シュ(あか)

朱丹(주단) : 곱고도 붉은 빛깔.
朱門(주문) : 붉은 칠을 한 문.
朱紅(주홍) : 홍색과 주홍색의 중간 빛.
印朱(인주) : 도장 찍는 재료.

朱記 朱木 朱砂 朱書 朱錫

李 — 오얏 리, 성 리

木부 3획 ⑦
一十十才才李李
(英) plum　　　(日) リ(すもも)

桃李(도리) : 복숭아와 자두. 또는 그 꽃.
李下不整冠(이하부정관) : 오얏나무 아래서 갓을고쳐 쓰지 아니 한다는 뜻으로 오해 살 일을 하지 말라는 뜻.

李唐 李杜 李花 行李 李太白

束 — 묶을 속

木부 3획 ⑦
一一一一一車束束
(英) bind　　　(日) ソク(たば)

結束(결속) : 한 덩어리가 되게 묶음.
約束(약속) : 장래 일을 언약하여 정함.
束手無策(속수무책) : 손을 묶은 듯이 어찌할 방책이 없다는 뜻.

束縛 檢束 拘束 團束 不拘束

材 — 재목 재

木부 3획 ⑦
一十才才材材材
(英) timber　　　(日) ザイ

材料(재료) : 물건을 만드는 감.
材木(재목) : 건축하는데 재료가 되는 나무.
人材(인재) : 학식과 능력이 뛰어난 사람.
資材(자재) : 어떤 물건을 만드는 근본 되는 재료.

材質 敎材 木材 石材 詩材 惡材

村 — 마을 촌

木부 3획 ⑦
一十才才村村村
(英) village　　　(日) ソン(むら)

村落(촌락) : 시골의 마을.
村婦(촌부) : 시골 아낙네.
江村(강촌) : 강가의 마을.
農村(농촌) : 농민이 사는 마을.

村老 村長 村氣 江村 富村 山村

果 — 실과 과

木부 4획 ⑧
口日旦早果果
(英) fruit　　　(日) カ(はて)

果敢(과감) : 과단성 있고 용감함.
果報(과보) : 인과응보의 준말.
果然(과연) : 알고 보니 정말로.
果汁(과즙) : 과실을 짜서 얻는 즙.

果糖 果樹 果實 結果 沙果 效果

東 — 동녘 동

木부 4획 ⑧
一一一車東東
(英) east　　　(日) トウ(ひがし)

東方(동방) : 동쪽.
東問西答(동문서답) : 물음에 대하여 전혀 당치도 않은 엉뚱한 대답을 하는 것을 이르는 말.

東京 東國 東洋 近東 中東 海東

林 — 수풀 림

木부 4획 ⑧
一十才才材林
(英) forest　　　(日) リン(はやし)

林立(임립) : 숲처럼 쭉 늘어섬.
林野(임야) : 나무가 무성한 들.
林業(임업) : 산림을 경영하는 사업.
山林(산림) : 산과 숲.

林林 林衣 林泉 茂林 造林

杯 — 잔 배

木부 4획 ⑧
一十才才杯杯杯
(英) cup　　　(日) ハイ(さかずき)

乾杯(건배) : 잔을 비움.
一杯(일배) : 한 잔.
祝杯(축배) : 축하의 뜻을 나타내기 위하여 마시는 술.

杯盤 杯池 苦杯 後來者三杯

木

析 | 쪼갤 석
木부 4획 ⑧
一 十 オ オ 扩 析 析

(英) split (日) セキ (さく)

析薪(석신) : 장작을 쪼갬.
分析(분석) : 개념(概念)을 그 속성(屬性)으로 분
　　　　　해함.
解析(해석) : 사물을 상세히 풀어서 연구함.

析出

松 | 소나무 송
木부 4획 ⑧
一 十 オ 札 松 松

(英) pine-tree (日) ショウ (まつ)

松林(송림) : 소나무 숲.
松柏(송백) : 소나무와 잣나무.
松板(송판) : 소나무로 켠 널빤지.
靑松(청송) : 푸른 솔.

松津 松花 老松 美松 白松 落落長松

枝 | 가지 지
木부 4획 ⑧
一 十 オ 杧 杖 枝

(英) branch (日) シ (えた)

枝莖(지경) : 나뭇가지와 줄기.
幹枝(간지) : 나무의 줄기와 가지.
枝葉的(지엽적) : 중요한 본질적인 것이 아닌 부차
　　　　　　적인 것.

枝幹 枝附 枝葉 枝肉 剪枝 接枝

枕 | 베개 침
木부 4획 ⑧
一 十 オ 朴 枕 枕

(英) pillow (日) チン (まくら)

枕骨(침골) : 두개골의 뒤쪽 아랫부분을 이룬 뼈.
枕木(침목) : 물건 밑을 괴는 나무.
枕屛(침병) : 머릿 병풍.
枕上(침상) : 베갯머리.

枕頭 枕障 起枕 木枕

板 | 널 판
木부 4획 ⑧
一 十 オ 木 朾 板 板

(英) board (日) バン, ハン

板木(판목) : 인쇄하기 위하여 글자나 그림을 새긴
　　　　　나무 조각.
板子(판자) : 널빤지.
黑板(흑판) : 칠판.

板刻 板本 板紙 甲板 漆板 合板

架 | 시렁 가
木부 5획 ⑨
カ 加 加 枷 架 架

(英) shelf (日) カ (たな)

架空(가공) : 근거가 없음. 사실이 아님.
架橋(가교) : 다리를 놓음.
架設(가설) : 건너질러 설치하는 일.
書架(서가) : 책을 꽂거나 얹어 두는 선반.

架上 架子 架槽 架架 架屋 十字架

枯 | 마를 고
木부 5획 ⑨
一 十 オ 木 枯 枯 枯

(英) wither (日) コ (かれる)

枯渴(고갈) : 물이 바짝 마름.
枯葉(고엽) : 마른 잎.
枯卉(고훼) : 말라죽은 나무.
榮枯(영고) : 번영과 쇠망.

枯淡 枯木 枯死 枯城 枯腸 枯旱

柳 | 버들 류
木부 5획 ⑨
一 十 オ 柯 栁 栁 柳

(英) willow (日) リュウ (やなぎ)

柳眉(유미) : 버들잎 같은 눈썹. 곧 미인의 눈썹.
細柳(세류) : 가지가 가늘고 긴 버들.
楊柳(양류) : 버드나무.
花柳界(화류계) : 노는 계집들의 사회.

柳車 柳器 柳色 柳眼 柳枝

木

某 아무 모

木부 5획 ⑨
艹 艹 廿 벌 벜 某
(英) certain　　　　(日) ボウ(それがし)

某校(모교) : 어떤 학교. 또는 아무학교
某種(모종) : 어떤 종류.
某處(모처) : 어떠한 곳.
誰某(수모) : 아무개.

某國 某某 某氏 某月 某紙 某側

査 조사할 사

木부 5획 ⑨
十 ナ 木 杏 杳 査
(英) inspect　　　　(日) サ(しらべる)

査定(사정) : 조사하여 결정함.
査察(사찰) : ①조사하여 살핌. ②주로 사상적 동
　　　　　 태를 살펴 조사, 처리하던 경찰의 한 직무.
內査(내사) : 비밀히 조사함.

査問 査證 實査 調査

染 물들 염

木부 5획 ⑨
氵 氵 沈 染 染 染
(英) dye　　　　(日) セン(そめる)

染料(염료) : 물감. 염색에 쓰이는 재료.
染病(염병) : ①전염병. ②장티푸스의 속된 말.
染色(염색) : 물을 들임.
感染(감염) : 병 따위가 다른 데에 옮음.

染絲 染俗 染汚 染指 染草 染筆

柔 부드러울 유

木부 5획 ⑨
マ 予 予 矛 柔 柔
(英) soft　　　　(日) ジュウ(やわらかい)

柔順(유순) : 성질이 부드럽고 온순함.
柔弱(유약) : 부드럽고 약함.
柔和(유화) : 부드럽고 화평함.
溫柔(온유) : 온화하고 유순함.

柔道 柔良 柔軟 剛柔 懷柔

柱 기둥 주

木부 5획 ⑨
十 才 木 杧 杜 柱
(英) pillar　　　　(日) チュウ(はしら)

柱幹(주간) : 기둥과 줄기.
柱石(주석) : 기둥과 주춧돌.
電柱(전주) : 전봇대.
支柱(지주) : 무엇을 버티는 기둥.

柱國 柱根 柱質 石柱

格 격식 격

木부 6획 ⑩
十 才 杧 杦 格 格
(英) form　　　　(日) カク

格鬪(격투) : 서로 맞붙어 싸움.
格言(격언) : 교훈적인 짧은 말 토막.
價格(가격) : 값. 재물교환의 화폐적 표현.
品格(품격) : 사람의 됨됨이.

格式 格調 格上 格下 合格

桂 계수나무 계

木부 6획 ⑩
十 才 朴 杜 桂 桂
(英) laurel　　　　(日) ケイ(かつら)

桂皮(계피) : 계수나무 껍질 (한약재의 일종).
月桂冠(월계관) : 우승의 영예.
桂冠詩人(계관시인) : 영국 왕실의 특별한 우대를
　　　　　　　　　받던 시인.

桂冠 桂輪 桂林 桂樹 桂月 桂秋

校 학교 교

木부 6획 ⑩
十 才 杧 杧 杦 校
(英) school　　　　(日) コウ

校服(교복) : 학교의 제복.
校則(교칙) : 학교의 규칙.
復校(복교) : 정·휴학했다가 다시 등교함.
初校(초교) : 인쇄물의 첫 교정.

校歌 校名 校友 校訓 登校 母校

뿌리 근

木부 6획 ⑩

十 才 村 村 村 根 根

(英) root　　　(日) コン(ね)

根據(근거) : 사물의 근본 되는 토대.
根本(근본) : 사물의 본바탕.
根源(근원) : 사물이 생겨나는 본바탕.
草根(초근) : 풀의 뿌리.

根幹 根性 根絶 根治 男根 女根

복숭아 도

木부 6획 ⑩

十 才 札 杪 桃 桃

(英) peach　　　(日) トウ(もも)

桃色(도색) : 남녀 사이의 얽힌 색정적인 일.
桃源(도원) : 선경, 별천지의 비유. 무릉도원.
桃花(도화) : 복숭아 꽃.
紅桃(홍도) : 붉은 잎의 복숭아나무.

桃李 桃夭 桃蟲 仙桃 桃花酒

오동 동

木부 6획 ⑩

十 才 机 相 桐 桐

(英) paulownia　　　(日) ドウ(きり)

桐油(동유) : 유동의 씨에서 짠 건성 기름.
桐梓(동재) : 오동나무와 가래나무. 곧 좋은 재목.
梧桐(오동) : 오동나무.
絃桐(현동) : 거문고.

桐孫 桐月 桐油紙 碧梧桐

밤 률

木부 6획 ⑩

一 币 而 西 栗 栗 栗

(英) chestnut　　　(日) リツ(くり)

栗木(율목) : 밤나무.
生栗(생률) : 날 밤.
黃栗(황률) : 말려서 껍데기와 보늬를 벗긴 밤.
　　　　　　황밤.

栗殼 栗房 栗烈 栗刺

측백 백

木부 5획 ⑨

才 才 オ 栌 柏 柏

(英) cypress　　　(日) ハク(かしわ)

柏葉(백엽) : 잣나무 잎.
冬柏(동백) : 동백꽃. 또는 그 열매.
松柏(송백) : 소나무와 잣나무. '절개가 굳음'을 비
　　　　　　유하는 말.

柏車 柏臺 柏子 柏酒 柏葉壽

뽕나무 상

木부 6획 ⑩

ヌ ヌ 쬬 桑 桑 桑

(英) mulberry-tree　　　(日) ソウ(くわ)

桑田(상전) : 뽕나무밭.
農桑(농상) : 농사일과 누에치는 일.
桑田碧海(상전벽해) : 뽕나무밭이 변하여 푸른 바
　다가 되듯이 세상일들이 덧없이 변함을 비유.

桑稼 桑麻 桑門 桑楡 桑柘 桑戶

책상 안

木부 6획 ⑩

宀 安 安 安 案 案

(英) desk　　　(日) アン(つくえ)

案件(안건) : 문서에 적은 사건이나 계획.
案內(안내) : 인도하여 일러줌.
考案(고안) : 안(案)을 생각하고 연구하여 냄.
起案(기안) : 문안(文案)을 기초함.

案席 檢案 文案 方案 法案

심을 재

木부 6획 ⑩

十 丰 未 栽 栽 栽

(英) plant　　　(日) サイ(うえる)

栽培(재배) : 초목을 심고 북돋아 기르는 일.
栽植(재식) : 초목이나 농작물을 심음.
盆栽(분재) : 화초 등을 화분에 심어 가꿈.

栽植農業

木

株 그루 주
木부 6획 ⑩
亻 亻 朴 朴 杵 株
(英) root (日) シュ(かぶ)

株券(주권) : 주식의 증권.
株式(주식) : 주주권(株主權)을 표시하는 유가 증권.
株主(주주) : 주권을 가지고 있는 사람.

株價 株金 株連 株守 新株 人氣株

核 씨 핵
木부 6획 ⑩
亻 亻 朴 朽 柊 核
(英) seed (日) カク(さね)

核心(핵심) : 사물의 중심 되는 부분.
結核(결핵) : 결핵균으로 생긴 멍울.
核武器(핵무기) : 핵에너지를 이용한 여러 무기.
原子核(원자핵) : 원자 구조의 중심체.

核分裂 核燃料 核彈頭

械 기계 계
木부 7획 ⑪
亻 杧 杭 桧 械 械
(英) machine (日) カイ(かせ)

械器(계기) : 그릇. 연장.
機械(기계) : 원동력을 이용한 생산 장치.
器械體操(기계체조) : 철봉·평행봉·목마·뜀틀 등의 기구를 사용하는 체조.

械梧 械筏 器械 農機械

梁 들보 량, 돌다리 량
木부 7획 ⑪
氵 氿 洌 浐 梁 梁
(英) beam (日) リョウ

梁材(양재) : 들보가 될 수 있는 큰 재목.
橋梁(교량) : 다리.
梁上君子(양상군자) : 도둑. 후한(後漢)의 진식(陳寔)이 들보 위에 숨어 있는 도둑을 가리켜 말함.

梁桷 梁棟 梁麗 梁木 梁父吟

梨 배나무 리
木부 7획 ⑪
千 千 利 利 梨 梨
(英) pear (日) リ(なし)

梨花(이화) : 배꽃.
烏飛梨落(오비이락) : 까마귀 날자 배 떨어진다는 뜻으로 우연한 일치로 남의 의심을 받게 됨을 이르는 말.

梨雪 梨園 梨棗 梨硼膏

梅 매화 매
木부 7획 ⑪
亻 亻 杧 栴 梅 梅
(英) plum (日) バイ(うめ)

梅毒(매독) : 성병(性病)의 한 가지.
梅實(매실) : 매화(梅花)나무의 열매.
梅香(매향) : 매화꽃의 향기.
雪中梅(설중매) : 눈 속에 핀 매화.

梅信 梅雨 梅花 烏梅 紅梅 松竹梅

梧 오동 오
木부 7획 ⑪
亻 杧 杤 柜 梧 梧
(英) paulownia (日) ゴ(あおぎり)

梧桐(오동) : 오동나무.
梧葉(오엽) : 오동나무 잎.
梧月(오월) : 음력 칠월.
碧梧桐(벽오동) : 푸른 오동나무.

梧櫃 梧陰 梧前 梧秋 梧下

條 가지 조
木부 7획 ⑪
亻 攸 攸 條 條 條
(英) branch (日) ジウ(えだ)

條件(조건) : 약속할 때 붙이는 제한.
條例(조례) : 지방자치단체가 자주적으로 만든 법규.
信條(신조) : 꼭 믿고 있는 일.

條理 條目 條文 條約 法條

木

棄 버릴 기
木부 8획 ⑫
一 木 夲 查 棄 棄

(英) forsake　(日) キ

棄却(기각) : 버리고 쓰지 아니 함.
棄去(기거) : 버리고 감.
棄權(기권) : 자기 권리를 버리고 쓰지 않음.
廢棄(폐기) : 폐지하여 버림.

棄世 棄市 棄言 破棄 抛棄

森 수풀 삼
木부 8획 ⑫
十 木 本 杰 森 森

(英) forest　(日) シン(もり)

森林(삼림) : 나무 숲.
森嚴(삼엄) : 무서우리 만큼 매우 엄숙함.
森羅萬象(삼라만상) : 우주 사이에 있는 온갖 물
건과 일체의 현상(現象).

森羅 森列 森立 森森 森然 森閑

植 심을 식
木부 8획 ⑫
木 杧 枯 植 植 植

(英) plant　(日) ショク(うえる)

植木(식목) : 나무를 심음.
植物(식물) : 생물 중 초목의 총칭.
植樹(식수) : 나무를 심음.
移植(이식) : 옮기어 심음.

植毛 植付 植字 補植 誤植 多植

極 극진할 극
木부 9획 ⑬
木 杧 柯 柯 極 極

(英) extremely　(日) キョク(はわめる)

極右(극우) : 극단의 우익사상 또는 우익파. ↔
極左(극좌)
極盡(극진) : 힘이나 마음을 다함.
極致(극치) : 극도에 이르는 최상의 경치.

極奸 極貴 極端 極上 南極 北極

楊 버들 양
木부 9획 ⑬
木 杧 枵 枵 楊 楊

(英) willow　(日) ヨウ(やなぎ)

楊柳(양류) : 버드나무.
楊枝(양지) : ①버들가지. ②이쑤시개.
垂楊(수양) : 땅에 닿도록 늘어진 버들.
楊貴妃(양귀비) : 당현종(唐玄宗)의 귀비(貴妃).

楊墨 楊梅倉

業 업 업
木부 9획 ⑬

业 业 业 丵 業
(英) business　(日) ギョウ(わざ)

業務(업무) : 맡아서 하는 일.
業報(업보) : 전생(前生)에 지은 죄의 갚음.
事業(사업) : 경제적인 활동.
廢業(폐업) : 영업(營業)을 그만 둠.

業績 産業 生業 創業 轉業 罷業

楓 단풍 풍
木부 9획 ⑬
木 机 机 枫 楓 楓

(英) maple tree　(日) フウ(かえで)

楓林(풍림) : 단풍나무 수풀.
楓嶽(풍악) : 금강산의 가을 이름.
楓葉(풍엽) : 단풍나무의 잎.
丹楓(단풍) : 단풍나무.

楓菊 楓宸 楓嶽山

構 얽을 구
木부 10획 ⑭
木 杧 栉 構 構 構

(英) frame　(日) コウ(かまえる)

構內(구내) : 큰 건물의 울 안.
構想(구상) : 생각을 얽어 놓음.
構成(구성) : 얽어 만듦.
構築(구축) : 얽어 만들어 쌓아올림.

構兵 構思 構殺 構怨 構造調整

榮 영화 영

木부 10획 ⑭
木 栄 栄 栄 栄 榮

(英) glories　　　(日) エイ(さかえる)

榮光(영광) : 빛나는 영예.
榮轉(영전) : 좋은 지위나 높은 지위로 오름.
榮枯盛衰(영고성쇠) : 인생이나 사물의 성함과 쇠함.

榮枯　榮達　榮名　榮華　光榮　繁榮

槪 대개 개

木부 11획 ⑮
木 木 槪 槪 槪 槪

(英) generally　　　(日) ガイ(おおむね)

槪觀(개관) : 전체를 대충 살펴봄.
槪說(개설) : 대강의 설명. 개론(槪論).
槪要(개요) : 대강의 요점.
氣槪(기개) : 굳건한 기상과 절개(節槪).

槪見　槪算　槪尙　槪數　槪則　槪乎

樓 다락 루

木부 11획 ⑮
木 栌 栖 樓 樓 樓

(英) tower　　　(日) ロウ(たかどの)

樓閣(누각) : 사방을 바라 볼 수 있게 높이 지은 다락방.
望樓(망루) : 적의 동태를 살피려고 세운 높은 대.
鐘樓(종루) : 종을 달아 놓은 누각.

樓居　樓車　樓觀　樓門　矗石樓

模 본뜰 모

木부 11획 ⑮
木 木 扩 枏 桿 模

(英) pattern　　　(日) モ, ボ

模倣(모방) : 흉내를 냄. 본뜸.
模範(모범) : 본 받을만한 규범.
模型(모형) : 본보기. 그림본.
模糊(모호) : 분명하지 못함.

模刻　模樣　模作　模表　模楷

樂 즐길 락, 노래 악

木부 11획 ⑮
白 帛 衄 繼 樂 樂 樂

(英) music　　　(日) ガク, ラク(たのしい)

樂曲(악곡) : 음악의 곡조.
樂園(낙원) : 자유와 행복을 누릴 수 있는 즐겁고 살기 좋은 곳.
樂觀的(낙관적) : 일이 잘 될 것으로 보는 것.

樂境　樂事　樂工　樂理　樂山樂水

樣 모양 양

木부 11획 ⑮
木 木 栏 栏 栏 樣

(英) style　　　(日) ヨウ(さま)

樣式(양식) : 일정한 모양과 방식.
樣態(양태) : 모양. 형편.
各樣(각양) : 갖가지 모양.
文樣(문양) : 무늬.

樣子　樣制　貌樣

標 표할 표

木부 11획 ⑮
木 杆 標 標 標 標

(英) sign　　　(日) ヒョウ(しるし)

標的(표적) : 목적으로 삼는 사물.
標準(표준) : 규범이 되는 준칙.
標札(표찰) : 표로 쓴 종이.
目標(목표) : 목적삼는 곳.

標格　標季　標本　標秀　標識板

橋 다리 교

木부 12획 ⑯
木 桥 桥 橋 橋 橋

(英) bridge　　　(日) キョウ(はし)

橋梁(교량) : 크고 작은 모든 다리.
陸橋(육교) : 구름다리.
橋頭堡(교두보) : 다리나 길 따위를 엄호하거나 다음 작전의 근거지로 삼는 진지.

橋閣　橋頭　橋畔　橋泄　人道橋

木

機 틀 기
木부 12획 ⑯
木 朾 栌 栌 機機

(英) loom　　　　　(日) キ(はた)

機能(기능) : 작용. 기관의 활동 능력.
機密(기밀) : 함부로 드러내지 못한 중요한 비밀.
機會(기회) : 일의 좋은 고비.
動機(동기) : 의사 또는 행동 결정의 원인.

機巧 機略 機務 機先 飛行機

橫 가로 횡
木부 12획 ⑯
木 朾 栌 橫 橫 橫

(英) across　　　　　(日) オウ(よこ)

橫斷(횡단) : 가로 끊어 지나감.
橫死(횡사) : 비명(非命)으로 죽음.
橫暴(횡포) : 제 멋대로 굴며 몹시 난폭함.
縱橫(종횡) : 가로와 세로.

橫談 橫歷 橫流 橫說竪說

檀 박달나무 단
木부 13획 ⑰
木 栌 栌 檀 檀 檀

(英) sandlawood　　　　(日) ダン(まゆみ)

檀君(단군) : 우리 겨레의 국조(國祖)로 받드는
　　　　　 태초의 임금.
檀紀(단기) : 단군기원(檀君紀元)의 준말.
檀木(단목) : 박달나무.

檀家 檀弓 檀徒 檀欒 檀郎 檀槽

權 권세 권
木부 18획 ㉒
木 栌 栌 栌 權 權

(英) power　　　　　(日) ケン(はかり)

權利(권리) : 권세(權勢)와 이익.
權府(권부) : 권력을 행사하는 관부.
權限(권한) : 직권(職權)을 행하는 범위.
執權(집권) : 정권(政權)을 잡음.

權力 敎權 職權 債權 親權 權不十年

樹 나무 수
木부 12획 ⑯
木 朾 栌 栌 樹 樹

(英) tree　　　　　(日) ジュ(き, うえる)

樹立(수립) : 어떤 사업을 이룩하여 세움.
樹木(수목) : 나무.
植樹(식수) : 나무를 심음.
街路樹(가로수) : 길거리에 심은 나무.

樹功 樹根 樹植 樹陰 樹子

檢 검사할 검
木부 13획 ⑰
木 栌 栌 栌 檢 檢

(英) examine　　　　(日) ケン(しらべる)

檢査(검사) : 실상을 검토하여 옳고 그름이나 좋
　　　　　 고 나쁨을 조사함.
檢索(검색) : 검사하여 찾음.
檢討(검토) : 내용을 검사하면서 토의함.

檢校 檢踏 檢訪 檢視 檢字 檢食

欄 난간 란
木부 17획 ㉑
木 朾 栌 栌 欄 欄

(英) rail　　　　　(日) テン(てすり)

欄杆(난간) : 층계나 마루, 다리 따위를 둘러막는
　　　　　 물건.
欄外(난외) : 줄을 그어 넣은 부분의 바깥.
空欄(공란) : 지면의 빈 난.

讀者欄

부 수 4 획	부 수 명 칭	상형 연상과정 (3)	상형 연상과정 (2)	상형 연상과정 (1)
欠	하품 흠	(상형)	(상형)	

欠

字源

목을 뒤로 젖히며 입을 벌리고 '하품하는' 모양을 본뜬 자.

次 버금 차

次부 2획 ⑥
丶 冫 冫 가 가 次

(英) next　　　　　(日) シ, ジ(つぎ)

次席(차석) : 수석의 다음 자리.
次元(차원) : 어떤 사물을 생각하거나 행할 때의
　　　　　입장. 사고 방식이나 행위 등의 수준.
屢次(누차) : 여러 차례. 가끔.

次期 次例 次上 次中 次下 行次

欲 하고자 할 욕

欠부 7획 ⑪
丶 夵 谷 谷 谷 欲 欲

(英) desire　　　　　(日) ヨク(ほっする)

欲望(욕망) : 하고자 간절히 바람.
欲情(욕정) : 충동으로 일어나는 욕심.
欲求不滿(욕구불만) : 욕구하는 것이 내부 또는
　　　　　　외부의 원인 때문에 저해되는 상태.

欲界 欲求 欲生 欲心 欲刺 欲海

欺 속일 기

欠부 8획 ⑫
甘 其 其 欺 欺 欺

(英) cheat　　　　　(日) ギ, キ(あざむく)

欺弄(기롱) : 속여 희롱하거나 업신여겨 농락함.
欺瞞(기만) : 남을 그럴 듯 하게 속여넘김.
欺罔(기망) : 남을 그럴 듯 하게 속임.
詐欺(사기) : 남을 꾀어 속임.

欺負 欺心 欺詔 欺殆 欺惑

歌 노래 가

欠부 10획 ⑭
哥 哥 哥 歌 歌 歌

(英) song　　　　　(日) カ(うた)

歌詞(가사) : 노래의 내용이 되는 글.
讚頌歌(찬송가) : 신성한 대상을 찬미하는 기도의
　　　　　　노래.
四面楚歌(사면초가) : 사면이 모두 적에게 포위됨.

歌曲 歌舞 歌謠 歌唱 古歌 校歌

歎 탄식할 탄

欠부 11획 ⑮
艹 堇 莫 歎 歎 歎

(英) lament　　　　　(日) タン(なげく)

歎願(탄원) : 사정을 자세히 말하고 도와주기를
　　　　　몹시 바람.
痛歎(통탄) : 몹시 탄식함.
晩時之歎(만시지탄) : 기회를 놓쳐 한탄함.

歎感 歎哭 歎服 歎聲 歎息 歎噫

歡 기쁠 환

欠부 18획 ⑫
艹 萑 雚 歡 歡 歡

(英) glad　　　　　(日) カン(よろこぶ)

歡迎(환영) : 호의를 통하여 즐거이 맞음.
歡喜(환희) : 즐겁고 기쁨.
哀歡(애환) : 슬픔과 기쁨.
歡呼聲(환호성) : 기뻐서 부르짖는 소리.

歡客 歡敬 歡待 歡送 歡悅

止

부 수 4 획	부수 명칭	상형 연상과정 (3)	상형 연상과정 (2)	상형 연상과정 (1)
止	그칠 지			

字 源

사람이 멈추어 선 발목 아래의 모양을 본떠 '머무르다'·'그치다'의 뜻을 나타낸 자

그칠 지
止부 0획 ④

ㅣ ㅏ ㅓ 止

(英)stop　　　(日)シ(かまる)

抑止(억지) : 억눌러서 제지함.
廢止(폐지) : 실시하던 제도를 치워서 그만 둠.
禁止令(금지령) : 금지하는 명령.
終止符(종지부) : 어떤 일을 결판 냄.

止水　止息　止血　擧止　禁止　防止

바를 정
止부 1획 ⑤

一 丁 下 正 正

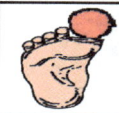

(英)right　　　(日)セイ, ショウ(ただしい)

司正(사정) : 그릇된 일을 다시 바로 잡음.
是正(시정) : 잘못된 것을 바로 잡음.
正攻法(정공법) : 정면으로 하는 공격법.
不正腐敗(부정부패) : 사회제도 등이 바르지 못함

正當　正名　正室　正言　正月　正直

이 차
止부 2획 ⑥

ㅣ ㅏ ㅓ 止 此

(英)this　　　(日)シ(これ)

此際(차제) : 이 때. 이 기회.
此後(차후) : 이 다음. 이 뒤.
於此彼(어차피) : 이렇게 하든지 저렇게 하든지.
此日彼日(차일피일) : 오늘내일하고 기한을 늘임.

此期　此般　此時　此岸　此所謂

걸음 보
止부 3획 ⑦

ㅣ ㅏ ㅓ 止 步 步

(英)walk　　　(日)ホ, ブ(あるく)

踏步(답보) : 제자리걸음.
散步(산보) : 바람을 쐬기 위하여 이리저리 거님.
進步(진보) : 사물이 점점 발달하는 일.
退步(퇴보) : 뒤로 물러감.

步道　步馬　步武　步月　步調　步行

호반 무
止부 4획 ⑧

一 二 千 正 正 武 武

(英)military　　　(日)ム, ブ(たけし)

武運(무운) : 전쟁의 승패에 관한 운수.
武裝(무장) : 전투할 때 갖추는 몸차림.
重武器(중무기) : 혼자서 들거나 메어 나르거나
　　　　　　　할 수 없는 무거운 큰 무기.

武器　武士　武術　武勇　威武

해 세
止부 9획 ⑬

广 产 卢 卢 歲 歲

(英)year　　　(日)サイ(とし)

歲拜(세배) : 섣달 그믐이나 정초에 친족이나 웃
　　　　　어른께 문안하는 새해인사.
歲月(세월) : 흘러가는 시간.
萬歲(만세) : 영원히 삶. 길이 번영함.

歲功　歲旦　歲事　歲序　歲入　歲寒

| 歷 | 지날 력
止부 12획 ⑯
厂厤歷歷歷歷 |  | 止 |

(英) experience　　　　　　(日) サイ(へる)

歷史(역사) : 인류 사회에 과거에 있어서의 변천.
歷然(역연) : 분명. 또렷함.
歷代(역대) : 지내 내려온 여러 대.
履歷書(이력서) : 이력을 적은 문서.

歷歷　歷路　歷訪　歷世　經歷　學歷

| 歸 | 돌아갈 귀
止부 14획 ⑱
self 自 自 皀 皀 歸 歸 |  |

(英) return　　　　　　(日) キ(かえる)

歸京(귀경) : 서울로 돌아오거나 돌아감.
歸路(귀로) : 돌아가는 길. 돌아오는 길.
復歸(복귀) : 본디의 자리, 상태로 돌아감.
歸省客(귀성객) : 객지에서 고향을 찾아가는 객.

歸納　歸國　歸省　歸順　歸鄕　當歸

부 수 4 획	부 수 명 칭	상형 연상과정 (3)	상형 연상과정 (2)	상형 연상과정 (1)
歹 歺	뼈 앙상할 알 (죽을사)			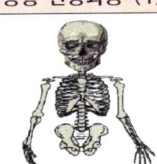

歹

字源

'살을 발라낸 앙상한 뼈'의 모양을 본뜬 자.

| 死 | 죽을 사
歹부 2획 ⑥
一 厂 歹 歹 死 |  |

(英) death　　　　　　(日) シ(しぬ)

死力(사력) : 죽기를 무릅쓰고 쓰는 힘.
死線(사선) : 죽을 고비.
戰死(전사) : 싸움터에서 싸우다가 죽음.
九死一生(구사일생) : 죽을 고비에서 겨우 살아남.

死苦　死命　死文　死生　死守

| 殃 | 재앙 앙
歹부 5획 ⑨
歹 歹 歹 妒 殃 殃 | 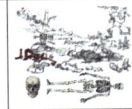 |

(英) disaster　　　　　　(日) オウ(わざわい)

災殃(재앙) : 천재지변 따위로 인한 온갖 불행한 일.
殃及池魚(앙급지어) : 재앙이 못의 고기에 미친다
는 뜻으로 '뜻하지 않는 재앙을 당하거나 재앙
이 아무 관계없는 딴 사물에 미침'을 비유한 말.

殃禍　殃及子孫

| 殆 | 거의 태, 위태로울 태
歹부 5획 ⑨
歹 歹 歹 妒 殆 殆 |  |

(英) dangerous　　　　　　(日) タイ(あやうい)

殆無(태무) : 거의 없음.
殆半(태반) : 거의 절반.
危殆(위태) : ①형세가 매우 어려움.
　　　　　　②마음을 놓을 수가 없음.

殆哉

| 殊 | 다를 수
歹부 6획 ⑩
歹 歹 歹 砕 殊 殊 |  |

(英) different　　　　　　(日) シュ(ことに)

殊常(수상) : 보통과 달리 이상함.
殊異(수이) : 유별나게 다름.
殊勳(수훈) : 큰 공훈. 뛰어난 공.
特殊(특수) : 특별히 다름.

殊境　殊功　殊技　殊力　殊容　殊行

歹

殉 따라죽을 순
歹부 6획 ⑩

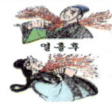

歹 歹 殉 殉 殉 殉

(英) follow　　　(日) ジュン(したがう)

殉敎(순교) : 자기가 믿는 종교를 위해 목숨을 버림.
殉國(순국) : 나라를 위하여 목숨을 바침.
殉死(순사) : 나라를 위하여 죽음.
殉職(순직) : 직무를 위하여 목숨을 잃음.

殉道 殉利 殉名 殉葬 殉節

殘 남을 잔
歹부 8획 ⑫

歹 歹 殘 殘 殘 殘

(英) remain　　　(日) ザン(のこる)

殘黨(잔당) : 쳐서 없애고 남은 악당의 무리.
殘忍(잔인) : 인정이 없고 모짐.
敗殘兵(패잔병) : 싸움에서 진 살아남은 군사.
同族相殘(동족상잔) : 동족끼리 서로 싸우고 죽임.

殘簡 殘惡 殘額 殘滓 相殘 衰殘

殳

부 수 4 획	부 수 명 칭	상형 연상과정 (3)	상형 연상과정 (2)	상형 연상과정 (1)
 殳	칠 수 (갖은등글월문)	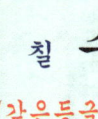		

字源

구부정한 몽둥이(几)를 손(又)에 들고 '치는(때리는)' 모양을 본뜬 자.
몽둥이를 가지고 '친다'는 데서 '날 없는 창'을 뜻하기도 함.

段 층계 단, 성 단
殳부 5획 ⑨

ʻ ʻ ʻ 臼 叚 段 段

(英) part　　　(日) タン

段階(단계) : 일의 차례를 따라 나아가는 과정.
昇段(승단) : 태권도·유도·바둑 등의 단수가 오름.
高段者(고단자) : 단수가 높은 사람.
有段者(유단자) : 유도·태권도·바둑 등 초단 이상.

段落 段修 段食 階段 手段 段氏

殺 죽일 살, 감할 쇄
殳부 7획 ⑪

乂 杀 杀 殺 殺 殺

(英) kill　　　(日) サツ(ころす)

虐殺(학살) : 참혹하게 마구 무찔러 죽임.
相殺(상쇄) : 양편에 셈을 서로 비김.
矯角殺牛(교각살우) : 결점이나 흠을 고치려다가
　　　　　　　　　　　수단이 지나쳐 일을 그르침.

殺氣 殺伐 抹殺 殺到 減殺 惱殺

毁 헐 훼
殳부 9획 ⑬

臼 臼 臼 毀 毀 毀

(英) ruin　　　(日) キ(やぶる)

毁謗(훼방) : 헐뜯어 비방함.
毁損(훼손) : 헐거나 깨뜨려 못쓰게 함.
名譽毁損(명예훼손) : 남의 체면을 손상하게 하는
　　　　　　　　　　　그 명예를 더럽힘.

毁壞 毁短 毁慕 毁傷 毁言

부 수 4 획	부 수 명 칭	상형 연상과정 (3)	상형 연상과정 (2)	상형 연상과정 (1)
毋	말 무			

字源

여자가 몸의 어떤 부분도 '범하지 못하게 앞을 가로(／)막음'을 나타내
어 '말다'·'없다'의 뜻이 된 자.

母 어미 모
母부 1획 ⑤

ㄴ 乆 乇 乆 母

(英) mother　　　　(日) ボ (はは)

食母(식모) : 남의 집에서 부엌일을 해주는 여자.
父母(부모) : 아버지와 어머니.
未婚母(미혼모) : 결혼하지 않고 아이가진 어머니.
早失父母(조실부모) : 어려서 부모를 여읨.

母國 母性 母親 姑母 庶母 乳母

每 매양 매
毋부 3획 ⑦

ノ ┌ 亡 与 每 每 每

(英) each　　　　(日) マイ (ごと, つねに)

每期(매기) : 일정하게 구획한 하나하나의 서기.
每番(매번) : 번번이.
每事(매사) : 하나하나의 모든 일.
每週(매주) : 한 주일 마다.

每朔 每樣 每人 每度 每每 每常

毒 독 독
毋부 4획 ⑧

十 土 キ キ 责 责 毒

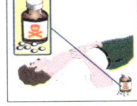

(英) poison　　　　(日) ド ク

毒殺(독살) : 독약을 먹어 죽임.
毒舌(독설) : 악독하게 혀를 놀려 남을 해치는 말.
惡毒(악독) : 마음이 악하고 독살스러움.
酷毒(혹독) : 몹시 심함.

毒婦 毒水 毒素 毒酒 毒疾 路毒

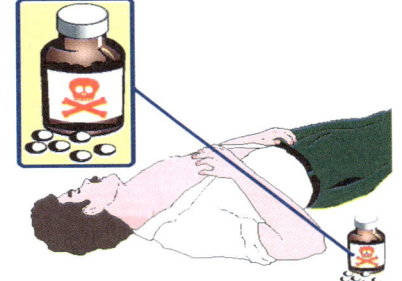

 착각하지 맙시다.

月자가 부수로 쓰일때는 朦자나 朧자 등 몇몇 글자를 제외하고 거의 대부분이 글자의
오른쪽에 사용되는데 반하여, 肉자의 변형자인 月(육달월)이 주로 왼쪽에 사용된다는 점
과 구별된다.

卉(풀 훼)자는 十부수에 속하는 글자입니다.

比

부 수 4 획	부 수 명 칭	상형 연상과정 (3)	상형 연상과정 (2)	상형 연상과정 (1)
比	견줄 비			

字 源

두 사람을 '나란히' 세워놓고 비교해보는 모양을 본떠 '견주어 보다'의 뜻이 된 자.

比

견줄 비

比부 0획 ④

`· ㅏ ㅏ 比`

(英) compare　　　(日) ヒ(くらべる)

比較(비교) : 서로 견주어 봄.
比喩(비유) : 사물의 설명에 있어서 그와 비슷한
　　　　　　다른 사물을 빌려 표현하는 일.
比重(비중) : 집단 사물에서 차지하는 중요의 정도.
比干 比年 比例 比倫 比率 比丘尼

毛

부 수 4 획	부 수 명 칭	상형 연상과정 (3)	상형 연상과정 (2)	상형 연상과정 (1)
毛	터럭 모			

字 源

짐승의 꼬리'털'이나 새의 깃 '털' 모양을 본뜬 자.

毛

터럭 모

毛부 0획 ④

`ˊ ⼆ ⼆ 毛`

(英) hair　　　(日) モウ(け)

毛骨(모골) : 터럭과 뼈.
毛根(모근) : 털이 피부에 박힌 부분.
脫毛(탈모) : 털이 빠짐.
養毛劑(양모제) : 모생약(毛生藥).
毛髮 毛絲 毛皮 毛筆 紡毛 羊毛

毫

터럭 호

毛부 7획 ⑪

`ˊ 㐅 亯 亯 亳 毫`

(英) long soft hair　　　(日) ゴウ

毫釐(호리) : 저울눈과 자눈의 단위. 호와 리.
秋毫(추호) : ① 가을철에 가늘어진 짐승의 털.
　　　　　　② 몹시 적음을 비유.
揮毫(휘호) : 붓을 휘둘러 글씨를 쓰거나 그림을 그림.
毫端 毫末 毫芒 毫毛 毫無 毫楮

부 수 4 획	부 수 명 칭	상형 연상과정 (3)	상형 연상과정 (2)	상형 연상과정 (1)
氏	성씨 씨 (각시 씨)			

氏

字源

땅속으로 뻗어 나아가던 뿌리가 땅위로 삐어져 나와 퍼진 모양을 본뜬 자로 씨족이 그 뿌리처럼 뻗어나간 것에 비기어 '성씨(姓氏)'의 뜻을 나타낸 자.

氏
성 씨, 각시 씨
氏부 0획 ④
` ٢ 𠂆 氏

(英) family name　(日) シ(うじ)

姓氏(성씨) : 성(姓)의 높임말.
宗氏(종씨) : 같은 성으로서 겨레붙이에 대한 호칭.
創氏改名(창씨개명) : 1940년 일제가 한국인의 성명을 일본식 씨명으로 강제 변경시킨 일.
某氏 攝氏 弟氏 諸氏 兄氏 氏族

民
백성 민
氏부 1획 ⑤
` ٦ ₣ ₣ 民
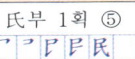
(英) people　(日) ミン(たみ)

民族(민족) : 동일한 지역, 언어, 생활양식, 문화, 역사 등을 갖는 인간의 집단.
國民(국민) : 같은 국적을 가진 인민.
罹災民(이재민) : 재해를 입은 백성.
民家 民法 民俗 民願 農民 市民

부 수 4 획	부 수 명 칭	상형 연상과정 (3)	상형 연상과정 (2)	상형 연상과정 (1)
气	기운 기			

气

字源

수증기 모양을 본뜬 자로 구름의 '기운'을 뜻한 자.

氣
기운 기
气부 6획 ⑩
` 气 气 气 気 氣 氣

(英) air　(日) キ

氣溫(기온) : 대기의 온도.
感氣(감기) : 추위로 인한 호흡기의 염증성 질환.
空氣(공기) : 지구를 둘러싸고 있는 기체.
日氣(일기) : 날씨.
氣力 氣分 氣色 氣運 氣絶 氣質

김

水

부 수 4 획	부 수 명 칭	상형 연상과정 (3)	상형 연상과정 (2)	상형 연상과정 (1)
水(氺)	물 수			

字 源

개울을 흘러가는 '물'의 흐름을 본뜬 자.

水

물 수
水부 0획 ④
〕 刀 水 水

(英) water　　　　　(日) スイ

水準(수준) : 사물의 표준.
食水(식수) : 식용으로 쓰는 물.
廢水(폐수) : 이미 사용하여 못쓰게 된 물.
地下水(지하수) : 땅 속의 토사나 암석 사이 물.

水耕 水菊 水沒 落水 汚水 潮水

氷

얼음 빙
水부 1획 ⑤
〕 刁 刞 水 氷

(英) ice　　　　　(日) ヒョウ(こおり)

氷菓(빙과) : 아이스크림. 아이스케이크.
氷水(빙수) : 얼음덩이를 깎아 만든 청량음료.
氷河(빙하) : 얼어붙은 큰 강.
製氷(제빙) : 물을 얼리어 얼음을 만듦.

結氷 氷庫 氷球 氷魚 石氷庫

永

길 영
水부 1획 ⑤
〕 亅 氵 永 永

(英) long　　　　　(日) エイ(ながい)

永眠(영면) : 영원히 잠듦.
永住權(영주권) : 그 나라에 영주할 수 있는 권리.
永世中立國(영세중립국) : 국제법상 다른 국가간
　　　　　　　　　 의 전쟁에 관여하지 않는 나라.

永世 永遠 永訣式 永續性 青丘永言

求

구할 구
水부 2획 ⑦
一 十 寸 寸 求 求

(英) beg　　　　　(日) キュウ(もとめる)

求職(구직) : 직업을 구함.
懇求(간구) : 간절히 구함.
要求(요구) : 강력히 청하여 구함.
求人難(구인난) : 쓸 사람을 구하기 어려움.

求乞 求償 求婚 促求 追求 希求

泉

샘 천
水부 5획 ⑨
〔 白 白 白 身 泉 泉

(英) spring　　　　　(日) セン(いずみ)

甘泉(감천) : 물맛이 좋은 샘.
九泉(구천) : 죽은 뒤에 넋이 돌아간다는 뜻.
冷泉(냉천) : 찬 샘.
黃泉(황천) : 사람이 죽어서 간다는 곳.

鑛泉 溫泉 硫黃泉 源泉課稅

泰

클 태
水부 5획 ⑩
三 声 夫 泰 泰 泰

(英) great　　　　　(日) タイ(やすい)

泰斗(태두) : ① 태산과 북두성. ② 존경받는 사람.
泰山峻嶺(태산준령) : 큰 산과 험한 고개.
泰然自若(태연자약) : 마음에 무슨 충동을 받아도
　　　　　　　　　 움직임이 없이 천연스러움.

泰國 泰陵 泰安 泰平 國泰民安

부 수 4 획	부 수 명 칭	상형 연상과정 (3)	상형 연상과정 (2)	상형 연상과정 (1)
火	불 화			

字 源

타오르는 '불꽃'의 모양을 본뜬 자.

불 화

火 부 0획 ④

丶 丷 ヅ 火

(英) fire (日) カ(ひ)

火傷(화상) : 높은 열에 데어서 상함.
火災(화재) : 불이 나는 재앙.
火葬(화장) : 시체를 불사르고 남은 뼈로 장사지냄.
失火(실화) : 잘못해 불을 냄.

火工 火口 火木 火石 防火 死火山

재 회

灰 부 2획 ⑥

一 厂 厂 広 広 灰

(英) ash (日) カイ(はい)

石灰(석회) : 생석회와 소석회의 총칭.
洋灰(양회) : 시멘트.
暗灰色(암회색) : 검은 잿빛.
灰色分子(회색분자) : 소속·주의 등이 뚜렷치 않음.

灰色 灰心 白灰 灰褐色 灰白色

재앙 재

災 부 3획 ⑦

巛 巛 巛 巛 災 災

(英) calamity (日) サイ(わざわい)

災殃(재앙) : 천재지변으로 말미암은 불행한 일.
防災(방재) : 재해를 막음.
水災(수재) : 홍수의 재해.
天災地變(천재지변) : 지진, 홍수 따위의 자연재앙.

災難 災厄 災害 官災口舌 火災保險

불꽃 염

炎 부 4획 ⑧

丶 丷 火 炏 炏 炎

(英) flame (日) エン(ほのお)

腦炎(뇌염) : 뇌수에 염증이 생겨 일어난 병의 총칭.
老炎(노염) : 늦더위.
腸炎(장염) : 창자의 점막에 생기는 염증.
暴炎(폭염) : 폭서.

炎症 肝炎 肺炎 結膜炎 中耳炎

숯 탄

炭 부 5획 ⑨

山 屵 岸 岸 岸 炭

(英) charcoal (日) タン(すみ)

炭鑛(탄광) : 석탄이 나는 광산.
塗炭(도탄) : 몹시 곤궁함.
煉炭(연탄) : 석탄·목탄 등 점결제를 섞은 연료.
採炭(채탄) : 석탄을 채굴함.

炭脈 炭層 炭火 粉炭 貯炭 炭酸泉

번거로울 번

煩 부 9획 ⑬

丶 火 炸 炻 炳 煩 煩

(英) troublesome (日) ハン(わずらわしい)

煩惱(번뇌) : 마음이 시달려서 괴로움.
煩悶(번민) : 번거롭고 답답하여 외로워함.
煩雜(번잡) : 번거롭고 복잡함.
百八煩惱(백팔번뇌) : 108가지의 번뇌.

煩苛 煩毒 頻煩 食少事煩

煙 연기 연

火부 9획 ⑬

ㅓ 灯炉炉煙煙煙

(英) smoke (日) エン(けむり)

煙幕(연막) : 적의 망을 방해하기 위해 연무를 폄.
禁煙(금연) : 담배를 피우지 못하게 함.
喫煙(끽연) : 담배를 피움.
煤煙(매연) : 그을음 섞인 연기.

煙氣 煙草 煙火 吸煙 無煙炭

燈 등 등

火부 12획 ⑯

ㅓ 灯灯熔熔燈燈

(英) lamp (日) ト・ひ, ともしび)

燈臺(등대) : 밤에 뱃길을 안전하게 유도해 주는 대.
消燈(소등) : 등불을 끔.
點燈(점등) : 등에 불을 켬.
走馬燈(주마등) : 사물이 빨리 돌아감을 비유.

燈明 燈油 消燈 電燈 街路燈

燒 사를 소

火부 12획 ⑯

ㅓ 灯炉炉燒燒

(英) burn (日) ショウ(やく)

燒却(소각) : 불에 태워 없애 버림.
燒失(소실) : 불에 타 없어짐.
燃燒(연소) : 불붙어 탐.
全燒(전소) : 죄다 타 버림.

燒滅 燒死 燒酒 燒盡 燒火

燃 탈 연

火부 12획 ⑯

ㅓ 灯灯燃燃燃

(英) certainly (日) ネン(もえる)

燃料(연료) : 연소로 열에너지가 얻어지는 물질.
燃比(연비) : 자동차 등이 1ℓ 로 달릴 수 있는 거리.
內燃(내연) : 연료가 실린더에서 폭발하는 것.
再燃(재연) : 꺼졌던 불이 다시 탐.

燃燈 燃燒 不燃 可燃性 核燃料

營 경영할 영

火부 13획 ⑰

ˎ ˎˎ 炊炊營營營

(英) manage (日) エイ(いとなむ)

營利(영리) : 재산상의 이익을 도모함.
經營(경영) : 사업이나 기업을 관리하고 운영함.
國營(국영) : 나라에서 경영함.
民營(민영) : 민간인이 경영함.

營農 營業 共營 運營 營養劑

燥 마를 조

火부 13획 ⑰

ㅓ 灯灯炉燥燥

(英) dry (日) ソウ(かわく)

燥熱(조열) : 바싹 마르고 더움.
乾燥(건조) : 물기나 습기가 없어짐.
焦燥(초조) : 애를 태워서 마음을 졸이는 모양.
燥渴症(조갈증) : 목이 몹시 마르는 병.

燥渴 無味乾燥 異常乾燥

燭 촛불 촉

火부 13획 ⑰

ㅓ 灯炉炉燭燭燭

(英) candle-light (日) ショク

燭光(촉광) : 등불이나 촛불의 빛.
燭臺(촉대) : 촛대.
華燭洞房(화촉동방) : 첫날밤에 신랑신부가 자는
　　　　　　　　　　　　방.

燭膿 燭察 燭火 洞燭

爆 불터질 폭

火부 15획 ⑲

ㅓ 灯炉爆爆爆爆

(英) explode (日) バク(はぜる)

爆竹(폭죽) : 화약을 재어 터뜨려 소리나는 물건.
爆彈(폭탄) : 살상목적으로 만든 금속용기의 폭약.
爆破(폭파) : 폭발시켜 파괴함.
爆擊機(폭격기) : 적의 시설물을 폭격하는 항공기.

爆死 爆笑 猛爆 自爆 起爆劑

	화로 로
爐	火부 16획 ⑳

火 圹 圷 圷 爐 爐 爐

(英) fireplace　　(日) ロ

火爐(화로) : 열을 이용하기 위해 불을 담는 그릇.
原子爐(원자로) : 원자핵 분열의 연쇄반응을 인위
적으로 제어하여 원자력을 서서히 돌출하는 장치.
夏爐冬扇(하로동선) : 여름의 화로와 겨울의 부채.

高爐 香爐 增殖爐 鎔鑛爐 靑銅火爐

	빛날 란
爛	火부 17획 ㉑

火 灯 灯門 爛 爛 爛

(英) bright　　(日) ラン (ただれる)

爛熟(난숙) : ① 무르녹게 익음.
　　　　　② 더할 수 없이 충분히 발달함.
爛商討論(난상토론) : 낱낱이 들어 잘 토론함.
能手能爛(능수능란) : 일에 대한 솜씨가 탁월함.

爛漫 爛發 爛死 五色燦爛 天眞爛漫

 ## 착각하지 맙시다.

將(장수 장)자는 寸부수에 속하는 글자이며, 獎(권면할 장)자는 大부수에 속하는 글
자이며, 醬(젓갈 장)자는 酉부수에 속하는 글자이며, 蔣(줄 장)자는 ++(艸)부수에
속하는 글자이며, 漿(미음 장)자는 水부수에 속하는 글자이며, 壯(씩씩할 장)자는
士부수에 속하는 글자이며, 裝(꾸밀 장)자는 衣부수에 속하는 글자이며, 莊(풀
성한 모양 장)자는 ++(艸)부수에 속하는 글자이며, 臧(착할 장)자는 臣부수에 속
하는 글자이며, 臟(장물 장)자는 貝부수에 속하는 글자이며, 藏(감출 장)자는 ++(艸)
부수에 속하는 글자이며, 欌(장롱 장)자는 木부수에 속하는 글자이며, 臟(오장 장)
자는 月(肉)부수에 속하는 글자입니다.

柑(감자나무 감)자는 木부수에 속하는 글자이며, 疳(감질 감)자는 疒부수에 속하는 글
자이며, 紺(반물 감)자는 糸부수에 속하는 글자입니다.

孤(외로울 고)자는 子부수에 속하는 글자이며, 呱(울 고)자는 口부수에 속하는 글
자이며, 苽(줄 고)자는 ++(艸)부수에 속하는 글자이며, 菰(줄풀 고)자는 ++(艸)부수
에 속하는 글자이며, 弧(활 호)자는 弓부수에 속하는 글자이며, 狐(여우 호)자는
犭(犬)부수에 속하는 글자입니다.

旺(성할 왕)자는 日부수에 속하는 글자이며, 汪(넓을 왕)자는 氵(水)부수에 속하
는 글자이며, 枉(굽을 왕)자는 木부수에 속하는 글자이며, 匡(바를 광)자는 匚부수에
속하는 글자이며, 狂(미칠 광)자는 犭(犬)부수에 속하는 글자입니다.

부 수 4 획	부 수 명 칭	상형 연상과정 (3)	상형 연상과정 (2)	상형 연상과정 (1)
灬	불 **화** (연화발)			

字 源

타오르는 '불꽃'의 모양을 본뜬 자.

烈

매울 **렬**
灬부 6획 ⑩
⁊ ⁊ ⁊ 列 烈 烈

(英) fierce　　　　(日) リツ(はげしい)

烈火(열화) : 맹렬히 타는 불.
猛烈(맹렬) : 기세가 사납고 세참.
先烈(선열) : 정의를 위해 싸우다 죽은 열사.
熾烈(치열) : 세력이 불길같이 맹렬함.

烈女　烈婦　烈士　激烈　極烈　貞烈

烏

까마귀 **오**
灬부 6획 ⑩
⺅ ⼾ ⼾ 烏 烏 烏

(英) crow　　　　(日) ウ(からす)

烏飛梨落(오비이락) : '까마귀 날자 배 떨어진다'
　　는 뜻으로 우연의 일치로 남의
　　의심을 받게 됨을 이르는 말.
烏合之卒(오합지졸) : 갑자기 모인 훈련없는 군사.

烏梅　烏石　烏竹　烏骨鷄　烏鵲橋

焉

어찌 **언**
灬부 7획 ⑪
⼀ 𧘇 𧘇 焉 焉 焉

(英) how　　　　(日) エン(いずくんぞ)

終焉(종언) : ① 마지막. ② 하던 일이 끝남.
於焉間(어언간) : 알지 못하는 동안에 어느덧.
焉敢生心(언감생심) : 감히 그런 마음을 먹을 수
　　도 없음.

無

없을 **무**
灬부 8획 ⑫
⼀ 二 無 無 無 無

(英) none　　　　(日) ム、ブ(ない)

無理(무리) : ① 도리가 아님. ② 하기 곤란함.
無色(무색) : ① 아무 빛깔도 없음.
　　② 부끄러워 볼 낯이 없음.
無心(무심) : 아무 생각이 없음.

無能　無禮　無料　無視　無識　無罪

然

그럴 **연**
灬부 8획 ⑫
⁊ ⼣ 外 然 然 然

(英) certainly　　　　(日) ゾン(しかり)

杳然(묘연) : ① 오래되어서 정신이 아득함.
　　② 소식이 없어 행방을 알 수 없음.
宛然(완연) : ① 뚜렷함. ② 모양이 서로 비슷함.
忽然(홀연) : 뜻밖에 나타나거나 사라짐.

果然　漠然　肅然　隱然　啞然失色

照

비칠 **조**
灬부 9획 ⑬
⼘ 日⼘ 日⼘ 照 照 照

(英) shine　　　　(日) ショウ(てる)

照明(조명) : 밝게 비춤.
落照(낙조) : 저녁 햇빛. 석양.
對照的(대조적) : ① 대립하는 사물의 차이가 심함.
　　② 마주 대어 비추어 보기에 형편이 좋은 것.

照度　照射　照準　觀照　參照　探照燈

熙 밝을 희

厂부 9획 ⑬

厂 臣 臣 臣 熙 熙 熙

(英) bright　　　　(日) キ(ひかる)

熙笑(희소) : 기뻐하며 웃음.
熙朝(희조) : 잘 다스려진 세상.
熙熙壤壤(희희양양) : 여러 사람이 시끄럽게 번번
　　　　　　이 왕래하는 모양.

熟 익을 숙

灬부 11획 ⑮

古 亨 割 執 熟 熟

(英) boil　　　　(日) ジュク(うれる)

能熟(능숙) : 능하고 익숙함.
成熟(성숙) : 무르녹게 익음. 익숙함. 충분히 발육됨.
圓熟(원숙) : ① 매우 숙련됨. ② 빈틈이 없음.
親熟(친숙) : 친하여 익숙함.

熟考 熟達 熟眠 熟語 熟知 早熟

熱 더울 열

灬부 11획 ⑮

扌 執 割 執 執 熱

(英) heat　　　　(日) ネツ(あつい)

熱中(열중) : 한 가지 일에 정신을 쏟아 골몰함.
熱唱(열창) : 노래 따위를 열심히 부름.
熱狂的(열광적) : 미칠 만큼 열심인 것.
情熱的(정열적) : 열띤 감정에 불타는 것.

熱狂 熱辯 熱心 熱愛 過熱 發熱

燕 제비 연

灬부 12획 ⑯

丗 甘 莊 莊 燕 燕 燕

(英) swallow　　　　(日) エン(つばめ)

燕京(연경) : 중국 연나라의 서울. 지금의 북경.
燕雀(연작) : ① 제비와 참새.
　　　　　　② 도량이 좁은 사람.
燕尾服(연미복) : 제비 꼬리같이 된 양복의 한 가지.

燕居 燕息 燕樂

부 수 4 획	부 수 명 칭	상형 연상과정 (3)	상형 연상과정 (2)	상형 연상과정 (1)
爪	손톱 조			

물건을 긁어 당기고 후벼파기도 하는 '손톱' 모양을 본뜬 자.

爭 다툴 쟁

爪부 4획 ⑧

亠 爫 爫 予 爭 爭

(英) quarrel　　　　(日) ソウ(あらそう)

紛爭(분쟁) : 말썽을 일으켜 시끄럽게 다툼.
戰爭(전쟁) : 병력에 의한 국가 상호간 또는 교전
　　　　　　단체간의 투쟁.
競爭力(경쟁력) : 서로 겨룰 수 있는 여력.

爭點 爭取 爭奪 爭覇 論爭 鬪爭

爲 하 위

爪부 8획 ⑫

爫 尸 爲 爲 爲 爲

(英) to do　　　　(日) イ(なす、ため)

爲始(위시) : 비롯함.
行爲(행위) : 사람이 행하는 짓.
爲政者(위정자) : 정치를 하는 사람.
人爲的(인위적) : 사람이 일부러 하는 것.

爲主 所爲 無作爲 不作爲

벼슬 작

爪부 14획 ⑱

(英) dignity　　(日) シャク(さかずき)

爵位(작위) : 벼슬과 지위.
爵號(작호) : 작위의 칭호.
伯爵(백작) : 후작과 자작 사이에 위치한 작위.
高官大爵(고관대작) : 지위가 높고 훌륭한 벼슬.

公爵 男爵 子爵 侯爵 勳爵

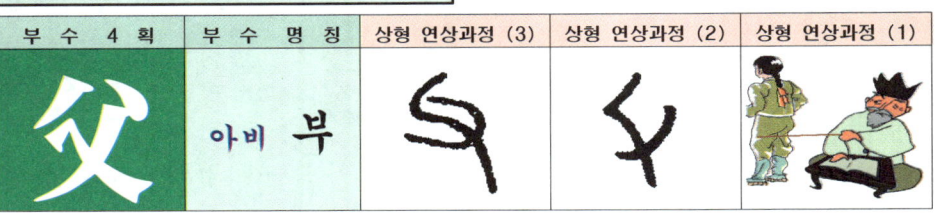

부 수 4 획	부 수 명 칭	상형 연상과정 (3)	상형 연상과정 (2)	상형 연상과정 (1)
父	아비 부			

字 源

회초리(八←│)를 들고(乄←又) 아이들을 가르치고 혼내면서 식구들을 이끌어 가는 '아버지'를 뜻한 자.

아비 부

父부 0획 ④

(英) father　　(日) フ(ちち)

父母(부모) : 아버지와 어머니. 어버이.
嚴父(엄부) : 엄한 아버지. ↔ 慈母(자모).
父傳子傳(부전자전) : 대대로 아버지가 아들에게
　　　　　　　　　전함.

父系 父女 父親 代父 師父 神父

 ### 착각하지 맙시다.

硯(벼루 연)자는 石부수에 속하는 글자이며, 現(나타날 현)자는 王(玉)부수에 속하는 글자이며, 峴(재 현)자는 山부수에 속하는 글자이며, 晛(햇살 현)자는 日부수에 속하는 글자이며, 睍(불거질 눈 현)자는 目부수에 속하는 글자이며, 俔(염탐할 현)자는 亻부수에 속하는 글자입니다.

부 수 4 획	부 수 명 칭	상형 연상과정 (3)	상형 연상과정 (2)	상형 연상과정 (1)
片	조각 **편**	片	片	

片

잔가지가 듬성듬성 붙어있는 통나무를 두 쪽으로 쪼갠 것 중 오른쪽 것의 모양을 본떠 '조각'의 뜻이 된 자.

片	조각 **편** 片부 0획 ④ ノ ノ ア 片	

（英）splinter　　　　　　（日）ハン(かな)

片道(편도) : 가거나 오거나 할 때의 한 쪽 길.
片時(편시) : 짧은 시간. 잠시.
一片丹心(일편단심) : 한 조각의 붉은 마음. 곧 충성심을 이름.

片言 片舟 片紙 片片

版	판목 **판** 片부 4획 ⑧ ノ ア 片 片 版 版	

（英）plank　　　　　　（日）ハン

重版(중판) : 출판물의 판수를 거듭 간행함.
出版(출판) : 서적 등을 인쇄하여 세상에 내놓음.
海賊版(해적판) : 저작권자의 허락 없이 몰래 복제하여 펴낸 것.

版權 版畵 木版 原版 縮小版

부 수 4 획	부 수 명 칭	상형 연상과정 (3)	상형 연상과정 (2)	상형 연상과정 (1)
牙	어금니 **아**	牙	牙	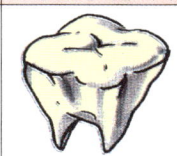

牙

'어금니'의 모양을 본뜬 자.

牙	어금니 **아** 牙부 0획 ④ 一 ㄷ 뀨 牙	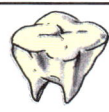

（英）molar　　　　　　（日）ガ(きば)

牙城(아성) : 큰 조직이나 단체의 중심 되는 곳.
齒牙(치아) : '이'의 점잖은 일컬음.
象牙塔(상아탑) : ① 학자들의 현실 도피적이고 관념적인 학구생활이나 그 연구실의 비유. ② 대학.

牙器 牙錢 毒牙 牙口瘡 西班牙

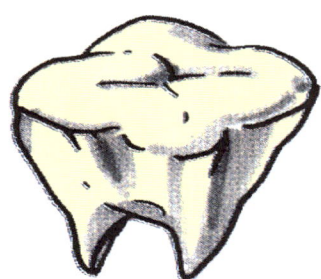

牛

부 수 4 획	부 수 명 칭	상형 연상과정 (3)	상형 연상과정 (2)	상형 연상과정 (1)
牛	소 우	(글자 형상)	(글자 형상)	

字 源

'소'의 뿔과 머리·꼬리 등의 모양을 본뜬 자.

牛

소 우	
牛부 0획 ④	
ﾉ ﾉ ﾉ 牛	

(英) OX　　　　　　　(日) ギュウ(うし)

牛乳(우유) : 암소의 젖. 밀크.
牛馬車(우마차) : 우차와 마차.
牛市場(우시장) : 소를 팔고 사는 시장.
牛耳讀經(우이독경) : 쇠귀에 경읽기.

牛舍 牛足 牛角 牛黃 牽牛織女

牧

칠 목	
牛부 4획 ⑧	
ﾉ ﾉ ﾉ 牧 牧	

(英) tend　　　　　　(日) ボク(まき)

牧童(목동) : 양, 마소를 치는 아이.
放牧(방목) : 가축을 목장에 놓아서 기름.
牧歌的(목가적) : 전원생활처럼 소박하고 서정적임.
牧草地(목초지) : 양, 소들이 먹는 풀이 있는 지역.

牧夫 牧師 牧者 牧場 牧畜 牧會

物

물건 물	
牛부 4획 ⑧	
ﾉ ﾉ ﾉ 物 物 物	

(英) thing　　　　　　(日) モツ(もの)

物價(물가) : 상품의 시장가격.
物色(물색) : 쓸만한 사람, 물건을 찾아 고름.
建物(건물) : 땅 위에 세운 집 따위의 물건.
農産物(농산물) : 농업에 의하여 생산된 물건.

物件 物權 物資 生物 人物 膳物

特

특별할 특	
牛부 6획 ⑩	

(英) specially　　　　(日) トク

特殊(특수) : 특별히 다름.
特出(특출) : 특별히 뛰어남.
獨特(독특) : 특별하게 다름.
英特(영특) : 영걸스럽고 특별함.

特權 特別 特講 特技 特色 特採

 착각하지 맙시다.

敗(깨드릴 패)자는 攵부수에 속하는 글자이며, 狽(이리 패)자는 犭(犬)부수에 속하는
글자이며, 唄(찬불 패)자는 口부수에 속하는 글자이며, 浿(강이름 패)자는 氵(水)부수에
속하는 글자입니다.

斛(휘 곡)자는 斗부수에 속하는 글자입니다.

부 수 4 획	부 수 명 칭	상형 연상과정 (3)	상형 연상과정 (2)	상형 연상과정 (1)
犬	개 견			

字 源

앞발을 들고 귀를 펄럭거리며 입을 크게 벌려 짖어대는 '개'의 모양을 본뜬 자.

犬   개 **견**   

犬部 0획 ④

一ナ大犬

(英) dog   (日) ケン(いぬ)

愛犬(애견) : 개를 사랑함. 또는 그 개.
狂犬病(광견병) : 개의 바이러스성 질환.
犬猿之間(견원지간) : 개와 원숭이의 사이처럼 대
            단히 사이가 나쁜 관계.

犬牙 犬公 軍犬 名犬 忠犬

狀   형상 **상**, 문서 **장**   

犬部 4획 ⑧

丬丬丬丬丬狀狀

(英) form   (日) ショウ(かだち)

狀態(상태) : 사물의 되어 있는 형편이나 모양.
狀況(상황) : 일이 되어 가는 형편이나 모양.
答狀(답장) : 회답하여 보내는 편지.
症狀(증상) : 병이나 상처의 상태.

窮狀 病狀 實狀 異狀 情狀 令狀

獄   옥 **옥**   

犬部 10획 ⑭

丬丬丬犭犷獄獄

(英) prison   (日) ゴク(ひとや)

獄苦(옥고) : 옥살이하는 고생.
監獄(감옥) : '교도소'의 옛 이름.
地獄(지옥) : 큰 죄인으로서 죄 사함을 받지 못하
          고 영원히 벌을 받는다는 곳.

獄舍 獄死 獄事 疑獄 投獄 下獄

獸   짐승 **수**   

犬部 15획 ⑲

⺍ 畾 畾 嚚 嚚 獸獸

(英) beast   (日) ジュウ(けもの)

禽獸(금수) : 모든 짐승.
百獸(백수) : 온갖 짐승.
人面獸心(인면수심) : 마음, 행동이 몹시 흉악함.
            또는 그 사람.

獸面 獸皮 怪獸 猛獸 野獸 鳥獸

獻   드릴 **헌**   

犬部 16획 ⑳

虍 虍 虖 虘 獻獻

(英) offer   (日) ケン(たてまつる)

獻血(헌혈) : 쇠약한 병자나 출혈을 많이 한 사람
에게 수혈하기 위하여 자기의 피를 제공하는 일.
文獻(문헌) : 학술연구에 자료가 되는 문서.
獻身的(헌신적) : 몸을 바쳐 있는 힘을 다하는 것.

獻金 獻納 獻堂 獻呈 獻花 貢獻

부 수 4 획	부 수 명 칭	상형 연상과정 (3)	상형 연상과정 (2)	상형 연상과정 (1)
耂	늙을 로			

字 源

머리를 늘어뜨리고 허리 굽은(匕) '늙은이(耂=毛+人)'가 지팡이를 짚고 있는 모양을 나타낸 자.

考 생각할 고
耂부 2획 ⑥
一 十 土 耂 考

(英) consider   (日) コウ(かんがえる)

考課(고과) : 공무원이나 회사원의 근무성적을 자세히 따져 우열을 정하는 일.
考慮(고려) : 생각하여 봄.
考案(고안) : 새로운 방법이나 물건을 연구하여 냄.

考古 考妣 考察 先考 參考 考終命

老 늙을 로
耂부 2획 ⑥
一 ニ 耂 老 老

(英) old   (日) ロウ(おいる)

老後(노후) : 늙은 뒤.
老年期(노년기) : 나이든 늙은 시기.
養老院(양로원) : 의지할 데 없는 노인들을 수용하여 돌보아 주는 시설.

老鍊 老衰 老熟 老人 老少同樂

者 놈 자
耂부 5획 ⑨
一 十 土 耂 者 者

讀者(독자) : 책, 신문 등 출판물을 읽는 사람.
富者(부자) : 살림이 넉넉한 사람.
著者(저자) : 책을 지은 사람. 지은이.
筆者(필자) : 글을 쓸 사람이나 쓴 사람.

强者 近者 牧者 病者 勝者 或者

이 놈 저 놈

 착각하지 맙시다.

頭(머리 두)자는 頁부수에 속하는 글자이며, 痘(천연두 두)자는 疒부수에 속하는 글자이며, 荳(콩 두)자는 ++(艸)부수에 속하는 글자이며, 逗(머무를 두)자는 辶(辵)부수에 속하는 글자입니다.

射(쏠 사)자는 寸부수에 속하는 글자입니다.

부 수 4 획	부 수 명 칭	상형 연상과정 (3)	상형 연상과정 (2)	상형 연상과정 (1)
王(玉)	구슬 옥	玉	王	

字 源

구슬 세(三) 개를 꿴(丨) 모양을 본뜬 자. 후에 王과의 혼동을 피하기 위해 `丶`을 덧붙임.

王 | 임금 **왕**
玉부 0획 ④

一 二 三 王

(英) king　　　　　(日) オウ(きみ)

王宮(왕궁) : 임금이 거처하는 궁전.
王權(왕권) : 임금의 권위 또는 권력.
王都(왕도) : 왕궁이 있는 도성.
王后(왕후) : 왕비.

王家 王冠 王道 王座 帝王

玉 | 구슬 **옥**
玉부 0획 ⑤

一 T 干 王 玉

(英) bead　　　　　(日) ギョク(たま)

玉色(옥색) : 약간 파르스름한 빛깔.
白玉(백옥) : 흰 구슬.
金枝玉葉(금지옥엽) : 귀여운 자손.
纖纖玉手(섬섬옥수) : 아름다운 여자의 손.

玉稿 玉骨 玉樓 玉石 玉水 玉童子

珍 | 보배 **진**
玉부 5획 ⑨

T 王 王 珍 珍 珍

(英) precious　　　　　(日) チン(めずらしい)

珍貴(진귀) : 보배롭고 귀중함.
珍品(진품) : 보배로운 물품.
珍羞盛饌(진수성찬) : 잘 차린 음식.
山海珍味(산해진미) : 아주 맛이 좋은 음식.

珍客 珍景 珍技 珍珠 珍風景

班 | 나눌 **반**
玉부 6획 ⑩

T 王 王 刋 班 班

(英) divide　　　　　(日) ハン(わかつ)

班鄕(반향) : 양반이 많이 사는 시골.
班常會(반상회) : 국민조직의 최하 단위인 반(班)
　　　　　의 구성원의 월례모임.
統班長(통반장) : 통(統)·반(班)의 우두머리.

班給 班師 班常 班長 班村 同班

球 | 공 **구**
玉부 7획 ⑪

一 王 王 丑 球 球

(英) sphere　　　　　(日) キュウ(たま)

球團(구단) : 프로야구나 프로축구 등 구기(球技)
　　　　　를 사업으로 하는 단체.
投球(투구) : 야구에서 투수가 공을 던짐.
强速球(강속구) : 투수가 던지는 강하고 빠른 공.

球菌 球根 球技 球速 野球 籠球

理 | 다스릴 **리**
玉부 7획 ⑪

T 王 王 理 理 理

(英) manage　　　　　(日) リ(おさめる)

非理(비리) : 도리에 어그러지는 일.
受理(수리) : 제출한 서류를 받아서 처리함.
合理化(합리화) : 합리적으로 체제를 개선하는 일.
不條理(부조리) : 도리에 맞지 아니함.

理論 理髮 理法 理事 理致 不理

王現

나타날 현
玉부 7획 ⑪
一 T 王 刬 珇 珇 現

(英) appear　　　(日) ゲン(あらわれる)

具現(구현) : 뚜렷한 모양으로 나타냄.
實現(실현) : 실제로 나타나거나 나타냄.
現段階(현단계) : 현재의 단계.
現政權(현정권) : 현재 정치를 하는 권력.

現金　現狀　現象　現在　現行　出現

琴

거문고 금
玉부 8획 ⑫
一 T 王 珡 珡 琴 琴

(英) the korean guitar　　　(日) キン(こと)

琴瑟(①금슬②금실) : ①거문고. ②부부간의 애정.
心琴(심금) : 자극에 따라 미묘하게 움직이는 마음
　　　을 거문고에 비유하여 이르는 말.
伽倻琴(가야금) : 우리 나라의 고유의 현악기.

琴碁　琴道　琴書　洋琴　彈琴

琢

다듬을 탁
玉부 8획 ⑫
一 王 王 玖 玖 琢 琢

(英) cut　　　(日) タク

琢器(탁기) : 틀에 박아 내어, 쪼아서 고르게 만든
　　　그릇.
切磋琢磨(절차탁마) : 옥·돌 따위를 갈고 깎듯이
　　　학문·덕행을 닦음.

彫琢

環

고리 환
玉부 13획 ⑰
一 王 琾 琾 玾 環 環

(英) ring　　　(日) カン(たまき)

一環(일환) : 이어져 있는 많은 고리 가운데 하나.
金指環(금지환) : 금가락지.
環境汚染(환경오염) : 대기, 토양물 등 환경이 점
　　　점 더럽혀져 가는 일.

環狀　環視　還玉　循環　花環　惡循環

 착각하지 맙시다.

補(기울 보)자는 衤(衣)부수에 속하는 글자이며, 輔(바퀴 덧방나무 보)자는 車부수에 속하는 글자이며, 浦(개 포)자는 氵(水)부수에 속하는 글자이며, 捕(사로잡을 포)자는 扌(手)부수에 속하는 글자이며, 葡(포도 포)자는 艹(艸)부수에 속하는 글자이며, 鋪(펼 포)자는 金부수에 속하는 글자이며, 脯(포 포)자는 月(肉)부수에 속하는 글자이며, 哺(먹을 포)자는 口부수에 속하는 글자이며, 匍(길 포)자는 勹부수에 속하는 글자이며, 逋(달아날 포)자는 辶(辵)부수에 속하는 글자이며, 踊(뛸 용)자는 足부수에 속하는 글자이며, 涌(샘솟을 용)자는 氵(水)부수에 속하는 글자이며, 俑(허수아비 용)자는 亻부수에 속하는 글자이며, 通(통할 통)자는 辶(辵)부수에 속하는 글자이며, 痛(아플 통)자는 疒부수에 속하는 글자이며, 桶(통 통)자는 木부수에 속하는 글자이며, 誦(일 송)자는 言부수에 속하는 글자입니다.

巡(돌 순)자는 巛부수에 속하는 글자입니다.

부 수 4 획	부 수 명 칭	상형 연상과정 (3)	상형 연상과정 (2)	상형 연상과정 (1)

艹(艸) 풀 초 (초두머리)

字源

두 포기의 풀 또는 초목의 싹들(中·中)이 돋아 나오는 모양에서 '풀'의 뜻이 된 자.

芳 꽃다울 **방**
艹부 4획 ⑧
一 艹 艹 艼 芳 芳

(英) flowery (日) ホウ(かんばしい)

芳年(방년) : 여자 이십 전후의 꽃다운 나이.
芳香劑(방향제) : 방향이 들어있는 약제.
綠陰芳草(녹음방초) : 우거진 나무그늘과 꽃다운
　　　　　　　　풀. 여름철을 가리키는 말.

芳心 芳草 芳香 芳名錄 流芳百世

芽 싹 **아**
艹부 4획 ⑧
一 艹 艹 芒 芽 芽

(英) bud (日) ガ(め)

芽椄(아접) : 눈접.
麥芽(맥아) : 엿기름.
發芽(발아) : ① 초목의 눈이 틈.
　　　　　 ② 씨앗에서 싹이 나옴. 芽生(아생).

萌芽 胎芽 新芽

花 꽃 **화**
艹부 4획 ⑧
一 艹 艹 艼 花 花

(英) flower (日) カ(はな)

花園(화원) : ① 꽃동산. ② 꽃가게.
花草(화초) : 관상용의 모든 풀과 나무.
花無十日紅(화무십일홍) : 열흘 붉은 꽃이 없다는
　　뜻으로 한번 성한 것은 얼마 후 반드시 쇠해짐.

花壇 花代 花郎 花柳 花燭 開花

苦 쓸 **고**
艹부 5획 ⑨
艹 艹 苦 苦 苦 苦

(英) suffering (日) ク(くるしい)

苦難(고난) : 괴로움과 어려움.
苦杯(고배) : ① 쓴 술잔. ② 쓰라린 경험의 비유.
苦生(고생) : 어렵고 괴로운 생활.
刻苦(각고) : 몹시 애씀.

苦車 苦味 苦悶 苦心 苦學 苦盡甘來

苟 구차할 **구**
艹부 5획 ⑨
一 艹 艹 芍 苟 苟

(英) destitute (日) コウ(いやしくも)

苟且(구차) : ① 몹시 가난하고 군색함.
　　　　　 ② 군색스럽고 구구함.
阿諛苟容(아유구용) : 남에게 아첨하여 구차스레
　　　　　　　　구는 모양.

苟簡 苟得 苟免 苟命 苟安 苟存

苗 모 **묘**
艹부 5획 ⑨

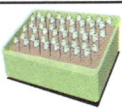

(英) bud (日) ビョウ(なえ)

苗木(묘목) : 옮겨 심는 어린 나무.
育苗(육묘) : 묘목이나 모를 기름.
種苗(종묘) : ① 씨앗과 모종.
　　　　　 ② 식물의 싹을 심어서 기름.

苗稼 苗脈 苗床 苗板 苗裔 苗族

艹

茂 무성할 무
艹부 5획 ⑨
一 艹 广 芆 茂 茂
(英) flourishing　(日) モ(しげる)

茂林(무림) : 초목이 우거진 숲.
茂盛(무성) : 초목이 많이 나서 우거짐.
茂才(무재) : ①옛날 관리를 뽑기 위하여 시험하
　　　는 과목의 한 가지. ②재능이 뛰어난 사람.

茂德 茂士 茂樹

若 같을 약, 반야 야
艹부 5획 ⑨
一 艹 艹 若 若 若
(英) like　(日) ジャク(もしくわ)

明若觀火(명약관화) : 불을 보듯 뻔함.
傍若無人(방약무인) : 좌우에 사람이 없는 것같이
　　　　　　　언어나 행동이 거리낌 없음.
泰然自若(태연자약) : 어떤 충동에도 천연스러움.

若干 若此 若何 萬若 般若心經

英 꽃부리 영
艹부 5획 ⑨
一 艹 芇 苙 英 英
(英) corolla　(日) エイ(ひいでる)

英雄(영웅) : 지력과 재능 또는 무용 등에 뛰어
　　　남. 또는 그런 사람.
英才(영재) : 탁월한 재주. 또 그런 사람.
英特(영특) : 영걸스럽고 특별함.

英傑 英靈 英主 英華 群英 落英

茶 차 다, 차 차
艹부 6획 ⑩
一 艹 芠 芖 茶 茶
(英) tea　(日) チャ、サ

茶菓(다과) : 차와 과자.
茶道(다도) : 차를 달여 손님에게 권하거나 마실
　　　때의 예법.
茶飯事(다반사) : 예사로운 일. 일상 있는 일.

茶禮 茶房 茶毘 茶室 茶褐色

茫 아득할 망
艹부 6획 ⑩
艹 艹 艹 汒 汒 茫
(英) vast　(日) ボウ

茫漠(망막) : 가물가물할 정도로 매우 멈.
滄茫(창망) : 넓고 멀어서 아득함.
茫茫大海(망망대해) : 한없이 넓고 큰 바다.
茫然自失(망연자실) : 정신을 잃고 어리둥절함.

茫茫 茫昧 茫然 茫無頭緖

草 풀 초
艹부 6획 ⑩
一 艹 芇 苩 苩 草
(英) grass　(日) ソウ(くさ)

草野(초야) : 시골의 궁벽한 땅.
雜草(잡초) : 잡풀.
草根木皮(초근목피) : ①풀뿌리와 나무의 껍질.
　　　　　　②한약의 재료가 되는 물건.

草家 草芥 草稿 草露 草食 草案

荒 거칠 황
艹부 6획 ⑩
一 艹 艹 芒 芒 荒
(英) wild　(日) コウ(ふれる)

荒凉(황량) : 황폐하여 쓸쓸함.
虛荒(허황) : 사람됨이 들떠서 황당함.
荒蕪地(황무지) : 거칠어진 땅.
荒唐無稽(황당무계) : 말이 허황되고 터무니없음.

荒城 荒野 荒土 荒廢化

莫 없을 막
艹부 7획 ⑪
一 艹 苩 苩 莫 莫
(英) forbid　(日) バク、マク

莫重(막중) : 매우 중요함.
莫無可奈(막무가내) : 어찌할 수가 없음.
後悔莫及(후회막급) : 잘못된 뒤에 아무리 후회하
　　　　　　여도 어찌할 수가 없음.

莫强 莫大 莫論 莫上莫下 莫逆之友

莊

씩씩할 장
艹부 7획 ⑪

艹 艹 艹 艹 莊 莊 莊

(英) grave　　　　(日) ソウ

莊嚴(장엄) : 존귀하고 엄숙함.
莊重(장중) : 장엄하고 무게가 있음.
別莊(별장) : 본집 외에 경치 좋은 곳에 따로 마
　　　　　련한 집. 별저(別邸).

莊敬　莊言　莊園　山莊　莊周之夢

荷

멜 하
艹부 7획 ⑪

艹 艹 艹 莽 荷 荷

(英) bear　　　　(日) カ(はす)

荷重(하중) : 물체에 작용하는 외력.
賊反荷杖(적반하장) : 도둑이 도리어 매를 든다는
　　　　　뜻으로, 잘못한 사람이 도리어 잘한
　　　　　사람을 나무라는 경우에 쓰는 말.

荷擔　荷物　荷船　荷役　負荷　出荷

菊

국화 국
艹부 8획 ⑫

艹 艹 艹 菊 菊 菊

(英) chrysanthemum　　　　(日) キク

菊花(국화) : 국화과 국화속의 식물로 가을에 아름다
　　　　　운 꽃이 되며, 관상용·약용·향료용으로 쓰임.
梅蘭菊竹(매란국죽) : 매화, 난초, 국화, 대나무를
　　　　　일컫는 말.

菊月　菊版　菊枕　水菊　黃菊

菌

버섯 균
艹부 8획 ⑫

艹 艹 芦 芦 菌 菌

(英) fungus　　　　(日) キン(きのこ)

殺菌(살균) : 세균 등을 사멸시킴
細菌(세균) : 생물계 중 현미경을 통해서만 볼 수
　　　　　있는 가장 미세하고 하등인 단세포 동물.
無菌室(무균실) : 균이 없는 방.

球菌　癩菌　滅菌　病菌　抗菌　保菌者

菜

나물 채
艹부 8획 ⑫

艹 艹 艹 苹 苹 菜 菜

(英) vegetable　　　　(日) サイ

山菜(산채) : 산나물.
野菜(야채) : 식용 초본식물의 총칭.
菜食主義者(채식주의자) : 부식으로 식물성 식품
　　　　　만을 취하는 사람.

菜麻　菜色　菜蔬　乾菜　生菜

華

빛날 화
艹부 8획 ⑫

艹 艹 艹 莘 莘 莘 華

(英) brillant　　　　(日) カ(はな)

華麗(화려) : ① 번화하고 고움.
　　　　　　② 빛나고 아름다움.
繁華街(번화가) : 도시의 번화한 거리.
招豪華版(초호화판) : 매우 호화로운 판국.

華僑　華燭　華婚　榮華　中華

落

떨어질 락
艹부 9획 ⑬

艹 艹 芽 茨 茨 落 落

(英) fall　　　　(日) ラク(おちる)

落膽(낙담) : ① 일이 뜻대로 되지 않아 마음이 몹
　　　　　시 상함. ② 너무 놀라서 간이 떨어지는 듯함.
落淚(낙루) : 눈물을 떨어뜨림. 또는 그 눈물.
落榜(낙방) : 과거에 떨어짐.

落島　落成　落伍　落穗　村落

萬

일만 만
艹부 9획 ⑬

艹 艹 苎 苩 萬 萬 萬

(英) ten thousand　　　　(日) マン(よろず)

萬感(만감) : 여러 가지 느낌.
萬古風霜(만고풍상) : 오래 겪어온 많은 고생.
千辛萬苦(천신만고) : 마음과 힘을 한없이 수고롭
　　　　　게 애를 씀.

萬物商　萬不當　萬事亨通　家和萬事成

艹

葉 잎 엽

艹부 9획 ⑬

艹 艹 哭 哭 華 葉

(英) leaf　　　(日) ヨウ(は)

葉書(엽서) : 우편엽서의 약칭.
金枝玉葉(금지옥엽) : 금 같은 가지와 옥 같은 잎
　　　사귀라는 뜻으로 임금의 자손이나 귀
　　　여운 자손을 비유하여 이르는 말.

葉菜 葉草 枝葉 初葉 葉綠素

著 나타낼 저

艹부 9획 ⑬

艹 艹 芝 芝 著 著

(英) compose　　　(日) チョ(あらわす)

著作(저작) : 책을 지어냄.
顯著(현저) : 뚜렷이 드러나 분명함.
著作權(저작권) : 저작자가 자신의 저작물의 복
　　　제, 번역, 방송 등을 독점하는 권리.

著名 著聞 著書 共著 論著 雜著

蒙 어두울 몽

艹부 10획 ⑭

艹 艹 芌 芌 蒙 蒙

(英) stupid　　　(日) モウ(こうむる)

啓蒙(계몽) : ①어린아이나 무식한 사람을 깨우쳐
　　　· 줌. ②정신의 몽매한 상태를 계발하
　　　여 개화로 인도함.
無知蒙昧(무지몽매) : 지식이 없고 사리에 어두움.

蒙古 蒙利 蒙死 蒙養 蒙恩 童蒙

蒼 푸를 창

艹부 10획 ⑭

艹 艾 芝 苓 苍 蒼

(英) green　　　(日) ソウ(あお)

蒼空(창공) : 맑게 개인 새파란 하늘.
鬱蒼(울창) : 큰 나무들이 빽빽하게 들어선 모양.
古色蒼然(고색창연) : 퍽 오래되어 옛 풍치가 그
　　　대로 드러나 보이는 모양.

蒼茫 蒼白 蒼遠 蒼天 蒼生 萬頃蒼波

葬 장사지낼 장

艹부 9획 ⑬

艹 艹 茾 茾 葬 葬

(英) bury　　　(日) ソウ(ほうむる)

殉葬(순장) : 왕이나 남편의 장사에 신하나 아내
　　　를 산채로 함께 장사 지내던 풍습.
副葬品(부장품) : 시체와 함께 묻는 패물이나 그
　　　릇 및 연장들.

葬禮 葬儀 葬地 國葬 水葬 移葬

蓋 덮을 개

艹부 10획 ⑭

艹 艾 苹 莠 蓋 蓋

(英) cover　　　(日) ガイ(おおう)

蓋然(개연) : 확실치 않으나 그럴 것 같은 상태.
力拔山氣蓋世(역발산기개세) : 힘이 산이라도 빼
　　　어 던질 만하고, 세상을 덮을 정도로
　　　기력이 웅대함. 발산개세(拔山蓋世).

覆蓋 蓋頭巾 頭蓋骨 無蓋車 口蓋音化

蒸 찔 증, 백성 증

艹부 10획 ⑭

艹 艹 茅 茨 蒸 蒸

(英) steam　　　(日) ジョウ(むす)

蒸發(증발) : ①액체·고체가 표면에서 기체로 변
　　　하는 현상. ②사람이나 물건이 갑자
　　　기 없어져 소재불명이 됨.
水蒸氣(수증기) : 물이 증발하여 된 김.

蒸溜 汗蒸 蒸民 蒸溜水 燻蒸劑

蓄 모을 축

艹부 10획 ⑭

艹 艹 莗 莠 蓄 蓄

(英) accumulate　　　(日) チク(たくねえる)

蓄財(축재) : 재물을 모아 쌓음.
蓄積(축적) : 많이 모으는 것.
貯蓄(저축) : ①절약하여 한데 모아둠. ②현재의
　　　잉여를 장래를 위해 모아둠.

備蓄 電蓄 蓄膿症 蓄電池 含蓄性

蓮

연꽃 **련**
艹부 11획 ⑮
艹 艿 芢 浐 萢 蓮

(英) lotus　　　(日) レン(はす)

蓮根(연근) : 연의 땅 속줄기로 구멍이 많으며 식
　　　　　　용으로 쓰임.
蓮花紋(연화문) : 연꽃을 도안화한 무늬.
蓮花燈(연화등) : 연꽃모양의 등.

蓮池　木蓮

蔬

나물 **소**
艹부 11획 ⑮
艹 萨 萨 萨 萨 蔬

(英) eatable　　　(日) ソ

蔬飯(소반) : 변변치 못한 음식.
蔬菜(소채) : 소채류의 나물 채소.
菜蔬(채소) : 밭에서 가꾸는 온갖 푸성귀. 심어서
　　　　　가꾸는 나물.

蔬食　蔬果

蔽

덮을 **폐**
艹부 12획 ⑯
艹 芍 芍 葡 葡 蔽

(英) shade　　　(日) ヘイ(おおう)

隱蔽(은폐) : 가리어 숨김. 덮어 감춤.
建蔽率(건폐율) : 대지면적에 대한 건평의 비율.
掩蔽物(엄폐물) : 야전에서 적의 포탄을 막아낼 수
　　　　　　있는 지상물의 총칭.

蔽塞　掩蔽　蔽一言

薄

엷을 **박**
艹부 13획 ⑰
艹 艹 消 浦 薄 薄

(英) thin　　　(日) ハク

薄俸(박봉) : 적은 봉급.
稀薄(희박) : ① 일의 희망, 가망이 적음.
　　　　　② 농도·밀도가 엷거나 얕음.
薄利多賣(박리다매) : 이익을 적게 보고 많이 팖.

薄待　薄德　薄命　薄福　薄氷　野薄

薦

천거할 **천**
艹부 13획 ⑰
艹 产 产 薦 薦 薦

(英) recommend　　　(日) セン(すすめふ)

公薦(공천) : 정당에서 선거에 출발할 당원을 공식
　　　　　적으로 추천함.
落薦(낙천) : 추천에 들지 못하고 떨어짐.
推薦(추천) : 인재를 천거함.

薦擧　他薦　毛遂自薦

藍

쪽 **람**
艹부 14획 ⑱
艹 艹 艹 蓝 藍 藍

(英) blue　　　(日) ラン(あい)

藍色(남색) : 남빛.
靑出於藍(청출어람) : 쪽에서 나온 물감이 쪽보다
　　　　　　더 푸르다는 뜻으로 제자가 스승보
　　　　　　다 나음을 일컫는 말. 출람(出藍).

藍縷　藍實　藍靑　伽藍　搖籃

藏

감출 **장**
艹부 14획 ⑱
艹 艹 葿 藏 藏 藏

(英) conceal　　　(日) ゾウ(くら)

藏書(장서) : 책을 간직해 둠. 또 그 책.
死藏(사장) : 활용하지 않고 간직하여 둠.
所藏(소장) : 간직하여 둠. 또 그 물건.
無盡藏(무진장) : 한없이 많이 있음.

藏府　秘藏　愛藏　貯藏　大藏經

藥

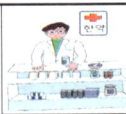

약 **약**
艹부 15획 ⑲
艹 苩 葿 蕐 藥 藥

(英) medicine　　　(日) ヤク(くすり)

製藥(제약) : 약을 제조함.
特效藥(특효약) : 특별한 효험이 있는 약.
百藥無效(백약무효) : 좋다는 약을 다 써도 병이
　　　　　　낫지 않음.

藥方　藥效　靈藥　痲藥　補藥

藝

재주 **예**

艹부 15획 ⑲

艹 艹 芸 蓺 藝 藝

(英) talent　　　　(日) ゲイ(わざ)

書藝(서예) : 글씨를 쓰는 방법을 배우는 일.
藝術品(예술품) : 예술가가 제작한 예술미를 표현
　　　　　한 작품.
陶藝家(도예가) : 도자기를 전문적으로 만드는 사람.

藝能 藝名 武藝 文藝 學藝 工藝品

蘇

되살아날 **소**

艹부 16획 ⑳

艹 艹 苗 苴 蘇 蘇

(英) revival　　　　(日) ソ(よみがえる)

蘇聯(소련) : 「소비에트 사회주의 공화국 연방」
　　　　　의 준말.
蘇生(소생) : 다시 살아남.
美蘇(미소) : 미국과 소련.

蘇復 蘇子 蘇軍 蘇鐵 舊蘇

蘭

난초 **란**

艹부 17획 ㉑

艹 艹 芦 蕄 蘭 蘭

(英) orchid　　　　(日) ラン

蘭草(난초) : 난초과의 여러 해살이 풀.
和蘭(화란) : 네덜란드의 한자 이름.
佛蘭西(불란서) : 프랑스의 한자 이름.
金蘭之交(금란지교) : 극히 친한 사이.

蘭交 春蘭 風蘭 龍舌蘭 梅蘭菊竹

 착각하지 맙시다.

絃(악기줄 현)자는 糸부수에 속하는 글자이며, 弦(시위 현)자는 弓부수에 속하는 글자이며, 鉉(솥귀 현)자는 金부수에 속하는 글자이며, 炫(빛날 현)자는 火부수에 속하는 글자이며, 眩(아찔할 현)자는 目부수에 속하는 글자이며, 舷(뱃전 현)자는 舟부수에 속하는 글자이며, 衒(발보일 현)자는 行부수에 속하는 글자이며, 泫(물 깊고 넓을 현)자는 氵(水)부수에 속하는 글자입니다.

閘(갑옷 갑)자는 門부수에 속하는 글자이며, 匣(갑 갑)자는 匚부수에 속하는 글자이며, 鴨(오리 압)자는 鳥부수에 속하는 글자이며, 紳(큰 띠 신)자는 糸부수에 속하는 글자이며, 呻(끙끙거릴 신)자는 口부수에 속하는 글자이며, 宙(하늘 주)자는 宀부수에 속하는 글자이며, 冑(투구 주)자는 月(肉)부수에 속하는 글자입니다.

醱(술 괼 발)자는 酉부수에 속하는 글자이며, 潑(뿌릴 발)자는 氵(水)부수에 속하는 글자입니다.

부 수 4 획	부수 명칭	상형 연상과정 (3)	상형 연상과정 (2)	상형 연상과정 (1)
辶(辵)	쉬엄쉬엄갈 **착** (책받침)			

字 源

조금 걷다간(彳←彳) 멈추곤(止) 하며 간다하여 '쉬엄쉬엄 가다'의 뜻이 된 자.

近 가까울 근

辶부 4획 ⑧
丿 亻 斤 斤 沂 近 近

(英) near (日) キン(ちかい)

近來(근래) : 요즈음.
近視(근시) : 먼데 있는 것을 잘 못 보는 시력.
近海(근해) : 육지에 가까운 바다.
最近(최근) : 얼마 안 되는 지나간 날.

近刊 近郊 近影 近接 近況 親近

返 돌이킬 반

辶부 4획 ⑧
丆 反 近 返 返

(英) return (日) ヘン(かえす)

返納(반납) : 남에게 빚진 것을 도로 돌려줌.
返戾(반려) : 돌려줌.
返品(반품) : 사들인 물품 따위를 도로 돌려보냄.
返還(반환) : 도로 돌려줌.

返却 返柩 返璧 返償 返送 返照

迎 맞을 영

辶부 4획 ⑧
丿 卬 卬 卬 迎 迎

(英) welcome (日) ゲイ(むかえる)

迎新(영신) : 새해를 맞음.
迎接(영접) : 손님을 맞아서 접대함.
歡迎(환영) : 기쁜 마음으로 맞음.
迎賓館(영빈관) : 국빈을 맞는 객사(客舍).

迎入 迎合 送迎 出迎 送舊迎新

迫 핍박할 박

辶부 5획 ⑨
丿 冂 白 白 泊 迫

(英) oppress (日) ハク(せまる)

迫力(박력) : 일을 밀고 나가는 힘.
迫害(박해) : 못 견디게 굴어서 해롭게 함.
急迫(급박) : 일의 형세가 매우 급함.
逼迫(핍박) : 못살게 괴롭히거나 해를 입힘.

迫頭 迫眞 强迫 臨迫 促迫

述 펼 술

辶부 5획 ⑨
丆 辷 辻 沭 述 述

(英) continue (日) ジュウ(のべる)

記述(기술) : 문장으로 적음.
敍述(서술) : 어떠한 사실을 차례를 좇아 말하거나 적음.
陳述(진술) : 자세히 벌여 말함.

述語 述懷 口述 論述 詳述 略述

逃 도망할 도

辶부 6획 ⑩
丿 儿 兆 兆 沝 逃 逃

(英) run away (日) トウ(にげる)

逃亡(도망) : 쫓겨 달아남.
逃避(도피) : 도망하여 피함.
夜半逃走(야반도주) : 남의 눈을 피하여 밤에 몰래 달아남.

逃走 現實逃避

迷

미혹할 **미**
辶부 6획 ⑩
辶 辷 半 米 米 迷 迷

(英) seduce　　　(日) メイ(まやう)

迷宮(미궁) : 사건 같은 것이 읽혀서 쉽게 판단하기 어려운 일.
迷兒(미아) : 길을 잃은 아이.
昏迷(혼미) : 정신이 헷갈리고 흐릿함.

迷路 迷夢 迷惑　迷信打破

送

보낼 **송**
辶부 6획 ⑩
⌐ 으 𠔼 𦍌 送 送 送

(英) send　　　(日) ソウ(おくる)

送金(송금) : 돈을 보냄.
送別(송별) : 헤어지거나 떠나는 사람을 보냄.
送還(송환) : 도로 돌려보냄.
虛送歲月(허송세월) : 세월을 헛되이 보냄.

送稿 送達 送致 押送 託送

逆

거스릴 **역**
辶부 6획 ⑩
⌐ 꾸 꾸 逆 逆 逆

(英) resist　　　(日) ギャク(さからう)

逆謀(역모) : 반역을 도모함.
拒逆(거역) : 윗사람의 뜻을 어기어 거스름.
大逆罪人(대역죄인) : 왕권을 침해하거나 부모를 살해하는 큰 죄를 지은 사람.

逆境 逆徒 逆算 反逆 附逆 忠逆

追

쫓을 **추**, 따를 **추**
辶부 6획 ⑩
⌐ 户 户 自 追 追 追

(英) follow　　　(日) ツイ(おう)

追突(추돌) : 기차나 자동차 따위가 뒤에서 달려와 들이받음.
追跡(추적) : 뒤를 밟아 쫓아감.
追徵(추징) : 추가하여 징수함.

追加 追悼 追慕 追敍 追憶 追從

退

물러날 **퇴**
辶부 6획 ⑩
⌐ 尸 艮 艮 退 退 退

(英) retreat　　　(日) タイ(しりぞく)

擊退(격퇴) : 적을 쳐서 물리침.
敗退(패퇴) : 전쟁에 지고 물러남.
進退兩難(진퇴양난) : 이러지도 저러지도 못하는 어려운 상황에 처함.

退却 退勤 退步 退場 隱退 脫退

途

길 **도**
辶부 7획 ⑪
⌐ 辶 𠆢 余 涂 途 途

(英) road　　　(日) ト

途中(도중) : 일을 하고 있는 동안.
別途(별도) : 딴 방도나 방면.
前途(전도) : 앞으로 나아갈 길.
多用途室(다용도실) : 여러 가지 용도로 쓰이는 창고.

途上 用途 壯途 長途 開途國

連

이을 **련**
辶부 7획 ⑪
⌐ 辶 𠂊 車 車 連 連

(英) continue　　　(日) レン(つらなる)

連結(연결) : 서로 이어서 맺음.
連累(연루) : 범죄에 관계됨.
連覇(연패) : 잇달아 우승함.
連戰連勝(연전연승) : 싸울 때마다 이김.

連絡 連發 連峰 連署 連敗 連打

逢

만날 **봉**
辶부 7획 ⑪
⌐ 夊 夆 夆 逢 逢 逢

(英) meet　　　(日) ほう(おう)

逢變(봉변) : 뜻밖의 변을 당함.
逢辱(봉욕) : 욕된 일을 당함.
逢着(봉착) : 맞닥뜨림.
相逢(상봉) : 서로 만남.

逢年 逢別 逢賊 逢敗 再逢春

速

빠를 **속**
辶부 7획 ⑪
⼀ ㇡ 束 涑 涑 速

(英) quick　　　　(日) ソク(はやい)

速成(속성) : 빨리 이룸.
時速(시속) : 한 시간을 한 단위로 한 속도.
拙速(졸속) : 서둘러 결과가 바람직하지 못함.
强速球(강속구) : 투수가 던지는 빠른 공.

速決 速攻 速達 速報 過速 流速

造

지을 **조**
辶부 7획 ⑪
⼂ 牛 告 浩 造 造

(英) make　　　　(日) ゾウ(とおる)

造成(조성) : 만들어서 이룸.
造幣公社(조폐공사) : 화폐의 제조 및 발행을 하
　　　　　　　는 정부의 공공 기업체.
僞造紙幣(위조지폐) : 위조한 지폐.

造景 造林 造作 改造 構造 模造

逐

쫓을 **축**
辶부 7획 ⑪
⼇ ㇡ 豕 涿 逐 逐

(英) expel　　　　(日) チク(おう)

逐條(축조) : 한 조목 한 조목씩 차례로 쫓아 함.
逐出(축출) : 쫓아냄. 몰아냄.
角逐(각축) : 서로 이기려고 맞서 다툼.
驅逐(구축) : 몰아 쫓아냄.

逐鬼 角逐戰 驅逐艦 逐條審議

通

통할 **통**
辶부 7획 ⑪
⼂ 甬 甬 涌 通 通

(英) pass through　　　　(日) ソウ(とおる)

通達(통달) : 환히 앎.
通讀(통독) : 처음부터 끝까지 내리 읽음.
通勤列車(통근열차) : 통근하는 사람을 위한 열차.
通貨改革(통화개혁) : 통화에 대한 조치.

通告 通過 通關 通帳 通譯官 通行證

透

사무칠 **투**
辶부 7획 ⑪
禾 秀 秀 涍 透 透

(英) pass through　　　　(日) トウ(とおる)

透明(투명) : 속까지 트이어 환히 비쳐 보임.
透視(투시) : 속의 것을 트이게 봄.
透徹(투철) : 속까지 환히 비쳐봄.
浸透(침투) : 스미어 젖어듦.

透寫 透彫 透明體 透水層 透視力

逸

편안할 **일**
辶부 8획 ⑫
⼂ 免 兔 兔 逸 逸

(英) ease　　　　(日) イツ(それる)

逸品(일품) : 썩 뛰어나게 좋은 물건이나 작품.
逸話(일화) : 아직 세상에 널리 알려지지 않은 이
　　　　　야기.
安逸(안일) : 평안함.

逸居 逸口 逸氣 獨逸 無事安逸

進

나아갈 **진**
辶부 8획 ⑫
亻 仆 隹 淮 進 進

(英) advance　　　　(日) カ(すぎる)

進軍(진군) : 군대를 내어 보냄.
進路(진로) : 앞으로 나아갈 길.
進言(진언) : 윗사람에게 자기의 의견을 말함.
進學(진학) : 더 배우기 위해 상급학교에 진학함.

進甲 進級 進就 累進 昇進 促進

過

지날 **과**
辶부 9획 ⑬
冎 咼 咼 淌 過 過

(英) exceed　　　　(日) カ(すぎる)

過信(과신) : 지나치게 믿음.
過失(과실) : 잘못.
過慾(과욕) : 욕심이 지나침.
看過(간과) : 대강 보아 넘김.

過去 過勞 過敏 過積 超過 通過

達

통달할 **달**
辶부 9획 ⑬
㐁 幸 幸 達 達 達

(英) reach　　　(日) タツ、タチ

達辯(달변) : 능란한 말솜씨.
達成(달성) : 목적한 바를 이룸.
達筆(달필) : 글이나 글씨를 잘 쓰는 사람.
送達(송달) : 보내어 줌.

達觀 達磨 乾達 到達 熟達 通達

道

길 **도**
辶부 9획 ⑬
丷 䒑 首 首 道 道

(英) road　　　(日) ドウ(みち)

道術(도술) : 도사 또는 도가의 방술(方術).
道人(도인) : 도를 닦는 사람.
道程(도정) : 여행의 경로.
入山修道(입산수도) : 산에 들어가 도를 닦음.

道家 道路 道場 街道 坑道 茶道

遂

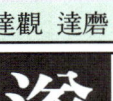

드디어 **수**
辶부 9획 ⑬
亠 彖 㒸 㒸 遂 遂

(英) complete　　　(日) スイ(ついに)

遂生(수생) : 목숨을 다함.
遂成(수성) : 드디어 이룸.
遂行(수행) : 일을 계획대로 해냄.
完遂(완수) : 완전히 해냄.

遂事 遂初 未遂 毛遂自薦

遇

만날 **우**
辶부 9획 ⑬
日 禺 禺 遇 遇 遇

(英) meet　　　(日) グウ(あう)

境遇(경우) : 놓이게 되는 조건이나 때.
待遇(대우) : 예의를 갖추어 대함.
前官禮遇(전관예우) : 고급공무원이 퇴관한 경우
　　　　　　에도 재임당시의 예우를 하는 일.

不遇 禮遇 遭遇 處遇 千載一遇

運

옮길 **운**
辶부 9획 ⑬
冖 冒 冒 軍 運 運

(英) carry　　　(日) ウン(はこぶ)

運搬(운반) : 물건을 옮겨 나르는 일.
運營(운영) : 일을 경영하여 나아감.
運河(운하) : 배가 다닐 수 있도록 인공으로 판
　　　　　　수로(水路).

運命 運送 運賃 運休 吉運 財運

違

어긋날 **위**
辶부 9획 ⑬
亠 吾 查 韋 違 違

(英) oppose　　　(日) い(ちがう)

違反(위반) : 법률, 계약, 약속 등을 어김.
違法(위법) : 법을 어김.
違約(위약) : 약속을 위반함.
非違(비위) : 법에 어긋나는 일.

違規 違例 違背 違憲 違和感

遊

놀 **유**
辶부 9획 ⑬
方 扩 斿 斿 游 遊

(英) play　　　(日) コウ(あそぶ)

遊覽(유람) : 돌아다니며 구경함.
遊學(유학) : 고향을 떠나 다른 고장이나 외국에
　　　　　　가서 공부함.
遊興(유흥) : 흥취있게 놂.

遊離 遊星 遊泳 遊休 遊戲 外遊 回遊

遍

두루 **편**
辶부 9획 ⑬
㇆ 户 扁 扁 遍 遍

(英) everywhere　　　(日) ヘン(あまねし)

遍歷(편력) : 이곳 저곳으로 두루 돌아다님.
遍在(편재) : 두루퍼져 있음. ↔ 편재(偏在).
普遍(보편) : ① 모든 것에 두루미침.
　　　　　　② 모든 사물에 공통되는 성질.

遍界 普遍妥當 讀書百遍義自見

遣 보낼 **견**
辶부 10획 ⑭
辶 辶 辶 胄 遺 遣
(英) send　　(日) ケン(つかわす)

遣歸(견귀) : 돌려보냄.
分遣(분견) : 조직체의 구성원의 일부를 갈라서 다른 데로 보냄.
派遣(파견) : 임무를 맡겨 어느 곳에 보냄.

遙 멀 **요**
辶부 10획 ⑭
乊 乺 乺 乿 猺 遙
(英) distant　　(日) ヨウ

遙望(요망) : 멀리 바라봄.
遙昔(요석) : 먼 옛날.
遙遠(요원) : 아득히 멂.
逍遙(소요) : 산책삼아 이리저리 자유롭게 거닒.

遙拜 遙然

遠 멀 **원**
辶부 10획 ⑭
土 吉 吉 袁 遠 遠
(英) distant　　(日) イン(とおい)

遠近(원근) : 멀고 가까움.
遠大(원대) : 뜻이 깊고 큼.
遠征(원정) : 멀리 치러감.
深遠(심원) : 내용이 깊고 원대함.

遠隔 遠視 敬遠 久遠 疏遠

適 맞을 **적**
辶부 11획 ⑮
宀 商 商 商 滴 適
(英) suitable　　(日) テキ(かなう)

適當(적당) : 알맞음. 마땅함.
適任(적임) : 재능에 적당한 임무.
快適(쾌적) : 몸과 마음에 알맞아 기분이 썩 좋음.

適格 適法 適性 適用 適應 適時打

遲 더딜 **지**, 늦을 **지**
辶부 12획 ⑯
尸 尸 尼 屖 犀 遲
(英) late　　(日) チ(おそい、おくれる)

遲刻(지각) : 정해진 시각에 늦음.
遲明(지명) : 날이 밝기를 기다린다는 뜻.
遲滯(지체) : 기한(期限)에 뒤짐. 어물어물하여 늦어짐.

遲進兒 遲遲不進 陵遲處斬

選 가릴 **선**
辶부 12획 ⑯
巴 巽 巽 巽 選 選
(英) select　　(日) セン(えらぶ)

選擧(선거) : 선거권을 가진 사람이 특정한 지역 및 전국에 걸쳐 투표로 공직자를 뽑는일.
選擇(선택) : 골라서 뽑음.
當選(당선) : 선거에서 뽑힘.

選球 選別 選定 落選 嚴選 特選

遺 남길 **유**
辶부 12획 ⑯
口 中 貴 貴 遺 遺
(英) remain　　(日) イ、ユイ(のこす)

遺憾(유감) : 마음에 섭섭함.
遺稿(유고) : 죽은 사람이 남긴 시문의 원고.
遺失(유실) : 잃어버림.
遺訓(유훈) : 죽은 사람이 끼쳐 남긴 교훈.

遺物 遺棄 遺産 遺書 遺言 遺族

遵 좇을 **준**
辶부 12획 ⑯
亠 酋 尊 尊 遵 遵
(英) follow　　(日) ジュン(したかう)

遵法(준법) : 법령을 지킴.
遵守(준수) : 그대로 좇아 지킴.
遵用(준용) : 좇아 씀.
遵行(준행) : 그대로 따라 행함.

遵據 遵法精神

遷 옮길 천
辶부 12획 ⑯

(英) move　(日) セン(うつる)

遷都(천도) : 도읍을 옮김.
左遷(좌천) : 어떤 사람을 지금보다 낮은 지위나 직위로 옮김.
改過遷善(개과천선) : 나쁜 짓을 고쳐 착하게 됨.

遷善 變遷 三遷之敎 孟母三遷

避 피할 피
辶부 13획 ⑰

(英) avoid　(日) ヒ(さける)

避難(피난) : 천재지변 따위의 재난을 피하여 있던 곳을 옮김.
忌避(기피) : 꺼리어 피함.
待避(대피) : 위험을 피하여 잠시 기다림.

避身 避妊 逃避 回避 避雷針

還 돌아올 환
辶부 13획 ⑰

(英) return　(日) カン(かえる)

還甲(환갑) : 나이 61세를 가리키는 말. 회갑(回甲).
還給(환급) : 돈이나 물건을 도로 돌려줌.
歸還(귀환) : 돌아옴. 귀국(歸國).
召還(소환) : 불러들임.

還國 還都 還拂 還俗 返還 償還 奪還

邊 가 변
辶부 15획 ⑲

(英) edge　(日) ヘン(ほとり)

江邊(강변) : 강물이 흐르는 주변 땅.
身邊(신변) : 몸 또는 몸 주위.
底邊(저변) : 사회, 경제적으로 기저를 이루는 부분.
周邊(주변) : 둘레의 언저리.

邊境 官邊 路邊 貸邊 沿邊 多邊化

부 수 5 획	부 수 명 칭	상형 연상과정 (3)	상형 연상과정 (2)	상형 연상과정 (1)
玄	검을 현			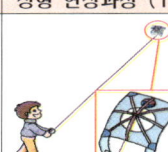

字 源

작은(幺) 것이 구름에 가려져(亠) 그 빛이 검게 보인다 하여 '검다'의 뜻이 된 자.

玄 검을 현
玄부 0획 ⑤

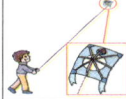

(英) black　(日) ゲン(くろい)

玄關(현관) : 양식 집체의 정면에 낸 문간.
玄妙(현묘) : 도리나 기예가 깊어서 썩 미묘함.
幽玄(유현) : 사물의 이치 또는 아취가 헤아리기 어려울 만큼 깊음.

玄武 玄米 玄孫 玄岩

玆 이 자
玄부 5획 ⑩

(英) this　(日) シ

玆에(자-) : '여기에', '이에'의 뜻의 접속부사.
玆山魚譜(자산어보) : 조선 순조 때 정약전이 지은 책. 흑산도에 유배되어 있으면서 근해의 수산물의 이름, 분포, 형태, 습속 등을 기술한 것임.

 비율 **률**, 거느릴 **솔**
玄부 6획 ⑪
一亠玄玄玄率

(英) ratio, rule　　　(日) ソツ(ひきいる)

確率(확률) : 어떤 사건이 일어날 확실성의 정도.
食率(식솔) : 집안에 딸린 식구.
眞率(진솔) : 진실하고 솔직함.
效率的(효율적) : 들인 노력보다 결과가 더 좋음.

能率　比率　換率　率直　統率

부 수 5 획	부 수 명 칭	상형 연상과정 (3)	상형 연상과정 (2)	상형 연상과정 (1)
	오이 **과**			

字 源

덩굴(冂)에 달린 고부랑한 '오이(厶)' 모양을 본뜬 자.

 오이 **과**
瓜부 0획 ⑤
丨丆爪瓜瓜

(英) cucumber　　　(日) カ(うり)

瓜年(과년) : ① 여자가 혼기에 이른 나이. 16세
　　　　　　를 이름. ② 벼슬의 임기가 찬 해.
甘瓜(감과) : 참외.
木瓜(모과) : 모과나무의 열매.

瓜期　瓜滿　瓜田

 착각하지 맙시다.

祉(복 지)자는 示부수에 속하는 글자이며, 址(터 지)자는 土부수에 속하는 글자이며,
趾(발 지)자는 足부수에 속하는 글자이며, 沚(물가 지)자는 氵(水)부수에 속하는 글자이
며, 齒(이 치)자는 齒부수의 글자입니다.

買(살 매)자는 貝부수에 속하는 글자입니다.

부 수 5 획	부 수 명 칭	상형 연상과정 (3)	상형 연상과정 (2)	상형 연상과정 (1)
瓦	기와 **와**	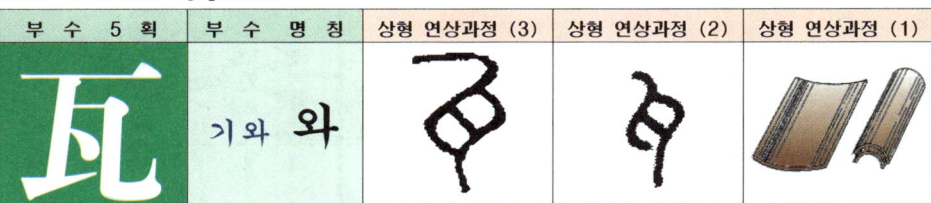		

字源

'기와' 모양을 본뜬 자.

瓦 | 기와 **와**
瓦부 0획 ⑤
一 厂 瓦 瓦 瓦
(英) tile (日) ガ(かわら)

瓦當(와당) : 기와의 마구리.
瓦解(와해) : 조직이나 기능 등이 무너져 흩어짐.
靑瓦臺(청와대) : 광화문에 위치하여 대통령 관저
　　　　　　　로 사용되었던 건물.

瓦棺　瓦工　瓦塼　瓦屋　瓦斯燈

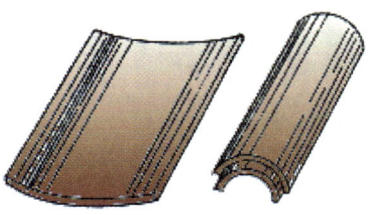

부 수 5 획	부 수 명 칭	상형 연상과정 (3)	상형 연상과정 (2)	상형 연상과정 (1)
甘	달 **감**	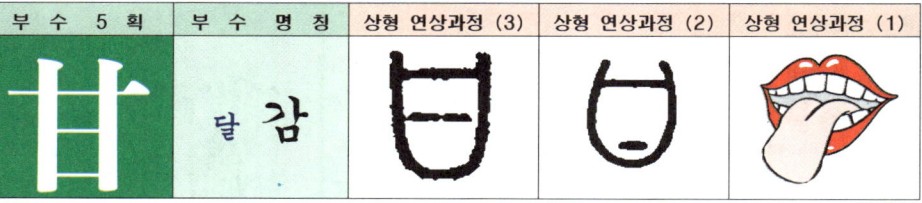		

字源

입안(甘→口)의 혀끝(一)에서 느껴지는 '단맛'을 보고 있는 모양을 나타
낸 자.

甘 | 달 **감**
甘부 0획 ⑤
一 十 廿 甘 甘
(英) sweet (日) カン(あまい)

甘美(감미) : 정서적으로 달콤한 느낌이 있음.
甘草(감초) : 한방에서 쓰이는 식물의 뿌리.
甘言利說(감언이설) : 달콤한 말로 이로운 조건을
　　　　　　　　　내세워 꾀는 말.

甘酒　甘苦　甘心　甘雨　甘言利說

甚 | 심할 **심**
甘부 4획 ⑨
廿 甘 艹 其 其 甚
(英) extremely (日) ジン(はなかだ)

激甚(격심) : 매우 심함.
極甚(극심) : 극히 심함.
甚大(심대) : 매우 큼.
甚至於(심지어) : 심하다 못해 나중에는.

甚難　甚都　甚深　甚事　幸甚

부 수 5 획	부 수 명 칭	상형 연상과정 (3)	상형 연상과정 (2)	상형 연상과정 (1)	生
生	날 생				

字 源

싹(屮=싹날 철)이 땅(一)을 뚫고 돋아나는 모양을 본떠 '나다', '살다'의 뜻이 된 자.

生	날 생	
	生부 0획⑤	
	ノ ノ 十 牛 生	

(英) birth　　(日) セイ, ショウ(うまれる, いきる)
生計(생계) : 살아 나아갈 방도.
平生(평생) : 일생(一生).
畢生(필생) : 일생. 평생.
起死回生(기사회생) : 가까스로 살아나 회복됨.
生氣 生動 生命 生産 生存 學生

産	낳을 산	
	生부 6획⑪	
	亠 立 产 产 産 産	

(英) bear　　(日) サン(うむ)
家産(가산) : 한 집안의 재산.
倒産(도산) : 기업 등이 재산을 탕진함.
遺産(유산) : ① 사후에 남긴 재산.
　　　　　 ② 후대에 남긴 가치 있는 문화나 전통.
産母 産物 産業 動産 畜産 解産

부 수 5 획	부 수 명 칭	상형 연상과정 (3)	상형 연상과정 (2)	상형 연상과정 (1)	用
用	쓸 용				

字 源

卜(점 복)과 中(맞힐 중)의 어울림. 점을 쳐보아 맞으면 그 일에 힘을 '쓴다' '돈을 쓴다'는 뜻으로 된 자.

用	쓸 용	
	用부 0획 ⑤	
	ノ 刀 月 月 用	

(英) use　　(日) ヨウ(もちいる)
濫用(남용) : 함부로 씀.
食用(식용) : 먹을 것에 씀.
誤用(오용) : 잘못 씀. 잘못 사용함.
無用之物(무용지물) : 쓸데없는 물건.
用件 用役 費用 信用 利用 採用

부 수 5 획	부 수 명 칭	상형 연상과정 (3)	상형 연상과정 (2)	상형 연상과정 (1)
田	밭 전			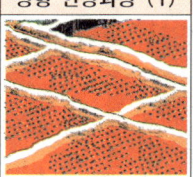

字 源

밭과 밭 사이에 사방으로 난 둑의 모양을 본떠 '밭'을 뜻하게 된 자.

田 밭 전, 성 전
田부 0획 ⑤
ㅣ 冂 冂 田 田

(英) farming　(日) デン(た)

田園(전원) : 논밭과 동산. 시골.
泥田鬪狗(이전투구) : '볼썽 사납게 서로 헐뜯거나
　　　　　　　다투는 모양'을 비유하여 이
　　　　　　　르는 말.

田畓 鹽田 桑田碧海 我田引水 田氏

甲 갑옷 갑
田부 0획 ⑤
ㅣ 冂 冂 日 甲

(英) armour　(日) コウ(かぶと)

甲富(갑부) : 첫째가는 부자.
同甲(동갑) : 같은 나이.
還甲(환갑) : 만 60세를 이르는 말.
回甲宴(회갑연) : 환갑잔치.

甲乙 甲種 甲板 機甲 遁甲 六甲

申 납 신, 성 신
田부 0획 ⑤
ㅣ 冂 冂 日 申

(英) spread　(日) シン(もうす)

申告(신고) : 국민이 의무적으로 행정 관청에 일
　　　　　정한 사실을 보고하는 일.
申請(신청) : 신고하여 청구함.
稟申(품신) : (윗사람에게) 여쭘. 아룀.

內申 上申 申聞鼓 申申當付 申氏

由 말미암을 유
田부 0획 ⑤
ㅣ 冂 巾 由 由

(英) cause　(日) コウ, コ(よる)

由緖(유서) : 전하여 오는 내력.
事由(사유) : 일의 까닭. 곡절.
理由(이유) : 까닭. 원인.
自由(자유) : 남에게 얽매이거나 구속받지 않음.

由來 經由 緣由 不自由 歸責事由

男 사내 남
田부 2획 ⑦
冂 冂 田 田 田 男 男

(英) man　(日) ダン(おとこ)

男女(남녀) : 남자와 여자.
男兒(남아) : 사내아이.
美男(미남) : 잘생긴 남자.
長男(장남) : 맏아들.

男妹 男爵 男根 男便 男尊女卑

界 지경 계
田부 4획 ⑨
冂 冂 田 田 界 界 界

(英) boundary　(日) カイ(さかい)

眼界(안계) : 눈으로 볼 수 있는 범위.
他界(타계) : ①다른세계. 저승.
　　　　　②어른이나 귀인(貴人)의 죽음.
學界(학계) : 학문의 세계. 학자들의 세계.

境界 各界 世界 視界 外界 財界

田

畓

논 답
田부 4획 ⑨
ブ ナ 水 杏 畓 畓

(英) farming　(日) タ

田畓(전답) : 논과 밭.
宗中畓(종중답) : 종중(宗中) 소유의 논.
天水畓(천수답) : 물의 근원이 없고 물을 닿게 할
　　시설이 없어서 비가 와야만 모를 심게 된 논.

開畓 墓畓 宗畓 乾畓直播 門前沃畓

畏

두려워할 외
田부 4획 ⑨
ㅁ 田 卟 罘 畏 畏

(英) afraid　(日) イ(おそれる)

畏怯(외겁) : 두려워하고 겁냄.
畏懼(외구) : 두려워하고 무서워함.
畏忌(외기) : 두려워하고 꺼림.
敬畏(경외) : 두려워하며 공경함.

畏服 畏事 畏惡

留

머무를 류
田부 5획 ⑩
ㅗ ㄺ 띠 罗 留 留

(英) stay　(日) リュウ(とどまる)

留意(유의) : 마음에 둠.
保留(보류) : 미루어 둠.
假押留(가압류) : 채무자의 재산에 대하여 임시로
　　압류하는 법원의 처분.

留念 留任 拘留 挽留 抑留 滯留

畜

짐승 축
田부 5획 ⑩
亠 亠 玄 斉 斉 畜

(英) domestic　(日) チク(たくわえる、やしなう)

畜舍(축사) : 가축을 기르는 건물.
畜牛(축우) : 집에서 기르는 소.
家畜(가축) : 집에서 기르는 짐승. 소·말·돼지·닭·
　　개 따위.

畜協 牧畜 養畜 畜産業

略

약할 략
田부 6획 ⑪
ㅁ 田 旷 畋 略 略

(英) outline　(日) リャク(はば、はぶく)

略圖(약도) : 간단하게 요점만 그린 그림.
略歷(약력) : 간략하게 중요한 것만 적은 이력
　　(履歷).
簡略(간략) : 간단하고 단출함.

槪略 計略 攻略 智略 侵略 策略

異

다를 이
田부 6획 ⑪
ㅁ 田 ㅂ 甲 異 異

(英) different　イ(ことなる)

異國(이국) : 다른 나라. 타국.
異變(이변) : 괴이한 변고.
異口同聲(이구동성) : 여러 사람의 말이 한결같이
　　같음.

異見 異端 異彩 異議申請 同床異夢

畢

마칠 필
田부 6획 ⑪
ㅁ 田 ㅂ 毘 畢 畢

(英) finishing　(日) ヒツ(おわる)

畢竟(필경) : 마침내. 결국에는.
畢生(필생) : 목숨이 끊어질 때까지 일생. 평생
　　(平生).
檢査畢(검사필) : 검사를 다 마침.

畢命 畢杯 畢役

番

차례 번
田부 7획 ⑫
ㅍ 亚 乎 釆 番 番

(英) order　(日) バン

番號(번호) : 차례를 표시하는 숫자와 부호.
當番(당번) : 차례가 돌아옴. 또는 그 사람.
每番(매번) : 번번이.
非番(비번) : 당번이 아님.

番地 缺番 局番 順番 單番 週番

畫 그림 화, 그을 획
田부 7획 ⑫

⼀ㄱ⼘聿聿書書畫

(英) draw　　　(日) カク, ガ(えがく)

畫家(화가) : 그림 그리는 일을 전문으로 하는 사람.
畫廊(화랑) : 그림 등 미술품을 전시하는 시설.
畫順(획순) : 글씨를 쓸 때의 획의 순서.

畫數　畫一　畫策　畫壇　畫風　油畫

當 마땅 당
田부 8획 ⑬

⺍⼧⼧當當當

(英) ought　　　(日) トウ(あたる)

配當(배당) : (일정한 사물을) 알맞게 벼르거나 별러서 줌.
宜當(의당) : 사리에 옳고 마땅함.
擔當者(담당자) : 일을 맡은 사람.

當局　當選　應當　抵當　適當　割當

畿 경기 기
田부 10획 ⑮

幺 幺幺 幺幺幺 畿 畿

(英) district　　　(日) キ

畿湖(기호) : 경기지방과 호남지방.
京畿(경기) : 한 나라의 서울을 중심으로 한 가까운 지방.
畿察(기찰) : 경기도의 관찰사를 일컫는 말.

畿內　畿伯

부 수 5 획	부 수 명 칭	상형 연상과정 (3)	상형 연상과정 (2)	상형 연상과정 (1)
疋	발 소 (필필)			

字源

발목에서 발끝까지의 모양을 본떠 '발'을 나타낸 자.

疎 드물 소
疋부 7획 ⑫

⼸ ⼸ 疋 疋 疎

(英) rare　　　(日) ソ

疎外(소외) : ①따돌려 멀리함.
　　　　　　②탐탁지 않아 제외함.
疎忽(소홀) : 대수롭지 않고 예사임.
親疎(친소) : 정분의 친함과 성김.

疎開　疎遠　疎雨　疎韻　疎脫　生疎

疑 의심할 의
疋부 9획 ⑭

匕 돗 돗 疑 疑 疑

(英) doubt　　　(日) キ(うたがう)

疑問(의문) : 의심스러운 점이나 문제.
疑心(의심) : 믿지 못하는 마음.
疑惑(의혹) : 의심하여 분별하기 어려움.
質疑(질의) : 의문을 물어서 밝힘.

疑懼　嫌疑　懷疑　疑妻症　被疑者

부수 5획	부수 명칭	상형 연상과정 (3)	상형 연상과정 (2)	상형 연상과정 (1)
疒	병들 녁 (병질엄)	疒	疒	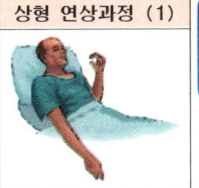

疒

字源

사람이 병상에서 팔을 축 늘어뜨리고 힘없이 기대어 있는 모양을 본떠
'병듦'을 가리킨 자.

疫 | 전염병 **역**
疒부 4획 ⑨
疒 疒 疒 疒 疫 疫

(英) infection　　　　(日) エキ(えやみ)

疫疾(**역질**) : 천연두를 한방에서 일컫는 말.
防疫(**방역**) : 전염병의 발생을 미리 막음.
免疫(**면역**) : 체내에 병원균이나 독소를 이길 수
　　　　　　있는 저항력을 가지는 일.

檢疫 紅疫 檢疫所 終生免疫

病 | 병 **병**
疒부 5획 ⑩
疒 疒 疒 病 病 病

(英) disease　　　　(日) ビョウ(やまい)

病菌(**병균**) : 병을 일으키는 세균.
病床(**병상**) : 병든 사람이 누워있는 침상.
病院(**병원**) : 병자를 진찰, 치료하기 위한 장소.
病弊(**병폐**) : 병통과 폐단.

病室 看病 胃病 持病 鬪病 肺病

症 | 증세 **증**
疒부 5획 ⑩
疒 疒 疒 疒 症 症

(英) symptom　　　　(日) ショウ

症狀(**증상**) : 병, 상처의 상태.
症勢(**증세**) : 병으로 앓는 여러 가지 모양.
病症(**병증**) : 병의 증세.
痛症(**통증**) : 아픈 증세.

渴症 炎症 滯症 食困症 失語症

疾 | 병 **질**
疒부 5획 ⑩
疒 疒 疒 疒 疾 疾

(英) disease　　　　(日) シツ(やまい)

疾苦(**질고**) : 병으로 인한 고통.
疾視(**질시**) : 밉게 봄. 흘겨봄.
疾走(**질주**) : 빨리 달림.
痼疾(**고질**) : 오래되어 고치기 어려운 병.

怪疾 眼疾 痢疾 痔疾 疾病 疾患

疲 | 피곤할 **피**
疒부 5획 ⑩
疒 疒 疒 疲 疲 疲

(英) tired　　　　(日) ビ(つかれる)

疲困(**피곤**) : 몸이 지치고 고달픔.
疲勞(**피로**) : 몸이나 정신이 지치어 느근함. 또는
　　　　　　그러한 상태.
疲弊(**피폐**) : 지치고 쇠약해짐.

痛 | 아플 **통**
疒부 7획 ⑫
疒 疒 疒 病 痛 痛

(英) painful　　　　(日) ツウ(いたむ)

痛快(**통쾌**) : ① 마음이 아주 시원함.
　　　　　　② 마음이 매우 상쾌함.
苦痛(**고통**) : 몸·마음의 괴로움과 아픔.
痛感(**통감**) : 마음에 사무치게 느낌.

痛哭 痛恨 哀痛 陣痛 齒痛 鎭痛

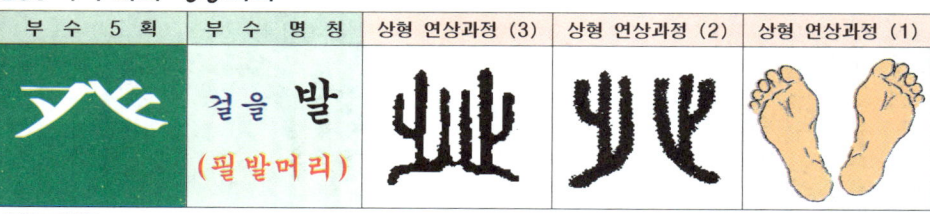

부수 5획	부수 명칭	상형 연상과정 (3)	상형 연상과정 (2)	상형 연상과정 (1)
癶	걸을 발 (필발머리)			

字源

두 발(癶)을 벌리고 걸어가려는 모양에서 '걷다', '가다'의 뜻이 된 자.

북방 계, 천간 계

癶부 4획 ⑨

(英) lost of 10 stems (north)　(日) キ(みずのと)

癸方(계방) : 24방위의 하나. 정북에서 동으로
　15도 되는 쪽을 중심으로 한 15도의 방위.
癸未字(계미자) : 조선 태종 계미년에 만든 활자.
우리 나라에서 알아볼 수 있는 가장 오래된 활자.

癸酉 癸水 壬癸 癸丑日記

오를 등

癶부 7획 ⑫

(英) climb　(日) ト, トウ(のぼる)

登校(등교) : 학교에 출석함.
登山(등산) : 산에 오름.
登用(등용) : 인재를 뽑아 씀.
登場(등장) : 배우 등이 무대 같은 데에 나옴.

登極 登記 登壇 登錄 登院 登載

필 발

癶부 7획 ⑫

(英) issue　(日) ハツ(あなつ)

發端(발단) : 일의 실마리.
發展(발전) : 번영함.
發揮(발휘) : 지니고 있는 실력을 외부에 드러냄.
啓發(계발) : 슬기와 재능을 열어 깨우쳐 줌.

發生 發令 發見 發刊 發作 發砲

 착각하지 맙시다.

肉(육달 월)은 가운데 두 선이 양쪽에 모두 연결되어 있고, 月(달 월)자는 두 선이 왼쪽에만
붙는 다는 점을 주의하여야 하며, 豚(되지 돈)자는 肉부수에 속하는 글자입니다.

熙(빛날 희)자는 灬(火)부수에 속하는 글자이며, 姬(아가씨 희)자는 女부수에 속하는
글자입니다.

부 수 5 획	부수 명칭	상형 연상과정 (3)	상형 연상과정 (2)	상형 연상과정 (1)
白	흰 백			

白

字源

해(日)의 빛(丿)이 '흰'것을 가리킨 자. 또는 잣 알갱이의 흰 모양을 본 뜬 자.

白 | 흰 백
白부 0획 ⑤
丿亻白白白

(英)white　(日)ハク(しろい)

白眉(백미) : 흰 눈썹. 여럿 가운데서 가장 뛰어남.
潔白(결백) : 깨끗하고 흼.
白骨難忘(백골난망) : 죽어 백골이 되어도 입은 은혜를 잊을 수 없음.

白根 白露 白夜 告白 紅東白西

百 | 일백 백
白부 1획 ⑥
一丁丆丙百百

(英)hundred　(日)ハク(もも)

百家(백가) : 모든 학자. 지식인.
百穀(백곡) : 온갖 곡식.
百姓(백성) : 일반국민. 서민.
百害無益(백해무익) : 해는 많아도 이는 없음.

百方 百態 百折不屈 百尺竿頭

的 | 과녁 적
白부 3획 ⑧
丿亻白白的的的

(英)bright　(日)テキ(まと)

的中(적중) : 예측이 들어맞음.
的確(적확) : 틀림없음. 확실함.
公的(공적) : 공공에 관한 것.
標的(표적) : 목표로 삼는 대상.

劇的 端的 目的 私的 詩的

皆 | 다 개
白부 4획 ⑨
上比比比皆皆

(英)all　(日)カイ(みな)

皆勤(개근) : 일정한 기간 휴일 이외는 빠짐없이 출석 또는 출근함.
皆兵(개병) : 모든 국민이 병역의 의무를 갖는 일.
皆旣蝕(개기식) : 개기일식과 개기월식.

皆是 皆食 擧皆

皇 | 임금 황
白부 4획 ⑨
丿亻白白皁皇

(英)emperor　(日)コウ(すめらぎ)

皇考(황고) : '선고(先考)'의 존칭. 제사 때 씀.
皇城(황성) : 황제가 있는 도성.
皇恩(황은) : 임금의 은덕.
皇帝(황제) : 임금. 천자.

皇國 皇宮 皇室 皇后 敎皇 張皇

皮

부 수 5 획	부 수 명 칭	상형 연상과정 (3)	상형 연상과정 (2)	상형 연상과정 (1)
皮	가죽 피			

字源

짐승의 가죽을 손(又)으로 벗겨내는 모양을 본떠, 털이 그대로 붙어있는 '날가죽'을 뜻한 자.

皮	가죽 피

土부 0획 ⑤

丿 厂 广 皮 皮

(英) leather　　　　(日) ヒ(かわ)

皮骨(피골) : 살가죽과 뼈.
皮膚(피부) : 동물의 몸의 겉을 싼 외피.
皮革(피혁) : 날가죽과 무두질한 가죽의 총칭.
皮相的(피상적) : 외모만 보고 내면은 살피지 않음.

皮下　面皮　毛皮　外皮　脫皮　表皮

血

부 수 5 획	부 수 명 칭	상형 연상과정 (3)	상형 연상과정 (2)	상형 연상과정 (1)
皿	그릇 명			

字源

위는 넓고 가운데는 좁고 바닥은 낮고 받침이 있는 쟁반 모양을 본떠 '그릇'을 뜻한 자.

益	더할 익

皿부 5획 ⑩

(英) increase　　　　(日) エキ(ます)

益鳥(익조) : 직접·간접으로 인류에게 이익이 되는 새. 제비, 황새 따위.
國益(국익) : 국가의 이익. 국리(國利)
損益(손익) : 손해와 이익.

公益　利益　差益　弘益人間

盜	도둑 도

皿부 7획 ⑫

(英) robber　　　　(日) コウ(ぬすむ)

盜聽(도청) : 남몰래 엿들음.
盜癖(도벽) : 남의 것을 훔치는 나쁜 버릇.
大盜(대도) : 큰 도둑.
竊盜(절도) : 물건을 몰래 훔침.

盜難　盜用　强盜　怪盜　捕盜廳

성할 성
皿부 7획 ⑫
厂 成 成 成 盛 盛

(英) flourishing　(日) セイ(さかん)

盛大(성대) : 아주 성하고 큼.
茂盛(무성) : (초목이) 우거짐.
興亡盛衰(흥망성쇠) : 흥하고 망하고 성하고 쇠하
　　　　　 는 일.

盛饌 繁盛 士氣旺盛 珍羞盛饌

맹세 맹
皿부 8획 ⑬
日 明 明 明 明 盟

(英) swear　(日) メイ

盟主(맹주) : 연맹의 주재자(主宰者).
盟約(맹약) : 맹세함.
聯盟(연맹) : 둘 이상의 국가가 일정한 목적을 위
　　　　　 하여 행동을 같이함.

盟邦 盟誓 盟休 加盟 同盟 血盟

볼 감
皿부 9획 ⑭
臣 臣 臥 臥 監 監

(英) oversee　(日) カン(かんがみる)

監査(감사) : 감독하고 검사함.
監視(감시) : 경계하여 지켜봄.
監察(감찰) : 감시하고 감독함.
監督官(감독관) : 감시하여 단속하는 사람.

監禁 監督 監獄 收監 令監

다할 진
皿부 9획 ⑭
彐 聿 聿 書 書 盡

(英) exhaust　(日) ジン(つきる)

盡力(진력) : 힘닿는 데까지 다함.
盡心(진심) : 마음을 다함.
盡忠報國(진충보국) : 충성을 다하여 나라의 은혜
　　　　　 에 보답함.

脫盡 蕩盡 消盡 極盡 未盡 一網打盡

소반 반
皿부 10획 ⑮
舟 舟 般 般 盤 盤

(英) tray　(日) バン(さら)

盤石(반석) : 사물이 매우 안전하고 견고한 것을
　　　　　 비유하여 이르는 말. 반석(磐石).
基盤(기반) : 기초가 되는 지반.
小盤(소반) : 작은 쟁반.

鍵盤 旋盤 巖盤 音盤 胎盤 羅針盤

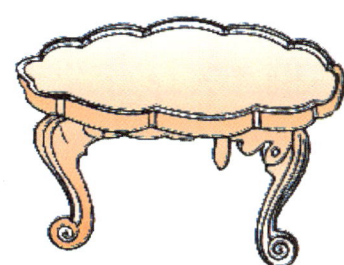

 ## 착각하지 맙시다.

恙(근심 양)자는 心부수에 속하는 글자이며, 翔(빙빙 돌아 날 상)자는 羽부수에 속하는 글
자이며, 姜(성 강)자는 女부수에 속하는 글자입니다.

書(글 서)자는 曰부수에 속하는 글자이며, 畫(그림 화, 그을 획)자는 田부수에 속하는 글자
이며, 劃(그을 획)자는 刂(刀)부수에 속하는 글자입니다.

부 수 5 획	부 수 명 칭	상형 연상과정 (3)	상형 연상과정 (2)	상형 연상과정 (1)
目	눈 목			

字源

사람의 눈 모양을 본떠 '눈' 또는 그 눈으로 '보다'의 뜻이 된 자.

目 — 눈 목
目부 0획 ⑤
丨 冂 冂 月 目
(英)eye　　(日)モク(め)

目前(목전) : 눈 앞. 지금 당장.
目下(목하) : 바로 지금.
頭目(두목) : 우두머리.
眼目(안목) : 사물을 보아서 분별할 수 있는 식견.

耳目口鼻　一目瞭然　必須科目

盲 — 소경 맹, 눈멀 맹
目부 3획 ⑧
亠 亡 宁 盲 盲 盲
(英)blind　　(日)モウ(めくら)

盲點(맹점) : 주의가 미치지 못하여 모르고 지나
　　치기 쉬운 잘못된 점.
盲目的(맹목적) : 어떤 사물에 대하여 올바른 판
　　단을 내릴 수 없게 된 것.

盲信　盲兒　盲腸　文盲　色盲　夜盲症

直 — 곧을 직
目부 3획 ⑧
十 古 有 有 直 直
(英)honest　　(日)チョク(なおす)

直面(직면) : 어떠한 사태에 직접 부닥침.
直視(직시) : 눈을 돌리지 않고 똑바로 내쏘아 봄.
直接(직접) : 중간에 다른 것을 거치지 않고 바로
　　접함.

直覺　直感　直後　硬直　宿直　正直

看 — 볼 간
目부 4획 ⑨
一 三 手 看 看 看
(英)see　　(日)カン(みる)

看過(간과) : 깊이 관심을 두지 않고 예사로이 보
　　아 내버려둠.
首看護師(수간호사) : 의사의 진료 보조와 환자의
　　간호에 종사하는 사람들의 우두머리.

看病　看守　看破　看板　走馬看山

眉 — 눈썹 미
目부 4획 ⑨
" 尸 尸 尸 眉 眉
(英)eyebrow　　(日)ビ, ミ(まゆ)

眉雪(미설) : 흰 눈썹.
蛾眉(아미) : 미인의 눈썹.
兩眉間(양미간) : 두 눈썹 사이.
眉目秀麗(미목수려) : 얼굴이 빼어나게 아름다움.

眉壽　眉月　白眉　焦眉

相 — 서로 상
目부 4획 ⑨
十 木 村 相 相 相
(英)mutual　　(日)ショウ, リウ(あい)

相談(상담) : 서로 의논함.
相逢(상봉) : 서로 만남.
樣相(양상) : 생김새. 모양.
眞相(진상) : 참된 모습.

觀相　龍虎相搏　類類相從　皮骨相接

目

省 살필 성, 덜 생
目부 4획 ⑨
丿 少 少 省 省 省
(英) watch (日) セイ, ショウ(はぶく)

省略(생략) : 글이나 말 또는 일정한 절차에서 일부를 빼거나 줄임.

歸省(귀성) : 객지에서 부모를 뵈러 고향에 돌아감.

省墓 省察 反省 自省 國務省

盾 방패 순
目부 4획 ⑨
厂 厂 斤 盾 盾 盾
(英) shield (日) ジュン

矛盾(모순) : 말이나 행동의 앞뒤가 서로 맞지 아니함.

矛盾名辭(모순명사) : 모순개념을 나타낸 글자.

眠 잘 면
目부 5획 ⑩
丨 冂 目 目 眠 眠
(英) sleep (日) ミン(ねむる)

睡眠(수면) : 잠을 잠.

熟眠(숙면) : 잠이 깊이 듦. 또는 그 잠.

不眠症(불면증) : 잠을 못 자는 증세.

催眠術(최면술) : 잠이 오게 하는 기술.

眠食 冬眠 安眠 永眠 休眠

眞 참 진
目부 5획 ⑩
丨 疒 疒 旨 眞 眞
(英) truth (日) シン(まこと)

眞談(진담) : 참말.

眞理(진리) : 참된 도리.

眞心(진심) : 거짓이 없는 참된 마음.

眞僞(진위) : 참과 거짓.

眞價 眞味 眞犯 眞否 眞意 寫眞

眼 눈 안
目부 6획 ⑪
丨 冂 目 目 眼 眼
(英) eye (日) ガン(め)

眼科(안과) : 눈병의 예방이나 치료를 다루는 의학의 한 분과.

眼帶(안대) : 눈을 보호하기 위한 조각.

眼疾(안질) : 눈병.

眼目 眼鏡 碧眼 白眼視 雙眼鏡

着 붙을 착
目부 7획 ⑫
丷 半 半 着 着 着
(英) each (日) チャク(つく)

到着(도착) : 목적한 곳에 다다름.

延着(연착) : 예정된 시간이나 날짜보다 늦게 도착함.

終着驛(종착역) : 철도의 종점이 되는 역.

着工 着陸 着服 着席 着手 敗着

督 감독할 독
目부 8획 ⑬
上 上 叔 叔 督 督
(英) oversee (日) トク(ただす)

督勵(독려) : 감독하여 격려함.

監督官(감독관) : 감독 관청직원의 한 사람으로 감독의 직무를 맡은 관리.

總督府(총독부) : 총독이 정무를 보는 관청.

督戰 督察 督促 提督 基督教

睦 화목할 목
目부 8획 ⑬
丨 目 目 眜 睦 睦
(英) harmonious (日) ボク(むつましい)

睦月(목월) : '음력정월'을 달리 이르는 말.

和睦(화목) : 뜻이 맞고 정다움.

親睦契(친목계) : 서로 친하여 화목을 꾀하려는 계.

졸음 수

目부 8획 ⑬

目 目 目 睡 睡 睡

 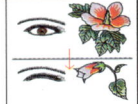

(英) sleep   (日) スイ(ねむる)

午睡(오수) : 낮잠.
昏睡(혼수) : 정신없이 깊이 잠들어 의식이나 자극
     에 대한 반응이 없음.
睡眠劑(수면제) : 잠이 오게 하는 약.

睡眠 睡鄕 假睡

눈 깜짝일 순

目부 12획 ⑰

目 目 睁 睁 睁 瞬

(英) wink   (日) シュン(またたく)

瞬視(순시) : 눈을 깜빡이며 봄.
瞬息間(순식간) : 눈을 한 번 깜박이거나 숨을 한
     번 쉴 만한 짧은 시간.
一瞬間(일순간) : 눈 깜짝할 사이.

瞬間殺菌 瞬間溫水器 瞬間接着劑

부 수 5 획	부 수 명 칭	상형 연상과정 (3)	상형 연상과정 (2)	상형 연상과정 (1)
	창 모			

字 源

뾰족한 쇠를 긴 자루 끝에 박은 '세모진 창'의 모양을 본뜬 자.

창 모

土부 0획 ⑤

フ マ 又 予 矛

(英) lance   (日) ム(ほこ)

矛戟(모극) : 외날 창과 쌍날 창.
矛盾(모순) : 창과 방패. 말의 앞뒤가 서로 맞지
     않음을 비유함.
矛盾性(모순성) : 모순의 본성. 모순된 성질.

矛戈

 착각하지 맙시다.

藍(쪽 람)자는 ++(艸)부수에 속하는 글자이며, 籃(바구니 람)자는 竹부수에 속하는 글자
입니다.

氣(기운 기)자는 气부수에 속하는 글자이며, 迷(헤멜 미)자는 辶(辵)부수에 속하는 글자
입니다.

부 수 5 획	부 수 명 칭	상형 연상과정 (3)	상형 연상과정 (2)	상형 연상과정 (1)	矢
矢	화살 시				

字源

'화살'의 모양을 본뜬 자.

화살 시
矢부 0획 ⑤
丿 ᅳ 느 느 矢
(英) arrow　　　(日) シ(や)

矢石(시석) : 화살과 돌팔매.
矢言(시언) : 맹세하는 말.
矢鏃(시촉) : 화살촉.
嚆矢(효시) : 우는 살. 사물의 맨 처음 됨의 비유.

矢服

어조사 의
矢부 2획 ⑦
丿 ᅳ ᅳ ᅳ 台 矣
(英) particle　　　(日) イ

萬事休矣(만사휴의) : 온갖 일이 끝났다는 뜻으로
　　　　　　　　　희망이 끊어짐을 이르는
　　　　　　　　　말.

알 지
矢부 3획 ⑧
丿 느 失 失 知 知
(英) know　　　(日) チ(しる)

知覺(지각) : 알아서 깨달음.
知己(지기) : 서로 마음을 허락하는 친한 벗.
溫故知新(온고지신) : 옛 것을 연구하여 거기서
새로운 지식이나 도리를 발견하는 일.

知能檢査 無知莫知 公知事項

짧을 단
矢부 7획 ⑫
느 失 矢 知 短 短
(英) short　　　(日) タン(みじかい)

短文(단문) : 짧은 글.
短小(단소) : 짧고 작음.
短點(단점) : 흠이 되거나 모자라는 점.
短縮(단축) : 짧게 줄임.

高枕短命 機關短銃 操業短縮

바로잡을 교
矢부 12획 ⑰
失 矢 矢 矫 矯 矯
(英) correct　　　(日) キョウ(ためる)

矯飾(교식) : 거짓으로 겉죽만을 꾸밈.
矯正(교정) : 바르게 바로잡음.
矯角殺牛(교각살우) : 굽은 쇠뿔을 바로잡으려다
소를 죽임. 즉 흠을 고치려다가 도리어 그르침.

矯導 矯詐 矯世 矯導官 矯導所

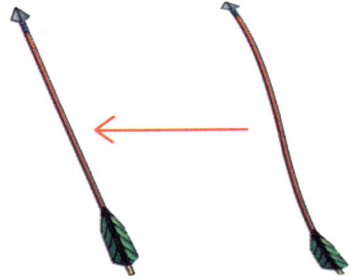

石

부 수 5 획	부 수 명 칭	상형 연상과정 (3)	상형 연상과정 (2)	상형 연상과정 (1)
石	돌 석			

字 源

언덕(厂) 아래에 굴러 떨어진 '돌덩이(口)' 모양을 본뜬 자.

石 — 돌 석
石부 0획 ⑤

一 ナ 石 石 石

(英) stone　　　(日) セキ(いわ)

石工(석공) : 돌을 다루어 물건을 만드는 사람.
石器(석기) : 돌로 만든 여러 가지 기구.
石山(석산) : 돌로 이루어진 산.
石像(석상) : 돌로 조각하여 만든 형상.

一石二鳥　電光石火　他山之石

研 — 갈 연
石부 6획 ⑪

丆 石 石 矴 研 研

(英) polish　　　(日) ケン(とぐ, みがく)

研究(연구) : 무엇을 인식하거나 해명하고자 과학
　　　　　적으로 분석하고 관찰하는 일.
研修(연수) : 학업을 연구하고 닦음.
研磨(연마) : 갈고 닦음.

研鑽　研究生　研究員　研究授業

破 — 깨뜨릴 파
石부 5획 ⑩

丆 石 石 矿 砂 破

(英) break　　　(日) ハ(やぶる)

看破(간파) : 보아서 속내를 알아차림.
突破口(돌파구) : 문제 따위를 해결하는 실마리.
破竹之勢(파죽지세) : 대적을 거침 없이 물리치고
　　　　　　　　　쳐들어가는 당당한 기세.

破鏡　破壞　破局　讀破　破廉恥

硬 — 굳을 경
石부 7획 ⑫

丆 石 矴 砸 硬 硬

(英) solid　　　(日) コウ(かたい)

硬度(경도) : 굳기, 강도.
硬性(경성) : 단단한 성질. ↔ 軟性(연성).
强硬策(강경책) : 강경한 방책이나 대책.
强硬派(강경파) : 강경한 의견을 주장하는 파.

硬骨　硬水　硬式　硬質　硬貨　硬化

硯 — 벼루 연
石부 7획 ⑫

丆 石 矴 砠 硯 硯

(英) ink-slab　　　(日) ケン(すずり)

硯石(연석) : 벼룻돌.
硯滴(연적) : 벼룻물을 담는 그릇.
硯池(연지) : 벼루 앞쪽의 오목한 데.
紙筆硯墨(지필연묵) : 종이, 붓, 벼루, 먹.

硯水　硯田

碑 — 비석 비
石부 8획 ⑬

丆 石 矴 碑 碑 碑

(英) monument　　　(日) ヒ(いしぶみ)

碑銘(비명) : 비에 새긴 글.
碑石(비석) : 사적을 기념하려고 글을 새겨서 세
　　　　　운 돌.
口碑(구비) : 대대로 전해 내려오는 말.

墓碑　記念碑　斥和碑　忠魂碑

石

碧

푸를 벽
石부 9획 ⑭
王 珋 珆 珀 珀 碧

(英)blue　　　　　(日)ヘキ(みどり, あお)

碧空(벽공) : 푸른 하늘.
碧海(벽해) : 푸른 바다.
碧溪水(벽계수) : 물빛이 매우 맑아 푸른빛이 감
　　　　　　　도는 맑은 시냇물.

碧流 碧山 碧眼 碧梧桐 碧昌牛

確

굳을 확
石부 10획 ⑮
ノ 石 矿 砷 碓 確

(英)true　　　　　(日)カク(たしか)

確固(확고) : 확실하고 단단함.
確答(확답) : 확실한 대답.
確立(확립) : 확실히 정하여 움직이지 않음.
確認(확인) : 확실하게 인정함.

確率 確保 確實 確約 確證 明確

磨

갈 마
石부 11획 ⑯
广 广 广 庐 庐 磨 磨

(英)polish　　　　　(日)マ(みがく)

磨滅(마멸) : 닳아 없어짐.
磨崖(마애) : 석벽에 글자나 그림을 새김.
硏磨材(연마재) : 연마 작업을 하기 위해 쓰이는
　　　　　　　숫돌. 고경도 물질.

磨勘 磨耗 鍊磨 切磋琢磨

礎

주춧돌 초
石부 13획 ⑱
ノ 石 矿 矿 碕 礎

(英)foundation stone　　　(日)ソ(いしずえ)

礎石(초석) : 주춧돌.
基礎(기초) : 사물의 밑바탕.
柱礎(주초) : 기둥과 주춧돌.
礎業(초업) : 기초가 되는 사업.

基礎工事 基礎控除

 착각하지 맙시다.

牲(희생 생)자는 牛부수에 속하는 글자이며, 笙(생황 생)자는 竹부수에 속하는 글
자이며, 性(성품 성)자는 忄(心)부수에 속하는 글자이며, 姓(성 성)자는 女부수에
속하는 글자이며, 星(별 성)자는 日부수에 속하는 글자이며, 腥(비릴 성)자는
月(肉)부수에 속하는 글자이며, 惺(영리할 성)자는 忄(心)부수에 속하는 글자이며,
醒(깰 성)자는 酉부수에 속하는 글자이며, 猩(성성이 성)자는 犭(犬)부수에 속하는 글
자이며, 旌(기 정)자는 方부수에 속하는 글자입니다.

瓢(박 표)자는 瓜부수에 속하는 글자이며, 剽(빼를 표)자는 刂(刀)부수에 속하는 글자
이며, 視(볼 시)자는 見부수에 속하는 글자입니다.

務(일 무)자는 力부수에 속하는 글자이며, 柔(부드러울 유)자는 木부수에 속하는 글
자입니다.

부 수 5 획	부 수 명 칭	상형 연상과정 (3)	상형 연상과정 (2)	상형 연상과정 (1)
示	보일 시			

字源

제물을 차려놓은 '제단' 모양을 본떠, 그 제물을 신에게 '보임'을 나타낸 자.

보일 시
示부 0획 ⑤
一 二 亍 示 示
(英) exhibit　　　　(日) シ, ジ(しめす)

示威(시위) : 위력이나 기세를 드러내어 보임.
告示(고시) : 관청에서 여러 사람에게 알릴 것을
　　　　　글로 써서 게시함.
示範的(시범적) : 모범을 보여주는 것.

示唆 揭示 啓示 明示 指示 訓示

제사 사
示부 3획 ⑧
一 亍 示 示 和 祀
(英) sacrifice　　　　(日) シ(まつり)

祭祀(제사) : 신령에게 음식을 바쳐 정성을 표하
　　　　　는 예절.
祀典(사전) : 제사의 예절.
祀天(사천) : 하늘에 제사를 지냄.

告祀 忌祭祀

모일 사
示부 3획 ⑧
一 亍 示 示 社 社
(英) company　　　　(日) シャ(やしろ)

社交(사교) : 사회활동에 있어서의 교제.
社長(사장) : 회사의 우두머리.
社會(사회) : ①같은 무리끼리 모여 이루는 집단.
　　　　　②공동생활을 하는 인류의 집단.

社屋 社宅 退社 出版社 宗廟社稷

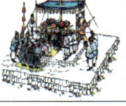

빌 기
示부 4획 ⑨
一 亍 示 示 祈 祈
(英) pray　　　　(日) キ(いのる)

祈願(기원) : 소원이 이루어지기를 빎.
祈禱(기도) : 마음으로 바라는 바가 이루어지기를
　　　　　신불(神佛)에게 빎.
祈雨祭(기우제) : 가물 때 비오기를 바라는 제사.

祈求 祈念 主祈禱文 按手祈禱

숨길 비
示부 5획 ⑩
一 亍 示 祁 祕 祕
(英) hide　　　　(日) ヒ(ひめる)

祕密(비밀) : 숨기어 남에게 공개하지 않음.
祕書室(비서실) : 비서관이 사무를 보는 기관.
祕資金(비자금) : 기업이 장부상에는 나타내지 않
　　　　　고 조성한 비밀자금.

祕訣 祕方 祕藏 默祕權 土亭祕訣

귀신 신
示부 5획 ⑩
一 示 示 和 和 神 神
(英) god　　　　(日) シン(かみ)

神明(신명) : 하늘과 땅의 신령.
神性(신성) : 신의 성격.
地神(지신) : 땅을 다스리는 신령.
天神(천신) : 하늘의 신령.

神奇 神童 神靈 守護神 精神錯亂

示

祖 할아비 조
示부 5획 ⑩
二 亍 禾 衤 祀 祖

(英) grandfather　　(日) ソ

祖國(조국) : ① 자기 조상적부터 살던 나라.
　　　　　　② 자기가 태어난 나라.
祖父(조부) : 할아버지.
先祖(선조) : 한 집안의 조상.

祖考 祖上 始祖 元祖 太祖 曾祖父

祝 빌 축
示부 5획 ⑩
二 亍 禾 衤 祝 祝 祝

(英) celebrate　　(日) ショク(いわう)

祝辭(축사) : 축하하는 말이나 글.
祝賀(축하) : ① 경사를 하례함.
　　　　　　② 경축하고 치하함.
慶祝(경축) : 경사를 축하함.

祝杯 奉祝 自祝 祝福 祝願 祝祭

祥 상서 상
示부 6획 ⑪
二 亍 禾 衤 衵 衻 祥

(英) good luck　　(日) ショウ(さいわい)

祥瑞(상서) : 경사롭게 길한 일이 일어날 징조.
祥雲(상운) : 상서로운 구름.
吉祥(길상) : 운수가 좋은 조짐.
不祥事(불상사) : 상서롭지 못함.

祥光 祥氣 祥夢 祥月 發祥地

祭 제사 제
示부 6획 ⑪
夕 夕 夘 欠 怒 祭 祭

(英) sacrifice　　(日) サイ

祭祀(제사) : 신령에게 음식을 바쳐 정성을 표하
　　　　　는 예절.
祭物(제물) : 제사에 쓰이는 음식.
祭典(제전) : 제사의 의식.

祭壇 司祭 謝肉祭 前夜祭

票 표 표
示부 6획 ⑪
一 兩 西 票 票 票

(英) ticket　　(日) ヒョウ

票決(표결) : 투표로써 가부를 결정함.
開票(개표) : 투표함을 열고 투표 결과를 조사함.
否票(부표) : 표결할 때 불찬성을 나타낸 표.
得票(득표) : 투표에서 표를 얻음.

監票 計票 暗票 投票 家計手票

禁 금할 금
示부 8획 ⑬
木 林 林 埜 禁 禁

(英) forbid　　(日) キン

禁物(금물) : 법으로 매매나 사용 등을 못하게 하
　　　　　는 물건.
禁煙(금연) : 담배를 못 피우게 함.
禁酒(금주) : 술을 못 먹게 함.

禁錮 禁忌 禁慾 禁止令 販賣禁止

祿 녹 록
示부 8획 ⑬
千 禾 禾 祚 祼 祿

(英) official pay　　(日) ロク(さいわい)

祿俸(녹봉) : 옛날 벼슬아치에게 주던 돈 따위의
　　　　　총칭.
國祿(국록) : 나라에서 주는 급료.
貫祿(관록) : 경력, 지위에 의해 갖추어진 권위.

祿位 祿太 祿牌 福祿

福 복 복
示부 9획 ⑭
千 禾 禾 稲 福 福

(英) blessing　　(日) フク(さいわい)

多福(다복) : 복이 많음.
祝福(축복) : 행복을 축원함.
幸福(행복) : 생활에서 충분하게 만족하여 즐거운
　　　　　상태.

福券 福音 福祉 飮福 聖體降福

禍

재앙 **화**
示부 9획 ⑭
千示和福福禍

(英) calamity　(日) カ(きさわい)

禍根(화근) : 화가 되는 근원.
災禍(재화) : 재액과 화.
轉禍爲福(전화위복) : 화가 바뀌어 오히려 복이
　　　　　됨.

飛禍 史禍 舌禍 輪禍 吉凶禍福

禪

선 **선**
示부 12획 ⑰
千示祁禪禪禪

(英) silent　(日) ゼン

禪法(선법) : 참선하는 법.
坐禪(좌선) : 앉아 선도를 참구함.
參禪(참선) : 선도에 들어가 수행함.
禪定(선정) : 진리를 직관하는 경지.

禪師 禪寺 禪院 禪問答

禮

예도 **례**
示부 13획 ⑱
千示祀禮禮禮

(英) etiquette　(日) キ

婚禮(혼례) : 혼인의 예절.
禮度(예도) : 예의와 법도.
相見禮(상견례) : 공식적으로 만나 보는 예.
主禮辭(주례사) : 주례가 하는 축사.

缺禮 冠禮 目禮 巡禮 參禮 賀禮

內

부 수 5 획	부 수 명 칭	상형 연상과정 (3)	상형 연상과정 (2)	상형 연상과정 (1)
内	짐승발자국 유			

字 源

구부러져(冂) 둥그렇게(厶) 난 '짐승의 발자국' 모양을 본뜬 자.

禽

새 **금**
内부 8획 ⑬
厶今全余禽禽

(英) birds　(日) キン

禽獸(금수) : 날짐승과 들짐승의 총칭. 행실이 더
　　　　러운 사람을 이르는 말.
禽獲(금획) : 사로잡음.
家禽(가금) : 집에서 기르는 닭, 오리 따위.

禽鳥 猛禽 鳴禽 野禽

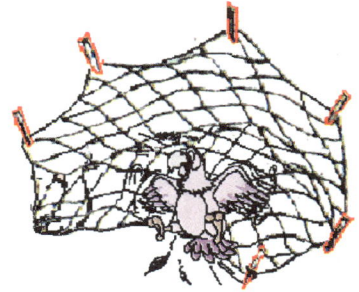

부수 5 획	부수 명칭	상형 연상과정 (3)	상형 연상과정 (2)	상형 연상과정 (1)
禾	벼 화			

禾

字源

볏대(木)에서 길게 이삭이 패어 익어서 축 드리워진(丿) 모양을 본뜬 자.

禾 | 벼 화
禾부 0획 ⑤
一二千千禾

(英) rice plant　　(日) カ

禾稈(화간) : 볏짚.
禾穀(화곡) : 벼, 곡식.
禾苗(화묘) : 볏모.
禾穗(화수) : 벼이삭.

禾稼 禾束 嘉禾

私 | 사사 사
禾부 2획 ⑦
一二千千私私

(英) private　　(日) シ(わたくし)

私立(사립) : 관·공의 힘을 빌리지 않고 사사로이
　　　　　설립함을 뜻함.
私服(사복) : 관복이나 제복이 아닌 보통 옷.
私費(사비) : 개인이 부담하는 비용.

私感 私談 私席 私設 私財 私債

秀 | 빼어날 수
禾부 2획 ⑦
一千千禾秀秀

(英) surpass　　(日) シュウ(ひいてる)

秀麗(수려) : 산수의 경치가 뛰어남.
秀作(수작) : 뛰어난 작품.
秀才(수재) : 뛰어난 재주.
優秀(우수) : 여러 가운데서 가장 빼어남.

秀眉 秀士 閨秀 俊秀 麥秀之嘆

科 | 과목 과
禾부 4획 ⑨
一千禾科科科

(英) movement　　(日) カ(しな)

科目(과목) : 학문의 구분.
文科(문과) : 인문·과학부분을 연구하는 학문.
理科(이과) : 자연계의 사물을 연구하는 학문.
教科書(교과서) : 학교의 교과용으로 편찬된 도서.

科客 科落 科料 登科 眼科 罪科

秋 | 가을 추
禾부 4획 ⑨
一千禾禾秋秋

(英) autumn　　(日) シュウ(ある)

秋霜(추상) : ①가을의 찬 서리. ②서슬이 퍼런
　　　　　위엄이나 엄한 형벌의 비유.
秋夕(추석) : 우리나라 명절의 하나. 중추절.
秋收(추수) : 가을에 익은 곡식을 거둬들이는 일.

秋季 秋穀 秋夜 秋波 晚秋 春秋

租 | 조세 조
禾부 5획 ⑩
一千禾和租租

(英) tax　　(日) ソ

租稅(조세) : 국세 및 지방세의 총칭.
租稅法(조세법) : 세법.
租庸調(조용조) : '租'는 토지에 관한 세, '庸'은 노
　　　　　역 의무, '調'는 집에 대한 세.

租界 租賃 租借 準租稅

禾

차례 질
禾부 5획 ⑩
ニ ナ ヂ 科 秒 秩

(英) order　　　(日) チツ(ついて)

秩米(질미) : 봉급으로 받는 쌀. 녹미(祿米).
秩序(질서) : 사물이나 사회가 올바른 상태를 유
　　　지하기 위하여 지켜야 할 차례나 순서.
無秩序(무질서) : 질서가 없음.

秩高 秩滿 秩卑 秩宗 秩次

세금 세
禾부 7획 ⑫
千 千 利 利 秒 稅

(英) tax　　　(日) ゼイ(みっぎ)

稅關(세관) : 관세청 소속의 관청.
稅金(세금) : 조세(租稅)를 내는 돈.
課稅(과세) : 세금을 매김.
免稅(면세) : 물건에 관세를 부과하지 않는 일.

稅率 稅務 稅政 減稅 納稅

드물 희
禾부 7획 ⑫
千 千 利 移 稀 稀

(英) rare　　　(日) キ(まれ)

稀貴(희귀) : 드물어서 매우 진귀함.
稀薄(희박) : 일이 이루어질 가망이 적음.
稀少價値(희소가치) : 희소하기 때문에 인정되는
　　　가치.

稀年 稀代 稀微 稀姓 稀壽 古稀

씨 종
禾부 9획 ⑭
千 千 科 種 種 種

(英) seed　　　(日) シュ(たね)

種類(종류) : 일정한 질적 특성에 따라 나뉘어 지
　　　는 분류.
種子(종자) : 씨. 사물의 근본.
滅種(멸종) : 씨가 없어짐. 종류가 없어짐.

種痘 種苗 種族 各種 毒種 純種

옮길 이
禾부 6획 ⑪
千 千 禾 秒 移 移

(英) remove　　　(日) イ(うつる)

移動(이동) : 옮기어 움직임. 자리를 변동함.
移徙(이사) : 집을 옮김.
移住(이주) : 딴 곳으로 옮아가서 삶.
移秧期(이앙기) : 모내기 때.

移監 移管 移動 移葬 變移 轉移

길 정
禾부 7획 ⑫
千 千 利 程 程 程

(英) rule　　　(日) テイ(ほど)

程度(정도) : 알맞은 한도.
工程(공정) : 작업의 진척되는 정도.
過程(과정) : 사물의 진행·발전하는 경로.
日程(일정) : 그 날의 할 일.

規程 登程 旅程 方程式 里程標

어릴 치
禾부 8획 ⑬
千 千 利 秒 稚 稚

(英) young　　　(日) チ(いとけない)

稚氣(치기) : 어린애 같은 기분이나 감정.
稚魚(치어) : 어린 물고기. 물고기의 새끼.
稚拙(치졸) : 유치하고 졸렬함.
幼稚(유치) : ① 나이가 어림. ② 정도가 낮음.

稚弱 幼稚園

일컬을 칭
禾부 9획 ⑭
千 千 科 稱 稱 稱

(英) call　　　(日) ショウ(となえる)

稱讚(칭찬) : 잘한다고 기리어 일컬음.
自稱(자칭) : ① 남에게 대해 자기 자신을 일컬음.
　　　② 스스로 자기를 칭찬함.
呼稱(호칭) : 이름을 지어 부름. 불러 일컬음.

稱頌 稱號 敬稱 俗稱 略稱 指稱

禾

稿	원고 고	

禾부 10획 ⑮

千千千柠稿稿

(英) script　　　　　　(日) コウ(わら)

稿料(고료) : 저서 또는 쓴 글에 대한 보수. 원고
　　　　　　료(原稿料).
寄稿(기고) : 원고를 신문사, 잡지사 등에 보냄.
投稿(투고) : 원고를 신문사 등에 보냄.

送稿 玉稿 遺稿 草稿 脫稿

穀	곡식 곡	

禾부 10획 ⑮

十声素素設穀

(英) grain　　　　　　(日) コク

穀物(곡물) : 양식이 되는 쌀, 보리 따위의 총칭.
穀倉(곡창) : ① 곡식을 저장하여 두는 창고. ② 곡
　　　　　　식이 많이 나는 지방을 가리키는 말.
脫穀(탈곡) : 곡식의 낟알을 이삭에서 떨어냄.

穀價 穀類 穀食 糧穀 雜穀 秋穀

稻	벼 도	

禾부 10획 ⑮

千千秆稻稻稻

(英) rice plant　　　　(日) トウ(いね)

稻作(도작) : 벼농사.
陸稻(육도) : 밭벼.
稻熱病(도열병) : 잘 자란 벼의 줄기와 잎에 흰점
　　　　　　이 생기면서 이삭이 돋아나지 않게 되는 병.

水稻 早稻 立稻先賣

積	쌓을 적	

禾부 11획 ⑯

千千秆秆秸積

(英) heap up　　　　　(日) セキ(つむ)

積金(적금) : 돈을 모아둠.
積立(적립) : 모아서 쌓아둠.
積極的(적극적) : 사물에 대한 태도가 궁극적이고
　　　　　　능동적인 것.

積分 積算 積雪 見積 露積 集積

穫	거둘 확	

禾부 14획 ⑲

千千秆秆稚穫

(英) harvest　　　　　(日) カク

穫稻(확도) : 벼를 거두어들임.
收穫(수확) : 농작물을 거두어들임.
秋穫(추확) : 가을걷이.

 착각하지 맙시다.

笠(삿갓 립)자는 **竹부수**에 속하는 글자이며, 靖(편안할 정)자는 **靑부수**에 속하는 글
자이며, 翊(도울 익)자는 **羽부수**에 속하는 글자이며, 昱(빛날 욱)자는 **日부수**에 속하는
글자입니다.

婆(할미 파)자는 **女부수**에 속하는 글자이며, 頗(치우칠 파)자는 **貝부수**에 속하는 글
자입니다.

부수 5획	부수 명칭	상형 연상과정 (3)	상형 연상과정 (2)	상형 연상과정 (1)
穴 穴	구멍 혈			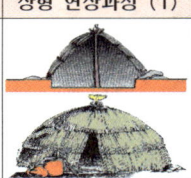

字源

집(宀)으로 삼을 수 있을 정도로 파헤쳐진(八) 굴 '구멍'을 뜻한 자.

穴 — 굴 혈
穴부 0획 ⑤
丶丶宀宀穴
(英) hole　　(日) ケツ(あな)

穴居(혈거) : 자연이나 인공으로 된 동굴에서 삶.
墓穴(묘혈) : 무덤 구덩이.
虎穴(호혈) : 범이 사는 굴. 무서운 곳을 비유하
　　　　여 이르는 말.

經穴 三姓穴 堤潰蟻穴

究 — 연구할 구
穴부 2획 ⑦
丶宀宀穴穴究
(英) search　　(日) キュウ(きわめる)

窮究(궁구) : 속속들이 깊이 연구함.
硏究(연구) : 원리를 깊이 조사하고 생각함.
探究(탐구) : 더듬어 파고들어 깊이 연구함.
學究熱(학구열) : 학문을 닦는데 골똘하는 열의.

究明 講究 推究 研究員

空 — 빌 공
穴부 3획 ⑧
丶宀宀穴穴空
(英) empty　　(日) クウ(そら)

空論(공론) : 실행할 수 없는 헛된 의론(議論).
空想(공상) : 현실과 맞지 않는 공연한 생각.
空虛(공허) : 텅 빔. 아무것도 없음.
蒼空(창공) : 푸른 하늘.

空間 空洞 空路 空腹 空輸 虛空

突 — 갑자기 돌
穴부 4획 ⑨
丶宀宀穴突突
(英) dash　　(日) トク(つく)

突然(돌연) : 별안간. 갑작스럽게.
突出(돌출) : 갑자기 튀어나옴.
衝突(충돌) : 서로 맞부딪침.
猪突的(저돌적) : 앞 뒤 가리지 않고 돌진하는 것.

突起 突進 激突 唐突 追突 溫突房

窓 — 창 창
穴부 6획 ⑪
丶宀宀穴空窓窓
(英) window　　(日) ソウ(まど)

窓門(창문) : 빛이나 바람이 통하도록 벽에 낸문.
同窓(동창) : 같은 학교 또는 같은 스승 밑에서
　　　　공부한 사람.
學窓時節(학창시절) : 학생으로 공부하던 시기.

窓口 窓戶 封窓 船窓 車窓 琉璃窓

窮 — 다할 궁
穴부 10획 ⑮
宀宀穷穷窮窮
(英) exhaust　　(日) キュウ(きわまる)

窮極(궁극) : 극도에 달함.
困窮(곤궁) : 가난함. 살림이 구차함.
窮餘之策(궁여지책) : 막다른 상황에서 그 국면을
　　　　타개하려고 생각다 못하여 짜낸 계책.

窮氣 窮理 窮相 窮塞 追窮 無窮花

부수 5획	부수 명칭	상형 연상과정 (3)	상형 연상과정 (2)	상형 연상과정 (1)
立	설 립			

字 源

땅에 두 발을 벌리고 똑 바로 '서 있는' 사람의 모양을 본뜬 자.

立 | **설 립** 立부 0획 ⑤ |
` ｀ 亠 𠆢 立`
(英) stand　　　　　(日) リツ(たつ)

立志(입지) : 뜻을 바르게 세움.
設立(설립) : 만들어 세움.
自立(자립) : 남의 힘을 입지 않고 홀로 섬.
創立(창립) : 학교, 회사 등을 처음으로 설립함.

建立 起立 樹立 確立 積立 組立式

竝 | **나란히 병** 立부 5획 ⑩ |
` ｀ 亠 立 竝 竝`
(英) united　　　　(日) ヘイ(ならべる)

竝立(병립) : 나란히 섬.
竝發(병발) : 한꺼번에 일어남.
竝設(병설) : 함께 갖추거나 세움.
竝行(병행) : 두 가지 일을 함께 함.

竝肩 竝力 竝呑 竝用 竝進 竝唱

竟 | **마침내 경** 立부 6획 ⑪ |
` 亠 立 产 音 音 竟 竟`
(英) finish　　　　(日) キョウ(ついに)

竟夜(경야) : 밤을 세움.
究竟(구경) : 궁극. 끝에 가서는.
畢竟(필경) : 마침내. 결국에는.

終竟

章 | **글 장** 立부 6획 ⑪ |
` 亠 立 产 音 音 章 章`
(英) sentence　　　(日) ショウ(しるし)

文章(문장) : 생각·느낌·사상을 글자로 나타낸 것.
印章(인장) : 도장.
指章(지장) : 손도장.
勳章(훈장) : 나라에 훈공이 있는 자에게 주는 기장.

肩章 旗章 腕章 終章 憲章 奎章閣

童 | **아이 동** 立부 7획 ⑫ |
` 亠 立 产 音 音 童 童`
(英) child　　　　(日) ドウ(わらべ)

童心(동심) : 어린이와 같이 순진한 마음.
童謠(동요) : 아이들 사이에서 불리는 노래.
童話(동화) : 아이들을 상대로 하여 꾸민 이야기.
兒童(아동) : 어린이.

童詩 童顔 童貞 牧童 神童

端 | **끝 단** 立부 9획 ⑭ |
` ｀ 立 圵 圵 端 端`
(英) clue　　　　(日) タン(はし)

末端(말단) : 맨 끄트머리. 맨 아래.
端末機(단말기) : 컴퓨터의 본체와 떨어진 장소에
　　　　　　　설치되어 서로 입출력할 수 있는 기기.
最尖端(최첨단) : 시대나 유행 등의 가장 선두.

端緖 端役 端整 極端 先端

立

競
다툴 경
立부 15획 ⑳

(英) contest　　　　(日) キョウ(きそう)

競落(경락) : 경매에서 결정된 사람에게 승인이 감.
競賣(경매) : 살 사람이 값을 다투어 부르게 하여
　　　　　　최고액 신청자에게 파는 일.
競爭(경쟁) : 서로 겨루어 다툼.

競馬 競選 競演 競走 競技 競合

부 수 5 획	부 수 명 칭	상형 연상과정 (3)	상형 연상과정 (2)	상형 연상과정 (1)
衤	옷 의 (옷의변)			

字 源

사람들(氏←씨)이 몸을 감싸 덮는(亠) '옷'을 뜻한 자.

被
입을 피
衤부 5획 ⑩

(英) coverlet　　　　(日) ヒ(こうむる)

被拉(피랍) : 납치를 당함.
被襲(피습) : 습격을 당함.
被害(피해) : 해를 입음.
被告人(피고인) : 소송에서 고소를 당한 사람.

被擊 被服 被殺 被選 被訴 被疑者

補
기울 보
衤부 7획 ⑫

(英) patch　　　　(日) ホ(おぎなう)

補缺(보결) : 비어 모자라는 데를 채움.
補給(보급) : 물품을 뒷바라지로 대어줌.
補助(보조) : 부족한 곳을 메우고 도움.
補充(보충) : 모자람을 보태어 채움.

補強 補身 補藥 補償 補選 特補

裕
넉넉할 유
衤부 7획 ⑫

(英) rich　　　　(日) ユウ(ゆたか)

裕福(유복) : 살림이 넉넉함.
寬裕(관유) : 너그럽고 관대함.
富裕(부유) : 재물이 넉넉함.
餘裕(여유) : 사리를 너그럽게 판단하는 마음가짐.

富裕層

複
겹칠 복
衤부 9획 ⑭

(英) compound　　　　(日) フク(かさねる)

複利(복리) : 이자에 이자가 붙는 셈.
複寫(복사) : 사진·문서 따위를 똑같이 복제함.
複數(복수) : 둘 이상의 수.
複雜(복잡) : 사물의 갈피가 뒤섞여 어수선함.

複道 複線 複式 複製 複合 複勝式

부수 6획	부수 명칭	상형 연상과정 (3)	상형 연상과정 (2)	상형 연상과정 (1)
竹	대 죽			

竹

字源

'대나무'와 그 이파리가 아래로 드리워진 모양을 본뜬 자.

竹 | 대 죽 | 竹부 0획 ⑥
丿 亻 亻 竹 竹 竹
(英) bamboo　　(日) チク(たけ)

竹筍(죽순) : 대나무의 어리고 연한 싹.
杖竹(장죽) : 지팡이로 쓰는 대나무.
竹馬故友(죽마고우) : 어릴 때부터 같이 놀며 자
　　　라던 친구.

竹簡 竹刀 竹槍 松竹 烏竹 竹夫人

笑 | 웃음 소 | 竹부 4획 ⑩
⺮ ⺮ ⺮ 竺 竺 笑
(英) laugh　　(日) ショウ(わらう)

微笑(미소) : 소리를 내지 않고 가볍게 웃는 웃음.
談笑(담소) : 웃으면서 이야기함.
嘲笑(조소) : 조롱하여 비웃는 웃음.
爆笑(폭소) : 폭발하듯 갑자기 웃는 웃음.

苦笑 失笑 破顔大笑 笑門萬福來

符 | 부호 부 | 竹부 5획 ⑪
⺮ ⺮ 竹 竺 符 符
(英) tally　　(日) フ

符籍(부적) : 악귀나 잡신을 쫓고 재앙을 물리치기
　　위하여 야릇한 붉은 글씨로 그리어 붙이는 종이.
符號(부호) : 어떤 뜻을 나타내는 기호. 표.
符合(부합) : 서로 맞대어 붙음.

終止符 呼出符號 名實相符

笛 | 피리 적 | 竹부 5획 ⑪
⺮ ⺮ ⺮ 竺 笛 笛
(英) flute　　(日) テキ(ふえ)

警笛(경적) : 주의 촉구를 위해 울리는 고동.
汽笛(기적) : 기차·기선 등의 신호장치 또는 소리.
鼓笛隊(고적대) : 북과 피리로 이루어진 행진용의
　　　음악대.

笛聲 玉笛 胡笛

第 | 차례 제 | 竹부 5획 ⑪
⺮ ⺮ 竺 笌 第 第
(英) order　　(日) ダイ

及第(급제) : 과거(시험)에 합격됨.
落第(낙제) : 시험에 떨어지거나 진급 못함.
第一(제일) : 으뜸. 가장 훌륭함.
第三者(제삼자) : 직접 관계하지 않은 자.

第次 第五列 第三世界

答 | 대답 답 | 竹부 6획 ⑫
⺮ ⺮ 竺 竺 答 答
(英) answer　　(日) トウ(こたえる)

報答(보답) : 입은 혜택이나 은혜를 갚음.
解答(해답) : 질문에 대하여 답하거나 밝힘.
答辭(답사) : 대답하는 말.
答案(답안) : 해답을 쓴 글.

答禮 答辯 答報 答謝 答狀 和答

竹

等 무리 등
竹부 6획 ⑫
ⁿ ⁿⁿ ⁿⁿ 竺 竽 等 等

(英) equals　　(日) トウ(ひとしい)

越等(월등) : 차이가 현격함.
等級(등급) : 높낮이의 차례.
對等(대등) : 양쪽이 높고 낮음의 차이없이 서로
　　　　　　 비슷함.

等待 等數 等身 等溫 等差 吾等

策 꾀 책
竹부 6획 ⑫
ⁿ ⁿⁿ 竺 笁 第 策

(英) plan　　(日) サク(はかりごと)

策動(책동) : 꾀를 부려서 남몰래 행동함.
計策(계책) : 일을 처리할 계획과 꾀.
上策(상책) : 가장 좋은 계책.
策定(책정) : 계획을 세워 결정함.

策略 策勵 策命 策謀 策問 策效

筆 붓 필
竹부 6획 ⑫
ⁿ ⁿⁿ 竺 笁 筆 筆

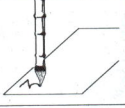

(英) writing brush　　(日) ヒツ(ふで)

筆體(필체) : 글씨체.
親筆(친필) : 손수 쓴 글씨.
達筆(달필) : 잘쓴 글씨 또는 글씨를 잘 쓰는 사람.
筆者(필자) : 글쓴이.

筆頭 筆力 筆名 筆跡 筆禍 執筆

管 대롱 관, 주관할 관
竹부 8획 ⑭
ⁿ ⁿⁿ 竺 管 管 管

(英) pipe　　(日) カン(くだ)

管理(관리) : 일을 맡아 처리하거나 물건의 보관·
　　　　　　 수리를 맡아 함.
管內(관내) : 맡아서 다스리는 구역 안.
主管(주관) : 일을 주장하여 관리함.

管見 管掌 管制 管絃樂 管鮑之交

算 셈 산
竹부 8획 ⑭
ⁿ ⁿⁿ 竹 管 筲 算

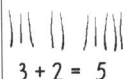
3 + 2 = 5

(英) count　　(日) サン(かぞえる)

計算(계산) : 셈을 헤아림.
暗算(암산) : 마음속으로 계산함.
珠算(주산) : 주판으로 하는 셈.
打算(타산) : 이해관계를 계산함.

算曆 算數 算入 算子 算出 算筒

範 법 범
竹부 9획 ⑮
ⁿ ⁿⁿ 笁 笵 笵 範

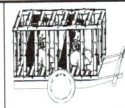

(英) law, pattern　　(日) ハン(のり)

範圍(범위) : 사물이 차지한 일정한 한계.
師範(사범) : 학술, 유도 등의 기예를 가르치는 사람.
示範(시범) : 모범을 보임.
規範(규범) : 법칙 또는 원리.

範軌 範例 範民 範世 範疇 模範

節 마디 절
竹부 9획 ⑮
ⁿ ⁿⁿ 竺 管 管 節 節

(英) joint　　(日) セツ(ふし)

節約(절약) : 아끼어 씀.
節制(절제) : 알맞게 조절함.
節次(절차) : 일의 순서나 방법.
時節(시절) : 철 또는 사람의 일생을 구분한 한 동안.

節減 節介 節氣 節目 季節 使節

篇 책 편
竹부 9획 ⑮
ⁿ ⁿⁿ 笁 笠 篇 篇 篇

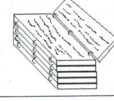

(英) book　　(日) ヘン

玉篇(옥편) : 자전(字典).
長篇(장편) : 긴 글로 한 편을 이룬 글.
千篇一律(천편일률) : 많은 사물이 색다른 바가
　　　　　　　　　　　없이 모두 비슷함.

短篇 詩篇 全篇 中篇 上下篇

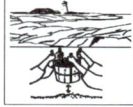

竹

篤 도타울 독
竹부 10획 ⑯

ᅡᅩ竹 笘 笘 篤 篤
(英) sincere (日) トク(あつい)

篤實(독실) : 열성적이고 진실함.
危篤(위독) : 병세가 매우 중하여 목숨이 위태로움.
敦篤(돈독) : 인정이 두터움.
篤志家(독지가) : 특별한 마음을 써 원조하는 사람.

篤農 篤信 篤志 篤學 篤行

築 쌓을 축
竹부 10획 ⑯

ᅡᅩ 竹 竻 筑 築
(英) build (日) チク(きずく)

築臺(축대) : 높게 쌓아올린 대.
改築(개축) : 다시 고쳐 짓거나 쌓음.
建築(건축) : 건물이나 구조물을 구상하고 설계하
여 세움.

築城 築造 築港 構築 石築 增築

簡 대쪽 간
竹부 12획 ⑱

ᅡᅩ 竹 竹 筲 簡 簡
(英) letter (日) カン(ふだ)

書簡(서간) : 편지.
簡單(간단) : 간략하고 단출함.
簡便(간편) : 간단하고 편리함.
簡潔(간결) : 간단하고 깨끗함.

簡牘 簡略 簡明 簡拔 簡素 內簡

簿 문서 부
竹부 13획 ⑲

ㄆ 笝 簿 簿 簿 簿
(英) book-keeping (日) ボ

簿記(부기) : 재산의 출납을 장부에 기입함.
帳簿(장부) : 금품의 수입·지출을 적는 책.
名簿(명부) : 성명을 기록한 책.
家計簿(가계부) : 살림의 수지를 적는 장부.

原簿 學籍簿

籍 문서 적
竹부 14획 ⑳

ᅡᅩ 笣 笣 籍 籍 籍
(英) register (日) セキ(ふみ)

書籍(서적) : 책.
國籍(국적) : 국가의 구성원으로서의 자격, 신분.
學籍(학적) : 학교에 갖추어둔 학생 개개인의 기록.
移籍(이적) : 운동선수가 소속을 옮김.

籍記 史籍 地籍 戶籍

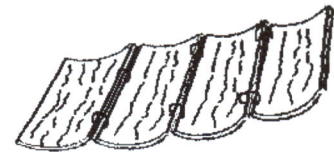

 착각하지 맙시다.

魄(넋 백)자는 鬼부수에 속하는 글자이며, 帛(비단 백)자는 巾부수에 속하는 글자이며,
舶(큰 배 박)자는 舟부수에 속하는 글자입니다.

愚(어리석을 우)자는 心부수에 속하는 글자이며, 寓(머무를 우)자는 宀부수에 속하는 글
자입니다.

米

부 수 6 획	부 수 명 칭	상형 연상과정 (3)	상형 연상과정 (2)	상형 연상과정 (1)
米	쌀 미	米	米	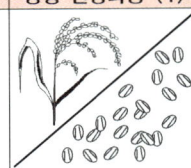

字 源

걸껍질이 까져(十) 나온 '쌀 알갱이들(×)'의 모양을 본뜬 자.

米 | 쌀 미
米부 0획 ⑥
丶 丷 屮 半 米 米

(英) rice　(日) ベイ、マイ(こめ)

米穀(미곡) : 쌀 또는 모든 곡식.
白米(백미) : 희게 쓿은 쌀.
玄米(현미) : 벼의 껍질만 벗기고 쓿지 않은 쌀.
精米所(정미소) : 방앗간.

米價 米壽 節米 軍糧米 淸白米

粉 | 가루 분
米부 4획 ⑩
丷 半 米 粉 粉 粉

(英) powder　(日) フン(こな)

粉末(분말) : 가루.
粉碎(분쇄) : 아주 잘게 부스러뜨림. 적을 쳐부숨.
粉食(분식) : 밀가루 등의 가루 음식.
粉塵(분진) : 티끌.

粉乳 粉筆 製粉 粉骨碎身 粉靑沙器

粟 | 조 속
米부 6획 ⑫
一 西 西 亜 栗 粟

(英) millet　(日) ゾク(あわ)

粟米(속미) : 좁쌀.
滄海一粟(창해일속) : 넓고 큰 바다에 던져진 한
　　알의 좁쌀이란 뜻으로 '매우 작음' 또
　　는 '보잘것 없는 존재'를 비유하는 말.

粟金 粟奴 粟文 粟帛 粟田

粧 | 단장할 장
米부 6획 ⑫
丶 半 米 米 粧 粧

(英) decorate　(日) ショウ(よそおう)

粧飾(장식) : 단장을 하여 꾸밈.
新粧(신장) : 새로 꾸밈.
治粧(치장) : 행장을 차림.
化粧(화장) : 얼굴을 곱게 꾸밈.

內粧 丹粧 美粧院 化粧室 化粧品

精 | 정할 정
米부 8획 ⑭
丷 半 米 米 精 精

(英) clean　(日) セイ(くわしい)

精巧(정교) : 정밀하고 교묘함.
精密(정밀) : 아주 잘고 자세함.
精誠(정성) : 참되고 성실한 마음.
精銳(정예) : 날쌔고 용맹스러움. 또는 그 군사.

精管 精氣 精算 精製 精進 妖精

糖 | 엿 당, 사탕 탕
米부 10획 ⑯
丷 半 米 粁 糖 糖

(英) sugar　(日) トウ

糖分(당분) : 사탕질의 성분.
糖尿病(당뇨병) : 오줌에 당분이 많이 포함되어
　　나오는 병.
糖水肉(탕수육) : 중국요리의 하나.

糖度 糖質 製糖 糖衣錠 葡萄糖

米

糧

양식 량
米부 12획 ⑱

艹 米 粗 粗 粗 糧

(英) food　　　　(日) ロウ(かて)

糧穀(양곡) : 양식으로 쓰이는 곡식.
糧食(양식) : 식용인 곡식. 식량.
糧政(양정) : 양곡 관계의 모든 정책이나 행정.
軍糧(군량) : 군대의 양식.

糧米 糧道 糧資 油糧 食糧 絶糧

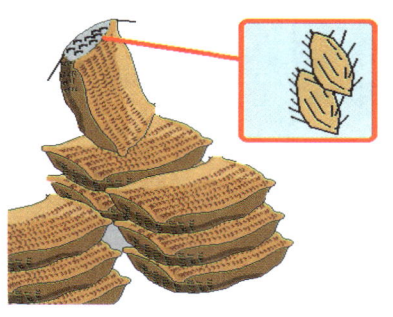

부 수　6 획	부 수　명 칭	상형 연상과정 (3)	상형 연상과정 (2)	상형 연상과정 (1)
糸	실 사			

'가는실'을 감아놓은 실타래 모양을 본뜬 자.

系

이어 맬 계
糸부 1획 ⑦

丿 ㇀ ㇇ 互 玄 系

(英) connect　　　　(日) ケイ(かかる)

系譜(계보) : 혈통이나 계통을 적은 책.
系統(계통) : 사물사이의 관계를 통일된 원리로
　　　　　　순서를 따라 벌림.
體系(체계) : 계통있게 종합한 조직구성.

系列 家系 母系 傍系 直系卑屬

紀

벼리 기
糸부 3획 ⑨

丿 丄 纟 系 紀 紀

(英) principle　　　　(日) ロ(のり)

紀綱(기강) : 나라를 다스리는 법도.
紀律(기율) : 일정한 법규.
軍紀(군기) : 군대의 규율 및 풍기.
風紀(풍기) : 풍습이나 사회도덕에 관한 기율.

紀章 檀紀 黨紀 紀元前 新紀元

約

맺을 약
糸부 3획 ⑨

丄 纟 系 糸 約 約

(英) about　　　　(日) ヤク

契約(계약) : 약속. 약정.
約束(약속) : 상대자의 의견을 맞추어 정함.
制約(제약) : 사물의 존재나 발전에 일정한 제한
　　　　　　을 주는 것.

約定 約婚 規約 違約 節約 條約

紅

붉을 홍
糸부 3획 ⑨

丿 丄 纟 系 紅 紅

(英) red　　　　(日) コウ(くれない)

紅潮(홍조) : 취하거나 부끄러울 때 뺨에 붉은빛
　　　　　　이 드러남. 또는 그 빛.
紅一點(홍일점) : 여러 남자들 중에 홀로 끼여 있
　　　　　　는 여자를 비유하는 말.

紅旗 紅蓮 紅蔘 紅顔 紅茶 紅巾賊

糸

級

등급 급
糸부 4회 ⑩
ㅇ 糸 糸 糸 級 級

(英) grade, class　　　(日) キョウ(しな)

級數(급수) : 기술의 우열에 의한 등급.

級友(급우) : 같은 학급에서 배우는 벗.

階級(계급) : 사회적 지위.

進級(진급) : 등급·계급 따위가 오름.

級訓 同級 昇級 留級 職級 特級

納

들일 납
糸부 4회 ⑩
ㅇ 糸 糸 糸 納 納

(英) receive　　　(日) ノウ(おさめる)

納付(납부) : 관공서나 공공단체 등에 물건이나
　　　　　　돈을 바침.

完納(완납) : 모두 납부함.

出納(출납) : 금전 따위를 내어주고 받아들임.

納期 納得 納凉 返納 收納 滯納

紛

어지러울 분
糸부 4회 ⑩
ㅇ 糸 糸 糸 紛 紛

(英) confused　　　(日) フン(まぎれる)

紛糾(분규) : 일이 뒤얽혀 말썽이 많고 시끄러움.

紛失(분실) : 잃어버림.

紛爭(분쟁) : 엉클어져 다툼.

內紛(내분) : 내부에서 일어나는 분쟁.

紛起 紛亂 紛紛

索

찾을 색, 노(새끼줄) 삭
糸부 4회 ⑩
十 十 キ 玄 索 索 索

(英) rope, seek　　　(日) サク(なわ, もとめる)

索出(색출) : 뒤지어 찾아냄.

索莫(삭막) : 황폐하여 쓸쓸한 모양.

思索(사색) : 사물의 이치를 따지어 같이 생각함.

探索(탐색) : 더듬어서 찾음.

索道 索引 檢索 搜索 暗中摸索

素

본디 소
糸부 4회 ⑩
十 十 主 圭 素 素 素

(英) basis　　　(日) ソ, ス(もと)

素朴(소박) : 꾸밈이 없이 수수한 그대로임.

素服(소복) : 하얗게 차려입은 옷. 상복.

素材(소재) : 어떤 것을 만드는데 바탕이 되는 재료.

素質(소질) : 본디부터 타고난 성질.

素望 素月 素行 儉素 要素 元素

純

순수할 순
糸부 4회 ⑩
ㅇ 糸 糸 糸 純 純 純

(英) pure　　　(日) ジュン

純度(순도) : 품질의 순수한 정도.

純粹(순수) : 잡것이 섞이지 아니 함.

純眞(순진) : 마음이 순박하고 진실함.

清純(청순) : 밝고 순수함.

純潔 純綿 純朴 純粹 純精 單純

紙

종이 지
糸부 4회 ⑩
ㅇ 糸 糸 糸 紅 紙 紙

(英) paper　　　(日) シ(かみ)

紙面(지면) : 종이의 겉면.

紙幣(지폐) : 종이에 인쇄하여 만든 화폐.

便紙(편지) : 소식을 서로 알리는 글.

表紙(표지) : 책의 겉면.

紙質 更紙 壁紙 別紙 用紙

累

여러 루, 자루 루
糸부 5회 ⑪
冖 田 田 罘 累 累

(英) repeated　　　(日) ルイ(かさねる)

累代(누대) : 여러 세대.

累積(누적) : 포개어 쌓음.

累次(누차) : 여러 번.

連累(연루) : 남의 범죄에 관계됨.

累計 累犯 累增 累進 累卵之勢

細 가늘 세
糸부 5획 ⑪
乡 糸 糸 糽 細細
× ○

(英) thin　　　　　　(日) サイ(ほそい)

細密(세밀) : 세세하고 꼼꼼함.
細心(세심) : 작은 일에도 주의하여 빈틈이 없음.
細胞(세포) : 생물체 구성의 기본단위.
零細(영세) : 작고 가늘어 변변하지 못함.

細管 細技 細部 細則 詳細 竹細工

紫 자줏빛 자
糸부 5획 ⑪
止 此 此 紫 紫 紫

(英) purple　　　　　(日) シ(むらさき)

紫色(자색) : 자줏빛.
紫煙(자연) : ① 자줏빛 연기. ② 담배연기.
紫外線(자외선) : 태양광선의 스펙트럼에서 보랏
　　　　　　　　　빛의 바깥쪽에 나타나는 복사선.

紫雲 紫石英 紫水晶 山紫水明

組 짤 조
糸부 5획 ⑪
乡 糸 糸 紅 組 組

(英) make-up　　　　(日) ソ(くむ)

組閣(조각) : 내각을 조직함.
組立(조립) : 짜맞춤. 또는 그 방법.
組織(조직) : 단체 또는 사회를 구성하는 각 요소
　　　　　　가 모여 유기체를 만드는 것.

勞組 組版 組長 組織力 組合員

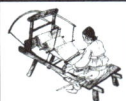

終 마칠 종
糸부 5획 ⑪
乡 糸 糸 終 終 終

(英) end　　　　　　(日) シュウ(おわる)

終結(종결) : 끝을 냄.
終末(종말) : 맨 끝.
終點(종점) : 맨 끝이 되는 곳.
臨終(임종) : 사람의 목숨이 끊어지려 할 때.

終價 終刊 終講 終禮 終了 最終

絃 줄 현
糸부 5획 ⑪
乡 糸 糸 糸'糸'絃

(英) string　　　　　(日) ゲン(いと)

絃樂器(현악기) : 가야금, 바이올린처럼 현을 타
　　　　　　　　거나 켜서 소리를 내는 악기.
管絃樂(관현악) : 관악기·현악기·타악기의 합주
　　　　　　　　음악.

絃誦 絶絃 三絃六角

結 맺을 결
糸부 6획 ⑫
乡 糸 糸 結 結 結

(英) join　　　　　　(日) ケツ(むすぶ)

結果(결과) : 어떤 원인으로 인한 결말.
結局(결국) : 일의 마무리 단계.
結婚(결혼) : 혼인관계를 맺음.
連結(연결) : 서로 이어서 맺음.

結論 結成 凍結 完結 妥結

給 줄 급
糸부 6획 ⑫
乡 糸 糸 紷 給 給

(英) give　　　　　　(日) キュウ(たまう)

給料(급료) : 노력에 대한 보수.
給食(급식) : 식사를 제공함.
供給(공급) : 수요에 응하여 물품을 제공함.
配給(배급) : 분배하여 공급함.

給付 給仕 給與 給油 官給 發給

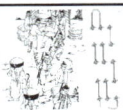

絡 얽힐 락
糸부 6획 ⑫
乡 糸 糸 終 絡 絡
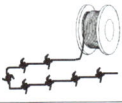

(英) connect　　　　(日) ラク(からむ)

籠絡(농락) : 교묘한 꾀로 사람을 놀림.
脈絡(맥락) : 사물이 관련되는 연계나 줄거리.
連絡(연락) : ① 잇대어 계속함.
　　　　　　② 서로 관련을 가짐.

經絡 連絡網 聯絡杜絶

糸

실 사
糸부 6획 ⑫
幺 糸 糸 糾 絲 絲

(英) thread　　(日) シ(いと)

絲雨(사우) : 실같이 가는 가랑비.
綿絲(면사) : 무명실.
一絲不亂(일사불란) : 질서가 정연하여 조금도 어
　　　지러움이 없음.

絹絲 金絲 螺絲 原絲 製絲 合絲

絶

끊을 절
糸부 6획 ⑫
幺 糸 糸 紵 絕 絶

(英) cut　　(日) ゼツ(たつ)

絶交(절교) : 교제를 끊음.
絶望(절망) : 희망이 끊어짐.
絶讚(절찬) : 지극한 칭찬.
拒絶(거절) : 물리쳐서 딱 떼어버림.

絶景 絶糧 絶命 絶壁 絶世佳人

統

거느릴 통
糸부 6획 ⑫
幺 糸 糸 紵 紵 統

(英) govern　　(日) トウ(すべる)

統治(통치) : 도맡아 다스림.
統計(통계) : 대량관찰의 결과로서 얻어지는 숫자.
傳統(전통) : 계통을 받아 전함. 또는 이어 받은
　　　계통.

法統 統監 統一 統合 血統 正統的

絹

비단 견
糸부 7획 ⑬
幺 糸 紵 絹 絹 絹

(英) silk　　(日) ケン(きぬ)

絹絲(견사) : 누에고치에서 뽑은 실.
純絹(순견) : 순 명주실로 짠 비단.
絹織物(견직물) : 명주실로 짠 피륙.
人造絹(인조견) : 인조 견사로 짠 비단.

絹毛 絹紡 絹布

經

지날 경, 글 경
糸부 7획 ⑬
幺 糸 紵 經 經 經

(英) pass through　　(日) ケイ, キョウ(へる, つね)

經營(경영) : 계획을 세워 일을 해 나감.
經典(경전) : 종교의 교리를 적은 글.
經驗(경험) : 실제로 보고 겪음. 또는 그 지식이
　　　나 기술.

經過 經綸 經緯 金剛經 經世濟民

綱

벼리 강
糸부 8획 ⑭
幺 糸 紵 網 網 綱

(英) head rope　　(日) コウ(つな)

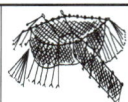

綱領(강령) : 일의 으뜸되는 큰 줄거리.
紀綱(기강) : 기율과 법강.
大綱(대강) : 대체의 줄거리.
政綱(정강) : 정치의 강령.

綱目 綱常 綱要 要綱 三綱五倫

緊

긴할 긴
糸부 8획 ⑭
幺 臤 臤 堅 緊 緊

(英) urgent　　(日) キン(きびしい)

緊急(긴급) : 매우 급하고 요긴할 일.
緊張(긴장) : ①마음을 가다듬어 정신을 바짝 차
　　　림. ②죄어져 있음.
緊縮(긴축) : 바싹 줄임.

緊密 緊要 要緊 緊迫感 緊急事態

綠

푸를 록
糸부 8획 ⑭
幺 糸 紵 紵 絑 綠

(英) green　　(日) リョク(みどり)

綠陰(녹음) : 우거진 나무그늘.
新綠(신록) : 초목의 새잎이 띤 푸른빛.
綠衣紅裳(녹의홍상) : 연두저고리와 다홍치마. 곧
　　　젊은 여자의 곱게 치장한 옷차림.

綠豆 綠地 綠茶 常綠樹 綠陰芳草

綿 솜 면

糸부 8획 ⑭
乡 糸 糸′ 紵 綿 綿
(英) cotton　(日) ケン(わた)

海綿(해면) : 갯솜. 해면동물의 준말.
綿織物(면직물) : 면사로 짠 피륙.
周到綿密(주도면밀) : 주의가 두루 미쳐 자세하고
　　　　　　　빈틈이 없음.

綿絲 綿羊 純綿 綿紡績 脫脂綿

維 벼리 유

糸부 8획 ⑭
乡 糸 糸′ 紵 維 維
(英) tie　(日) イ(つなぐ)

維新(유신) : 모든 것이 개혁되어 새롭게 됨.
維持(유지) : 지탱하여 감.
維歲次(유세차) : 제문의 앞머리에 쓰는 말로 '이
　　　　　　해의 차례는' 이라는 뜻.

維谷 纖維 維持費 天然纖維

練 익힐 련

糸부 9획 ⑮
乡 糸 糸′ 紵 紳 練
(英) drill　(日) レン(ねる)

練磨(연마) : ①여러 번 갈고 닦음.
　　　　　 ②학문이나 기술을 거듭 익힘.
練習(연습) : 되풀이하여 익힘.
洗練(세련) : 지식, 기술을 익혀 어색함이 없음.

修練 熟練工 調練師 訓練都監

緖 실마리 서

糸부 9획 ⑮
乡 糸 糸′ 糸′ 緒 緒
(英) clue　(日) チョ(いとぐち)

端緒(단서) : 문제 해결의 실마리.
頭緒(두서) : 일의 단서. 조리.
情緖(정서) : 어떤 사물 또는 경우에 부딪쳐 일어
　　　　　 나는 온갖 감정.

緒論 緒業 緒戰 由緖 情緖障碍

線 줄 선

糸부 9획 ⑮
乡 糸 糸′ 紵 線 線
(英) line　(日) セン(すじ)

曲線(곡선) : 굽은 선.
線路(선로) : 기차·전차 등의 궤도.
脫線(탈선) : ①기차·전차 등이 선로를 벗어남.
　　　　　 ②언행이 상규를 벗어나 빗나감.

幹線 路線 緯線 流線型 紫外線

緣 인연 연
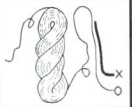
糸부 9획 ⑮
乡 糸 糸′ 糸′ 緣 緣
(英) affinity　(日) エン(ふち, えたし)

緣由(연유) : 까닭. 사유. 유래.
緣坐(연좌) : 집안의 범죄로 죄없이 처벌당함.
事緣(사연) : 사정과 연유.
血緣(혈연) : 같은 핏줄로 연결된 인연.

緣故 結緣 緣木求魚 天生緣分

緩 느릴 완

糸부 9획 ⑮
乡 糸 糸′ 緩 緩 緩
(英) loose　(日) カン(ゆるい)

緩急(완급) : 느직함과 바쁨.
弛緩(이완) : 풀리어 늦추어 짐. ↔ 緊張(긴장)
緩衝地帶(완충지대) : 충돌을 완화시켜 주는 중립
　　　　　　　　지역.

緩慢 緩着 緩衝 緩行 緩和策

緯 씨 위

糸부 9획 ⑮
乡 糸 糸′ 紵 緯 緯
(英) woof　(日) イ(よこいと)

緯度(위도) : 지구 표면의 가로 좌표.
緯世(위세) : 세상을 다스림.
經緯(경위) : ①경선과 위선. ②사건의 전말.
北緯(북위) : 적도 이북의 위도.

緯書 緯線

糸

編 엮을 편
糸부 9획 ⑮

幺 糸 糸' 紵 絹 編
(英) knit　　　　(日) ヘン(あむ)

編輯(편집) : 여러재료를 모아 책, 신문 등을 엮음.
改編(개편) : 고쳐서 다시 엮음.
韋編三絶(위편삼절) : 책을 맨 가죽끈이 세 번이나
　　　끊어졌다는 뜻으로 '독서에 힘쓸'을 이르는 말.

編隊 編成 編著 編纂 續編 再編

縣 고을 현
糸부 10획 ⑯

目 早 県 縣 縣 縣 縣
(英) country　　　　(日) ケン(かける)

郡縣(군현) : 군과 현.
州縣(주현) : 주와 현.
縣監(현감) : 조선 때 작은 현의 원.
縣吏(현리) : 현의 벼슬아치.

縣旌

繁 번성할 번
糸부 11획 ⑰

毎 每 敏 繁 繁 繁
(英) prosper　　　　(日) ハン(しげし)

繁盛(번성) : 형세가 불고 늘어남.
繁殖(번식) : 불고 늘어서 많이 퍼짐.
繁榮(번영) : 일이 성하게 잘되어 영화로움.
頻繁(빈번) : 도수가 잦고 복잡함.

繁苛 繁雜 繁昌 繁華街 農繁期

績 길쌈할 적
糸부 11획 ⑰

幺 糸 紵 紵 績 績
(英) spin　　　　(日) セキ(つむぐ)

紡績(방적) : 동·식물의 섬유를 가공하여 실을 만
　　　드는 일.
成績(성적) : 학습하여 얻은 지식이 평가된 결과.
治績(치적) : 잘 다스린 공적.

功績 實績 業績 偉績 行績 綿紡績

縱 세로 종
糸부 11획 ⑰

幺 糸 糸 紵 紵 縱
(英) vertical　　　　(日) ジュウ(たて)

縱的(종적) : 사물의 상하관계.
放縱(방종) : 아무 거리낌없이 제멋대로 놀아남.
操縱(조종) : 교묘하게 부림.
縱橫無盡(종횡무진) : 자유자재로 거침없음.

縱斷 縱隊 縱書 縱走 操縱士

總 다 총
糸부 11획 ⑰

幺 糸 紵 緫 總 總
(英) all, control　　　　(日) ソウ(すべる)

總額(총액) : 전체의 액수.
總員(총원) : 전체 인원.
總裁(총재) : 전체를 통틀어 재결하는 사람.
定期總會(정기총회) : 정기적으로 여는 총회.

總監 總計 總論 總理 總和 總力戰

縮 줄일 축
糸부 11획 ⑰

幺 糸 紵 紵 縮 縮
(英) shrink　　　　(日) ツュク(ちぢむ)

縮小(축소) : 본래의 크기를 줄여 작게 함.
濃縮(농축) : 액체가 진하게 엉기어 졸아들거나
　　　또는 액체를 졸임.
伸縮(신축) : 늘이고 줄임.

減縮 軍縮 短縮 收縮 壓縮 縮圖

織 짤 직
糸부 12획 ⑱

幺 糸 紵 紵 織 織
(英) weave　　　　(日) ショク(おる)

織物(직물) : 온갖 피륙의 총칭.
織造(직조) : 피륙을 짜는 일.
毛織(모직) : 털실을 짠 피륙.
染織(염직) : 피륙에 물을 들임.

織機 染織 絹織物 組織力 牽牛織女

繼 이을 계

糸부 14획 ⑳

纟 糸 糸綝 糸丝 糸絲 糸絲 繼繼

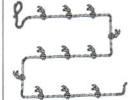

(英) succeed (日) ケイ(つぐ)

繼續(계속) : 끊이지 않고 늘 잇대어짐.
中繼放送(중계방송) : 연주, 운동경기 등을 현지
에서 방송국을 중계로 방송하는 일.
繼走競技(계주경기) : 이어 달리기.

繼承 繼走 後繼 繼父母 引繼引受

續 이을 속

糸부 15획 ㉑

纟 糸 糸 糸續 續續

(英) continue (日) ゾク(つぐ, つづく)

續開(속개) : 일단 멈추었던 회의를 다시 열음.
續落(속락) : 시세 등이 자꾸 떨어짐.
連續(연속) : 잇달아 죽 계속됨.
接續(접속) : 맞대어 이음.

續刊 續報 續出 相續 持續性

糸

부 수 6 획	부 수 명 칭	상형 연상과정 (3)	상형 연상과정 (2)	상형 연상과정 (1)
缶	장군 부			

缶

字源

배가 불룩하고 아가리가 좁은 '장군' 모양을 본뜬 자.

缺 이지러질 결

缶부 4획 ⑩

亠 午 缶 缸 缺 缺

(英) deficient (日) ケツ(かける)

缺格(결격) : 필요한 자격이 결여됨.
缺席(결석) : 출석하지 않음.
缺陷(결함) : 흠이 있어 완전하지 못함.
完全無缺(완전무결) : 완전하여 결점이 없음.

缺講 缺勤 缺禮 缺番 缺損 缺員

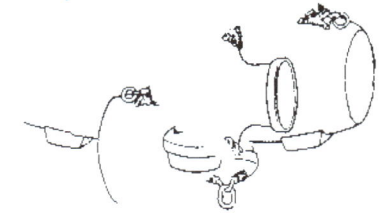

 착각하지 맙시다.

彪(무늬 표)자는 彡부수에 속하는 글자이며, 盧(밥그릇 로)자는 皿부수에

속하는 글자이며, 慮(생각할 려)자는 心부수에 속하는 글자이며, 膚(살갗 부)자는

月(肉)부수에 속하는 글자입니다.

卉(풀 훼)자는 十부수에 속하는 글자입니다.

부 수 6 획	부 수 명 칭	상형 연상과정 (3)	상형 연상과정 (2)	상형 연상과정 (1)
网	그물 망			

字源

'그물'의 벼리 줄(冂=경계 경)과 그물코(××) 모양을 본뜬 자.

없을 망
网부 3획 ⑧
冂 冂 罔 罔 罔

(英) without   (日) ミ ウ(ない)

罔極(망극) : 임금이나 부모의 은혜가 워낙 커서
　　　　　 갚을 길이 없음.
欺罔(기망) : 남을 그럴듯하게 속임.
駭怪罔測(해괴망측) : 헤아릴 수 없이 괴이함.

誣罔 罔極之恩 罔赦之罪

허물 죄
网부 8획 ⑬
罒 罪 罪 罪 罪

(英) crime   (日) ザイ(つみ)

罪人(죄인) : 죄를 범한 사람.
無罪(무죄) : 죄가 없음. 허물이 없음.
犯罪(범죄) : 죄를 범함. 또는 그 범한 죄.
罪責感(죄책감) : 죄의 책임을 느끼는 감정.

罪名 罪目 罪質 免罪 謝罪 有罪

둘 치
网부 8획 ⑬
罒 罒 置 置 置 置

(英) place   (日) チ(おく)

置重(치중) : 어떤 일에 중점을 둠.
裝置(장치) : ①어떤 일을 잘 해내기 위한 제도.
　　　　　 ②간단한 기계의 설비.
措置(조치) : 일을 잘 정돈하여 처치함.

監置 代置 倒置 留置 放置 設置

벌할 벌
网부 9획 ⑭
罒 罒 罰 罰 罰 罰

(英) punish   (日) バツ

罰則(벌칙) : 죄를 범한 자를 다스리는 규칙.
處罰(처벌) : 위법행위에 대하여 고통을 줌.
信賞必罰(신상필벌) : 상벌을 공정하고 엄중히 하
　　　　　 는 일.

罰金 罰點 嚴罰 重罰 天罰 刑罰

마을 서, 관청 서
网부 9획 ⑭
罒 罒 罘 署 署 署

(英) office   (日) ショ

署理(서리) : 결원이 있을 때 딴 사람이 직무를
　　　　　 대리함.
署名(서명) : 서류 따위에 이름을 적음.
部署(부서) : 여럿으로 나누어져 있는 사무의 부분.

署長 官署 本署 連署 支署 官公署

마칠 파, 파할 파
网부 10획 ⑮
罒 罒 罷 罷 罷 罷

(英) cease   (日) ヒ(やめる)

罷免(파면) : 직무를 그만두게 함.
罷市(파시) : 시장이 서지 않고 쉼.
罷業(파업) : 노동조직의 개선을 위하여 노동자가
　　　　　 일을 하지 않음.

罷場 罷職 總罷業 封庫罷職

羅

벌릴 라

网부 14획 ⑲

罒 罗 罗 羉 羅 羅

(英) spread (日) ラ(あみ)

網羅(망라) : ① 큰 그물과 작은 그물.
② 널리 구하여 모조리 휘몰아 들임.
綺羅星(기라성) : 무수한 별처럼 신분이 높은 사
람들이 많이 모였음을 일컬음.

綾羅 新羅 耽羅 兀羅 森羅萬象

부 수 6 획	부 수 명 칭	상형 연상과정 (3)	상형 연상과정 (2)	상형 연상과정 (1)
羊	양 양	羊	¥	

字源

'양'의 아래로 굽은 두 뿔과 네 발 및 꼬리 등의 모양을 본뜬 자.

羊

양 양

羊부 0획 ⑥

丶 丷 凵 二 𦍌 羊

(英) sheep (日) ヨウ(ひつじ)

贖罪羊(속죄양) : 남의 죄 등을 뒤집어쓰고 대신
희생이 되는 사람.
九折羊腸(구절양장) : 산길 따위가 양의 창자처럼
꼬불꼬불하고 험함.

羊毛 羊肉 羊皮 山羊 羊頭狗肉

美

아름다울 미

羊부 3획 ⑨

丷 丷 丷 芏 美 美

(英) beautiful (日) ビ(うつくしい)

美談(미담) : 아름다운 이야기.
美德(미덕) : 아름답고 갸륵한 덕행.
美貌(미모) : 아름다운 얼굴 모습.
美風良俗(미풍양속) : 아름답고 좋은 풍속.

美感 美觀 美色 美術 美容 讚美

群

무리 군

羊부 7획 ⑬

コ ユ 君 君 群 群 群

(英) flock (日) グン(むれ)

群衆(군중) : 무리 지어 모여있는 많은 사람.
拔群(발군) : 여러 사람 중에서 가장 빼어남.
群鷄一鶴(군계일학) : 평범한 사람 가운데의 뛰어
난 사람을 일컬음.

群居 群落 群島 群生 群小 學群

義

옳을 의

羊부 7획 ⑬

丷 丷 芏 羊 義 義

(英) righteous (日) ギ(よい)

義擧(의거) : 의를 위하여 일으키는 거사.
義務(의무) : 맡은 직분. 해야 할 일.
義憤(의분) : 정의를 위하여 일어나는 분노.
義士(의사) : 의리와 지조를 굳게 지키는 사람.

義兵 義賊 義絶 不義 意義 定義

羽

부 수 6 획	부 수 명 칭	상형 연상과정 (3)	상형 연상과정 (2)	상형 연상과정 (1)
羽	깃 우			

字 源

새의 긴 '깃' 이나 '긴 깃털이 달린 두 날개' 모양을 본뜬 자.

羽 | 깃 우
羽부 0획 ⑥

(英)feather　　　　　(日) ウ(はね)

羽翼(우익) : ① 새의 날개. ② 보좌하는 일.
項羽壯士(항우장사) : 항우같은 장사라는 뜻으로
　　　　　　　　　 힘이 아주 센 사람을 이르는
　　　　　　　　　 말.

羽毛 羽鱗 羽扇 羽聲 羽衣 羽族

翁 | 늙은이 옹
羽부 4획 ⑩

(英)old man　　　　　(日) オウ(おきな)

翁主(옹주) : ① 왕 또는 제후의 시집간 딸.
　　　　　　 ② 임금의 후궁이 난 딸.
婦翁(부옹) : 장인이 자신을 일컫는 말.
不倒翁(부도옹) : 오뚝이.

翁壻 翁媼 老翁 塞翁之馬

習 | 익힐 습
羽부 5획 ⑪

(英)learn　　　　　(日) シュウ(ならう)

習慣(습관) : 버릇.
習得(습득) : 배워 얻음.
習性(습성) : 버릇이 되어버린 성질. 버릇.
練習(연습) : 학문, 기예 등을 연마하여 익힘.

習作 敎習 復習 常習 弊習 風習

翼 | 날개 익
羽부 11획 ⑰

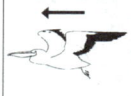

(英)wing　　　　　(日) コク(つばさ)

翼面(익면) : 날개의 표면.
補益(보익) : 도와서 좋은 곳으로 인도함.
一翼(일익) : 한쪽 부분. 한 구실.
右翼手(우익수) : 외야의 오른쪽을 수비하는 선수.

羽翼 左翼手 翼善冠 左右翼

 착각하지 맙시다.

粮(양식 량)자는 米부수에 속하는 글자이며, 郞(사나이 랑)자는 阝(邑)부수에 속하는 글
자이며, 朗(밝을 랑)자는 月부수에 속하는 글자입니다.

桀(해 걸)자는 木부수에 속하는 글자이며, 舜(무궁화 순)자는 ⺾(艸)부수에 속하는 글자
이며, 획수는 7획으로 착각하기 쉬우므로 주의를 요한다.

부 수 6 획	부 수 명 칭	상형 연상과정 (3)	상형 연상과정 (2)	상형 연상과정 (1)	而
	말이을 **이**				

字 源

'수염(코밑수염, 턱수염)'을 본뜬 자. 그 수염 사이로 말이 '이어져' 나
온다하여 문장을 이을 때 어조사로 쓰임.

而 	말이을 **이**	耐 	견딜 **내**
	而부 0획 ⑥		而부 3획 ⑨
	ㄧ ㄱ ㄱ 而 而 		ㄧ ㄱ 币 面 耐 

<table>
<tr><td>(英) and　　　　　　　(日) ジ(しこうして)</td><td>(英) endure　　　　　　(日) タイ(たえる)</td></tr>
<tr><td>

然而(연이) : 그러나.
而後(이후) : 지금부터.
似而非(사이비) : 겉은 제법 비슷하나 속은 다름.
博而不精(박이부정) : 널리 알되 정밀하지 못함.

而立 而已 學而 形而 而今以後
</td><td>

耐乏(내핍) : 가난함을 참고 견딤.
耐火(내화) : 불에 견딤. 불에 타지 아니함.
忍耐(인내) : 괴로움을 참고 견딤.
耐久性(내구성) : 오래 견디는 성질.

耐久 耐性 耐熱 耐震 耐寒 堪耐
</td></tr>
</table>

부 수 6 획	부 수 명 칭	상형 연상과정 (3)	상형 연상과정 (2)	상형 연상과정 (1)	耒
	쟁기 **뢰** (가래뢰)			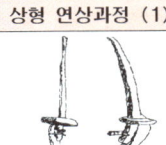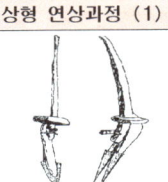	

字 源

잡초를 캐고 밭을 일구는 나무(木)로 된 연장인 '쟁기'를 뜻한 자.

耕 	갈 **경**	
	耒부 4획 ⑩	
	ㆍ ㆍ 丰 丰 耒 耕 耕 	

(英) plough　　　　　　(日) コウ(たがやす)

耕作(경작) : 농사일을 함.
耕耘機(경운기) : 논밭을 갈고 김을 매는데 쓰는
　　　　　　　　기계.
農耕地(농경지) : 농지로 삼는 땅.

耕地 水耕 筆耕 休耕 晝耕夜讀

부 수 6 획	부 수 명 칭	상형 연상과정 (3)	상형 연상과정 (2)	상형 연상과정 (1)
耳	귀 이			

耳

字 源

귀'의 모양을 본뜬 자.

耳 | **귀 이**
耳부 0획 ⑥
一 T T F F 耳
(英) ear　　(日) ジ(みみ)

耳目(이목) : ① 귀와 눈. ② 다른 사람의 주의.
耳順(이순) : 나이 예순을 일컬음.
中耳炎(중이염) : 중이에 생기는 염증.
耳目口鼻(이목구비) : 귀, 눈, 입, 코. 인물.

耳力 耳懸鈴 鼻懸鈴 馬耳東風

耶 | **어조사 야**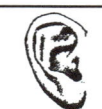
耳부 3획 ⑨
一 F F 耳 耳 耶
(英) interrogative　　(日) ヤ

耶蘇敎(야소교) : 예수교의 取音(취음).
有耶無耶(유야무야) : ① 있는 듯 없는 듯 흐리멍
덩한 모양.② 흐지부지한 모
양.

耶華和

聘 | **부를 빙**
耳부 7획 ⑬
F 耳 耵 耴 聘 聘
(英) invite　　(日) ヘイ(めす)

聘母(빙모) : 아내의 친정 어머니.
聘父(빙부) : 아내의 친정 아버지.
聘丈(빙장) : 빙부의 높임말. 장인.
招聘(초빙) : 예를 갖추어 불러 맞아들임.

聘禮 聘問 聘物 聘宅

聖 | **성인 성**
耳부 7획 ⑬
F 耵 耴 聖 聖 聖
(英) saint　　(日) セイ(ひじり)

聖堂(성당) : 천주교의 교회당.
聖域(성역) : 신성한 장소.
聖恩(성은) : 임금이 베푸는 은혜.
聖職者(성직자) : 종교상의 직분을 맡은 교역자.

聖歌 聖君 聖殿 聖誕 聖賢 神聖

聞 | **들을 문**
耳부 8획 ⑭
F P P 門 門 閘 聞
(英) hear　　(日) ブン(きく)

新聞(신문) : 새 소식을 전하는 간행물.
醜聞(추문) : 아름답지 못한 소문. 스캔들.
探聞(탐문) : 더듬어 찾아서 들음.
風聞(풍문) : 세상에 떠도는 소문.

見聞 未聞 艶聞 申聞鼓 前代未聞

聯 | **연이을 련**
耳부 11획 ⑰
一 耳 耳 耵 聯 聯
(英) connect　　(日) レン(つらねる)

聯想(연상) : 한 관념으로 인하여 관련되는 다른
관념을 생각하게 되는 현상.
聯合(연합) : 둘 이상의 사물이 합함.
關聯(관련) : 관계를 맺음.

聯絡 聯盟 聯邦 聯政 聯立內閣

聲

소리 **성**
耳부 11획 ⑰
声 严 殸 殸 殸 聲

(英) sound　　　　(日) セイ(こえ)

聲援(성원) : 소리쳐서 사기를 북돋우어 줌.
名聲(명성) : 세상에 널리 떨친 이름.
怨聲(원성) : 원망하는 소리.
聲樂家(성악가) : 성악을 전공하는 음악가.

聲優 聲討 嬌聲 怨聲 銃聲 歡聲

聰

귀밝을 **총**
耳부 11획 ⑰
耳 耵 聰 聰 聰 聰

(英) clever　　　　(日) ソウ(さとい)

聰氣(총기) : 총명한 기질.
聰明(총명) : ① 귀가 밝고 눈이 예민함.
　　　　　　② 슬기롭고 영민함.
聖聰(성총) : 임금의 총명.

聰了 聰叡 聰明叡智 聰耳酒

職

직분 **직**
耳부 12획 ⑱
耳 耵 睮 職 職 職

(英) occupation　　　　(日) ショク

職分(직분) : 마땅히 해야 할 본분.
職員(직원) : 직무를 담당하는 사람.
免職(면직) : 일자리를 아주 물러나게 함.
就職(취직) : 직업을 얻음.

職權 職級 職印 職責 兼職

聽

들을 **청**
耳부 16획 ㉒
耳 耵 聣 聸 聽 聽

(英) listen　　　　(日) チョウ(きく)

聽覺(청각) : 소리를 듣는 감각.
聽取(청취) : 자세히 들음.
難聽(난청) : ① 청각장애로 청력이 소실된 상태.
　　　　　　② 라디오 따위가 잘 들리지 않음.

聽命 聽衆 傾聽 敬聽 盜聽 幻聽

부 수 6 획	부 수 명 칭	상형 연상과정 (3)	상형 연상과정 (2)	상형 연상과정 (1)
	붓 **율** (오직율)			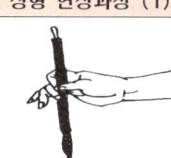

字源

한 손으로 털이 있는 '붓'을 잡고 손을 놀려 글쓰는 모양을 본뜬 자.

肅

엄숙할 **숙**
聿부 6획 ⑫
广 肀 肀 肃 肃 肅

(英) respectful　　　　(日) シュク(つつしむ)

肅然(숙연) : 삼가 두려워하며 고요하고 엄숙함.
肅淸(숙청) : 엄격히 다스려 깨끗이 함.
靜肅(정숙) : 고요하고 엄숙함.
自肅(자숙) : 스스로 삼감.

肅啓 肅軍 肅黨 肅拜 肅正 嚴肅

부 수 6 획	부 수 명 칭	상형 연상과정 (3)	상형 연상과정 (2)	상형 연상과정 (1)
肉 (月)	고기 육			

肉

字 源

고깃덩어리의 근육 및 그 단면의 모양을 본뜬 자로 '살', '고기' 또는 '몸'의 일부를 뜻한 자.

肉 　고기 육
肉부 0획 ⑥
丨 冂 冂 内 内 肉
(英) meat 　　　 (日) ニク(しし)

肉體(육체) : 사람의 몸.
筋肉(근육) : 몸의 연한 부분을 이루는 힘줄과 살.
血肉(혈육) : ①피와 살. ②자기 소생의 자녀 또는 친족 관계.

肉感 肉類 肉眼 豚肉 脂肉

肝 　간 간
肉부 3획 ⑦
丿 刀 月 旰 旰 肝
(英) liver 　　　 (日) カン(きも)

肝膽(간담) : ①간과 쓸개.
　　　　　 ②속마음.
肝癌(간암) : 간에 생기는 암.
肝要(간요) : 아주 요긴함.

肝炎 肝腸 肝肺 癎疾病 九曲肝腸

肖 　닮을 초, 같을 초
肉부 3획 ⑦
丨 亅 亅 尙 肖 肖
(英) resemble 　　　 (日) ショウ(にる)

不肖(불초) : ①부모를 따를 수 없는 못난 자식.
　　　　　 ②자기의 겸칭.
肖像權(초상권) : 자기의 초상을 사용하는데 관한 독점권.

肖似

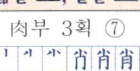

肩 　어깨 견
肉부 4획 ⑧
厂 尸 尸 肩 肩 肩
(英) shoulder 　　　 (日) ケン(かた)

肩章(견장) : 제복 어깨 위에 붙이는 표장.
比肩(비견) : 어깨를 나란히 함. 곧 우열이 없이 동등함.
兩肩(양견) : 양쪽 어깨.

肩骨 肩頭 肩隨 肩輿 肩臂痛

肯 　수긍할 긍, 즐길 긍
肉부 4획 ⑧
丄 止 肯 肯 肯 肯
(英) affirm , enjoy 　　　 (日) コウ(がえんする)

首肯(수긍) : ①그러하다고 고개를 끄덕임.
　　　　　 ②옳다고 승낙함.
肯定的(긍정적) : ①그러하다고 인정 또는 승인하는 것. ②사물의 일정한 관계를 승인하는 것.

肯可 肯構 肯諾 肯堂 肯定 肯從

肥 　살찔 비
肉부 4획 ⑧
丿 月 肝 肥 肥 肥
(英) fat 　　　 (日) ヒ(こえる)

肥料(비료) : 토지의 생산력을 증진시키기 위해 뿌려 주는 영양물질.
肥滿(비만) : 몸에 기름기가 많아 뚱뚱함.
肥沃(비옥) : 땅이 기름진 상태.

肥大 肥培 金肥 綠肥 燐肥 堆肥

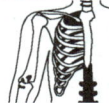

肉

育 기를 육
肉부 4획 ⑧

(英) bring up   (日) イク(そだてる)

育成(육성) : 길러서 자라게 함.
教育(교육) : 가르치어 기름. 가르치어 지식을 줌.
養育(양육) : 부양해서 기름.

育苗 育種 保育 體育 訓育

肺 허파 폐
肉부 4획 ⑧

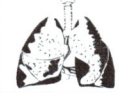

(英) lung   (日) ハイ

肺腑(폐부) : 마음의 깊은 속. 요긴한 점.
肺炎(폐렴) : 폐에 생기는 염증.
塵肺症(진폐증) : 폐에 먼지가 끼어 호흡기능에
　　　　　　　장애를 일으키는 병.

肺病 肺癌 炭肺 肺結核 肺氣量

背 등 배
肉부 5획 ⑨

(英) back   (日) ハイ(せ)

背景(배경) : ① 뒷 경치. ② 뒤에서 도와주는 힘.
違背(위배) : 법령, 협정, 계약 등을 어기는 일.
背水陣(배수진) : ① 물을 등지고 치는 진법의 하
　　　　　　　나. ② 목숨을 걸고 싸우는 경우의 비유.

背叛 背書 背信 背泳 背任

胃 밥통 위
肉부 5획 ⑨

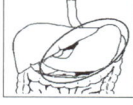

(英) stomach   (日) イ(いヴくる)

胃液(위액) : 위선에서 분비되는 소화액.
胃腸(위장) : 위와 창자.
胃酸過多(위산과다) : 위에서 분비되는 염산의 양
　　　　　　　이 지나치게 많음.

胃壁 胃病 胃癌 胃炎 胃痛 健胃

胞 세포 포
肉부 5획 ⑨

(英) cell   (日) ホウ

僑胞(교포) : 외국에 살고 있는 동포.
同胞(동포) : ① 동기, 형제, 자매 ② 같은 겨레.
細胞(세포) : 생물체를 구성하는 구조적·기능적
　　　　　　　기본단위.

胞子 卵細胞 多細胞 單細胞 癌細胞

胡 오랑캐 호, 되 호
肉부 5획 ⑨

(英) barbarian   (日) コ(えびす)

胡亂(호란) : 호인이 쳐들어온 난리로 특히 조선
　　　　　　　때의 병자호란을 이름.
胡笛(호적) : 날라리(국악기 일종).
胡蝶(호접) : 나비.

胡弓 胡桃 胡福 胡粉 胡說

能 능할 능
肉부 6획 ⑩

(英) able   (日) ノウ(よく)

能力(능력) : 일을 감당해 내는 힘.
能熟(능숙) : 능하고 익숙함.
才能(재능) : 재주와 능력.
能率的(능률적) : 헛된 것이 적고 효율이 좋은 것.

能動 能辯 能事 能通 機能 效能

脈 줄기 맥
肉부 6획 ⑩

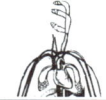

(英) pulse   (日) ミャク

命脈(명맥) : ① 목숨과 맥.
　　　　　　　② 목숨을 이어가는 근본.
山脈(산맥) : 길게 뻗어 나간 산악의 줄기.
一脈相通(일맥상통) : 솜씨·성격 등이 서로 통함

脈搏 鑛脈 動脈 靜脈 氣盡脈盡

肉

脅 위협할 협
肉부 6획 ⑩

(英) threaten　(日) キョウ(おびやかす)

脅奪(협탈) : 으르대어 빼앗음.
威脅(위협) : 위력으로 으르고 협박함.
脅迫狀(협박장) : 사람을 위해할 목적으로 으르는
　　　　　　　내용을 적은 글.

脅恐　脅迫　脅迫罪

胸 가슴 흉
肉부 6획 ⑩
月 肑 肑 肑 胸 胸

(英) breast　(日) キョウ(むね)

胸襟(흉금) : 가슴 속에 품은 생각.
胸像(흉상) : 인체의 흉부 이상만을 나타낸 조각
　　　　　상(彫刻像)이나 초상화.
胸中(흉중) : 마음 속. 마음의 생각. 心中(심중)

胸甲　胸算　胸壁　胸廓　胸部　胸圍

脚 다리 각
肉부 7획 ⑪
月 月 肝 胠 胠 脚

(英) leg　(日) キャク(あし)

失脚(실각) : ①발을 헛디딤.
　　　　　　②권력·지위를 잃음.
立脚(입각) : 근거로 함.
行脚(행각) : 어떤 목적으로 여기저기 돌아다님.

脚光　脚本　健脚　橋脚　脚線美

脣 입술 순
肉부 7획 ⑪
厂 戸 厍 辰 脣 脣

(英) lips　(日) シン

脣亡齒寒(순망치한) : 입술이 없으면 이가 시리다
　　　　　　　는 뜻. 가까운 사이의 하나가 망하면
　　　　　　　다른 한 편도 온전하기 어려움의 비유.
丹脣皓齒(단순호치) : 붉은 입술과 흰 이. 미인.

脣音　脣舌　脣齒

脫 벗을 탈
肉부 7획 ⑪
月 肸 肸 胎 胎 脫

(英) take off　(日) ダツ(ぬぐ)

脫稿(탈고) : 원고 쓰기를 끝냄.
脫退(탈퇴) : 관계를 끊고 물러남.
離脫(이탈) : 떨어져 나감. 관계를 끊음.
脫營兵(탈영병) : 병영을 빠져 나와 도망간 병사.

脫穀　脫漏　脫落　脫盡　逋脫　解脫

腐 썩을 부
肉부 8획 ⑭
广 广 府 府 腐 腐

(英) rotten　(日) フ(くさる)

腐敗(부패) : ①썩어 문드러짐. ②정신이 타락함.
陳腐(진부) : 묵어서 썩음. 낡고 헒.
防腐劑(방부제) : 물건이 썩는 것을 방지하기 위
　　　　　　해 첨가하는 약제.

腐植　腐蝕　豆腐　腐葉土　切齒腐心

腦 골 뇌, 뇌수 뇌
肉부 9획 ⑬
月 肖 腦 腦 腦 腦

(英) brain　(日) ノウ

腦波(뇌파) : 뇌에서 나오는 주기성의 전류.
洗腦(세뇌) : 상대자에게 어떤 사상·주의를 집요
　　　　　하게 주입하는 일.
腦出血(뇌출혈) : 뇌 속에 출혈하는 병.

腦裏　腦死　大腦　頭腦　腦水腫　腦卒中

腹 배 복
肉부 9획 ⑬
月 肛 脂 脂 腹 腹

(英) belly　(日) フク(はら)

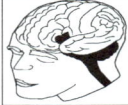

腹案(복안) : 마음 속에 간직하며 아직 발표하지
　　　　　않은 고안.
腹痛(복통) : 배가 아픈 병.
心腹(심복) : 요긴하여 없어서는 안될 사물·인물.

腹背　腹部　開腹　割腹　遺腹子　抱腹絶倒

腰	 허리 **요**

肉부 9획 ⑬

月 胖 胖 胖 腰 腰

(英) waist (日) ヨウ(こし)

腰痛(요통) : 허리가 아픈 병.
細腰(세요) : ① 가는 허리. ② 날씬한 여자.
腰折腹痛(요절복통) : 하도 우스워 허리가 꺾이고
　　　　　　　　　　　배가 아플 지경임.

腰間 腰帶 腰腹 腰折 腰経 腰下

腸	 창자 **장**

肉부 9획 ⑬

月 肝 朋 朋 腸 腸

(英) intestines (日) チョウ(ならわも)

灌腸(관장) : 약물을 항문으로 직접 주입하는 일.
斷腸(단장) : 몹시 슬퍼 창자가 끊어지는 듯함.
　　　　　애끊는 듯함.
九曲肝腸(구곡간장) : 굽이굽이 깊은 마음 속.

腸癌 腸炎 大腸 盲腸 胃腸 脫腸

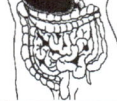

膚	 살갗 **부**

肉부 11획 ⑮

广 产 户 庐 膚 膚

(英) skin (日) フ(はだ)

皮膚(피부) : 동물체의 몸 전체를 싸고 있는 살갗.
雪膚花容(설부화용) : 눈같이 흰 살결과 아름다운
　　　　　　　　　　얼굴
身體髮膚(신체발부) : 몸. 머리나 피부.

膚見 膚公 膚肌 膚引 膚合

臟	 오장 **장**

肉부 18획 ㉒

广 肝 臚 臓 臟 臟

(英) entrails (日) ゾウ

臟器(장기) : 내장의 여러 기관.
內臟(내장) : 흉강과 복강 속에 있는 여러 기관의
　　　　　총칭.
五臟(오장) : 간장·심장·비장·폐장·신장.

臟腑 肝臟 九臟 腎臟 心臟 脾臟

부 수 6 획	부 수 명 칭	상형 연상과정 (3)	상형 연상과정 (2)	상형 연상과정 (1)
臣	신하 신			

字 源

임금 앞에서 몸을 꿇고 엎드린 채 머리를 들어 위를 쳐다보는 '신하'의
모양을 본뜬 자.

臣	 신하 **신**

臣부 0획 ⑥

一 ㄷ ㄷ ㅌ 臣 臣

(英) subject (日) シン(おみ)

奸臣(간신) : 간악한 신하.
小臣(소신) : 신하가 임금에게 자신을 일컫는 말.
忠臣(충신) : 나라와 임금을 위하여 충의와 절개
　　　　　를 다하는 신하.

臣下 家臣 功臣 使臣 君臣有義

臥	 누울 **와**

臥부 2획 ⑧

｜ 厂 臣 臣 臥

(英) lie down (日) カ(ふす)

臥龍(와룡) : 때를 못 만난 영웅을 비유하는 말.
臥病(와병) : 병으로 누움.
臥薪嘗膽(와신상담) : 뜻을 이루기 위해 온갖 괴
　　　　　　　　　　로움을 견딤.

臥具 臥內 臥床 臥室 臥料 臥雲

臨

임할 림

臣부 11획 ⑰

厂厂厂严严臨臨

(英) confront　　　　(日) リン(のぞむ)

臨時(임시) : ① 시기에 임함. ② 일시적인 기간.

臨戰(임전) : 싸움터에 나아감.

臨機應變(임기응변) : 그때그때 그 시기에 임하여
　　　　　　　적당히 일을 처리함.

臨檢 臨床 臨政 降臨 再臨 臨戰無退

自

부 수 6 획	부 수 명 칭	상형 연상과정 (3)	상형 연상과정 (2)	상형 연상과정 (1)
自	스스로 자	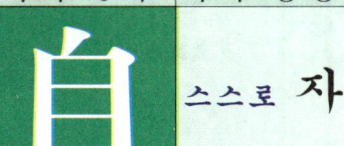		 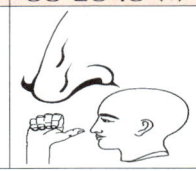

字源

사람의 '코'를 본뜬 자. 코를 가리키며 자기를 나타낸 데서 '스스로'의
뜻으로도 쓰임.

自

스스로 자

自부 0획 ⑥

ノ 亻 白 白 白 自

(英) self　　　　(日) ジ(みじから)

自古(자고) : 예로부터.

自手成家(자수성가) : 제 힘으로 한 살림을 이룩함.

自暴自棄(자포자기) : 실망, 불만 때문에 스스로
　　　　　　　돌보지 않고 해치고 버림.

自決 自矜 自律 自敍傳 自衛隊

臭

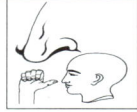

냄새 취

自부 4획 ⑩

 亻 白 白 臭 臭

(英) smell　　　　(日) シュウ(くさい)

惡臭(악취) : 불쾌한 냄새.

體臭(체취) : 몸 냄새.

脫臭劑(탈취제) : 냄새를 빼는데 쓰는 약.

口尙乳臭(구상유취) : 말과 하는 짓이 아직 어림.

臭覺 臭氣 臭味 臭惡 口臭 除臭

 착각하지 맙시다.

俗(풍속 속)자는 亻부수에 속하는 글자이며, 欲(하고자 할 욕)자는 欠부수에 속하는 글
자이며, 浴(목욕할 욕)자는 氵(水)부수에 속하는 글자이며, 容(얼굴 용)자는 宀부수에 속
하는 글자이며, 裕(넉넉할 유)자는 衣부수에 속하는 글자입니다.

銜(재갈 함)자는 金부수에 속하는 글자입니다.

부 수 6 획	부 수 명 칭	상형 연상과정 (3)	상형 연상과정 (2)	상형 연상과정 (1)
至	이를 지			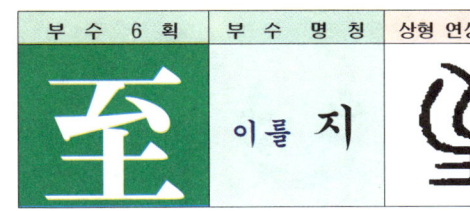

字源

땅, 나는 새 또는 화살. 새 또는 화살이 날아와 땅에 '이른다'는 뜻으로 된 자.

至 | 이를 지
至부 0획 ⑥
一 丁 工 至 至 至

(英) reach　　　　　(日) シ(いたる)

至誠(지성) : ① 지극한 정성. ② 더없이 성실함.
至賤(지천) : 하도 많아서 별로 귀한 것이 없음.
冬至(동지) : 24절기의 하나로 1년중 낮의 길이
　　　　　가 제일 짧고 밤이 가장 긴 날.

至極　至急　至論　至嚴　遝至　至上命令

致 | 이룰 치
至부 4획 ⑩
一 又 至 孚 劣 致

(英) reach　　　　　(日) チ(いたす)

致賀(치하) : 경사에 대하여 칭찬하거나 축하하는
　　　　　뜻을 보냄.
誘致(유치) : 어떤 곳으로 유도하여 이르게 함.
招致(초치) : 불러서 오게 함.

致富　致誠　景致　極致　拉致　合致

臺 | 대 대
至부 8획 ⑭
一 吉 吉 臺 臺 臺

(英) height　　　　　(日) ダイ(うてな)

舞臺(무대) : 연기 따위의 발표 장소.
土臺(토대) : 일의 바탕이 되는 기초.
氣象臺(기상대) : 기상의 관측, 예보 및 상담 업
　　　　　무를 맡아보는 기관.

臺本　臺帳　臺紙　鏡臺　燈臺　寢臺

 착각하지 맙시다.

息(숨쉴 식)자는 心부수에 속하는 글자입니다.

恤(구휼할 휼)자는 忄(心)부수에 속하는 글자입니다.

初(처음 초)자는 刀부수에 속하는 글자이며, 哀(슬플 애)자는 口부수에 속하는 글자입
니다.

부 수 6 획	부 수 명 칭	상형 연상과정 (3)	상형 연상과정 (2)	상형 연상과정 (1)
臼	절구 구			

字源

곡식이 들어 있는 '절구통'의 모양을 본뜬 자.

與 | 줄 여, 더불 여
臼부 7획 ⑭
ｆ ｆ ｆ 甪 甪 与 與

(英) give   (日) ヨ(あたえる)

與黨(여당) : ①정부의 편인 정당.
              ②한 패. 동아리.
參與(참여) : 참가하여 관계함.
贈與稅(증여세) : 증여받은 사람에게 물리는 사람.

與件 與信 供與 給與 附與 贈與

興 | 일 흥
臼부 9획 ⑯
ｆ ｆ ｆ 開 甪 甪 興

(英) rise   (日) コウ、キョウ(おこる)

興奮(흥분) : ①감정이 복받쳐 일어남.
              ②어떤 일에 감동되어 분기함.
興行(흥행) : 관람료를 받고 연극, 영화 등을 구
              경시키는 일.

興亡 興味 興業 勃興 餘興 振興

舊 | 예 구
臼부 12획 ⑱
艹 杵 萑 萑 舊 舊

(英) old   (日) キョウ(ふるい)

舊面(구면) : 전부터 알고 있는 사람.
舊習(구습) : 옛 풍습이나 관습.
復舊(복구) : 예전 상태대로 돌이킴.
親舊(친구) : 오랜 세월을 두고 가깝게 사귄 벗.

舊官 舊都 舊屋 守舊派 送舊迎新

 착각하지 맙시다.

到(이를 도)자는 刂(刀)부수에 속하는 글자이며, 屋(집 옥)자는 尸부수에 속하는 글자
입니다.

瓣(외씨 판)자는 瓜부수에 속하는 글자입니다.

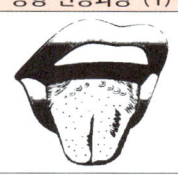

부 수 6 획	부 수 명 칭	상형 연상과정 (3)	상형 연상과정 (2)	상형 연상과정 (1)
舌	혀 설			

字源

입(口) 안에서 방패(干) 같은 구실을 하는 '혀'가 입에서 내밀어진 모양을 본뜬 자.

舌	혀 **설**	
	舌부 0획 ⑥	
	ㅡ ㅡ 千 千 舌 舌	

(英) tongue   (日) ゼツ(した)

舌戰(설전) : 말다툼.
口舌數(구설수) : 남에게 시비의 말을 들을 운수.
長廣舌(장광설) : 쓸데없이 너저분하게 오래 지껄이는 말.

舌端 舌音 舌禍 毒舌 官災口舌

舍	집 **사**	
	舌부 2획 ⑧	
	人 스 수 수 舍 舍	

(英) house   (日) シャ(やどる)

舍監(사감) : 기숙사의 감독자.
校舍(교사) : 학교의 건물.
寄宿舍(기숙사) : 학교나 공장같은 기관에 딸려 있어 그 소속원이 기숙하는 곳.

舍利 舍宅 官舍 幕舍 獄舍 廳舍

부 수 6 획	부 수 명 칭	상형 연상과정 (3)	상형 연상과정 (2)	상형 연상과정 (1)
舛	어그러질 **천**	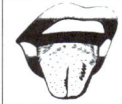		

字源

오른발(夕←夂)과 왼발이 각각 다른 방향으로 '어그러져' 있음을 나타낸 자.

舞	춤출 **무**	
	舛부 8획 ⑭	
	亠 無 舞 舞 舞 舞	

(英) dance   (日) ブ(まう)

舞踊(무용) : 음악에 맞추어서 몸을 움직여 감정을 나타내는 동작.
舞姬(무희) : 춤을 추는 일을 업으로 삼은 여자.
鼓舞(고무) : 격려하여 기세를 돋움.

舞臺 歌舞 劍舞 亂舞 按舞 鶴舞

舟

부 수 6 획	부 수 명 칭	상형 연상과정 (3)	상형 연상과정 (2)	상형 연상과정 (1)
舟	배 주	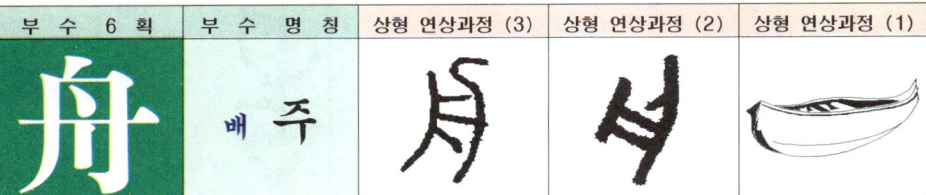		

字源

여러 조각의 나무 판자를 붙여 만든 조그만 '배'의 모양을 본뜬 자.

舟

배 주
舟부 0획 ⑥
丿丿刀丹丹舟

(英) ship　　　　(日) シュウ(ふね)

舟遊(주유) : 뱃놀이.
吳越同舟(오월동주) : 사이가 나쁜 사람끼리 같은
　　　　　　　　 장소, 처지에 함께 놓임.
一葉片舟(일엽편주) : 하나의 작은 조각배.

舟車　舟艇　方舟　刻舟求劍

般

가지 반, 일반 반
舟부 4획 ⑩
丿丿刀刀舟舟船般

(英) general　　　　(日) ハン

般樂(반락) : 유쾌하게 즐기며 놂.
諸般(제반) : 모든 것. 여러 가지.
一般席(일반석) : 귀빈석·특별석에 대하여 일반
　　　　　　　 의 자리.

今般　全般　般若心經　彼此一般

航

배 항
舟부 4획 ⑩
丿丿丹舟舟舟航航

(英) ship　　　　(日) コウ

航路(항로) : 배나 비행기가 다니는 길.
難航(난항) : ①폭풍우 등으로 인한 어려운 항해.
　　　　　② 일이 순조롭게 되어 가지 않음의 비유.
就航(취항) : 배나 비행기가 항로에 오름.

航法　航速　航進　缺航　渡航　運航

船

배 선
舟부 5획 ⑪
丿丿丹舟舟舟船船船

(英) ship　　　　(日) セン(ふね)

船長(선장) : 선박의 항해를 지휘하며 선원을 감
　　　　　　 독하는 우두머리.
船積(선적) : 선박에 화물을 적재함.
貨物船(화물선) : 화물을 싣는 배.

船價　船尾　船舶　滿船　商船　乘船

 착각하지 맙시다.

促(가절박할 촉, 악착스러울 착)자는 亻부수에 속하는 글자이며, 捉(잡을 착)자는 扌(手)부
수에 속하는 글자이며, 齪(악착스러울 착)자는 齒부수에 속하는 글자입니다.

欽(공경할 흠)자는 欠부수에 속하는 글자입니다.

부 수 6 획	부 수 명 칭	상형 연상과정 (3)	상형 연상과정 (2)	상형 연상과정 (1)	艮
艮	그칠 간 (괘이름)				

字 源

눈알(目)을 굴리고 상체를 돌리는(匕) 데에도 한도가 있다 하여 '그치
다'의 뜻이 된 자.

良

어질 **량**

艮부 1획 ⑦

丶 ㄱ ㅋ ㅌ 良 良 良

(英) good　　　(日) リョウ(よい)

良書(양서) : 유익하고 좋은 책.
良識(양식) : 건전하고 뛰어난 식견.
良心(양심) : 도덕적인 가치를 판단하여 옳고 그
　　　　　름을 깨달아 바르게 행하려는 의식.

改良 不良 善良 閑良 消化不良

부 수 6 획	부 수 명 칭	상형 연상과정 (3)	상형 연상과정 (2)	상형 연상과정 (1)	色
色	빛 색				

字 源

사람의 마음 움직임이 무릎마디(巴)가 들어 맞듯이 얼굴'빛'에 정확하게
나타남을 뜻한 자.

色

빛 **색**

色부 0획 ⑥

丿 ㅗ ㅅ ㅅ ㅌ 色

(英) color　　　(日) ショク(いろ)

氣色(기색) : 얼굴에 나타나는 빛.
難色(난색) : 승낙하지 않으려는 난처한 기색.
物色(물색) : 쓸 만한 사람이나 물건을 찾음.
敗色(패색) : 패배할 것 같은 경향.

色度 色盲 色素 本色 異色 退色

부 수 6 획	부 수 명 칭	상형 연상과정 (3)	상형 연상과정 (2)	상형 연상과정 (1)
虍	범 호			

字源

얼룩덜룩한 줄무늬가 진 호랑이가죽의 모양을 본떠 '범', '범의 문채'를 나타낸 자.

虎 범 호
虍부 2획 ⑧
⼂ ⺊ ⼁ 广 庐 虎 虎

(英) tiger　　　　　　(日) コ(とら)

狐假虎威(호가호위) : 남의 권세를 빌려 위세를 부림의 비유.
龍虎相搏(용호상박) : 용과 범이 서로 싸움. 곧 두 강자가 서로 싸운다는 뜻.

虎口 虎狼 虎皮 猛虎 虎視眈眈

處 곳 처
虍부 5획 ⑪
广 广 庐 虍 虙 虙 處

(英) place　　　　　　(日) ショ(ところ)

處身(처신) : 세상을 살아가는데 가져야 할 몸가짐.
處地(처지) : ① 자기가 처해 있는 환경.
　　　　　　　② 서로 사귀어 지내는 관계.
難處(난처) : 처지가 곤란함.

處決 處理 處罰 處暑 部處 善處

虛 빌 허
虍부 6획 ⑫
⼂ 广 庐 庐 虙 虛

(英) empty　　　　　　(日) キョ(むなしい)

虛事(허사) : 헛일.
虛勢(허세) : 실상이 없는 기세.
虛禮虛飾(허례허식) : 예절. 법식 등을 겉으로만 꾸며 실속이 없이 번드레하게 함.

虛空 虛妄 虛想 虛慾 虛脫 謙虛

號 이름 호
虍부 7획 ⑬
⼞ 号 号 号 號 號 號

(英) name　　　　　　(日) ゴウ(きげぶ)

記號(기호) : 무슨 뜻을 나타내거나 적어 보인 표.
符號(부호) : 어떤 뜻을 나타내는 기호.
暗號(암호) : 통신의 내용이 당사자간에만 이해되도록 꾸민 약속.

號令 號俸 號數 怒號 番號 屋號

 착각하지 맙시다.

張(베풀 장)자는 弓부수에 속하는 글자이며, 帳(휘장 장)자는 巾부수에 속하는 글자이며, 漲(불을 창)자는 氵(水)부수에 속하는 글자이며, 脹(부를 창)자는 月(肉)부수에 속하는 글자입니다.

埠(부두 부)자는 土부수에 속하는 글자입니다.

부 수 6 획	부 수 명 칭	상형 연상과정 (3)	상형 연상과정 (2)	상형 연상과정 (1)
虫	벌레 **충**			

虫

字源

뱀이 사리고 있는 모양을 본뜬 자로 옛날에는 뱀도 벌레로 보았기 때문에 '벌레'의 뜻으로 쓰임.

蛇 | 긴뱀 **사**
虫部 5획 ⑪
丨口虫虫虫蛇蛇
(英) snake　　　(日) ジャ(へび)

蛇足(사족) : 쓸데없는 군더더기를 덧붙임을 이르는 말.
毒蛇(독사) : 독기가 있는 뱀.
長蛇陣(장사진) : 길게 늘어선 사람들.

生蛇湯 龍蛇飛騰 龍頭蛇尾

蜂 | 벌 **봉**
虫部 7획 ⑬
丨虫虾蚁蜂蜂
(英) bee　　　(日) ホウ(はち)

蜂起(봉기) : 벌떼처럼 떼를 지어 일어남.
分蜂(분봉) : 여왕벌을 일벌의 일부와 함께 딴 집이나 통으로 갈라 옮김.
養蜂(양봉) : 꿀을 뜨기 위해 벌을 침.

蜂屯 蜂蜜 蜂腰 蜂針

蜜 | 꿀 **밀**
虫部 8획 ⑭
宀宀宓宓宓蜜蜜
(英) honey　　　(日) ミツ

蜜語(밀어) : 달콤한 말. 특히 남녀간의 정담.
蜜月(밀월) : 결혼 후의 한 두 달 동안의 즐겁고 달콤한 기간.
蜂蜜(봉밀) : 벌꿀.

蜜水 蜜酒 蜜柑 採蜜

蝶 | 나비 **접**
虫部 9획 ⑮
虫虫虫蚪蝶蝶蝶
(英) butterfly　　　(日) チョウ

蝶泳(접영) : 두 손을 동시에 앞으로 뻗쳐 물을 끌어당기면서 헤엄치는 수영법. 버터플라이.
胡蝶(호접) : 나비.

蝶兒

螢 | 반딧불 **형**
虫部 10획 ⑯
火火炊炊凞螢螢
(英) firefly　　　(日) ケイ(はたる)

螢光(형광) : ①반딧불. ②투사광선과 전혀 다른 고유한 빛을 내는 현상.
螢雪之功(형설지공) : 고생을 하면서 공부하여 얻은 보람. 고학(苦學)한 성과.

螢雪 螢石 螢光燈 螢光物質

蟲 | 벌레 **충**
虫部 12획 ⑱
丨口虫虫虫虫蟲蟲
(英) insect　　　(日) チュウ(むし)

蟲齒(충치) : 벌레 먹은 이.
害蟲(해충) : 작물 및 인간에 해를 끼치는 벌레.
殺蟲劑(살충제) : 농작물·인축 등에 해가 되는 벌레를 없애는 약품의 총칭.

昆蟲 驅蟲 松蟲 食蟲 幼蟲 冬蟲夏草

虫

누에 **잠**
虫부 18획 ㉔

(英) silkworm (日) サン(かいこ)

蠶絲(잠사) : 누에고치에서 켜낸 실.
蠶食(잠식) : 누에가 뽕잎을 갉아먹듯이, 남의 것
　　　　　을 차츰차츰 먹어 들어가는 일.
養蠶業(양잠업) : 누에를 치는 작업.

蠶具 蠶室

蠻

오랑캐 **만**
虫부 19획 ㉕

(英) savage (日) バン

蠻勇(만용) : 사리를 분간하지 않고 날뛰는 용맹.
蠻行(만행) : 야만스러운 행동.
野蠻(야만) : ① 문화가 미개한 상태.
　　　　　② 덕이 없고 교양이 없는 사람.

蠻性 蠻族 蠻種

血

부 수 6 획	부 수 명 칭	상형 연상과정 (3)	상형 연상과정 (2)	상형 연상과정 (1)
血	피 **혈**			

字源

그릇(皿=그릇 명)에 담긴 피(丿)를 뜻한 자.

血

피 **혈**
血부 0획 ⑥

(英) blood (日) ケツ(ち)

血眼(혈안) : 기를 쓰고 덤벼 충혈된 눈.
多血質(다혈질) : 빨리 흥분하고 바로 식어 버리
　　　　　며, 성급하고 인내력이 적은 기질.
出血競爭(출혈경쟁) : 결손을 무릅쓰고 하는 경쟁.

血壓 血緣 血肉 血痕 補血 貧血

衆

무리 **중**
血부 6획 ⑫

(英) crowd (日) ショウ(おおい)

群衆(군중) : 한곳에 떼를 지어 모인 사람의 무리.
出衆(출중) : 뭇 사람 속에서 뛰어남.
大衆的(대중적) : 대중에게 저항 없이 받아들여지
　　　　　는 성질을 가진 것.

衆論 衆生 衆智 觀衆 群衆 民衆

 착각하지 맙시다.

麵(밀가루 면)자는 麥부수에 속하는 글자이며, 緬(가는 실 면)자는 糸부수에 속하는 글
자입니다.

楓(단풍나무 풍)자는 木부수에 속하는 글자이며, 諷(욀 풍)자는 言부수에 속하는 글
자입니다.

부수 6획	부수 명칭	상형 연상과정 (3)	상형 연상과정 (2)	상형 연상과정 (1)	行
行	다닐 행			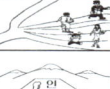	

字源

사람들이 걸어 다니는(行) '네거리'의 모양을 본뜬 자로 그 길을 '다닌다'는 뜻으로도 쓰임.

行 | 다닐 **행**, 항렬 **항**
行부 0획 ⑥
ノ ノ ノ ノ ノ 行 行
(英) go　　　(日) コウ(いく)

行樂(행락) : 잘 놀고 즐겁게 지냄.
行事(행사) : 어떤 일을 행함. 또 그 일.
進行(진행) : 일을 처리해서 나감.
行伍(항오) : 군대를 편성한 행렬.

行軍 行廊 行馬 同行 步行 行列

術 | 재주 **술**
行부 5획 ⑪
彳 彳 祈 祈 術 術
(英) artifice　　　(日) ジュツ(わざ)

商術(상술) : 장사하는 솜씨.
話術(화술) : 말하는 솜씨.
處世術(처세술) : 세상을 살아가면서 지니는 고유
　　　　　　의 방법과 수단.

技術 馬術 妖術 仁術 權謀術數

街 | 거리 **가**
行부 6획 ⑫
彳 彳 彳 街 街 街
(英) street　　　(日) ガイ(まち)

街道(가도) : ①큰 길거리. 가로.
　　　　　 ②도시 사이를 통한 큰 길.
商街(상가) : 가게가 죽 늘어서 있는 거리.
街路樹(가로수) : 길에 따라 줄지어 심은 나무.

街頭 街販 繁華街 紅燈街

衝 | 찌를 **충**
行부 9획 ⑮
彳 彳 衙 衙 衝 衝
(英) pierce　　　(日) シュウ(つく)

衝突(충돌) : ①서로 맞부딪침. ②쌍방의 의견이
　　　　　 맞지 아니하며 서로 맞섬.
衝動(충동) : 들쑤셔 움직이게 함.
衝擊的(충격적) : 충격을 받고 느끼는 것.

相衝 緩衝 折衝 左衝右突 士氣衝天

衛 | 지킬 **위**
行부 10획 ⑯
彳 ᅣ 祉 律 律 衛
(英) guard　　　(日) エイ(まもる)

護衛(호위) : 따라다니며 보호하여 지킴.
親衛隊(친위대) : 국왕 등의 신변 경호 부대.
衛星中繼(위성중계) : 통신위성을 이용하여 가정
　　　　　　　의 수신기에 전파를 보냄.

警衛 防衛 衛戌令 民防衛 公衆衛生

부 수 6 획	부 수 명 칭	상형 연상과정 (3)	상형 연상과정 (2)	상형 연상과정 (1)
	옷 의			

字源

사람들(氏←ㅆ)이 몸을 감싸 덮는(亠) '옷'을 뜻한 자.

衣 — 옷 의

衣部 0획 ⑥
`丶 亠 ナ 衣 衣 衣`
(英)cloth　　　　(日)イ(ころも)

衣類(의류) : 옷 등의 총칭.
衣服(의복) : 옷.
衣裳(의상) : ①겉에 입는 저고리와 치마.
　　　　　　②옷. 의복.

衣冠 白衣 法衣 上衣 囚衣 壽衣

表 — 겉 표

衣部 3획 ⑨
`十 圭 丰 表 表 表`
(英)surface　　　　(日)ヒョウ(おもて)

表明(표명) : 드러내어 명백히 함.
表情(표정) : 마음속의 감정·정서를 외모에 드러냄.
表出(표출) : ①겉으로 나타남. ②정신활동에 수
　　　　　　반되는 신체적인 변화.

表決 表示 表題 代表 發表 辭表

衰 — 쇠할 쇠

衣部 4획 ⑩
`亠 㐅 亹 亹 衰 衰`
(英)weak　　　　(日)スイ(おとろえる)

老衰(노쇠) : 늙고 쇠약함.
衰弱(쇠약) : 쇠하여 약함.
衰殘(쇠잔) : 쇠하여 상함. 약해짐.
興亡盛衰(흥망성쇠) : 흥하고 망하고 성하고 쇠함.

衰落 衰亡 衰退 榮枯盛衰

裂 — 찢어질 렬

衣部 6획 ⑫
`歹 歹 列 裂 裂 裂`
(英)tear　　　　(日)レツ(さく)

分裂(분열) : ①찢어져 갈라짐.
　　　　　　②단체, 집단이 여러 파로 갈라짐.
支離滅裂(지리멸렬) : 갈가리 흩어지고 찢기어 갈
　　　　　　피를 잡을 수 없게 됨.

裂傷 龜裂 決裂 滅裂 炸裂 破裂

裁 — 옷마를 재

衣部 6획 ⑫
`亠 圭 圭 裁 裁 裁`
(英)cut out　　　　(日)サイ(たつ)

裁判(재판) : ①옳고 그름을 살피어 판단함. ②쟁
　　　　송의 구체적 해결을 위해 법원이 내리는 판단.
仲裁(중재) : 다툼질 사이에 들어 화해를 붙이고
　　　　조정함.

裁可 裁量 決裁 獨裁 制裁 總裁

裏 — 속 리

衣部 7획 ⑬
`亠 亩 車 重 裏 裏`
(英)inside　　　　(日)リ(うら)

腦裏(뇌리) : 머릿속. 심중.
裏面(이면) : 속. 안. 내부의 사실.
表裏不同(표리부동) : 마음이 음충맞아서 겉과 속
　　　　　　이 다름.

裏書 裏窓 裏面境界

裝 꾸밀 장
衣부 7획 ⑬
ㅓ 壮 壯 壯 裝 裝 裝
(英) decorate　(日) ソウ(よそおう)

裝着(장착) : 기구, 장비 등을 붙임.
裝置(장치) : ① 차려서 꾸밈. ② 간단한 기계설비.
僞裝(위장) : 본체가 드러나지 않게 다른 물체와
　　　　　　흡사하게 꾸밈.

裝備 裝飾 假裝 女裝 服裝 包裝

裳 치마 상
衣부 8획 ⑭
亠 严 尚 尚 党 常 裳
(英) skirt　(日) ショウ(もすそ)

綠衣紅裳(녹의홍상) : 연두저고리에 다홍치마, 젊
　　　　　　은 여자의 곱게 차려입은 복색.
同價紅裳(동가홍상) : 같은 값이면 품질이 좋은
　　　　　　것을 택한다는 말.

衣裳

製 지을 제
衣부 8획 ⑭
ㅓ 告 制 制 製 製
(英) make　(日) セイ(たつ)

製藥(제약) : 약을 제조함.
製造(제조) : 원료에 인공을 가해 제품을 만듦.
製品(제품) : 원료를 써서 만들어 낸 물품.
複製(복제) : 본디의 것과 똑같은 것을 만듦.

製鋼 製糖 製鍊 製作 縫製 調製

襲 엄습할 습
衣부 16획 ㉒
亠 立 音 龍 龍 襲
(英) attack　(日) ショウ(おそう)

世襲(세습) : 한 집안의 재산, 작위, 업무 등을 자
　　　　　　손손 물려받음.
逆襲(역습) : 방어에서 반대로 공격에 나서는 일.
被襲(피습) : 습격을 당함.

襲擊 强襲 空襲 奇襲 掩襲 因襲

부 수 6 획	부 수 명 칭	상형 연상과정 (3)	상형 연상과정 (2)	상형 연상과정 (1)
襾(西)	덮을 아			

위에서 덮고(∩) 아래에서 받친(∪) 데에다 다시 뚜껑(−)으로 '덮는다'
는 뜻으로 된 자.

西 서녘 서
襾부 0획 ⑥
一 一 一 西 西 西
(英) west　(日) セイ(にし)
서쪽

西部映畵(서부영화) : 미국 서부개척 시대에 카우
　　　　　　보이 등의 활약을 주제로 한 영화.
東西古今(동서고금) : 동양이나 서양에 있어서의
　　　　　　에나 지금. 곧 '어디서나' '언제나'의 뜻.

西經 西歐 西紀 西岸 西域 嶺西

要 요긴할 요
襾부 3획 ⑨
一 一 一 西 要 要
(英) require　(日) ヨウ(いる)

要求(요구) : 강력히 청하여 구함.
要路(요로) : ① 가장 중요한 길목.
　　　　　　② 권력을 쥔 중요한 지위.
要請(요청) : 요긴하게 청함.

要綱 要件 要覽 要望 强要 需要

見

부 수 7 획	부 수 명 칭	상형 연상과정 (3)	상형 연상과정 (2)	상형 연상과정 (1)
見	볼 견			

字源

사람(儿)이 눈(目)으로 '본다'는 뜻으로 된 자.

見 **볼 견, 뵈올 현**
見부 0획 ⑦
丨门門目目見
(英) see (日) ケン(みる)

發見(발견) : 남이 미처 보지 못한 사물을 먼저
　　　　　찾아 냄.
意見(의견) : 마음에 느낀 바 생각.
謁見(알현) : 지체 높은 사람을 찾아 뵘.

見聞 見積 見解 私見 所見 異見

規 **법 규**
見부 4획 ⑪
扌夫却担担規規
(英) rule (日) キ

規定(규정) : 법령의 조문으로서 정해 놓음.
規制(규제) : 규율을 세워 제한함.
新規(신규) : ① 새로운 규정 또는 규모.
　　　　　② 완전히 새롭게 어떤 일을 하는 것.

規格 規模 規約 規律 規則 例規

視 **볼 시**
見부 5획 ⑫
礻示礻祀祖視視
(英) look (日) シ(みる)

視力(시력) : 눈으로 보는 힘.
視野(시야) : 시력이 미치는 범위.
視察(시찰) : 실지로 돌아다니며 살펴봄.
監視(감시) : 경계하여 살펴봄.

視覺 視界 輕視 亂視 蔑視 重視

親 **친할 친**
見부 9획 ⑯
立亲亲新親親親
(英) friendly (日) シン(したしい)

親家(친가) : 시집간 여자의 본가(本家).
親書(친서) : 친히 글씨를 씀. 몸소 보내준 서신.
親戚(친척) : 친족과 외척.
兩親(양친) : 아버지와 어머니.

親舊 親權 親睦 親分 親切 母親

覺 **깨달을 각**
見부 13획 ⑳
𦥑𦥯𦥰𩑣覺覺
(英) perceive (日) カク(さとる)

味覺(미각) : 맛을 느끼는 감각.
發覺(발각) : 숨어있던 사실이 드러남.
觸覺(촉각) : 피부에 있는 어떤 감수기의 흥분에
　　　　　의해 일어나는 감각.

覺書 覺醒 覺悟 感覺 自覺 知覺

覽 **볼 람**
見부 14획 ㉑
𦥯𦦥覽覽覽覽覽
(英) see (日) ラン(みる)

觀覽(관람) : 구경함.
閱覽(열람) : 책 따위를 훑어보거나 조사하여 봄.
一覽表(일람표) : 여러 가지 사항을 한 번에 알
　　　　　　수 있도록 꾸며 놓은 표.

供覽 要覽 遊覽 便覽 回覽

觀

볼 관

見부 18획 ㉕

艹 艹 萑 雚 雚 觀

（英）view　　　（日）カン（みる）

觀光(관광) : 다른 나라 다른 지방의 문화, 풍경 등을 구경함.

美觀(미관) : 아름다운 광경.

壯觀(장관) : 굉장하고 볼만한 경치.

觀衆 可觀 參觀 價値觀 明若觀火

見

부 수 7 획	부 수 명 칭	상형 연상과정 (3)	상형 연상과정 (2)	상형 연상과정 (1)
角	뿔 각			

角

字 源

짐승의 '뿔' 모양을 본뜬 자.

角

뿔 각

角부 0획 ⑦

ノ ク 丹 角 角 角

（英）horn　　　（日）カク（つの）

角度(각도) : 각의 크기. 사물을 보는 관점.

頭角(두각) : 두드러진 학식이나 재능.

觸角(촉각) : 절지동물의 두부에 있는 감각기.

四角帽子(사각모자) : 뒷면이 네모진 모자.

角膜 角木 角逐 死角 牛角 總角

解

풀 해

角부 6획 ⑬

ク 角 角 角 解 解

（英）loosen　　　（日）カイ（とく）

解明(해명) : 의심나는 곳을 설명하여 잘 분명히 함.

解散(해산) : 사람들이 흩어짐. 또는 헤침.

和解(화해) : 다툼을 그치고 서로 풂.

解決 解雇 解答 解說 諒解 誤解

觸

닿을 촉

角부 13획 ⑳

ク 角 角 角 觸 觸

（英）touch　　　（日）ショク（ふれる）

觸覺(촉각) : 오감의 하나로 온도나 아픔 따위를 분간하는 피부의 감각.

觸感(촉감) : 피부에 닿는 느낌.

接觸(접촉) : 맞붙어서 닿음.

觸媒 觸發 觸手 抵觸 一觸卽發

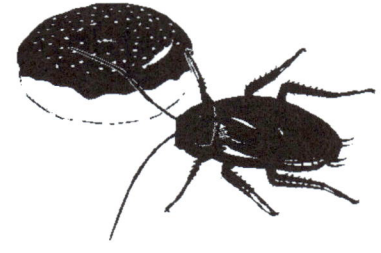

부수 7 획	부수 명칭	상형 연상과정 (3)	상형 연상과정 (2)	상형 연상과정 (1)
言	말씀 언	톱	훕	

字源

스스로 생각한 바를 곧바로 찔러서 찌르듯이 '말한다(口)'는 뜻으로 된 자.

言 말씀 언
言부 0획 ⑦

(英) words　(日) ケン、ゴン(いう)

言論(언론) : 말이나 글로 자기사상을 발표하는 일.
諫言(간언) : 간하는 말.
甘言利說(감언이설) : 달콤한 말과 이로운 조건을 내세워 꾀는 말.

言及 言渡 言動 言質 格言 遺言

計 셀 계
言부 2획 ⑨

(英) calculation　(日) ケイ(はかる)

計劃(계획) : 어떤 일의 방법이나 절차 등을 생각하여 안을 세우는 일.
設計(설계) : 계획을 세움.
家計簿(가계부) : 집안 살림의 수입·지출을 적는 장부.

計略 計策 計測 集計 總計 凶計

訂 바로잡을 정
言부 2획 ⑨

(英) revise　(日) テイ

校訂(교정) : 출판물의 잘못된 글자·글귀를 바르게 고침.
修訂(수정) : 서적 등의 잘못을 고침.
改訂版(개정판) : 내용을 개정하여 출판한 책.

訂正 訂定

記 기록할 기
言부 3획 ⑩

(英) record　(日) キ(しるす)

記錄(기록) : ① 남길 필요가 있는 사항을 적는 일. ② 경기 따위의 성적, 결과.
手記(수기) : 체험을 손수 적음.
記憶力(기억력) : 기억하는 능력.

記憶 記者 記載 誤記 傳記 筆記

討 칠 토
言부 3획 ⑩

(英) attack　(日) トウ(うつ)

討論(토론) : 어떤 논제를 둘러싸고 여러 사람이 각각의견을 말하며 의논함.
討伐(토벌) : 군대로써 도둑의 무리를 침.
檢討(검토) : 내용을 검사하여 가면서 따짐.

討議 聲討 爛商討論

訓 가르칠 훈
言부 3획 ⑩

(英) reach　(日) クン(おしえる)

訓練(훈련) : 가르쳐서 어떤 일을 익힘.
敎訓(교훈) : 가르치고 이끌어 줌.
訓戒放免(훈계방면) : 경범자를 훈계하여 놓아줌. 훈방(訓放).

訓令 訓手 訓示 訓長 家訓 社訓

訪

찾을 **방**
言부 4획 ⑪
言 言 言 訪 訪 訪

(英) visit　　(日) ホウ(えとずれる)

訪問(**방문**) : 남을 찾아 봄.
巡訪(**순방**) : 차례로 방문함.
探訪(**탐방**) : 기자 등이 어떤 일의 진상을 탐문하
　　　　　 려고 찾아봄.

訪客　訪北　訪韓　來訪　尋訪　禮訪

設

베풀 **설**
言부 4획 ⑪
言 言 言 設 設 設

(英) institute　　(日) セツ(もうける)

設立(**설립**) : 만들어 세움.
設置(**설치**) : 어떤 목적에 쓰기 위하여 기관, 설
　　　　　 비 등을 만들어 두는 일.
新設(**신설**) : 새로 설치함.

設計　設令　建設　竝設　增設　特設

訟

송사할 **송**
言부 4획 ⑪
言 言 言 訟 訟 訟

(英) justice　　(日) ショウ

訟事(**송사**) : 백성끼리의 분쟁을 관청에 호소하여
　　　　　 그 판결을 구하는 일.
訴訟(**소송**) : 법률상의 판결을 법원에 청구하는
　　　　　 일. 또는 그 절차.

訴訟記錄　民事訴訟

許

허락 **허**
言부 4획 ⑪
言 言 言 許 許 許

(英) permit　　(日) キョ(ゆるす)

許多(**허다**) : 매우 많음.
許容(**허용**) : 허락하고 용납함.
特許(**특허**) : 공업적 발명의 전용권을 고안자에게
　　　　　 부여하는 행정행위.

許諾　許可　免許　無許　認許

詐

속일 **사**
言부 5획 ⑫
言 言 言 詐 詐 詐

(英) deceive　　(日) サ

詐巧(**사교**) : 재주있게 속임.
詐欺(**사기**) : 거짓말을 하여 남을 속이는 것.
詐取(**사취**) : 거짓으로 속여서 남의 것을 빼앗음.
詐稱(**사칭**) : 성명·직명 등을 속여 일컬음.

詐計　詐術

詞

말 **사**, 글 **사**
言부 5획 ⑫
言 言 言 詞 詞 詞

(英) sentence　　(日) シ(ことば)

名詞(**명사**) : 사물의 이름을 나타내는 말.
副詞(**부사**) : 문장에서 수식어 역할을 하는 품사.
品詞(**품사**) : 단어를 문법상의 의미·직능·형태
　　　　　 에 따라 분류한 종별.

歌詞　冠詞　臺詞　動詞　作詞　助詞

訴

하소연할 **소**
言부 5획 ⑫
言 言 言 訴 訴 訴

(英) complain　　(日) ソ(うったえる)

訴訟(**소송**) : 재판을 걺.
敗訴(**패소**) : 소송에 짐.
抗訴(**항소**) : 하급법원에서 받은 제1심의 판결에 불
　　　　　 복할 때 상급법원에 파기, 변경을 신청하는 일.

訴願　告訴　起訴　泣訴　提訴　呼訴

詠

읊을 **영**
言부 5획 ⑫
言 言 言 詞 詞 詠

(英) chant　　(日) エイ(よむ)

詠歌(**영가**) : 시가를 읊음.
詠歎(**영탄**) : 감동하여 찬탄함.
詠歎法(**영탄법**) : 수사법(修辭法)상 강조법의 한
　　　　　 가지.

詠誦　吟詠

言

評

평할 **평**
言부 5획 ⑫
`二 言 言 訂 評 評`

(英) criticize　　　(日) ヒョウ

評價(평가) : 물건의 값을 정함.
評判(평판) : 세상의 비평.
好評(호평) : 좋게 평판함.
酷評(혹평) : 가혹하게 비평함.

評論 漫評 批評 總評 下馬評

詳

자세할 **상**
言부 6획 ⑬
`二 言 言 訢 詳 詳`

(英) detail　　　(日) ショウ(くわしい)

詳明(상명) : 상세하고 명백함.
詳細(상세) : 자상하고 세밀함.
未詳(미상) : 상세하지 않음.
仔詳(자상) : 성질이 꼼꼼하고 찬찬함.

詳考 詳記 詳報 詳說 詳述 不詳

試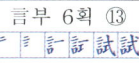

시험할 **시**
言부 6획 ⑬
`二 言 言 訞 試 試`

(英) test　　　(日) シ(こころみる)

試補(시보) : 관직에 정식으로 임명되기 전에 사
　　　　　무에 실제적으로 종사하며 연습하는 일.
試驗(시험) : 문제를 내어 그 답을 구하거나 실지
　　　　　로 시켜 보아서 그 성적을 판정함.

試鍊 試乘 試飮 應試 試運轉

話

말씀 **화**
言부 6획 ⑬
`二 言 言 訐 話 話`

(英) talk　　　(日) ワ(はなす)

話頭(화두) : 말의 시초.
話術(화술) : 말의 재주. 말하는 기교.
話題(화제) : 이야기 거리.
談話(담화) : 서로 주고받는 이야기.

話法 對話 童話 秘話 電話 通話

誇

자랑할 **과**
言부 6획 ⑬
`二 言 言 訝 誇 誇`

(英) boast　　　(日) コ(ほこる)

誇矜(과긍) : 자랑함.
誇大(과대) : 사실 이상으로 지나치게 과장함.
誇示(과시) : 뽐내어 보임.
誇張(과장) : 실제보다 크게 나타내어 보임.

誇大妄想症

詩

시 **시**
言부 6획 ⑬
`二 言 言 詰 詩 詩`

(英) verse　　　(日) シ

詩歌(시가) : 시와 노래.
詩語(시어) : ① 시에 있는 말. ② 시에 쓰는 말.
詩題(시제) : 시의 제목.
敍情詩(서정시) : 시인의 감정을 운율적으로 나타낸 시.

詩句 詩文 詩想 詩人 詩的 詩集

該

그 **해**
言부 6획 ⑬
`二 言 言 訇 該 該`

(英) that　　　(日) ガイ

該當(해당) : 바로 들어맞음.
該吏(해리) : 담당관리.
該博(해박) : 학문과 지식에 널리 통함.
該地(해지) : 그 곳. 그 땅.

該當者 該當欄

說

말씀 **설**, 달랠 **세**
言부 7획 ⑭
`二 言 言 訟 說 說`

(英) explain　　　(日) セツ(とく)

說敎(설교) : 종교의 교리를 설명함.
力說(역설) : 힘주어 말함.
遊說(유세) : 각 처를 돌아다니면서 자기 또는 자기
　　　　　정당 등의 주장을 설명하고 선전함.

說得 說話 假說 演說 傳說 說客

言

誠
정성 성
言부 7획 ⑭
訁 言 訁 訮 誠 誠
(英) sincerity　(日) セイ(まこと)

誠實(성실) : 정성스럽고 참되어 거짓이 없음.
精誠(정성) : 참되고 성실함.
至誠(지성) : 지극한 정성.
忠誠(충성) : 진심에서 우러나는 정성.

誠金 誠意 熱誠 致誠 孝誠

誦
욀 송
言부 7획 ⑭
言 語 訟 誦 誦 誦
(英) recite　(日) ショウ(となえる)

朗誦(낭송) : 소리를 내어 글을 욈.
誦讀(송독) : 소리내어 글을 읽음.
暗誦(암송) : 책을 보지 아니하고 글을 욈.
愛誦(애송) : 즐겨 욈.

誦詠

語
말씀 어
言부 7획 ⑭
言 言 訝 語 語 語
(英) words　(日) ゴ(かたる)

俗語(속어) : 민간에서 통속적으로 쓰이는 저속한 말.
隱語(은어) : 특수한 집단이나 계층 또는 사회에
　　　　　서, 남이 모르게 자기네끼리만 쓰는 말.
流行語(유행어) : 한 시기에 많은 사람이 쓰는 말.

語幹 語錄 語順 單語 流言蜚語

誤
그르칠 오
言부 7획 ⑭
言 訂 誤 誤 誤 誤
(英) mistake　(日) ゴ(あやまる)

誤謬(오류) : 잘못됨.
誤報(오보) : 그릇되게 보도함.
誤判(오판) : 잘못 판정, 판단함.
誤解(오해) : 뜻을 잘못 이해함.

誤記 誤認 誤診 誤差 施行錯誤

誘
꾈 유
言부 7획 ⑭
訁 言 言 誘 誘 誘
(英) induce　(日) コウ(きそう)

勸誘(권유) : 어떤 일을 하도록 권함.
誘導訊問(유도신문) : 예상하는 죄상(罪狀)의 단
　　　　서를 얻기 위해 교묘한 질문을 하여 무
　　　　의식중에 자백하도록 유도하는 신문.

誘發 誘因 誘引 誘惑 誘致 誘拐犯

認
알 인
言부 7획 ⑭
言 訒 訒 訒 認 認
(英) know　(日) ニン(みとめる)

認許(인허) : 인정하여 허가함.
公認(공인) : 국가나 공공단체가 인정함.
是認(시인) : 옳다고 인정함.
確認(확인) : 확실히 알아봄.

認識 認准 認知 默認 自他共認

誌
기록할 지
言부 7획 ⑭
言 言 計 誌 誌 誌
(英) record　(日) シ

誌面(지면) : 잡지의 글이나 그림 따위를 싣는 곳.
本誌(본지) : 자기가 관계하고 있는 이 잡지.
日誌(일지) : 날마다 하였거나 벌어진 사실을 적
　　　　는 기록. 또는 그 책.

誌上 校誌 外誌 雜誌 他誌 會誌

課
과할 과
言부 8획 ⑮
言 訳 評 評 課 課
(英) levy taxes　(日) カ

課稅(과세) : 세금을 매김.
賦課(부과) : 세금이나 물릴 돈을 매겨서 부담하
　　　　게 함.
學課(학과) : 학습의 과정.

課程 課題 課外 課長 考課 日課

言

談 말씀 담
言부 8획 ⑮
言 言 計 診 談 談

(英) converse　　　　(日) タン

談話(담화) : 어떤 일에 대한 의견이나 태도를 밝힘.
對談(대담) : 어떤 일에 대하여 서로 이야기를 나눔.
面談(면담) : 서로 만나서 이야기 함.
會談(회담) : 여럿이 모여 담론함.

談笑 談判 談合 怪談 相談 險談

諒 살펴알 량, 믿을 량
言부 8획 ⑮
言 言 誀 諒 諒 諒

(英) understand　　　　(日) リョウ

諒知(양지) : 살펴서 앎.
諒察(양찰) : 사정을 살펴 알아줌.
諒解(양해) : 헤아려 이해함.
海諒(해량) : 바다와 같은 넓은 마음으로 양해함.

諒恕

論 논할 론
言부 8획 ⑮
言 言 訟 論 論 論

(英) discuss　　　　(日) ロン(あげつらう)

結論(결론) : 말이나 글에서 끝맺는 부분.
本論(본론) : 논문이나 논설 등의 중심이 되는 부분.
序論(서론) : 머리말이 되는 논설.
論說文(논설문) : 사물을 평론하고 설명하는 문장.

講論 槪論 擧論 莫論 勿論 理論

誰 누구 수
言부 8획 ⑮
言 言 訓 詳 誰 誰

(英) who　　　　(日) スイ(だれ)

誰昔(수석) : 옛날. 그 때.
誰何(수하) : 누구.
誰怨誰咎(수원수구) : 누구를 원망하며 누구를 탓하
라. 곧 남을 원망하거나 탓할 것이 없음을 뜻함.

誰知烏之雌雄

調 고를 조
言부 8획 ⑮
言 言 訓 調 調 調

(英) harmonize　　　　(日) チョウ(しらべる)

調書(조서) : 조사한 사실을 적은 문서.
調和(조화) : 서로 잘 어울림.
取調(취조) : 범죄사실을 알아내기 위하여 속속들
이 조사함. 또는 그 일.

調律 調印 同調 調達廳 調査團

請 청할 청
言부 8획 ⑮
言 言 誄 請 請 請

(英) beg　　　　(日) せい(ころ)

請託(청탁) : 사사로운 일을 부탁함.
申請(신청) : 신고하여 청구함.
要請(요청) : 필요한 일을 이리저리 해달라고 청함.
不請客(불청객) : 청하지 아니 하였는데도 온 사람.

請負 請約 請婚 懇請 招請 請牒狀

諾 허락할 낙
言부 9획 ⑯
言 言 諪 許 諾 諾

(英) admit　　　　(日) ダク

諾諾(낙낙) : 남이 말하는 대로 무조건 순종함.
快諾(쾌락) : 쾌히 승낙함.
許諾(허락) : 청하고 바라는 바를 들어줌.
承諾書(승낙서) : 승낙하는 뜻을 적은 문서.

內諾 受諾 唯唯諾諾

謀 꾀할 모
言부 9획 ⑯
言 言 訃 誄 謀 謀

(英) plan　　　　(日) ボウ(はかる)

謀略(모략) : 나쁜 계책으로 남을 함정에 몰아넣는 일.
謀反(모반) : 국가를 전복할 것을 꾀함.
陰謀(음모) : 몰래 좋지 못한 일을 꾸밈.
參謀陣(참모진) : 군대에서 지휘관의 막료들.

謀免 謀陷 圖謀 權謀術數 逆賊謀議

言

謁 — 뵐 알
言부 9획 ⑯
亠言訶謁謁謁

(英) visit a superior　　　(日) エツ

謁見(알현) : 신분이 높은 사람을 만나 뵙는 일.
拜謁(배알) : 절하고 뵘. 높은 어른을 만나뵘.
謁聖及第(알성급제) : 임금이 성균관 문묘(文廟)의
　　공자 신위에 참배할 때 보던 과거에 합격함.

謁廟　謁聖

謂 — 이를 위
言부 9획 ⑯
亠言訶訶謂謂

(英) say　　　(日) イ

可謂(가위) : 가히 말한다면. 일러오는 그대로.
所謂(소위) : 이른바.

諸 — 모두 제
言부 9획 ⑯
亠言訷訸諸諸

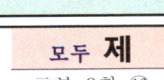

(英) all　　　(日) ショ

諸君(제군) : 여러분.
諸般(제반) : 모든 것. 여러 가지.
諸位(제위) : 여러분.
諸賢(제현) : 점잖은 여러분.

諸侯　諸子百家　諸從男妹

講 — 욀 강
言부 10획 ⑰
亠言訸講講講

(英) lecture　　　(日) コウ

講堂(강당) : 강의나 의식을 행하는 건물.
講師(강사) : 강의 · 강연하는 사람.
講演(강연) : ① 강의함. ② 일정한 주제로 청중
　　앞에서 이야기함.

講究　講壇　講座　開講　休講　聽講

謙 — 겸손할 겸
言부 10획 ⑰
亠言計謙謙謙

(英) modest　　　(日) ケン(へりくだる)

謙遜(겸손) : 남을 높이고 제 몸을 낮추는 태도가
　　있음.
謙讓(겸양) : 겸손한 태도로 사양함.
謙虛(겸허) : 겸손하며 잘난 체하지 않음.

謙恭　謙謹　謙德

謝 — 사례할 사
言부 10획 ⑰
亠訃訃謝謝謝

(英) gratitude　　　(日) シャ(あやまる)

感謝(감사) : ① 고마움. ② 고맙게 여김.
　　　　　③ 고맙게 여기어 사의를 표함.
謝過文(사과문) : 사과하는 뜻을 적은 글.
謝禮金(사례금) : 사례하는 뜻으로 주는 돈.

謝恩　謝絶　謝罪　厚謝　新陳代謝

謠 — 노래 요
言부 10획 ⑰
亠訡訡謠謠謠

(英) song　　　(日) ヨウ

歌謠(가요) : 악가와 속요.
童謠(동요) : 어린이의 정서를 표현한 정형시. 또
　　는 거기에 가락을 붙인 노래.
民謠風(민요풍) : 민요의 가락을 띤 형식.

農謠　民謠　俗謠　麗謠

謹 — 삼갈 근
言부 11획 ⑱
亠訁訁謹謹謹

(英) attentive　　　(日) キン(つつしむ)

勤愼(근신) : ① 언행을 삼가고 조심함. ② 과오를
　　반성하고 들어앉아 행동을 삼감.
謹嚴(근엄) : 점잖고 엄함.
謹弔(근조) : 삼가 조상함.

謹啓　謹告　謹身　謹呈　謹賀新年

言

識 알 식, 기록할 지
言부 12획 ⑲
言 言 語 識 識 識
(英) know   (日) シキ(しる)

常識(상식) : 일반적으로 알아야 할 지식.
良識(양식) : 건전한 식견.
學識(학식) : 학문으로 얻은 지식.
知識人(지식인) : 지식계층에 속한 사람.

識見 識別 鑑識 面識 無識 標識板

證 증거 증
言부 12획 ⑲
言 言 證 證 證 證
(英) evidence   (日) ショウ(あかし)

證據(증거) : 증명할 수 있는 근거.
物證(물증) : 물건으로 뚜렷이 드러난 증거.
心證(심증) : 마음 속에 얻은 인식이나 확신.
立證(입증) : ① 증거를 세움. ② 논증.

證券 證憑 保證 確證 印鑑證明

譜 족보 보
言부 13획 ⑳
言 言 評 諧 譜 譜
(英) genealogy   (日) フ

樂譜(악보) : 악곡을 일정한 기호를 써서 기재한
            것.
族譜(족보) : 한 족속의 계보를 적은 책.
採譜(채보) : 악보를 만듦. 악보를 거두어 모음.

家譜 系譜 年譜 殉愛譜 博譜將棋

警 깨우칠 경
言부 13획 ⑳
艹 苟 敬 敬 警 警
(英) admonish   (日) ケイ(いましめる)

警戒(경계) : ① 잘못이 없도록 미리 조심함.
            ② 타일러 주의시킴.
警告(경고) : 주의하라고 경계하며 알림.
警覺心(경각심) : 정신을 가다듬어 조심하는 마음.

警報 警備 警鐘 警察署 女巡警

譯 번역할 역
言부 13획 ⑳
言 評 譯 譯 譯 譯
(英) translate   (日) ヤク(わけ)

譯者(역자) : 번역한 사람.
譯註(역주) : 번역자가 다는 주석.
飜譯(번역) : 한 나라 말로 표현된 문장의 내용을
            다른 나라 말로 옮김.

內譯 對譯 新譯 意譯 直譯 通譯

議 의논할 의
言부 13획 ⑳
言 訃 評 評 議 議
(英) discuss   (日) ギ(はかる)

決議(결의) : 의안의 가부를 결정함.
論議(논의) : ① 서로 의견을 논술하여 토의함.
            ② 의논.
會議(회의) : 여럿이 모여 의논함.

議席 議員 議院 議長 同議 合議

譽 명예 예, 기릴 예
言부 14획 ㉑
㇒ 與 與 譽 譽
(英) honour   (日) ヨ(ほまれ)

名譽(명예) : ① 세상에서 훌륭하다고 일컬어지는
            이름. ② 사회적 평가나 가치. ③ 도
            덕적 존엄에 대한 자각.
榮譽(영예) : 영광스러운 명예.

名譽毁損

護 도울 호
言부 14획 ㉑
言 評 扩 誆 誆 護
(英) careful   (日) ゴ(まもる)

看護(간호) : 환자나 어린이들을 보살펴 돌봄.
戒護(계호) : 경계하여 지킴.
保護(보호) : 보전하여 호위함.
庇護(비호) : 감싸 보호함.

護送 護衛 掩護 護身術 救護品

言

讀

읽을 독, 귀절 두
言부 15획 ㉒

言 訪 請 讀 讀 讀

(英) read　　　　(日) トク(よむ)

讀者(독자) : 책·신문 등 출판물을 읽는 사람.
讀破(독파) : ①막힘 없이 죽 내리 읽음.
　　　　　②끝까지 다 읽음.
一讀(일독) : 한번 읽음.

讀解 熟讀 吏讀 牛耳讀經 晝耕夜讀

變

변할 변
言부 16획 ㉓

言 綿 綿 綿 變 變

(英) change　　　　(日) ヘン(かわる)

變化(변화) : 사물의 형상, 성질 등이 달라짐.
異變(이변) : ①괴이한 변고. 변이.
　　　　　②예상 밖의 사태.
變則的(변칙적) : 원칙, 규정에서 벗어난 것.

變更 變動 變質 激變 臨時變通

讓

사양할 양
言부 17획 ㉔

言 計 諳 讓 讓 讓

(英) yield　　　　(日) ジョウ(ゆずる)

讓步(양보) : 사양하여 남에게 미루어 줌.
謙讓(겸양) : 겸손한 태도로 사양함.
分讓(분양) : 큰 덩이를 갈라서 넘겨줌.
辭讓(사양) : 자기에게 이로운 일을 겸손히 사절함.

讓受 讓與 讓位 移讓期 讓渡所得

讚

기릴 찬
言부 19획 ㉖

言 計 諳 讚 讚 讚

(英) praise　　　　(日) サン(ほめる)

讚美(찬미) : 아름다운 것을 기리어 칭송함.
稱讚(칭찬) : 좋은 점을 일컬어 기림.
自畫自讚(자화자찬) : 제가 한 일을 자기 스스로
　　　　　　　　자랑함.

讚頌 讚揚 激讚 極讚 過讚 禮讚

부 수 7 획	부 수 명 칭	상형 연상과정 (3)	상형 연상과정 (2)	상형 연상과정 (1)
谷	골 곡			

谷

字源

산등성이가 갈라진 모양과 골짜기의 입구를 가리키는 口를 합쳐 '골짜
기'를 뜻한 자.

谷

골 곡
谷부 0획 ⑦

丶 丷 父 谷 谷

(英) valley　　　　(日) コク(たに)

谷風(곡풍) : 골짜기에 이는 바람.
溪谷(계곡) : 두 산 사이의 물이 흐르는 골짜기.
深山幽谷(심산유곡) : 깊은 산 속의 으슥한 골짜
　　　　　　　　기를 말함.

陵谷 維谷 峽谷

부수 7획	부수 명칭	상형 연상과정 (3)	상형 연상과정 (2)	상형 연상과정 (1)
豆	콩 두			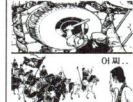

字源

둥근발이 달린 '제기' 모양을 본뜬 자로, 콩꼬투리같이 생긴 그 모양에서 '콩'의 뜻으로 널리 쓰임.

豆

콩 두
豆부 0획 ⑦
一 厂 FT FT 豆 豆

(英) bean　　　　　(日) トウ(まめ)

豆腐(두부) : 콩으로 만든 음식물의 한 가지.
豆乳(두유) : 진한 콩국.
豆太(두태) : ① 팥과 콩. ② 콩팥.
豆滿江(두만강) : 백두산에서 서쪽으로 흐르는 강.

豆油　豆類　大豆　綠豆

豈

**어찌 기
싸움이긴노래 개**
豆부 3획 ⑩
`ш ш 씀 씀 씀 豈`

(英) how　　　　　(日) キ、ガイ(あに)

豈弟(개제) : 용모와 기상이 화락하고 단아함.
　　　　개제(凱弟).

豊

풍년 풍
豆부 11획 ⑱
`丌 山 曲 曲 豊 豊`

(英) plentiful harvest　　　　(日) ホウ(ゆたか)

豊年(풍년) : 곡식이 잘 여문 해. 농사가 잘 된 해.
豊富(풍부) : 넉넉하고 많음.
豊盛(풍성) : 넉넉하고 흥성흥성함.
豊饒(풍요) : 산물이나 음식물 등이 많고 넉넉함.

豊滿　豊漁　豊作　豊足　大豊

 착각하지 맙시다.

震(벼락 진)자는 雨부수에 속하는 글자이며, 桭(처마 진)자는 木부수에 속하는 글자이며, 唇(놀랄 진, 입술 순)자는 口부수에 속하는 글자이며, 娠(애밸 신)자는 女부수에 속하는 글자이며, 晨(새벽 신)자는 日부수에 속하는 글자이며, 蜃(무명조개 신)자는 虫부수에 속하는 글자이며, 宸(집 신)자는 宀부수에 속하는 글자입니다.

부 수 7 획	부 수 명 칭	상형 연상과정 (3)	상형 연상과정 (2)	상형 연상과정 (1)
豕	돼지 시	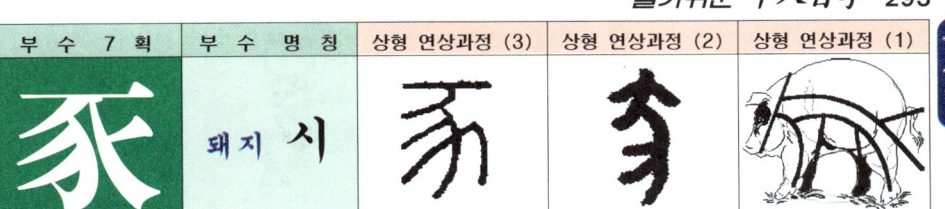		

字源

'돼지'의 머리 및 등·네 발·짧은 다리·꼬리의 모양을 본뜬 자.

豚

돼지 **돈**
豕부 4획 ⑪
刀 月 肝 肝 肝 豚

(英) pig　　　(日) トン(ぶた)

豚舍(돈사) : 돼지우리.
豚肉(돈육) : 돼지고기.
養豚(양돈) : 돼지를 먹여 기름.
種豚(종돈) : 씨를 받을 돼지.

豚犬　豚兒

象

코끼리 **상**
豕부 5획 ⑫
宀 宀 宀 免 象 象

(英) elephant　　　(日) ショウ、ゾウ

象牙(상아) : 코끼리의 어금니.
象徵(상징) : 다른 사물로 나타내는 일.
象形(상형) : 물건 형상의 시늉.
現象(현상) : 관찰할 수 있는 사물의 형상.

假象　具象　對象　印象　千態萬象

豪

호걸 **호**
豕부 7획 ⑭
宀 产 户 亭 掌 豪

(英) hero　　　(日) ゴウ

豪奢(호사) : 지나치게 호화로이 사치함.
豪雨(호우) : 줄기차게 내리 퍼붓는 비.
文豪(문호) : 매우 뛰어난 작가.
富豪(부호) : 재산이 많고 세력이 있는 사람.

豪傑　豪氣　豪快　强豪　豪言壯談

豫

미리 **예**
豕부 9획 ⑯
予 予 預 預 豫 豫

(英) beforehand　　　(日) ヨ(あらすじめ)

豫告(예고) : 미리 알려줌.
豫防(예방) : 탈이 있기 전에 미리 막음.
豫備(예비) : 미리 준비함.
豫測(예측) : 앞으로 있을 일을 미리 추측함.

豫感　豫見　豫決　豫想　豫言　猶豫

 착각하지 맙시다.

理(다스릴 리)자는 **玉부수**에 속하는 글자이며, 裏(속 리)자는 **衣부수**에 속하는 글자이며, 鯉(잉어 리)자는 **魚부수**에 속하는 글자이며, 厘(이 리)자는 **厂부수**에 속하는 글자이며, 狸(삵 리)자는 **犭(犬)부수**에 속하는 글자이며, 俚(속될 리)자는 **亻부수**에 속하는 글자이며, 浬(해리 리)자는 **氵(水)부수**에 속하는 글자입니다.

부 수 7 획	부 수 명 칭	상형 연상과정 (3)	상형 연상과정 (2)	상형 연상과정 (1)
豸	해태 **치** (갖은돼지 시)			

字 源

'맹수'가 발을 모으고 등을 높이 세워 먹이를 덮치려는 모양을 본뜬 자.

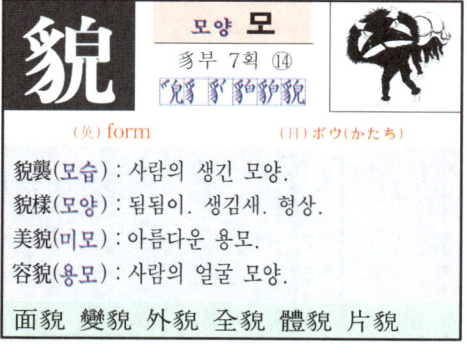

貌

모양 모

豸부 7획 ⑭

(英) form   (日) ボウ(かたち)

貌襲(모습) : 사람의 생긴 모양.
貌樣(모양) : 됨됨이. 생김새. 형상.
美貌(미모) : 아름다운 용모.
容貌(용모) : 사람의 얼굴 모양.

面貌 變貌 外貌 全貌 體貌 片貌

💡 **착각하지 맙시다.**

椰(가야자나무 야)자는 **耳**부수에 속하는 글자이며, 爺(아비 아)자는 **耳**부수에 속하는 글자이며, 揶(놀릴 야)자는 **耳**부수에 속하는 글자입니다.

問(물을 문)자는 **口**부수에 속하는 글자이며, 聞(들을 문)자는 **耳**부수에 속하는 글자이며, 們(들 문)자는 **亻**부수에 속하는 글자이며, 悶(번민할 민)자는 **心**부수에 속하는 글자이며, 誾(온화할 은)자는 **言**부수에 속하는 글자입니다.

纖(가늘 섬)자는 **糸**부수에 속하는 글자이며, 殲(멸할 섬)자는 **歹**부수에 속하는 글자이며, 懺(뉘우칠 참)자는 **忄(心)**부수에 속하는 글자이며, 讖(참서 참)자는 **言**부수에 속하는 글자입니다.

부 수 7 획	부 수 명 칭	상형 연상과정 (3)	상형 연상과정 (2)	상형 연상과정 (1)
貝	조개 패 (자개 패)			

貝

字 源

조갯살이 빠져나온 '조개'의 모양을 본뜬 자. 조가비를 화폐로 사용했던 데서 '돈'이나 '재물'의 뜻으로 쓰임.

貝 조개 패

貝부 0획 ⑦

丨 冂 冂 目 貝 貝

(英) shell　　(日) バイ(かい)

貝殼(패각) : 조가비. 조개 껍데기.
貝類(패류) : 조개의 종류. 조개류.
貝物(패물) : 산호, 호박, 수정, 대모 따위로 만든 장신구의 총칭.

貝塚 卷貝 種貝

負 질 부

貝부 2획 ⑨

⺈ 宀 疒 合 合 負 負

(英) bear　　(日) フ(おう)

負擔(부담) : 어떤 의무나 책임을 짐. 또는 맡은 의무나 책임.
負債(부채) : 빚. 또는 빚을 짐.
勝負(승부) : 이김과 짐. 승패.

負傷 負役 負荷 請負 抱負 過負荷

貞 곧을 정

貝부 2획 ⑨

⺊ 宀 占 占 貞 貞 貞

(英) chaste　　(日) テイ(ただしい)

貞潔(정결) : 여자의 정조가 곧고 깨끗함.
貞烈(정렬) : 여자의 행실이나 지조가 모두 곧고 매움.
貞操(정조) : 부녀의 깨끗한 절개.

貞淑 貞節 不貞 忠貞 童貞女

貢 바칠 공

貝부 3획 ⑩

一 丁 干 舌 舌 百 貢

(英) offer as tribute　　(日) コウ(みつぐ)

貢物(공물) : 백성이 나라에 진상하던 특산물.
貢獻(공헌) : 국가, 사회를 위하여 이바지함.
朝貢(조공) : 옛날 예속된 나라가 종주국에게 때마다 받치던 공물.

貢擧 貢士

財 재물 재

貝부 3획 ⑩

目 貝 貝 貯 財 財

(英) wealth　　(日) ザイ(たから)

財産(재산) : 개인이나 단체에 속하여 그의 소유로 되어 있는 물건.
財源(재원) : 재화를 발생, 수득하는 근원.
蓄財(축재) : 재물(財物)을 모아둠.

財界 財團 財力 財數 私財

貫 꿸 관

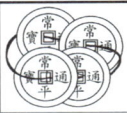

貝부 4획 ⑪

口 吅 吅 骨 骨 貫 貫

(英) go through　　(日) カン(つらぬく)

貫徹(관철) : 어려운 일을 기어코 뚫고 나가 목적을 이루는 것.
貫通(관통) : 꿰뚫어 통함.
一貫(일관) : 처음부터 끝까지 같은 방법으로 계속함.

本貫 尺貫法 始終一貫 初志一貫

貧 가난할 빈
貝부 4획 ⑪

八 介 分 分 貧 貧 貧

(英) poor　　　(日) ヒン(まずしい)

貧富(빈부) : 빈궁과 부유. 가난한 사람과 부자.
貧弱(빈약) : 가난하고 약함. 보잘 것 없음.
貧血(빈혈) : 몸 속의 혈액이 일정양보다 적어지
　　　　　 는 일.

貧困 貧國 貧窮 貧農 貧村 淸貧

貪 탐낼 탐
貝부 4획 ⑪

八 今 今 今 貪 貪

(英) desire　　　(日) タン(むさぼる)

貪慾(탐욕) : 사물을 지나치게 탐내는 욕심.
貪虐(탐학) : 탐욕이 많고 포악함.
貪官汚吏(탐관오리) : 욕심이 많고 부정하게 재물
　　　　　　　　　 을 탐하는 관리.

貪求 貪財

貨 재물 화
貝부 4획 ⑪

亻 亻 化 化 貨 貨

(英) wealth　　　(日) カ

貨物(화물) : 비행기, 차, 배 따위로 실어 나르는 짐.
貨幣(화폐) : 사회에 유통되는 교환의 매개, 지불
　　　　　 의 수단.
雜貨(잡화) : 벌어 놓은 온갖 상품.

貨車 金貨 惡貨 良貨 美貨 百貨店

貸 빌릴 대
貝부 5획 ⑫

亻 亻 代 代 貸 貸

(英) lend　　　(日) タイ(かす)

貸借(대차) : 꾸어줌과 빌려줌.
寬貸(관대) : 너그럽게 용서함.
賃貸(임대) : 삯을 받고 물건을 빌려줌.
貸與金(대여금) : 빌려주거나 꾸어주는 돈.

貸物 貸付 貸損 貸越 貸出 預貸

責 꾸짖을 책
貝부 4획 ⑪

十 主 丰 青 青 青 責

(英) reprove　　　(日) セキ(せめる)

責望(책망) : 허물을 꾸짖음.
責務(책무) : 직책과 임무. 책임진 임무.
引責(인책) : 발생한 일에 대한 책임을 스스로 짐.
重責(중책) : 중대한 책임.

責任 苛責 見責 免責 問責 自責

販 팔 판
貝부 4획 ⑪

月 目 貯 貯 販 販

(英) sell　　　(日) ハン(ひさぐ)

販路(판로) : 상품이 팔리는 방면.
販賣(판매) : 상품 같은 것을 팖.
共販(공판) : 판매 조합을 통하여 공동으로 하는
　　　　　 판매.

販禁 販促 街販 市販 購販場 外販員

貴 귀할 귀
貝부 5획 ⑫

口 中 虫 丰 貴 貴 貴

(英) noble　　　(日) キ(とうとい)

貴賓(귀빈) : 귀한 손님.
貴人(귀인) : 사회적 지위가 높은 사람.
貴賤(귀천) : 귀함과 천함. 또는 위인과 천인을
　　　　　 뜻함.

貴社 貴族 貴中 貴重 高貴 稀貴

買 살 매
貝부 5획 ⑫

冖 四 罒 罒 胃 買 買

(英) buy　　　(日) バイ(かう)

賣買(매매) : 팔고 사는 일.
買收(매수) : 물건을 사들임.
買占(매점) : 물건을 휩쓸어 사둠.
買票(매표) : 차표, 입장권 따위를 사는 일.

買物 競買 購買 不買 收買 豫買

貝

貿

무역할 무
貝부 5획 ⑫
貿貿貿貿貿

(英) trade　　(日) ボウ(かえる)

貿易(무역) : 나라와 나라 사이에 서로 물품을 수
　　　　　 출입하여 팔고 사고 함.
貿易國(무역국) : 서로 무역을 하는 나라.
貿易商(무역상) : 외국과 무역을 하는 상인, 회사.

貿公　密貿易　貿易風

費

쓸 비
貝부 5획 ⑫
費費費費費

(英) waste　　(日) ヒ(ついやす)

費用(비용) : 쓰이는 돈. 드는 돈.
經費(경비) : 사업경영에 드는 비용.
浪費(낭비) : 헛되이 함부로 씀.
旅費(여비) : 여행에 드는 비용

私費　歲費　食費　實費　雜費　車費

貳

갖은두 이, 두 이
貝부 5획 ⑫
貳貳貳貳貳

(英) two　　(日) ジ、ニ(ふたつ)

貳車(이거) : 여벌로 따라가는 수레.

貯

쌓을 저
貝부 5획 ⑫
貯貯貯貯貯貯

(英) store　　(日) チョ(たくねえる)

貯金(저금) : ① 돈을 모아둠. ② 돈을 금융기관
　　　　　 같은 데 맡겨 저축함.
貯蓄(저축) : 절약하여 모아둠.
財形貯蓄(재형저축) : 근로자의 재산형성저축.

貯藏　貯水池　貯油庫　貯藏物質

賀

하례할 하
貝부 5획 ⑫
賀賀賀賀賀賀

(英) congratulate　　(日) ガ

賀客(하객) : 축하하러 온 손님.
賀禮(하례) : 축하하는 의식.
祝賀(축하) : 즐겁고 기쁘다는 뜻으로 인사함.
年賀狀(연하장) : 새해의 복을 축하하는 편지.

賀正　慶賀　致賀　謹賀新年

賃

품삯 임
貝부 6획 ⑬
賃賃賃賃賃賃

(英) hire　　(日) チン(やとう)

勞賃(노임) : 노동에 대한 보수.
運賃(운임) : 운반한 대가로서의 삯.
低賃(저임) : 낮은 임금.
賃貸料(임대료) : 빌리고 받는 삯돈.

賃金　工賃　無賃　賃借人　低賃金

資

재물 자
貝부 6획 ⑬
資資資資資資

(英) wealth　　(日) シ(もと)

資金(자금) : 밑천. 자본금.
資本(자본) : 사업의 기본이 되는 돈.
資質(자질) : 타고난 바탕과 성질.
物資(물자) : 물건을 만드는 재료.

資格　資産　資源　資材　出資　投資

賊

도둑 적
貝부 6획 ⑬
賊賊賊賊賊賊

(英) thief　　(日) ゾク(そこなう)

賊徒(적도) : 도둑의 무리.
逆賊(역적) : 주군에 반역하는 적도.
賊反荷杖(적반하장) : 도둑놈이 도리어 몽둥이를
　　　　　 들고 설침.

盜賊　馬賊　匪賊　紅巾賊　逆賊謀議

貝

賓 손 빈
貝부 7획 ⑭

宀宀宀宁宵賓賓

(英) guest　　(日) ヒン(まろうど)

賓客(빈객) : 점잖은 손님.
貴賓(귀빈) : 귀한 손님.
來賓(내빈) : 공식으로 찾아온 손님.
接賓(접빈) : 손님을 접대함.

外賓 國賓 迎賓館

賣 팔 매
貝부 8획 ⑮

士高高壺壺賣

(英) sell　　(日) バイ(うる)

賣渡(매도) : 팔아 넘김.
賣買(매매) : 물건을 팔고 사고함.
賣盡(매진) : 모조리 팔림.
放賣(방매) : 물건을 내놓아 팖.

賣却 賣國 賣物 賣上 賣出 賣票

賦 부세 부
貝부 8획 ⑮

貝貝貯貯賦賦

조세

(英) tax　　(日) フ

賦稅(부세) : 세금액을 매겨서 거둠.
賦與(부여) : 지니거나 가지도록 하여 줌. 나누어 줌.
天賦的(천부적) : 선천적으로 타고난 모양.

賦課 賦役 賦存 月賦 割賦金

賜 줄 사
貝부 8획 ⑮

貝貝貯貯賜賜

(英) bestow　　(日) シ(たまわる)

賜藥(사약) : 임금이 처형해야 할 신하에게 독약을 내려 죽게 함.
膳賜(선사) : 호의로 남에게 선물하는 일.
下賜(하사) : 임금이 물건을 내림.

厚賜 御賜花

賞 상줄 상
貝부 8획 ⑮

丷丷尙尙賞賞

상장

(英) bestow a price　　(日) ショウ(ほめる)

賞給(상급) : 상으로 주는 돈.
賞罰(상벌) : 상과 벌.
賞狀(상장) : 상으로 주는 증서.
入賞(입상) : 상을 타게 됨.

賞金 賞牌 賞品 鑑賞 施賞 受賞

質 바탕 질
貝부 8획 ⑮

厂斤斤斤質質

(英) quality　　(日) シツ、シチ(ただす)

質量(질량) : 물체 속에 포함되어 있는 물질의 분량.
質問(질문) : 모르거나 의심나는 것을 물음.
質疑(질의) : 의심나는 것을 물음.

質權 硬質 氣質 對質 素質 言質

賤 천할 천
貝부 8획 ⑮

貝貝貯賎賤賤

중고물품
3000원
얼씨구

(英) humble　　(日) セン(いやしい)

賤待(천대) : 업신여겨 푸대접함.
賤視(천시) : 천히 여기어 낮게 봄.
賤人(천인) : 신분이 천한 사람. 또는 천한 일에 종사하는 사람.

賤民 賤職 微賤 卑賤 尊卑貴賤

賢 어질 현
貝부 8획 ⑮

臣臤臤竪賢賢

(英) virtuous　　(日) ケン(かしこい)

賢良(현량) : 어질고 착함.
賢明(현명) : 어질고 영리하여 사리에 밝음.
賢淑(현숙) : 여자의 심성이 어질고 깨끗함.
聖賢(성현) : 성인과 현인.

賢人 賢者 先賢 諸賢 竹林七賢

貝

賴 의뢰할 뢰

貝부 9획 ⑯

一 ア 束 束 賴 賴

(英) rely on　(日) ライ(たのむ)

信賴(신뢰) : 믿고 의지함.
依賴(의뢰) : 남에게 부탁함.
無賴漢(무뢰한) : 일정한 직업 없이 돌아다니며
　　　　　　못된 짓을 하는 남자.

賴德 賴子

贈 줄 증

貝부 12획 ⑲

目 貝 贈 贈 贈 贈

(英) give　(日) ゾウ(おくる)

贈與(증여) : 선물로 줌. 재산을 무상으로 남에게
　　　　　물려주는 행위.
贈呈(증정) : 남에게 물건을 줌.
寄贈(기증) : 물건을 선물로 보냄.

贈賂 贈與稅

贊 도울 찬

貝부 12획 ⑲

一 先 先先 梵梵 贊 贊

(英) assist　(日) セン(ほめる)

贊否(찬부) : 찬성과 불찬성.
贊成(찬성) : 타인의 의견에 동의함.
協贊(협찬) : 힘을 합하여 도움.
贊助者(찬조자) : 뜻을 같이하여 도와주는 사람.

贊同 贊反 贊意 贊託 贊票

쌀

부 수 7 획	부 수 명 칭	상형 연상과정 (3)	상형 연상과정 (2)	상형 연상과정 (1)
赤	붉을 적			

赤

字 源

큰불이 타오르는 빛깔에서 '붉다'의 뜻이 된 자.

赤 붉을 적

赤부 0획 ⑦

一 十 土 亣 赤 赤

(英) red　(日) セキ(あかい)

赤色(적색) : 붉은 빛깔.
赤字(적자) : ① 붉은 글자. ② 결손.
赤信號(적신호) : ① 정지신호. ② 위험신호.
赤手空拳(적수공권) : 맨손. 빈손.

赤旗 赤道 赤潮 赤裸裸 赤血球

走	부 수 7 획	부 수 명 칭	상형 연상과정 (3)	상형 연상과정 (2)	상형 연상과정 (1)
走	달릴 주				

字源

> 팔을 휘저으며 발을 재빠르게 내딛으며 '달아나는' 모양을 본뜬 자.

走 달릴 주

走부 0획 ⑦

一 十 卄 十 走 走 走

(英) run　　　　　　(日) ソウ(はしる)

走狗(주구) : 앞잡이가 된 사람의 비유.
競走(경주) : 달리기. 빠름을 다툼.
逃走(도주) : 피하거나 쫓겨 달아남.
奔走(분주) : 몹시 바쁨.

走力 走破 走行 獨走 疾走 脫走

赴 갈 부

走부 2획 ⑨

一 十 卄 走 起 赴

(英) reach　　　　　　(日) フ(おもむく)

赴任(부임) : 임지로 감.
赴任地(부임지) : 관원이 부임하는 지방.

起 일어날 기

走부 3획 ⑩

土 卄 十 走 起 起

(英) get up　　　　　　(日) キ(おきる)

起床(기상) : 잠을 깨어 자리에서 일어남.
起用(기용) : 어떤 직무에 사람을 뽑음.
起因(기인) : 일이 일어나는 원인.
惹起(야기) : 어떤 일이나 사건 등을 끌어 일으킴.

起居 起動 起立 起案 提起 喚起

越 넘을 월

走부 5획 ⑫

土 卄 走 起 越 越

(英) exceed　　　　　　(日) エツ(こえる)

越權(월권) : 권한 외의 행위를 함.
越冬(월동) : 겨울을 넘김.
越等(월등) : 사물의 정도 차가 대단함.
越墻(월장) : 담을 넘음.

越境 越南 越班 越北 移越 追越

超 뛰어넘을 초

走부 5획 ⑫

土 卄 走 起 超 超

(英) leap over　　　　　　(日) チョウ(こえる)

超過(초과) : 일정한 한도를 넘음.
超越(초월) : ① 한계나 표준을 넘음.
　　　　　　 ② 무엇에서 벗어나 구애되지 않음.
超人(초인) : 능력 따위가 보통사람보다 뛰어남.

超然 超强度 超非常 超微粒子

趣 뜻 취

走부 8획 ⑮

土 卄 走 起 趣 趣

(英) tendency　　　　　　(日) シュ(おもむく)

趣味(취미) : 마음에 끌려 일정한 방향으로 쏠리
　　　　　　 는 흥미.
趣旨(취지) : 근본의 목적이 되는 뜻.
趣向(취향) : 취미가 쏠리는 방향.

郵趣 情趣 興趣 惡趣味

부 수 7 획	부 수 명 칭	상형 연상과정 (3)	상형 연상과정 (2)	상형 연상과정 (1)	足
足(疋)	발 족	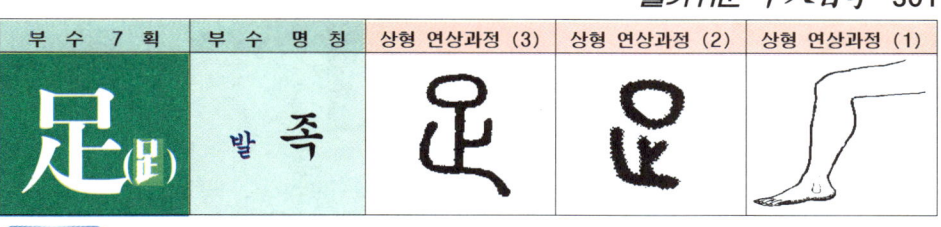			

字 源

허벅다리 또는 슬개골(口)에서 발가락(止) 끝까지의 모양을 본떠 '발'을 뜻한 자.

足 — 발 족

足부 0획 ⑦

丶口口冖足足

(英) foot　　(日) ソク(あし)

足跡(족적) : 발자국. 걸어온 자취.
手足(수족) : 손과 발.
充足(충족) : 모자람이 없이 채움.
洽足(흡족) : 넉넉하여 모자람이 없음.

滿足　發足　不足　蛇足　豊足　駿足

距 — 상거할 거

足부 5획 ⑫

口口口四距距

(英) distant from　　(日) キョ(へだたる)

距離(거리) : 서로 떨어진 정도.
短距離(단거리) : 짧은 거리.
射程距離(사정거리) : 탄환의 발사점에서 도달점
　　　　　　　까지의 거리.

距離感　射距離　長距離

跳 — 뛸 도

足부 6획 ⑬

口口口別別跳跳

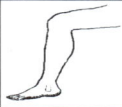

(英) jump　　(日) チョウ(はねる)

跳梁(도량) : ①거리낌없이 함부로 날뜀.
　　　　　②악당이 발호함.
跳躍(도약) : 뛰어오름. 훌쩍 뜀.
棒高跳(봉고도) : 긴 막대로 넘는 높이뛰기.

跳脫

路 — 길 로

足부 6획 ⑬

口口口跡路路

(英) road　　(日) ロ(じ、みち)

路傍(노방) : 길가.
岐路(기로) : 갈림길.
末路(말로) : 사람의 생애의 끝무렵.
行路(행로) : 한길. 세상살이.

經路　隘路　鐘路　進路　鐵路　險路

跡 — 발자취 적

足부 6획 ⑬

口口距距跡跡

(英) traces　　(日) セキ(あと)

人跡(인적) : 사람의 발자취.
追跡(추적) : 뒤를 밟아 쫓음.
筆跡(필적) : 글씨의 행적이나 그 솜씨.
痕跡(흔적) : 뒤에 남은 자국.

軌跡　遺跡　潛跡　足跡　戰跡地

踏 — 밟을 답

足부 8획 ⑮

口口別跳踏踏

(英) tramp　　(日) トウ(ふむ)

踏步(답보) : 제자리걸음.
未踏(미답) : 아직 아무도 밟지 아니 함.
現地踏査(현지답사) : 현지에 직접 가서 자세히
　　　　　　　하는 조사.

踏査　踏襲　高踏的　人跡未踏

밟을 천
足부 8획 ⑮

(英) tread upon　　　　(日) セン(ふむ)

踐歷(천력) : 여러 곳을 돌아다님. 편력.
踐言(천언) : 한 말을 실천함.
踐行(천행) : 말한 바를 실지로 이행함.
實踐(실천) : 실제로 이행함.

踐踏　踐約

자취 적
足부 11획 ⑱

(英) trace　　　　(日) セキ

古蹟(고적) : 남아 있는 옛 건물이나 그런 것이
　　　　　　　있던 자리.
奇蹟(기적) : 상식으로는 생각할 수 없는 기이한 일.
史蹟(사적) : 역사적인 고적.

事蹟

부 수 7 획	부 수 명 칭	상형 연상과정 (3)	상형 연상과정 (2)	상형 연상과정 (1)
	몸 신			

字源

아이 밴 여자의 불룩한 '몸' 모양을 본뜬 자.

몸 신
身부 0획 ⑦

(英) body　　　　(日) シン(み)

身邊(신변) : 몸이나 몸의 주위.
身病(신병) : 몸에 생긴 병.
身分(신분) : 개인의 사회적인 지위와 계급.
身上(신상) : 자기 일신상의 일.

身檢　身命　身元　身長　出身　等身佛

 착각하지 맙시다.

逮(잡을 체)자는 辶(辵)부수에 속하는 글자이며, 康(편안할 강)자는 广부수에 속하
는 글자입니다.

滑(미끄러울 활)자는 氵(水)부수에 속하는 글자이며, 猾(교활할 활)자는 犭(犬)부수에 속
하는 글자입니다

부수 7 획	부수 명칭	상형 연상과정 (3)	상형 연상과정 (2)	상형 연상과정 (1)
車	수레 거·차	車		

字源

'수레'를 옆에서 본 모양을 본뜬 자.

車 | 수레 거, 수레 차
車부 0획 ⑦
亠 亍 亓 亘 車

(英) cart　　　　　(日) シャ(くるま)

車窓(차창) : 차에 달린 창문.
車票(차표) : 차를 탈 수 있는 표.
列車(열차) : 기차(汽車).
急停車(급정거) : 차가 갑자기 멎음.

車輛 車輪 車馬費 人力車 自轉車

軍 | 군사 군
車부 2획 ⑨
冖 宀 宂 冝 軍

(英) army　　　　　(日) グン(いくさ)

軍歌(군가) : 사기를 돋우기 위하여 부르는 노래.
軍隊(군대) : 조직편제 된 군인의 집단.
行軍(행군) : 줄을 지어 걸어감.
軍備縮小(군비축소) : 군비 규모를 줄이는 일.

軍警 軍旗 軍人 軍艦 役軍

軒 | 집 헌
車부 3획 ⑩
亅 冐 亘 車 軒 軒

(英) carriage　　　　　(日) ケン(のき)

軒燈(헌등) : 처마 끝에 다는 등.
軒檻(헌함) : ① 난간.
　　　　　 ② 건넌방이나 누각 등의 대청 기둥
　　　　　　　 밖으로 돌아가며 놓은 좁은 마루.

軒號

軟 | 연할 연
車부 4획 ⑪
冒 旦 車 軗 軟

(英) soft　　　　　(日) ナン(やわらかい)

軟膏(연고) : 반고체 상태의 외용약.
軟弱(연약) : 연하고 약함.
柔軟性(유연성) : 부드럽고 연한 성질.
軟體動物(연체동물) : 뼈가 없고 유연한 동물.

軟骨 軟禁 軟式 軟打 軟化

較 | 견줄 교
車부 6획 ⑬
旦 車 軒 軗 較

(英) compare　　　　　(日) コウ(くらべる)

比較(비교) : 서로 견주어 봄.
日較差(일교차) : 하루 동안의 기온·기압·습도 따
　　　　　　위의 가장 높은 값과 가장 낮은 값의 차.
較計(교계) : 옳은지 옳지 않은지 서로 견주어 봄.

較量

載 | 실을 재
車부 6획 ⑬
亠 圭 車 載 載 載

(英) load　　　　　(日) サイ(のせる)

揭載(게재) : 글이나 그림을 실음.
記載(기재) : 기록하여 실음.
摘載(적재) : 물건을 실음.
搭載量(탑재량) : 실을 수 있는 짐의 분량.

登載 連載 滿載 轉載 千載一遇

車

輕 가벼울 경
車부 7획 ⑭

(英) light　　　　(日) ケイ(かるい)

輕蔑(경멸) : 깔보고 업신여김.
輕微(경미) : 아주 작음.
輕薄(경박) : 침착하지 못함.
輕視(경시) : 가볍게 봄.

輕減 輕量 輕妄 輕率 輕重 輕快

輩 무리 배
車부 8획 ⑮

(英) group　　　　(日) ハイ(ともがら)

輩出(배출) : 연달아 많이 나옴.
同輩(동배) : 나이가 비슷한 사람.
先後輩(선후배) : 자기출신 학교를 먼저 나오거나
　　　　　　나중에 나온 사람.

年輩 徒輩 雜輩 浮浪輩 不良輩

輸 보낼 수
車부 9획 ⑯

(英) transport　　　　(日) コ

輸送(수송) : 기차·자동차·비행기 따위로 사람이
　　　　나 물건을 실어 내보냄.
輸入(수입) : 실어서 들어옴.
輸出(수출) : 실어서 내보냄.

輸血 空輸 密輸 禁輸品 運輸業

轉 구를 전
車부 11획 ⑱

(英) roll　　　　(日) テン(ころぶ)

轉補(전보) : 동일한 직급 하에 다른 자리로 임용됨.
榮轉(영전) : 지금보다 더 좋은 지위로 전임하는
　　　　일.
轉任地(전임지) : 다른 임무가 맡겨진 곳.

轉嫁 轉勤 轉業 輾轉 轉學 好轉

輪 바퀴 륜
車부 8획 ⑮

(英) wheel　　　　(日) リン(わ)

輪廓(윤곽) : 대체적인 모양.
年輪(연륜) : 한 해 한 해 쌓아올린 역사.
五輪旗(오륜기) : 근대 올림픽을 상징하는 기. 오
　　　　　대륙을 뜻함.

競輪 銀輪 輪伐 輪作 輪禍 輪廻

輝 빛날 휘
車부 8획 ⑮

(英) bright　　　　(日) キ(かがやく)

輝耀(휘요) : 밝게 빛남.
光輝(광휘) : 환한 빛.
輝綠岩(휘록암) : 화성암의 하나.
輝煌燦爛(휘황찬란) : 광채가 눈부시게 빛남.

輝石 輝煌

輿 수레 여
車부 10획 ⑰

(英) load　　　　(日) ヨ(こし)

輿論(여론) : 사회 대중의 공통된 의견.
輿望(여망) : 여러 사람의 기대.
輿地(여지) : 땅. 대지(大地).
輿地圖(여지도) : 지도.

喪輿 輿論操作 大東輿地圖

부 수 7 획	부 수 명 칭	상형 연상과정 (3)	상형 연상과정 (2)	상형 연상과정 (1)
辛	매울 신			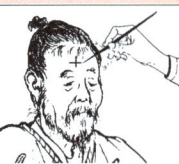

辛

字 源

죄를 범한(─)자의 이마에 바늘로 문신을 새기고 있는 모양에서 '맵다'
의 뜻이 된 자.

辛

매울 신
辛부 0획 ⑦
丶亠立立辛

(英)bitter　　　(日)シン(からい)

辛苦(**신고**) : 매운 것과 쓴 것. 고생스럽게 애를 씀.
辛勝(**신승**) : 간신히 이김.
千辛萬苦(**천신만고**) : 마음과 힘을 한없이 수고롭
　　　　　　　　게 하며 애를 씀.

辛辣　辛酸　辛味　香辛料

辨

분별할 변
辛부 9획 ⑯
丶立 护 拚 拚 辨

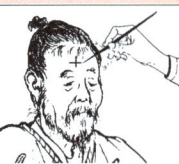

(英)distinguish　　　(日)ベン(わきまえる)

辨明(**변명**) : ①시비를 가려 밝힘.
　　　　　　②죄가 없음을 밝힘.
辨證(**변증**) : 논변하여 증명함.
辨別(**변별**) : 구별함. 분별함.

辨償　辨濟　辨證法　辨理士

辭

말씀 사
辛부 12획 ⑲
丶丶 亂 亂 辭 辭

(英)words　　　(日)ジ(ことば)

辭緣(**사연**) : ①하고자 하는 말. ②편지의 내용.
辭表(**사표**) : 사직의 뜻을 적어 제출하는 문서.
言辭(**언사**) : 말·말씨.
辭職(**사직**) : 맡은 바 직무를 내어놓고 물러남.

辭說　辭讓　辭意　修辭　讚辭

辯

말씀 변
辛부 14획 ㉑
丶丶 辛 辯 辯 辯

(英)speak skilful　　　(日)ベン

辯論(**변론**) : 옳고 그름을 따짐.
辯護(**변호**) : 남의 이익을 위하여 변명하고 도와
　　　　　　줌.
達辯(**달변**) : 썩 잘하는 말씨.

辯士　强辯　詭辯　答辯　雄辯　抗辯

 착각하지 맙시다.

蝕(좀먹을 식)자는 虫부수에 속하는 글자입니다.

隔(막을 격)자는 阝(阜)부수에 속하는 글자이며, 膈(흉격 격)자는 月(肉)부수에
속하는 글자이며, 融(화할 융)자는 虫부수에 속하는 글자이며, 獻(바칠 헌)자는 犬부수
에 속하는 글자입니다.

부 수 7 획	부 수 명 칭	상형 연상과정 (3)	상형 연상과정 (2)	상형 연상과정 (1)
辰	별 진	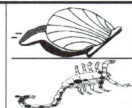		

字 源

조개가 껍데기를 벌려 움직이는 이른봄에 전갈좌별이 나타난다 하여 '별'의 뜻이 된 자.

辰

별 진, 때 신

辰부 0획 ⑦

一 厂 厂 厅 辰 辰

(英) star　　　(日) シン(たつ)

辰時(진시) : 하루를 12시간으로 나눈 다섯째 시간. 상오 7시부터 9시까지.
日辰(일진) : 날의 간지.
生辰(생신) : 생일의 높임말.

辰韓 誕辰 日月星辰 壬辰倭亂

辱

욕될 욕

辰부 3획 ⑩

尸 尸 辰 辰 辱 辱

(英) abuse　　　(日) ジョク(はずかしめる)

辱說(욕설) : 남의 명예를 더럽히는 말.
屈辱(굴욕) : 남에게 굽혀 모욕을 받음.
侮辱(모욕) : 깔보아서 욕되게 함.
恥辱(치욕) : 수치와 모욕.

苦辱 困辱 凌辱 雪辱 榮辱 汚辱

農

농사 농

辰부 6획 ⑬

曲 曲 芦 芦 農 農

(英) agriculture　　　(日) ノウ(つとめる)

農場(농장) : 농사지을 땅과 여러 시설을 갖춘 곳.
農藥(농약) : 농산물이나 임산물의 해충 방제에 쓰이는 살균제.
農作物(농작물) : 논밭에 경작하는 식용작물.

農家 農民 農夫 農事 農地 農村

 착각하지 맙시다.

醜(추할 추)자는 酉부수에 속하는 글자이며, 蒐(꼭두서니 수)자는 艹(艸)부수에 속하는 글자이며, 傀(클 괴)자는 亻부수에 속하는 글자이며, 槐(홰나무 괴)자는 木부수에 속하는 글자이며, 塊(흙덩이 괴)자는 土부수에 속하는 글자이며, 愧(부끄러워할 괴)자는 忄(心)부수에 속하는 글자입니다.

부 수 7 획	부 수 명 칭	상형 연상과정 (3)	상형 연상과정 (2)	상형 연상과정 (1)
邑 	고을 읍				色 

字源

일정한 경계(□) 안에 사람(巴←卩=마디 절)들이 모여 사는 '고을' 또는 '읍'을 뜻한 자.

邑

고을 읍
邑부 0획 ⑦
冂 冂 邑 邑 邑 邑 邑

(英) district　　　　(日) コウ(むら)

邑内(읍내) : 읍청이 있는 고을 안.
邑長(읍장) : 읍의 우두머리.
邑村(읍촌) : 읍이 속한 마을.
都邑(도읍) : 서울. 수도.

邑面　邑民　邑誌　小邑　井邑詞

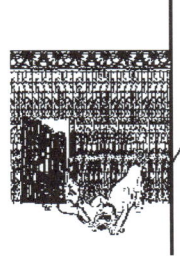

부 수 7 획	부 수 명 칭	상형 연상과정 (3)	상형 연상과정 (2)	상형 연상과정 (1)
酉	술 유 (닭 유)				酉 

字源

'술'병 모양을 본뜬 자. 酒(술 주)의 옛 자. 12지에서는 '닭'의 뜻으로 쓰임.

酉

닭 유
酉부 0획 ⑦
一 丆 丙 西 酉 酉

(英) 10th of 12 stem(cock)　　(日) ユウ(とり)

酉年(유년) : 태세의 지지가 유로 된 해. 을유(乙酉), 정유(丁酉) 따위의 닭 해.
酉方(유방) : 24방위 중의 서쪽.
酉時(유시) : 하오 5시부터 7시 사이.

酉末　癸酉　丁酉再亂

配

나눌 배, 짝 배
酉부 3획 ⑩
丆 丙 西 酉 酉 配 配

(英) pair　　　　(日) ハイ(くばる)

配給(배급) : 분배하여 공급함.
配定(배정) : 나누어 몫을 정함.
配匹(배필) : 부부가 되는 짝.
配偶者(배우자) : 짝. 부부. 배필.

配達　配當　配慮　配列　配布　手配

酉	酌	술부을 작, 잔질할 작

酉부 3획 ⑩

一 酉 酉 酌 酌

(英) pour wine　　(日) シャク(くす)

酌婦(작부) : 술집에서 손님에게 술 따르는 일을 업으로 삼는 여자.
對酌(대작) : 마주 대하여 술을 마심.
參酌(참작) : 참고해 알맞게 헤아림.

酌定 酬酌 前酌 斟酌 情狀參酌

酒	술 주

酉부 3획 ⑩

丶 氵 汀 沂 泗 酒 酒

(英) wine　　(日) シユ(さけ)

酒客(주객) : 술을 유난히 좋아하는 사람.
酒量(주량) : 술을 마시는 분량.
酒癖(주벽) : 술만 먹으면 나오는 버릇.
酒色(주색) : 술과 여색.

酒類 酒幕 酒邪 酒宴 酒酊 燒酒

酸	실 산

酉부 7획 ⑭

一 酉 酉 酉 酢 酸 酸

(英) sour　　(日) サン(すい)

酸性(산성) : 산을 띤 성질.
酸素(산소) : 공기의 주성분인 원소의 이름.
酸化(산화) : 물질이 산소와 결합하는 현상.
辛酸(신산) : 맛이 맵고 심. 세상살이의 고됨.

酸味 酸敗 燐酸 炭酸 黃酸

醉	취할 취

酉부 8획 ⑮

一 酉 酉 酔 酔 醉

(英) drunk　　(日) ウイ(よう)

醉客(취객) : 술에 취한 사람.
醉中(취중) : 술에 취한 동안.
心醉(심취) : 한가지 방면으로 마음이 쏠리어 열중함.

醉氣 醉興 陶醉 痲醉 醉生夢死

醜	추할 추

酉부 10획 ⑰

一 酉 酌 醜 醜 醜

(英) dirty　　(日) シユウ(みにくい)

醜男(추남) : 얼굴이 못생긴 남자.
醜婦(추부) : 얼굴이 못생긴 여자.
醜雜(추잡) : 말과 행실이 지저분하고 잡스러움.
醜態(추태) : 추저분한 태도.

醜女 醜聞 醜貌 醜惡 醜行 陋醜

醫	의원 의

酉부 11획 ⑱

一 医 殴 殹 殹 醫

(英) care　　(日) イ(いゆす)

醫療(의료) : 병을 치료함.
醫師(의사) : 전문적으로 의료 기술과 일정한 자 격을 가지고 병을 고치는 것을 업으로 삼는 사람.
獸醫師(수의사) : 가축의 병을 진찰·치료하는 의사.

醫務 醫書 醫術 醫院 名醫 洋醫

 착각하지 맙시다.

稿(볏집 고)자는 禾부수에 속하는 글자이며, 膏(기름 고)자는 月(肉)부수에 속하는 글자이며, 槁(나무 마를 고)자는 木부수에 속하는 글자이며, 敲(두드릴 고)자는 攴부수에 속하는 글자이며, 暠(흴 고)자는 日부수에 속하는 글자이며, 槁(마를 고)자는 木부수에 속하는 글자이며, 鎬(호경 호)자는 金부수에 속하는 글자이며, 縞(명주 호)자는 糸부수에 속하는 글자이며, 蒿(쑥 호)자는 ++(艸)부수에 속하는 글자이며, 嚆(울릴 효)자는 口부수에 속하는 글자입니다.

부 수 7 획	부 수 명 칭	상형 연상과정 (3)	상형 연상과정 (2)	상형 연상과정 (1)
釆	나눌 변 (분별할변)	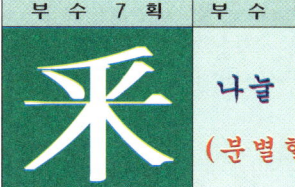		

字 源

짐승의 발자국 모양을 본뜬 자로, 그 발자국을 보고 무슨 짐승인지 알아낸다는 데서 '분별하다'의 뜻이 된 자.

釋	풀 석 釆부 13획 ⑳ 	

(英) release　　(日) シャク(とく)

釋放(석방) : 법에 의하여 구속되었던 것이 풀림.
保釋(보석) : 임시로 석방시키는 것.
解釋(해석) : 뜻을 풀어 설명함.
稀釋(희석) : 용액에 물, 용매를 가해 묽게 함.

釋門　釋然　釋尊　註釋　有權解釋

부 수 7 획	부 수 명 칭	상형 연상과정 (3)	상형 연상과정 (2)	상형 연상과정 (1)
里	마을 리	里	里	

字 源

농토(田) 사이의 땅(土)에 사람이 거주한다하여 '마을'을 뜻하게 된 자.

里	마을 리 里부 0획 ⑦ 	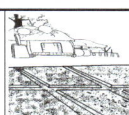

(英) village　　(日) リ(さと)

里長(이장) : 행정구역인 이(里)를 맡아보는 사람.
洞里(동리) : 마을. 동과 이의 총칭.
鄕里(향리) : 나서 자라난 고향마을.
里程標(이정표) : 이정을 적어 세운 푯말 또는 표석.

十里　海里　五里霧中　一瀉千里

重	무거울 중 里부 2획 ⑨ 	

(英) weight　　(日) ジュウ, チョウ(おもい, かさねる)

重傷(중상) : 심하게 다침.
重要(중요) : 매우 귀중하고 종요로움.
重態(중태) : 병이 위급한 상태.
體重(체중) : 몸의 무게.

重大　重量　重複　重厚　輕重　尊重

里

野	들 야	
	里부 4획 ⑪	
	ㅁ日日里野野野	

(英) field　　　　　(日) ヤ(の)

野黨(야당) : 정권을 잡지 못한 정당.
野心(야심) : 무리한 욕심을 이루려는 마음.
野人(야인) : 순박하고 순수한 사람. 벼슬하지 않
　　　　　은 사람.

野談 野蠻 野望 野史 野性 野營

量	헤아릴 량	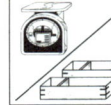
	里부 5획 ⑫	
	ㅁ므므昌昌量量	

(英) measure　　　　(日) リョウ(はかる)

計量(계량) : 분량을 잼.
雅量(아량) : 너그럽게 헤아리는 품성.
測量(측량) : 땅의 면적을 재서 지도를 작성함.
量水器(양수기) : 수돗물의 사용량을 재는 계기.

減量 斤量 度量 力量 用量 質量

金

부 수 8획	부 수 명 칭	상형 연상과정 (3)	상형 연상과정 (2)	상형 연상과정 (1)
金	쇠 금			

字 源

흙(土)에 덮여(亼) 있는 광석(ʼ ʼ)을 나타내어 '금'을 뜻한 자.

金	쇠 금, 성 김	
	金부 0획 ⑧	
	人스午수余金金	

(英) gold　　　　　(日) キン, コン(かね)

募金(모금) : 기부금 따위를 모집함.
誠金(성금) : 정성으로 내는 돈.
料金(요금) : 용역 및 재화의 대가로 지불하는 금전.
義捐金(의연금) : 자선, 공익을 위해 기부하는 돈.

金冠 金髮 金屬 金言 金融 金字塔

針	바늘 침	
	金부 2획 ⑩	
	人午午金金針針	

(英) needle　　　　(日) シン(はり)

方針(방침) : 앞으로 일을 할 방향과 계획.
指針(지침) : 생활이나 행동의 방향준칙 따위.
針小棒大(침소봉대) : 사소한 일을 크게 허풍떨어
　　　　　　　말함.

針客 針術 檢針 時針 一針 羅針盤

鈍	둔할 둔	
	金부 4획 ⑫	
	午午金金鈍鈍	

(英) obtuse　　　　(日) ドン(にぶい)

鈍感(둔감) : 감각이 둔함.
鈍才(둔재) : 둔한 재주. 또 그런 사람.
鈍化(둔화) : 둔하여짐.
愚鈍(우둔) : 어리석고 둔함.

鈍器 鈍馬 鈍朴 鈍兵 鈍濁 駑鈍

鉛	납 연	
	金부 5획 ⑬	
	午午金釘鉛鉛	

(英) lead　　　　　(日) エン(なまり)

黑鉛(흑연) : 순수한 탄소로 된 판상 결정.
鉛筆心(연필심) : 연필의 중심에 넣은 심.
無鉛揮發油(무연휘발유) : 대기오염의 원인이 되
　　　　　는 사에틸납을 첨가하지 않은 휘발유.

鉛粉 鉛版 亞鉛 鉛銅 色鉛筆

銅 구리 동

金부 6획 ⑭

牛 牟 釒 釦 銅 銅

(英) copper　　　(日) ドウ(あかがね)

銅管(동관) : 구리로 만든 관.
銅像(동상) : 구리로 만든 사람의 형상.
銅錢(동전) : 구리로 만든 돈.
靑銅器(청동기) : 청동으로 만든 기구.

銅賞 銅色 銅線 銅製 銅貨 黃銅

銘 새길 명

金부 6획 ⑭

牛 金 釒 釕 釢 銘

(英) engrave　　　(日) メイ(しるす)

銘心(명심) : 마음속에 새기어 둠.
感銘(감명) : 감격하여 명심함.
座右銘(좌우명) : 늘 좌우에 갖추어 반성하는 재
　　　　　　　료로 삼는 격언.

銘菓 銘記 銘文 銘旌 銘酒 碑銘

銀 은 은

金부 6획 ⑭

牛 金 釒 釠 釦 銀

(英) silver　　　(日) キン(しろがね)

銀幕(은막) : ① 영사막. ② 영화계.
銀賞(은상) : 2등상.
銀行(은행) : 저축자로부터 예금을 맡고 대부, 어
　　　　　음할인, 증권인수 등을 업무로 하는 금융기관.

銀輪 銀髮 銀魚 銀杏 銀貨 金銀房

銃 총 총

金부 6획 ⑭

牛 牟 釒 釢 釢 銃

(英) gun　　　(日) ジュウ(つつ)

銃器(총기) : 소총·권총 등의 병기.
銃傷(총상) : 총에 맞은 상처.
銃聲(총성) : 총소리.
銃彈(총탄) : 총알.

銃劍 銃擊 銃口 拳銃 弔銃 執銃

銳 날카로울 예
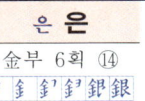

金부 7획 ⑮

牛 金 釒 釕 釞 銳

(英) sharp　　　(日) エイ(するどい)

銳敏(예민) : 감각이 날카롭고 민첩함.
銳鋒(예봉) : ① 날카로운 창·칼.
　　　　　　② 날카로운 논봉. 필봉 기세.
精銳(정예) : 썩 날래고 용맹스러움.

銳角 銳氣 銳利 銳智 新銳 尖銳

鋼 강철 강

金부 8획 ⑯

牛 金 釕 釠 鋼 鋼

(英) steel　　　(日) コウ(はがね)

鋼鐵(강철) : 열처리에 의해서 강도나 인성이 높
　　　　　　아진 철.
製鋼(제강) : 시우쇠를 불려서 강철을 만듦.
鐵鋼(철강) : 강철.

鋼管 鋼線 鋼材 鋼板 粗鋼 鋼玉石

錦 비단 금

金부 8획 ⑯

牛 金 釒 釠 錦 錦

(英) silk　　　(日) キン(にしき)

錦上添花(금상첨화) : 비단 위에 꽃을 더함. 곧
　　　　　　　　　좋은 일 위에 좋은 일이 더함의
　　　　　　　　　비유 ↔ 雪上加霜(설상가상).
錦衣還鄕(금의환향) : 화려하게 고향에 돌아옴.

錦鷄 錦囊 錦地 錦繡江山 錦衣夜行

錄 기록할 록

金부 8획 ⑯

牛 金 釕 釪 銯 錄

(英) record　　　(日) ク(しるす)

記錄(기록) : 사실을 적은 서류.
錄音(녹음) : 레코드나 테이프에 소리를 기록함.
芳名錄(방명록) : 비망용으로 남의 성명을 기록해
　　　　　　　두는 책.

登錄 目錄 附錄 收錄 實錄 語錄

金

錢

돈 전
金부 8획 ⑯
牟 釒 釯 釯 錢 錢

(英) money　　　　　(日) セン(ぜに)

錢穀(전곡) : 돈과 곡식.
錢主(전주) : ① 사업에 밑천을 대어주는 사람.
　　　　　　② 빚을 준 사람.
換錢(환전) : 서로 종류가 다른 화폐를 교환함.

錢票　急錢　銅錢　本錢　葉錢

錯

어긋날 착
金부 8획 ⑯
牟 釒 釒 釛 錯 錯

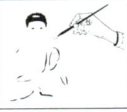

(英) confuse　　　　　(日) サク(まじわる)

錯覺(착각) : 잘못 인식함.
錯誤(착오) : 잘못. 실수.
錯雜(착잡) : 뒤섞이어 복잡함.
倒錯(도착) : 목적지에 다다름.

錯亂　錯列　錯視　失錯　施行錯誤

鍊

쇠불릴 련, 단련할 련
金부 9획 ⑰
牟 釒 釘 釖 鍊 鍊

(英) melt　　　　　(日) レン(ねる)

鍊磨(연마) : 단련하고 갈음.
製鍊(제련) : 광석이나 원료를 용광로에 녹여서
　　　　　　함유 금속을 뽑아내어 정제함.
鍊金術(연금술) : 쇠붙이를 불에 달구어 단련함.

教鍊　老鍊　鍛鍊　試鍊　再鍊　鍊武

鎖

쇠사슬 쇄
金부 10획 ⑱
牟 釒 釗 釦 鎖 鎖

(英) chain　　　　　(日) サ(くさり)

鎖國(쇄국) : 외국과의 교역을 봉쇄함.
鎖金(쇄금) : 자물쇠.
封鎖(봉쇄) : 봉하여 잠금.
連鎖(연쇄) : 양쪽을 맞걸어서 이어 매는 사슬.

鎖骨　鎖港　閉鎖　連鎖店

鎭

진압할 진
金부 10획 ⑱
牟 釒 釛 鎭 鎭 鎭

(英) repress　　　　　(日) チン(しずめる)

鎭壓(진압) : 진정시켜 억누름.
鎭靜(진정) : 가라앉혀 고요하게 함.
鎭火(진화) : 화재가 꺼짐. 화재를 끔.
重鎭(중진) : 지도적 영향력을 가진 사람.

鎭撫　鎭山　鎭重　鎭痛　鎭魂　書鎭

鏡

거울 경
金부 11획 ⑲
牟 釒 釛 鐥 鏡 鏡

(英) mirror　　　　　(日) キョウ(かがみ)

破鏡(파경) : ① 깨어진 거울. ② 이지러진 달.
　　　　　　③ 부부의 금슬이 좋지 않아 이별함.
色眼鏡(색안경) : 눈을 보호하기 위하여 색유리를
　　　　　　　　낀 안경.

鏡臺　水鏡　瑤池鏡　明鏡止水

鐘

쇠북 종
金부 12획 ⑳
牟 釒 釛 鐥 鐟 鐘

(英) bell　　　　　(日) ショウ(かね)

鐘樓(종루) : 종을 달아두는 누각.
鐘鳴(종명) : 종을 침.
警鐘(경종) : 다급한 일이나 위험을 경계하기 위
　　　　　　하여 치는 종.

鐘閣　鐘鼓　午鐘　打鐘　招人鐘

鐵

쇠 철
金부 13획 ㉑
釒 釛 鈂 釬 鐵 鐵

(英) iron　　　　　(日) テツ(くろがね)

鐵壁(철벽) : ① 쇠로 된 것같이 견고한 벽.
　　　　　　② 매우 튼튼한 방비.
鐵石(철석) : ① 쇠와 돌.
　　　　　　② 굳고 단단함의 비유.

鐵工　鐵筋　鐵道　鐵物　鐵則　鐵板

金

鑑	거울 감
	金부 14획 ㉒

亻金釒釺鑑鑑

(英) mirror　　　　　(日) カン (かがみ)

鑑識(감식) : 사물의 가치나 진위를 감정하여 식별함.

鑑定(감정) : 사물의 진부와 좋고 나쁨을 감별하여 결정함.

鑑別 鑑査 鑑賞 鑑札 龜鑑 印鑑

鑛	쇳돌 광
	金부 15획 ㉓

金釘鈩鑛鑛鑛

(英) ore　　　　　(日) コウ (あらがね)

鑛物(광물) : 천연으로 나는 무기물로서 질이 균일하고 화학성분이 일정한 물질.

鑛夫(광부) : 광산에서 광물을 캐는 일꾼.

炭鑛(탄광) : 석탄을 캐어 내는 광.

鑛區 鑛脈 鑛山 鑛石 鑛業 採鑛

長

부 수 8 획	부 수 명 칭	상형 연상과정 (3)	상형 연상과정 (2)	상형 연상과정 (1)
長	긴 장			

字源

수염과 머리카락이 긴 '노인'이 지팡이를 짚고 있는 모양에서 '길다'의 뜻이 된 자.

長	긴 장
	長부 0획 ⑧

厂F乕耘長長

(英) long, elder　　　　(日) チョウ (ながい)

長點(장점) : 좋은 점.

長篇(장편) : ① 긴 글. ② 장편소설의 준말.

年長者(연장자) : 나이가 많은 사람.

長幼有序(장유유서) : 어른과 아이 사이의 순서.

長歌 長江 長劍 長考 長官 長久

 착각하지 맙시다.

摩(문지를 마)자는 手부수에 속하는 글자이며, 磨(갈 마)자는 石부수에 속하는 글자이며, 魔(마귀 마)자는 鬼부수에 속하는 글자이며, 痲(저릴 마)자는 疒부수에 속하는 글자이며, 靡(쓰러질 미)자는 非부수에 속하는 글자입니다.

塵(티끌 진)자는 土부수에 속하는 글자입니다.

부수 8획	부수 명칭	상형 연상과정 (3)	상형 연상과정 (2)	상형 연상과정 (1)
門	문 문			

字 源

마주선 두 기둥에 달린 두 짝 '문'의 닫혀 있는 모양을 본뜬 자.

門 문 문
門부 0획 ⑧
(英) gate (日) モン(かと)

入門(입문) : ① 스승을 따라 그 제자가 됨.
　　　　　② 학문을 배우려고 처음 들어감.
門前成市(문전성시) : 찾아오는 사람이 많음.
名門巨族(명문거족) : 이름난 집안.

門閥 門中 校門 龍門 同門修學

閉 닫을 폐
門부 3획 ⑪
(英) shut (日) ヘイ(とじる)

閉校(폐교) : 학교를 폐지함.
閉口(폐구) : 입을 다뭄.
閉鎖(폐쇄) : 문을 굳게 닫음.
閉店(폐점) : 가게문을 닫음.

閉講 閉幕 閉門 閉經期 自閉症

間 사이 간
門부 4획 ⑫
(英) during (日) カン(あいだ)
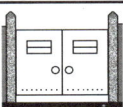

間食(간식) : 군음식을 먹음. 또는 그 음식.
區間(구간) : 어떤 지점과 다른 지점과의 사이.
近間(근간) : 요사이.
今明間(금명간) : 오늘과 내일 사이.

間隔 間斷 間島 間伐 人造人間

開 열 개
門부 4획 ⑫
(英) open (日) カイ(ひらく)

開講(개강) : 강의·강좌 따위를 시작함.
開設(개설) : 새롭게 설치하여 일을 시작함.
未開(미개) : 문명에 깨지 못한 상태에 있음.
續開(속개) : 계속하여 엶.

開館 開校 開國 開業 開始 開花

閏 윤달 윤
門부 4획 ⑫
(英) intercalation (日) ジュン(うるう)

閏年(윤년) : 윤달이 드는 해.
閏餘(윤여) : 나머지.
閏月(윤월) : 윤달. 2월이 평년보다 하루가 많음.
閏日(윤일) : 2월 29일.

閏秒 閏集 閏位

閑 한가할 한
門부 4획 ⑫
(英) leisure (日) カン(しずか)
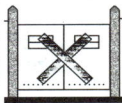

閑暇(한가) : 겨를이 있어 여유 있음.
閑散(한산) : 한가하고 쓸쓸함.
閑寂(한적) : 조용하고 쓸쓸함.
閑職(한직) : 중요하지 않는 자리.

閑良 閑人 農閑 忙中閑 有閑階級

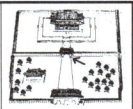

閣 집 각
門부 6획 ⑭
ㄱ ㄲ ㄲ ㄲ 閣 閣 閣
(英) mansion   (日) カク(たかどの)

閣僚(각료) : 내각을 구성하는 각부의 장관들.
入閣(입각) : 내각 조직의 한사람이 됨.
擧國內閣(거국내각) : 국가의 위기를 극복하기 위한 내각.

閣令 閣議 閣下 改閣 砂上樓閣

閨 안방 규
門부 6획 ⑭
ㄱ ㄲ ㄲ ㄲ 閨 閨 閨
(英) women's apartments   (日) ケイ(ねや)

閨門(규문) : 방의 출입문.
閨房(규방) : 부녀자가 거처하는 방.
閨範(규범) : 부녀자가 지켜야 할 법도.
閨秀(규수) : 남의 집 처녀를 점잖게 이르는 말.

閨聲 閨心 閨愛 閨怨 閨閤之臣

關 관계할 관
門부 11획 ⑲
ㄱ ㄲ 門 閂 閏 關 關
(英) connect   (日) カン(せき)

關鍵(관건) : 사물의 중요한 곳.
關聯(관련) : 어떤 사물과 다른 사물이 내용적으로 연결되어 있음.
關與(관여) : 그 일에 관계함.

關係 關聯 關門 關北 關心 相關

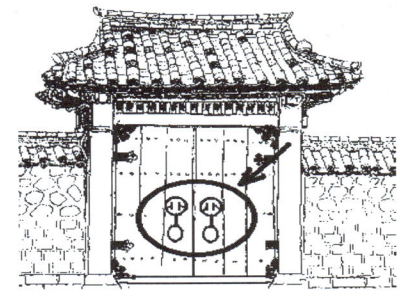

부 수 8 획	부 수 명 칭	상형 연상과정 (3)	상형 연상과정 (2)	상형 연상과정 (1)
隹	새 추			

隹

字源

꽁지가 뭉뚝하게 짧은 '새'의 모양을 본뜬 자.

雅 맑을 아
隹부 4획 ⑫
ㄱ ㄱ 邪 邪 雅 雅
(英) clarify   (日) ガ(みやびやか)

雅量(아량) : 깊고 너그러운 도량.
端雅(단아) : 단정하고 아담함.
優雅(우아) : 고상하고 기품이 있음.
淸雅(청아) : 맑고 아담함.

雅客 雅健 雅潔 雅曲 雅樂 雅號

雄 수컷 웅
隹부 4획 ⑫
ナ 太 左 故 雄 雄
(英) male   (日) コウ(おす)

雄飛(웅비) : 기세 좋고 씩씩하게 활동함.
雄壯(웅장) : 으리으리하게 크고 장함.
雄志(웅지) : 웅대한 뜻. 큰 뜻.
奸雄(간웅) : 간사한 영웅.

雄據 雄大 雄辯 雄姿 群雄割據

集 모을 **집**

隹부 4획 ⑫

亻亇佮佳隼集

(英) collect　　(日) シュウ(あつまる)

結集(**결집**) : 한데 모여 뭉침.
密集(**밀집**) : 빽빽히 모임.
雲集(**운집**) : 구름처럼 많이 모임.
離合集散(**이합집산**) : 헤어졌다 모였다 하는 일.

集計 集光 集團 集配 集積 文集

雌 암컷 **자**

隹부 5획 ⑬

ㅣ止此此雌雌

(英) female　　(日) シ(めす)

雌伏(**자복**) : ① 남에게 굴복함.
　　　　　　② 가만히 숨어서 지냄.
雌雄(**자웅**) : ① 암수.
　　　　　　② 강약, 승부, 우열의 비유.

雌性 雌雄同株 雌雄異株

雖 비록 **수**

隹부 9획 ⑰

吕虽虽虽雖雖

(英) although　　(日) スイ(いえども)

雖然(**수연**) : 비록~라 할 지라도. 그러나.
雖不中不遠矣(**수부중불원의**) : 비록 정곡(正鵠)을
　　　　　　맞히지는 못했으나 목표에
　　　　　　서 동떨어지지는 아니 함.

雖乞食厭拜謁

雙 둘 **쌍**

隹부 10획 ⑱

亻仴侔雔雔雙

(英) pair, couple　　(日) ソウ(ふた)

雙璧(**쌍벽**) : 여럿 중 특히 뛰어난 둘.
雙頭馬車(**쌍두마차**) : 말 두 마리가 끄는 마차.
變化無雙(**변화무쌍**) : 더없이 변화가 많거나 심하
　　　　　　여 서로 견줄만한 것이 없음.

雙方 雙手 雙雙 雙曲線 雙眼鏡

雜 섞일 **잡**

隹부 10획 ⑱

亠卒枽졲雜雜

(英) mix　　(日) ザツ(まじる)

雜音(**잡음**) : ① 시끄러운 소리.
　　　　　　② 주위의 이견이나 비판.
複雜(**복잡**) : 일이나 물건 뒤섞여 어수선함.
混雜(**혼잡**) : 한데 뒤섞여 분잡함.

雜歌 雜居 雜穀 雜鬼 雜念 雜多

難 어려울 **난**

隹부 11획 ⑲

艹堇莫靪靪難

(英) difficult　　(日) ナン(むじかしい)

難色(**난색**) : 난처한 기색.
難處(**난처**) : 처지가 곤란함.
困難(**곤란**) : 몹시 딱하고 어려움.
交通難(**교통난**) : 교통혼잡으로 소통이 어려움.

難堪 難關 難局 難忘 難民 苦難

離 떠날 **리**

隹부 11획 ⑲

亠离离新離離

(英) leave　　(日) リ(はなれる)

離別(**이별**) : 서로 갈려 떨어짐.
隔離(**격리**) : 사이가 막히어 서로 떨어짐.
難離(**난리**) : 전쟁이나 분쟁 따위로 세상이 어지
　　　　　　러워진 사태.

距離 乖離 亂離 別離 遊離 分離

부수 8획	부수 명칭	상형 연상과정 (3)	상형 연상과정 (2)	상형 연상과정 (1)	雨
雨 	비 우				

字源

구름에서 빗방울이 떨어지는 모양을 본떠 '비'의 뜻이 된 자.

雨

비 우
雨부 0획 ⑧
一 十 币 币 雨 雨

(英) rain (日) ウ(あめ)

雨傘(우산) : 비를 가리기 위해 드는 물건.
暴雨(폭우) : 갑자기 많이 쏟아지는 비.
雨後竹筍(우후죽순) : 비가 온 뒤 많이 솟는 죽순
처럼 일이 한 때에 많이 일어남.

雨期 雨量 雨雹 雨中 暴雨 甘雨

雪

눈 설
雨부 3획 ⑪
一 币 币 雪 雪 雪

(英) snow (日) セツ(ゆき)

瑞雪(서설) : 상서로운 눈.
積雪量(적설량) : 쌓인 눈의 양.
雪上加霜(설상가상) : 불행이 엎친데 덮쳐 일어남.
嚴冬雪寒(엄동설한) : 눈이 오고 몹시 추운 겨울.

雪景 雪峰 雪辱 雪糖 雪禍 小雪

雲

구름 운
雨부 4획 ⑫
一 币 币 雪 雲 雲

(英) cloud (日) ウン(くも)

雲集(운집) : 구름처럼 많이 모임.
暗雲(암운) : 위험이 일어날 듯한 기미.
靑雲(청운) : ① 푸른 빛깔의 구름.
② 높은 지위나 벼슬.

雲母 雲霧 雲峰 雲海 紫雲 戰雲

零

떨어질 령
雨부 5획 ⑬
一 币 雪 雯 零 零

(英) fall (日) レイ(おちる)

零細(영세) : ① 작고 가늘어 변변치 못함.
② 수입이 적고 생활이 군색함.
零點(영점) : 특정 점수가 없음.
零下(영하) : 온도계의 0℃ 이하. ↔ 零上(영상)

零度 零落 零封 零時

雷

우뢰 뢰
雨부 5획 ⑬
一 币 雪 雪 雷 雷

(英) thunder (日) ライ(かみなり)

地雷(지뢰) : 땅 속에 묻어 그 위를 지나가면 폭
발하는 폭약장치.
附和雷同(부화뇌동) : 일정한 남의 말에 무턱대고
찬성해 같이 행동함.

落雷 雷管 魚雷艇 避雷針 震天雷

電

번개 전
雨부 5획 ⑬
一 币 雨 雪 雷 電

(英) lightning (日) デン(いなずま)

節電型(절전형) : 전기를 절약하는 형태.
電光石火(전광석화) : ① 극히 짧은 시간.
② 아주 신속한 동작.
家電製品(가전제품) : 가정용 전기 기기 제품.

電氣 電流 電報 電鐵 電話 祝電

雨

需 구할 수
雨부 6획 ⑭

(英) require　　　　(日) ジュ(もとめる)

需給(수급) : 수요와 공급.
需要(수요) : 필요해서 얻고자 함.
婚需(혼수) : 혼인에 드는 물품.
非需期(비수기) : 수요가 많지 않은 때.

需用　軍需　內需　盛需期　必需品

霜 서리 상
雨부 9획 ⑰

(英) frost　　　　(日) ソウ(しも)

星霜(성상) : 일년 동안의 세월.
秋霜(추상) : ①가을의 서리. ②두려운 위엄이나
　　　　　　 엄한 형벌의 비유.
萬古風霜(만고풍상) : 오래오래 겪어온 고생.

霜髮　霜雪　霜害　風霜　雪上加霜

霧 안개 무
雨부 11획 ⑲

(英) fog　　　　(日) ム(きり)

霧散(무산) : 안개가 걷히듯 흩어져 사라짐.
濃霧(농무) : 짙은 안개.
五里霧中(오리무중) : 짙은 안개 속에 있는 것처럼
　　　　　　　　　 무슨 일에 대해 알 길 없음.

雲霧　霧露　噴霧器

露 이슬 로
雨부 12획 ⑳

(英) dew　　　　(日) ロ(つゆ)

露出(노출) : 밖으로 드러나거나 드러냄.
暴露(폭로) : 음모·비밀 등이 드러남.
露骨的(노골적) : 숨기지 않고 있는 그대로 드러
　　　　　　　 낸 것.

露宿　露積　露地　露天　綻露　吐露

靈 신령 령
雨부 16획 ㉔

(英) divine　　　　(日) レイ(たま)

靈感(영감) : 신의 계시를 받은 것 같은 느낌.
靈魂(영혼) : 죽은 사람의 넋.
亡靈(망령) : ①죽은 사람의 영혼.
　　　　　　 ②혐오스러운 과거의 잔재.

靈物　靈前　靈芝　聖靈　神靈　幽靈

 착각하지 맙시다.

籠(대그릇 롱)자는 竹부수에 속하는 글자이며, 瀧(비 올 롱)자는 氵(水)부수에 속하는 글자이며, 朧(흐릿할 롱)자는 月부수에 속하는 글자이며, 瓏(옥소리 롱)자는 玉부수에 속하는 글자이며, 聾(귀머거리 롱)자는 耳부수에 속하는 글자이며, 壟(언덕 롱)자는 土부수에 속하는 글자입니다.

부 수 8 획	부 수 명 칭	상형 연상과정 (3)	상형 연상과정 (2)	상형 연상과정 (1)
靑	푸를 청			

字源

붉은(丹) 계열의 광물인 구리의 겉에 생겨난(生) 녹이 '푸름'을 나타낸 자.

푸를 청
靑부 0획 ⑧
十 土 圭 靑 靑 靑
(英) blue　　(日) セイ(あおい)

靑年(청년) : 청춘기에 있는 젊은 남자.
靑春(청춘) : ① 새싹이 돋는 봄철.
　　　　　② 젊은 나이.
靑寫眞(청사진) : 미래의 계획·구상.

靑果 靑軍 靑龍 靑孀 靑色 靑雲

고요할 정
靑부 8획 ⑯
一 主 靑 靑 靜 靜
(英) silent　　(日) セイ(しずか)

靜的(정적) : 정지한 것. 조용한 것.
靜寂(정적) : 고요하여 괴괴함.
動靜(동정) : ① 움직임과 고요함.
　　　　　② 사태·병세 등의 벌어지는 낌새.

靜觀 靜脈 靜肅 安靜 平靜心

부 수 8 획	부 수 명 칭	상형 연상과정 (3)	상형 연상과정 (2)	상형 연상과정 (1)
非	아닐 비			

 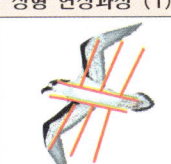

字源

새의 날개가 서로 반대 방향으로 펴짐을 나타내어 '어긋나다', '아니다'의 뜻이 된 자.

아닐 비
非부 0획 ⑧
丿 킈 非 非
(英) not　　(日) ヒ(うらず)

非難(비난) : 남의 잘못이나 흠을 책잡음.
非理(비리) : 도리가 아님.
非常(비상) : ① 심상치 않음. 평범하지 않음.
　　　　　② 천재지변, 정변 등 뜻밖의 사태.

非命 非番 非凡 非運 非違 非情

부 수 9 획	부 수 명 칭	상형 연상과정 (3)	상형 연상과정 (2)	상형 연상과정 (1)
面	낯 면	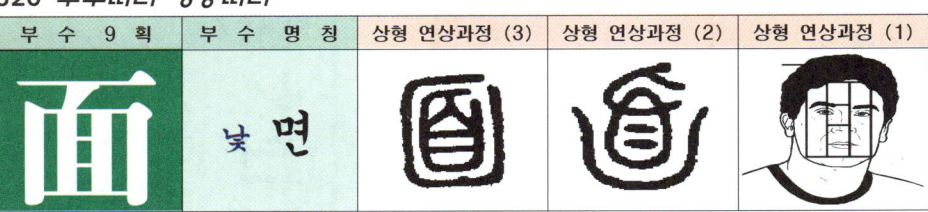		

字 源

사람 머리(首)의 앞쪽 눈과 얼굴 윤곽(□)을 나타낸 자.

面

낯 면

面부 0획 ⑨

丆丆而而面面

(英) face　　　　(日) メン(おも)

面駁(면박) : 얼굴을 마주하여 꾸짖거나 논박함.

面識(면식) : 얼굴을 서로 앎.

面前(면전) : 보고 있는 앞.

面接試驗(면접시험) : 직접보고 시험하는 일.

面談 面貌 面目 面接 書面 洗面

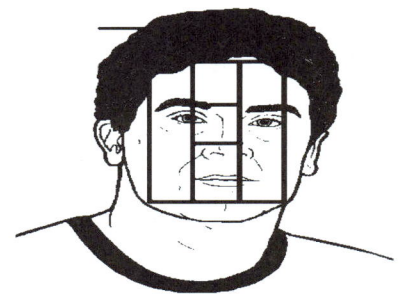

부 수 9 획	부 수 명 칭	상형 연상과정 (3)	상형 연상과정 (2)	상형 연상과정 (1)
革	가죽 혁			

字 源

짐승의 날가죽에서 털을 뽑고 있는 모양을 본떠, 털만 뽑아 낸 `가죽`을 뜻한 자..

革

가죽 혁

土부 0획 ⑨

卄艹芐芐芦革

(英) leather　　　　(日) カク(かわ)

革命(혁명) : ①급격한 변혁. ②종래의 권위를 단번에 뒤집어 버림.

革新(혁신) : 묵은 조직을 바꿔 새롭게 함.

改革(개혁) : 새롭게 뜯어 고침.

革帶 變革 沿革 皮革 宗教改革

부 수 9 획	부 수 명 칭	상형 연상과정 (3)	상형 연상과정 (2)	상형 연상과정 (1)	韋
韋	가죽 위				

字 源

'다룬 가죽'을 본뜬 자. 또는 성의 주위를 군인이 어긋디디며 다닌 발자
국 모양을 본뜬 자.

한국 **한**, 성 **한**
土부 8획 ⑰
十 查 查 克 克克 韓

(英) korea　　　　(日) カン

韓美(한미) : 한국과 미국.
訪韓(방한) : 한국을 방문함.
駐韓(주한) : 임무를 띠고 한국에 주재함.
韓半島(한반도) : '우리나라'를 일컫는 말.
韓服 韓食 韓族 來韓 英韓 韓氏

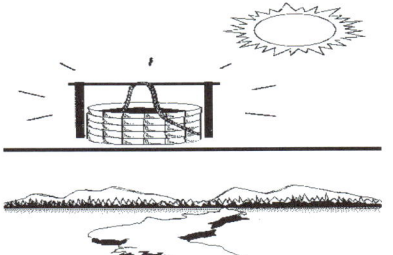

부 수 9 획	부 수 명 칭	상형 연상과정 (3)	상형 연상과정 (2)	상형 연상과정 (1)	音
音	소 리 음				

字 源

소리에 마디가 있음을 나타내어 言의 아래 부분(口)에 한 획(一)을 더
그어 '소리'를 가리킨 자.

소리 **음**
音부 0획 ⑨
二 立 立 音 音 音

(英) sound　　　　(日) オン(おと)

音盤(음반) : 레코드판.
音樂(음악) : 소리에 의한 예술.
不協和音(불협화음) : 서로 뜻이 맞지 않아서 생
　　　　　　　　　기는 충돌.
音讀 音色 音質 單音 騷音 雜音

운 **운**
音부 10획 ⑲
二 音 酔 韻 韻

(英) rhyme　　　　(日) イン

韻律(운율) : 시문의 음성적 형식. 리듬.
韻致(운치) : 고아한 품위가 있는 것.
餘韻(여운) : ① 말 밖의 정취.
　　　　　② 운이 끝난 뒤에도 남는 느낌.
韻書 韻文 音韻

音 響

울릴 향

音부 13획 ㉒

統 絶 鄕 鄕 響 響

(英) echo　　　　(日) キョウ(ひびく)

反響(반향) : 어떤 일의 영향을 받아 다른 것에도
　　　　　　이와 같은 일이 생기는 현상.
影響(영향) : 어떤 일이 다른 일에 미치는 결과.
音響(음향) : 소리의 울림.

響應　交響曲　惡影響　交響樂團

야호 야호 야호……

부 수 9 획	부 수 명 칭	상형 연상과정 (3)	상형 연상과정 (2)	상형 연상과정 (1)
頁	머 리 혈			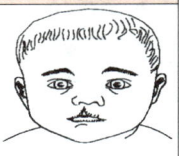

頁

字源

사람(儿)의 목에서 '머리(首)' 끝까지의 모양을 본뜬 자.

頃

잠깐 경, 이랑 경

頁부 2획 ⑪

ヒ ヒ 坯 坷 頃 頃

(英) moment　　　　(日) ケイ

頃刻(경각) : 극히 짧은 시간.
頃步(경보) : 반걸음. 반보.
頃之(경지) : 잠시 후에.
萬頃蒼波(만경창파) : 한없이 넓고 푸른 물결.

頃者　年末頃　正午頃　命在頃刻

頂

정수리 정

頁부 2획 ⑪

丁 丆 珩 珦 頂 頂

(英) crown　　　　(日) チョウ(いただき)

頂上(정상) : ① 산꼭대기.
　　　　　　② 그 이상 더 없는 것. 최상.
登頂(등정) : 산 따위의 정상에 오름.
絶頂(절정) : 사물의 치오른 극도.

頂點　山頂　頂門一鍼　頂上會談

須

모름지기 수

頁부 3획 ⑫

氵 扩 浐 須 須 須

(英) indispensable　　　　(日) シュ(まつ)

須臾(수유) : 잠시 동안.
須知(수지) : 모름지기 알아야 함.
必須(필수) : 꼭 필요로 함.
必須的(필수적) : 꼭 필요로 하는 것.

須要　須彌壇　須彌山

順

순할 순

頁부 3획 ⑫

丿 丬 丬 丬 順 順 順

(英) obedient　　　　(日) ジュン(したがう)

順延(순연) : 순차로 연기함.
順調(순조) : 탈없이 잘되어 가는 상태.
順坦(순탄) : ① 길이 평탄함.
　　　　　　② 성질이 까다롭지 않음.

順理　順番　順産　順序　順列　耳順

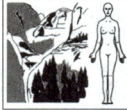

頁

項

항목 **항**
頁부 3획 ⑫
一 丆 丆 项 項 項

(英) article　　　(日) コウ(うなじ)

項目(항목) : 조목.
事項(사항) : 일의 조항.
條項(조항) : 조목.
公知事項(공지사항) : 널리 알릴 사항.

前項 各項 同類項 項羽壯士

頌

칭송할 **송**
頁부 4획 ⑬
公 公 公 訟 頌 頌

(英) praise　　　(日) ショウ(ほめる)

頌祝(송축) : 경사를 기리고 축하함.
稱訟(칭송) : 공덕을 일컬어 기림.
讚頌歌(찬송가) : 신성한 대상. 특히 하나님을 찬
　　　　　　　미하는 기도의 노래.

頌歌 頌德 頌辭 頌詩 領聖體頌

領

거느릴 **령**
頁부 5획 ⑭
令 令 刽 领 領 領

(英) control　　　(日) リョウ(えり)

領土(영토) : 영유하고 있는 땅.
占領(점령) : 일정한 땅을 차지하여 제것으로 함.
　　　　　점거(占據)
大統領(대통령) : 공화국의 원수.

綱領 敎領 大領 頭領 要領不得

頗

자못 **파**
頁부 5획 ⑭
厂 广 皮 頗 頗 頗

(英) inclined to one side　　　(日) ハ(すこぶる)

頗多(파다) : 아주 많음.
偏頗(편파) : 한쪽으로 대부분 치우침.
偏頗的(편파적) : 공평치 못하고 한쪽으로 치우치
　　　　　　　는 경향이 있는 것.

頗僻

頭

머리 **두**
頁부 7획 ⑯
一 戸 豆 豇 頭 頭

(英) head　　　(日) トウ(あたま)

頭角(두각) : 뛰어난 학식, 재능, 기예
頭腦(두뇌) : ①뇌. ②사물을 판단하는 슬기.
擡頭(대두) : 머리를 듦.
先頭(선두) : 첫머리.

頭巾 頭骨 頭領 頭髮 頭部 白頭山

頻

자주 **빈**
頁부 7획 ⑯
止 步 步 頻 頻 頻

(英) frequently　　　(日) ヒン(しりきに)

頻度(빈도) : 반복되는 도수.
頻發(빈발) : 일이 자주 생김.
頻繁(빈번) : 도수가 잦아 복잡함.
頻頻(빈빈) : 썩 잦음.

頻數 頻出 頻尿症

顔

낯 **안**
頁부 9획 ⑱
产 彦 彦 節 顔 顔

(英) face　　　(日) ガン(かお)

顔色(안색) : 얼굴에 나타나는 기색.
無顔(무안) : 볼 낯이 없음.
厚顔無恥(후안무치) : 뻔뻔스러워서 부끄러워 할
　　　　　　　　　줄을 모름.

顔料 顔色 童顔 龍顔 破顔大笑

額

이마 **액**
頁부 9획 ⑱
宀 灾 客 額 額 額

(英) forehead　　　(日) ガク(ひたい)

巨額(거액) : 많은 액수의 금액.
金額(금액) : 돈의 액수.
殘額(잔액) : 나머지 액수.
增額(증액) : 액수를 늘림. ↔ 減額(감액).

額面 額數 額子 價額 半額 差額

題 제목 제
頁부 9획 ⑱

日 문 문 題 題 題

(英) title　　　　(日) ダイ(ひたい)

題目(제목) : 겉장의 쓴 책의 이름.
宿題(숙제) : 두고 생각할 문제.
主題(주제) : ①주요한 제목 또는 문제.
　　　　　 ②작품의 중심이 되는 사상내용.

題名 題詞 題詩 話題 議題 題字

類 무리 류
頁부 10획 ⑲

米 粁 粁 類 類 類

(英) kind　　　　(日) ルイ(たぐい)

類例(유례) : 같거나 비슷한 예.
類似(유사) : 서로 비슷함.
類推(유추) : 미루어 짐작함.
油類(유류) : 기름 종류.

穀類 同類 豆類 分類 油類波動

願 원할 원
頁부 10획 ⑲

厂 厂 厂 原 原 願

(英) desire　　　　(日) ガン(ねがう)

民願(민원) : 시민이 행정기관에 대하여 어떤 행
　　　　　 정처리를 요구하는 일.
所願(소원) : 원함. 또는 그 원하는 바.
宿願(숙원) : 오랜 소원.

願望 願書 祈願 念願 所願成就

顧 돌아볼 고
頁부 12획 ㉑

厂 戶 戶 雇 顧 顧

(英) look after　　　　(日) コ(かえりみる)

顧客(고객) : 단골 손님.
回顧(회고) : ①과거를 돌이켜 봄.
　　　　　 ②돌아다 봄.
四顧無親(사고무친) : 의지할 데가 없음.

顧問 回顧錄 不顧廉恥 三顧草廬

顯 나타날 현
頁부 14획 ㉓

日 무 무 무 무 顯

(英) appear　　　　(日) ケン(あらわれる)

顯考(현고) : 돌아가신 아버지의 신주 첫머리에
　　　　　 쓰는 말.
顯著(현저) : 뚜렷이 드러나 분명함.
顯微鏡(현미경) : 작은 물체를 확대하여 보는 장치.

顯忠塔 顯忠日 顯祖考 破邪顯正

 ## 착각하지 맙시다.

淸(맑을 청)자는 氵(水)부수에 속하는 글자이며, 請(청할 청)자는 言부수에 속하
는 글자이며, 晴(개일 청)자는 日부수에 속하는 글자이며, 菁(부추꽃 정)자는 艹(艸)부
수에 속하는 글자이며, 鯖(청어 청)자는 魚부수에 속하는 글자이며, 情(뜻 정)자
는 忄(心)부수에 속하는 글자이며, 精(자세할 정)자는 米부수에 속하는 글자이며,
睛(눈동자 정)자는 目부수에 속하는 글자입니다.

부 수 9 획	부 수 명 칭	상형 연상과정 (3)	상형 연상과정 (2)	상형 연상과정 (1)
風	바람 풍			

字 源

벌레는 기후에 민감하다 하여 바람을 잘 타는 돛의 형상을 나타내는 凡 밑에 虫을 붙여 '바람'을 뜻한 자.

바람 풍
風부 0획 ⑨
㇒ ㇇ 几 凡 風 風

(英) wind　　　(日) フウ(かぜ)

風習(풍습) : 풍속과 습관.
順風(순풍) : 순하게 부는 바람.
旋風的(선풍적) : 갑자기 발생하여 큰 영향을 줌.
平地風波(평지풍파) : 뜻밖에 분쟁이 일어남.

風景　風光　風紀　風浪　風力　風流

부 수 9 획	부 수 명 칭	상형 연상과정 (3)	상형 연상과정 (2)	상형 연상과정 (1)
飛	날 비			

字 源

새가 두 날개를 펴고 하늘 높이 '나는' 모양을 본뜬 자.

날 비
飛부 0획 ⑨
㇂ ㇕ 飞 飞 飛 飛

(英) fly　　　(日) ヒ(とぶ)

飛躍(비약) : ① 높이 뛰어 오름.
　　　　　　② 지위가 갑자기 높아짐.
雄飛(웅비) : 기세 좋고 씩씩하게 행동함.
風飛雹散(풍비박산) : 사방으로 날아 흩어짐.

飛上　飛虎　飛禍　飛行機

번역할 번
飛부 12획 ㉑
㇒ ㇑ 번 번 번 飜

(英) overturn　　　(日) ハン

飜覆(번복) : 이리저리 뒤집어 고침.
飜譯(번역) : 문장의 내용을 다른 나라 말로 옮김.
飜案(번안) : ① 먼저의 안건을 뒤집음.
　　　　　　② 자기나라 것으로 고쳐 개작함.

飜刻　飜意　飜覆無常

부수 9획	부수 명칭	상형 연상과정 (3)	상형 연상과정 (2)	상형 연상과정 (1)
食(𩙿)	밥 식 (먹을식)	倉	食	

食

字 源

김이 솔솔 올라가는 밥(皀)을 모아(亼) 담은 모양을 본떠 '밥' 또는 '먹다'의 뜻이 된 자.

食

밥 식
食부 0획 ⑨
丿人𠆢今今食食

(英) meal, eat　　　(日) ショク(くう)

食率(식솔) : 집안에 딸린 식구.
食言(식언) : 약속한 말을 지키지 아니 함.
寢食(침식) : 잠자는 일과 먹는 일.
無爲徒食(무위도식) : 하는 일없이 먹기만 함.

食客 食口 食券 食器 食年 食單

飢

주릴 기
食부 2획 ⑪
丿𠆢𩙿𩙿飢

(英) hungry　　　(日) キ(うえる)

飢饉(기근) : 흉년으로 곡식이 부족함.
飢餓(기아) : 굶주림.
療飢(요기) : 조금 먹어서 시장기를 면함.
虛飢(허기) : 굶어서 몹시 배고픈 증세.

飢渴 飢困 飢倦 飢凍 飢亂 飢歲

飯

밥 반
食부 4획 ⑬
𠆢𩙿𩙿𩙿飯飯

(英) cooked rice　　　(日) ハン(めし)

飯酒(반주) : 끼니 때 밥에 곁들여 술을 마심.
茶飯事(다반사) : 예사로운 일.
十匙一飯(십시일반) : 여럿이 힘을 합하면 한 사
　　　　　　　람을 돕기 쉬움을 일컫는 말.

飯店 飯饌 飯盒 白飯 朝飯 飯床器

飮

마실 음
食부 4획 ⑬
𠆢𩙿𩙿𩙿飮飮

(英) drink　　　(日) イン(のむ)

飮客(음객) : 술을 잘 마시는 사람.
飮酒(음주) : 술을 마심.
過飮(과음) : 술을 지나치게 마심.
食飮全廢(식음전폐) : 음식을 아주 먹지 않음.

飮毒 飮福 米飮 試飮 痛飮 暴飮

飾

꾸밀 식
食부 5획 ⑭
𠆢𩙿𩙿𩙿飾飾

(英) decorate　　　(日) ショク(かさる)

假飾(가식) : ① 언행이 거짓 꾸밈.
　　　　　　② 임시로 장식함.
裝飾(장식) : 치장하여 꾸밈. 그 꾸밈새.
虛禮虛飾(허례허식) : 겉으로만 꾸며 실속이 없음.

飾辭 服飾 粉飾 修飾語

飽

배부를 포
食부 5획 ⑭
𠆢𩙿𩙿𩙿飽飽

(英) eat enough　　　(日) ホウ(あきる)

飽食(포식) : 배부르게 먹음.
飽滿感(포만감) : 충분히 먹어 배부른 느낌.
飽和狀態(포화상태) : 최대 한도까지 더할 수 없
　　　　　　　는 양에 이른 상태.

飽看 飽喫 飽暖 飽德 飽聞 非肉不飽

食

首

養 기를 양

食부 6획 ⑮

⺷ ⺷ 羊 芦 莠 養

(英) nourish　　　(日) ヨウ(やしなう)

敎養(교양) : ① 가르쳐 기름.
　　　　　② 광범한 지식을 통한 마음의 윤택함.
營養失調(영양실조) : 영양부족으로 나타나는 이
　　　　　상상태.

養鷄 養女 養豚 養蜂 養分 養兵

餓 주릴 아

食부 7획 ⑯

⺈ 食 食 飮 餓 餓

(英) hungry　　　(日) ガ(うえる)

餓鬼(아귀) : ① 염치없이 먹을 것이나 탐하는 사
　　　　　람. ② 싸움을 잘하는 사람.
飢餓(기아) : 굶주림.
餓死之境(아사지경) : 굶어서 죽게 된 지경.

餓狼 餓死 餓殺 餓虎 餓狼之口

餘 남을 여

食부 7획 ⑯

⺈ 倉 食 食 飮 餘

(英) remainder　　　(日) ヨ(あまる)

餘生(여생) : 나머지의 목숨.
餘裕(여유) : 넉넉하고 남음이 있음.
餘波(여파) : ① 바람이 잔 뒤에도 이는 파도.
　　　　　② 주위나 후세에 끼치는 영향.

餘念 餘談 餘力 餘望 餘白 餘地

館 집 관

食부 8획 ⑰

⺈ 食 食 飮 飮 館

(英) house　　　(日) カン(やかた)

開館(개관) : 시설을 차려 놓고 처음 엶.
別館(별관) : 본관 외에 따로 지은 건물.
本館(본관) : 별관, 분관에 대하여 그 주장이 되
　　　　　는 건물.

館長 舊館 新館 旅館 倭館 學館

부 수 9획	부 수 명 칭	상형 연상과정 (3)	상형 연상과정 (2)	상형 연상과정 (1)
首	머리 수			

字 源

털(巛)난 '머리(首)' 모양을 본뜬 자로 몸의 맨 위라 하여 '우두머리'라
는 뜻도 있음.

首 머리 수

首부 0획 ⑨

⺍ 产 首 首 首 首

(英) head　　　(日) シュ(くび)

首肯(수긍) : 그러하다고 고개를 끄덕임.
首都(수도) : 나라나 한 지방의 정치 중심지.
匕首(비수) : 날이 날카로운 단도.
鶴首苦待(학수고대) : 몹시 기다림.

首腦 首領 首班 首相 首席 元首 座首

부수 9획	부수 명칭	상형 연상과정 (3)	상형 연상과정 (2)	상형 연상과정 (1)
香	향기 **향**	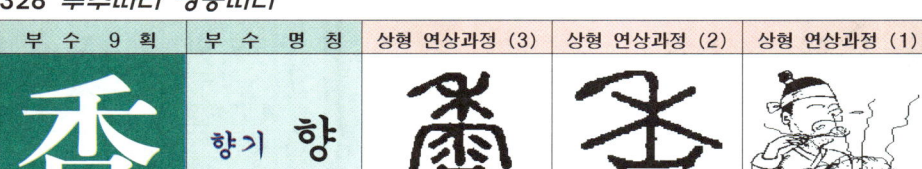		

字 源

벼(禾)가 햇빛(日)을 받아 익는 냄새가 '향기롭다'는 뜻으로 된 자.

香

향기 **향**

香부 0획 ⑨

一千禾禾香香

(英) perfume　　　　(日) コウ(かおり)

香氣(향기) : 향냄새.

香水(향수) : 향료를 알코올 등에 용해시켜서 만든 화장품의 하나.

墨香(묵향) : 먹의 향기.

香爐 香料 香油 芳香劑 春香歌

부수 10 획	부수 명칭	상형 연상과정 (3)	상형 연상과정 (2)	상형 연상과정 (1)
馬	말 **마**	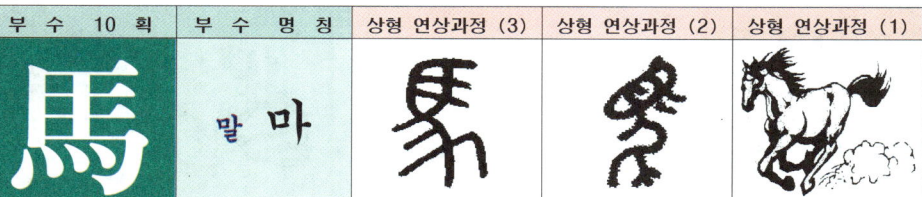		

字 源

'말'의 머리·갈기와 꼬리·네 굽 등의 모양을 본뜬 자.

馬

말 **마**

馬부 0획 ⑩

厂厂厂厂馬馬馬

(英) horse　　　(日) バ(うま)

落馬(낙마) : 말에서 떨어짐.

出馬(출마) : 선거 등에 입후보함.

下馬評(하마평) : 관직에 임명될 후보자에 대한 세상의 풍설.

馬脚 馬具 馬券 馬場 大馬不死

騎

말탈 **기**

馬부 8획 ⑱

馬 馬 馬 騎 騎 騎

(英) ride on horseback　　(日) キ(のる)

騎手(기수) : 말을 타는 사람.

一騎當千(일기당천) : 한 사람의 기병이 천 사람의 적을 당해 낼 수 있음. 곧 무예가 썩 뛰어남을 일컫는 말.

騎士 騎馬隊 騎馬戰 單騎匹馬

馬

떠들 소
馬부 10획 ⑳
「馬馬馭騷騷

(英) disturbed　　　　(日) ソウ(さわぐ)

騷動(소동) : 여럿이 법석을 떪.
騷亂(소란) : 어수선하고 시끄러움.
騷擾(소요) : 여러 사람이 떠들썩하게 들고 일어남.
騷音(소음) : 시끄러운 소리.

騷客　騷人之愁

몰 구
馬부 11획 ㉑
「馬馬馬馬驅驅

(英) drive　　　　(日) ク(かる)

驅迫(구박) : 못 견디게 굶.
驅使(구사) : 자유자재로 다루어 씀.
乘勝長驅(승승장구) : 싸움에 이긴 여세를 타서
　　　　　　　　　　 냅다 몰아침.

驅步　驅除　驅蟲　先驅者　前輪驅動

놀랄 경
馬부 13획 ㉓
𦫖敬敬警驚驚

(英) frightful　　　　(日) キョウ(おどろく)

驚愕(경악) : 깜짝 놀람.
驚異(경이) : 놀라서 이상히 여김.
驚歎(경탄) : 몹시 감탄함.
勿驚(물경) : 엄청난 것.

驚氣　驚蟄　驚風　驚惶　驚天動地

역 역
馬부 13획 ㉓
「馬馬驛驛驛

(英) station　　　　(日) エキ(うまや)

驛馬煞(역마살) : 늘 분주하게 여행을 하고 다니
　　　　　　　　 도록 된 액운.
簡易驛(간이역) : 설비를 거의 또는 전혀 하지 않
　　　　　　　　 고 정거만 하는 역.

驛舍　驛員　驛長　驛前　驛傳競走

시험할 험
馬부 13획 ㉓
𦫖馬馬馬驗驗驗

(英) test　　　　(日) ケン(ためす)

經驗(경험) : 실제 보고 듣거나 행하는 일.
試驗(시험) : 재능, 실력 등을 실지로 경험함.
實驗(실험) : 실제로 시험함.
效驗(효험) : 일이나 작용의 보람.

靈驗　先驗　受驗　體驗　筆記試驗

 착각하지 맙시다.

圍(둘레 위)자는 口부수에 속하는 글자이며, 偉(훌륭할 위)자는 亻부수에 속하는 글
자이며, 緯(씨 위)자는 糸부수에 속하는 글자이며, 違(어길 위)자는 辶(辵)부수에 속하
는 글자이며, 瑋(옥 이름 위)자는 玉부수에 속하는 글자이며, 衛(지킬 위)자는 行부
수에 속하는 글자이며, 葳(갈대 위)자는 艹(艸)부수에 속하는 글자이며, 暐(햇빛 위)
자는 日부수에 속하는 글자이며, 褘(폐슬 위)자는 衤(衣)부수에 속하는 글자이며, 諱(꺼
릴 휘)자는 言부수에 속하는 글자입니다.

부 수 10 획	부 수 명 칭	상형 연상과정 (3)	상형 연상과정 (2)	상형 연상과정 (1)
骨	뼈 **골**	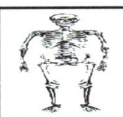	骨	

字 源

살(月←肉)이 발라내진 '뼈'를 뜻하여 된 자.

 | 뼈 **골**

骨부 0획 ⑩
冂 円 呂 呂 骨 骨

(英) bone　　　　　　(日) コツ(ほね)

骨格(골격) : 사물의 주요부분을 이루는 것.
骨氣(골기) : 뼈대와 기질.
骨折(골절) : 뼈가 부러짐.
弱骨(약골) : 몸이 약한 사람.
骨幹 骨盤 骨粉 骨相 骨子 骨材

 | 몸 **체**

骨부 13획 ㉓
严 骨 骨 骨 骨 體 體

(英) body　　　　　　(日) タイ(からだ)

體格(체격) : 몸의 골격.
體鏡(체경) : 전신을 비추는 거울.
體面(체면) : 남을 대하는 체재와 면목.
體統(체통) : 사람이 차리는 체면.
體系 體能 體得 體諒 體言 體驗

부 수 10 획	부 수 명 칭	상형 연상과정 (3)	상형 연상과정 (2)	상형 연상과정 (1)
高	높을 **고**	高	高	

字 源

성 위에 높이 치솟은 망루가 '높다'는 뜻으로 된 자.

 | 높을 **고**

高부 0획 ⑩
亠 亠 古 高 高 高

(英) high　　　　　　(日) コウ(たかい)

高價(고가) : 비싼 값. ↔ 低價(저가).
高見(고견) : 남의 의견을 높여 이르는 말.
高明(고명) : 고상하고 현명함.
高尙(고상) : 기품이 있고 취미가 높음.
高臺 高潔 高空 高校 高貴 高級

부 수 10 획	부 수 명 칭	상형 연상과정 (3)	상형 연상과정 (2)	상형 연상과정 (1)
髟	머리늘어질 표 (터럭발)			

字 源

긴(長) 머리카락(彡)이 '늘어짐'을 나타낸 자.

髮

터럭 **발**

髟부 5획 ⑮

髟 髟 髟 髟 髮 髮

(英) hair　　　(日) ハツ(かみ)

白髮(백발) : 하얗게 센 머리털.

削髮(삭발) : 머리털을 깎음.

危機一髮(위기일발) : 조금도 여유가 없이 아슬아
슬하게 닥친 위기의 순간.

髮毛 髮膚 假髮 金髮 斷髮 頭髮

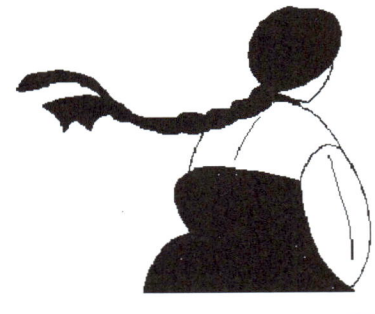

부 수 10 획	부 수 명 칭	상형 연상과정 (3)	상형 연상과정 (2)	상형 연상과정 (1)
鬥	싸움 투	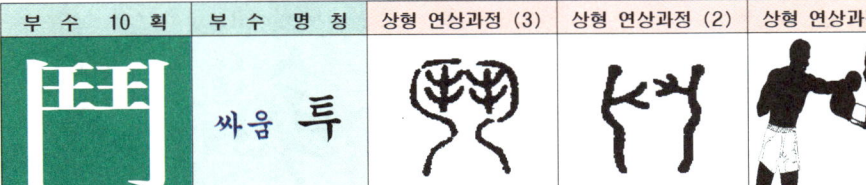		

字 源

두 사람이 서로 주먹을 불끈 잡아 쥐고 맞선 모양에서 '싸우다'의 뜻이
된 자.

鬪

싸움 **투**

鬥부 10획 ⑳

鬥 鬥 鬥 鬥 鬪 鬪

(英) fight　　　(日) トウ(たたかう)

鬪爭(투쟁) : 싸워서 다툼.

鬪魂(투혼) : 끝까지 투쟁하려는 기백.

拳鬪(권투) : 글러브를 낀 주먹으로 하는 격투기.

亂鬪劇(난투극) : 난투가 벌어진 극적 장면.

鬪犬 鬪鷄 鬪技 鬪病 鬪志 死鬪

鬼

부 수 10 획	부 수 명 칭	상형 연상과정 (3)	상형 연상과정 (2)	상형 연상과정 (1)
鬼	귀신 귀			

字 源

죽은 사람(儿)의 영혼이 삿되게(厶) 사람을 해치는 `귀신'을 뜻한 자.

鬼	귀신 귀	
	鬼부 0획 ⑩	
	勹白白白鬼鬼	

(英) ghost　　　　　(日) キ(おに)

鬼神(귀신) : ① 죽은 사람의 넋.
　　　　　　② 특수한 재주가 있는 사람.
鬼才(귀재) : 세상에 드문 재능.
魔鬼(마귀) : 요사스러운 귀신의 통칭.
客鬼 餓鬼 惡鬼 雜鬼 神出鬼沒

魂	넋 혼	
	鬼부 4획 ⑭	
	云 动 神 神 魂 魂	

(英) soul　　　　　(日) コン(たましい)

魂靈(혼령) : 죽은 사람의 넋.
魂魄(혼백) : 넋.
商魂(상혼) : 이익을 추구하려는 상인의 심리.
魂飛魄散(혼비백산) : 몹시 놀라 혼백이 흩어짐.
怨魂 鎭魂 招魂 靈魂不滅

魚

부 수 11 획	부 수 명 칭	상형 연상과정 (3)	상형 연상과정 (2)	상형 연상과정 (1)
魚	고기 어 (물고기)			

字 源

`물고기'의 머리(勹)·몸통(田)·지느러미(灬)의 모양을 본뜬 자.

魚	고기 어	
	魚부 0획 ⑪	
	勹 勹 缶 缶 魚 魚	

(英) fish　　　　　(日) ギョ(さかな)

魚族(어족) : 물고기의 종족. 어류(魚類).
魚拓(어탁) : 물고기의 탁본을 뜸. 그 탁본.
稚魚(치어) : 알에서 깬지 얼마 안되는 어린 물고기.
活魚(활어) : 살아있는 물고기.
魚卵 魚類 魚肉 人魚 魚水之間

鮮	고울 선	
	魚부 6획 ⑰	
	予 缶 魚 魚 鮮 鮮	

(英) fresh　　　　　(日) セン(あざやか)

鮮明(선명) : ① 산뜻하고 맑음. ② 뚜렷하여 다른
　　　　　　것과 혼동되지 않음.
生鮮(생선) : 말리거나 절이지 않은 물고기.
新鮮(신선) : 새롭고 깨끗함.
鮮潔 鮮度 鮮血 朝鮮 箕子朝鮮

부수 11 획	부수 명칭	상형 연상과정 (3)	상형 연상과정 (2)	상형 연상과정 (1)
鳥	새 조			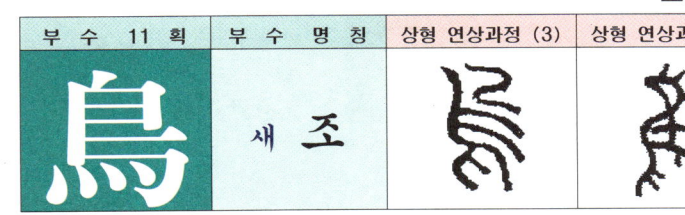

鳥

꽁지가 긴 '새'의 모양을 본뜬 자.

鳥 | 새 **조** |
鳥부 0획 ⑪
ノ ア 户 自 鳥 鳥 鳥

(英) bird　　　(日) チョウ(とり)

探鳥會(탐조회) : 야생의 새를 관찰하는 모임.
鳥足之血(조족지혈) : 새발의 피. 극히 적은 분량
　　　　　　　의 비유.
一石二鳥(일석이조) : 일거양득.

鳥類　鳥獸　鳥人　鳥銃　吉鳥　候鳥

鳴 | 울 **명** |
鳥부 3획 ⑭
口 叮 叮 咱 鳴 鳴

(英) cry　　　(日) メイ(なく)

悲鳴(비명) : 위험·공포 등을 느껴 갑자기 외마
　　　　　디 소리를 지름.
百家爭鳴(백가쟁명) : 많은 학자·문화인 등의 활
　　　　　　　발한 논쟁.

鷄鳴　共鳴　自鳴鐘

鳳 | 새 **봉** |
鳥부 3획 ⑭
几 凡 凤 鳳 鳳 鳳

(英) phoenix　　　(日) ホウ(おおとり)

鳳凰(봉황) : 상상의 상서로운 새.
鳳仙花(봉선화) : 봉선화과의 한해살이 풀.
龍味鳳湯(용미봉탕) : 맛이 매우 좋은 음식을 가
　　　　　　　리키는 말.

鳳駕　鳳閣　鳳蓋

鴈 | 기러기 **안** |
鳥부 4획 ⑮
厂 厂 厑 厑 鴈 鴈

(英) wild goose　　　(日) カン(がり)

鴈行(안행, 안항) : 남의 형제의 경칭.
平沙落鴈(평사낙안) : ① 모래펄에 날아와 앉는 기
　　　　　러기. ② 글씨나 문장이 매끈하
　　　　　게 잘 되었음을 표현하는 말.

鴈堂　鴈席　鴈書

鴻 | 기러기 **홍** |
鳥부 6획 ⑰
氵 氵 汀 浐 鴻 鴻

(英) wild swan　　　(日) コウ(おおとり)

鴻鵠(홍곡) : 큰 기러기와 고니. 큰 인물의 비유.
鴻基(홍기) : 큰 사업을 이루는 기초.
鴻毛(홍모) : 매우 가벼운 사물의 비유.
鴻鵠之志(홍곡지지) : 원대한 포부.

鴻大　鴻圖　鴻寶

鷄 | 닭 **계** |
鳥부 10획 ㉑
爫 爫 爫 鄭 鷄 鷄

(英) cock　　　(日) ケイ(にわとり)

鷄肋(계륵) : 가치는 없으나 버리기가 아까움.
鷄林(계림) : 우리 나라의 별칭.
鬪鷄(투계) : ① 닭끼리 싸움을 붙임.
　　　　　② 싸움닭.

鷄鳴　鷄糞　鷄舍　養鷄　鷄卵有骨

鶴

학 학
鳥부 10획 ㉑
广 产 雀 鹤 鶴 鶴

(英) crane　　　　　(日) カク(つる)

仙鶴(선학) : 두루미.
鶴首苦待(학수고대) : 몹시 기다림.
群鷄一鶴(군계일학) : 평범한 사람 가운데의 뛰어
　　　　　　난 사람을 이름.

鶴舞　仙鶴

鷗

갈매기 구
鳥부 11획 ㉒
品 뜬 卧 鷗 鷗 鷗

(英) seagull　　　　(日) オウ

鷗鷺(구로) : 갈매기와 백로.
白鷗(백구) : 갈매기.
海鷗(해구) : 바다의 갈매기.

鷗盟　鷗波

부 수 11 획	부 수 명 칭	상형 연상과정 (3)	상형 연상과정 (2)	상형 연상과정 (1)
鹵	소금밭 로 (짠 땅)			

 字 源

西의 옛 글자에 : : (소금모양)을 어울러, 중국 서쪽에서 나는 '돌소금
밭'을 나타낸 자.

鹽

소금 염
鹵부 13획 ㉔
3 卢 鹵 鹽 鹽 鹽

(英) salt　　　　(日) エン(しお)

鹽分(염분) : 바닷물 속에 함유된 염류의 양.
鹽田(염전) : 바닷물을 증발시켜 소금을 만드는 밭.
鹽藏法(염장법) : 소금에 절이어 저장하는 법.
食鹽水(식염수) : 식염을 탄 물. 소금물.
鹽度　鹽酸　鹽類　天日鹽　鹽基性

 착각하지 맙시다.

潢(웅덩이 황)자는 氵(水)부수에 속하는 글자이며, 璜(서옥 황)자는 玉부수에 속
하는 글자이며, 篁(혀 황)자는 竹부수에 속하는 글자이며, 橫(가로 횡)자는 木부
수에 속하는 글자이며, 鐄(종 횡)자는 金부수에 속하는 글자이며, 擴(넓힐 확)자
는 扌(手)부수에 속하는 글자이며, 廣(넓을 광)자는 广부수에 속하는 글자이며,
鑛(쇳돌 광)자는 金부수에 속하는 글자이며, 曠(밝을 광)자는 日부수에 속하는
글자이며, 壙(광 광)자는 土부수에 속하는 글자입니다.

부 수 11 획	부 수 명 칭	상형 연상과정 (3)	상형 연상과정 (2)	상형 연상과정 (1)
鹿	사슴 록			

鹿

字 源

'사슴'의 뿔 및 머리(亠)·몸통·네발(比)의 모양을 본뜬 자.

鹿

사슴 록	
鹿부 0획 ⑪	
广户产庐庐鹿鹿	

(英) deer   (日) ロク(しか)

鹿角(녹각) : 사슴의 뿔.
鹿茸(녹용) : 새로 돋은 사슴의 연한 뿔.
指鹿爲馬(지록위마) : 윗사람을 농락하여 권세를
　　　　　　　　마음대로 휘두르려 함.

鹿皮　白鹿　馴鹿　逐鹿者不見山

麗

고울 려	
鹿부 8획 ⑲	
丽 丽 麗 麗 麗 麗	

(英) beautiful   (日) レイ(うるわしい)

流麗(유려) : 어구 등이 유창하고 아름다움.
華麗(화려) : 빛나고 아름다움.
美辭麗句(미사여구) : 아름다운 말로 꾸민 듣기
　　　　　　　　　좋은 글귀.

麗謠　高麗　秀麗　美麗

부 수 11 획	부 수 명 칭	상형 연상과정 (3)	상형 연상과정 (2)	상형 연상과정 (1)
麥	보리 맥			

麥

字 源

'보리'의 이삭(來)과 뿌리(夊) 모양을 나타내어 된 자.

麥

보리 맥	
麥부 0획⑪	
丆 𠂉 夾 夾 麥 麥	

(英) wheat   (日) バク(むぎ)

麥酒(맥주) : 엿기름가루를 당화시켜 효모를 넣어
　　　　　발효시킨 술.
原麥(원맥) : 밀가루의 원료로 하는 밀.
小麥粉(소맥분) : 밀가루.

麥粉　麥芽　麥秋　大麥　麥秀之嘆

麻

부 수 11 획	부 수 명 칭	상형 연상과정 (3)	상형 연상과정 (2)	상형 연상과정 (1)
麻	삼 마			

字 源

집(广)에서 삼 껍질을 갈라 말리는 모습에서 '삼'을 뜻하게 된 자.

麻

삼 **마**

麻부 0획 ⑪

亠广广广床麻

(英) hemp　　　　　　(日) マ(あさ)

麻衣(마의) : 삼베로 지은 옷.

大麻草(대마초) : 환각제로 쓰이는 대마의 잎.

快刀亂麻(쾌도난마) : 어지럽게 뒤얽힌 사항을 재
　　　　　　　　빠르고 명쾌하게 처리함.

麻雀　菻麻

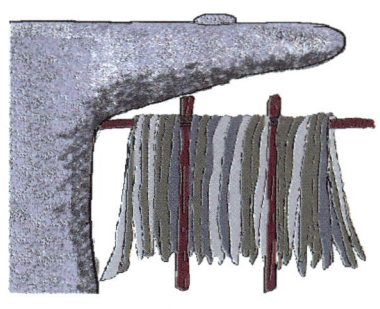

黃

부 수 12 획	부 수 명 칭	상형 연상과정 (3)	상형 연상과정 (2)	상형 연상과정 (1)
黃	누를 황			

字 源

땅(田)의 빛깔(光)이 '누름'을 뜻하여 된 자.

黃

누를 **황**

黃부 0획 ⑫

卄芒芒苗苗黃

(英) yellow　　　　　　(日) コウ(き)

黃金(황금) : ①금. ②돈. 즉, 재물을 뜻함.

黃泉(황천) : 저승.

黃昏(황혼) : 해가 지고 어둑어둑할 때.

黃昏期(황혼기) : 쇠퇴하여 종말에 이른 시기.

黃狗　黃砂　硫黃　黃巾賊

黑

부 수 12 획	부 수 명 칭	상형 연상과정 (3)	상형 연상과정 (2)	상형 연상과정 (1)
黑	검을 흑			

字 源

불(灬) 땔 때 연기가 창 사이로 빠져나가면서 그을어진 것이 '검다'는 뜻으로 된 자.

黑

검을 흑
黑부 0획 ⑫
| 冂 | 甲 | 里 | 黑 | 黑 |

(英) black (日) コク(くろい)

黑幕(흑막) : 겉으로 드러나지 않은 음흉한 내막.
黑白(흑백) : ① 검은빛과 흰빛. ② 잘잘못.
黑心(흑심) : 음흉하고 욕심 많은 마음.
漆黑(칠흑) : 칠처럼 검고 광택이 있음.

黑色 黑板 黑海 暗黑 黑死病

默

잠잠할 묵
黑부 4획 ⑯
| 冂 | 里 | 黑 | 黑 | 默 | 默 |

(英) silent (日) モク(だまる)

默殺(묵살) : 알고도 모르는 체 내버려 둠.
默認(묵인) : 모르는 체하고 슬며시 승인함.
沈默(침묵) : 말없이 잠잠히 있음.
默默不答(묵묵부답) : 잠자코 대답이 없음.

默契 默過 默念 默想 默默不答

點

점 점
黑부 5획 ⑰
| 冂 | 里 | 黑 | 默 | 點 | 點 |

(英) spot (日) テン

力點(역점) : ① 지레를 사용할 때 힘을 주는 점.
　　　　　　② 특히 중요시하여 힘을 들임.
點檢(점검) : 낱낱이 검사함.
虛點(허점) : 허술한 구석.

點檢 點滅 點火 據點 落點 頂點

黨

무리 당
黑부 8획 ⑳
| 产 | 尚 | 曽 | 堂 | 堂 | 黨 |

(英) party (日) トウ

黨員(당원) : 당적을 가진 사람.
新黨(신당) : 새로 조직한 당.
入黨(입당) : 정당에 가입함.
脫黨(탈당) : 당원이 소속한 당에서 떠남.

黨權 黨紀 黨舍 作黨 殘黨 與黨

 착각하지 맙시다.

濟(건널 제)자는 氵(水)부수에 속하는 글자이며, 劑(약 지을 제)자는 刂(刀)부수에 속하는 글자이며, 霽(개일 제)자는 雨부수에 속하는 글자이며, 臍(배꼽 제)자는 月(肉)부수에 속하는 글자이며, 薺(냉이 제)자는 艹(艸)부수에 속하는 글자입니다.

鼓

부 수 13 획	부 수 명 칭	상형 연상과정 (3)	상형 연상과정 (2)	상형 연상과정 (1)
鼓	북 고			

字 源

악기를 세워(壴) 나무채(支)로 치는 '북'을 뜻하여 된 자.

鼓

북 고

鼓부 0획 ⑬

(英) drum　　　(日) コ(つづみ)

鼓舞(고무) : ① 북을 치며 춤을 춤.
　　　　　② 격려하여 기세를 북돋움.
鼓吹(고취) : 용기와 기운을 북돋위 일으킴.
鼓笛隊(고적대) : 행진용의 음악대.
鼓動 鼓膜 鼓手 法鼓 勝戰鼓 申聞鼓

鼻

부 수 14 획	부 수 명 칭	상형 연상과정 (3)	상형 연상과정 (2)	상형 연상과정 (1)
鼻	코 비			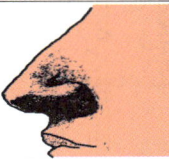

字 源

自만으로도 코를 뜻하였으나, 공기를 흡입해 준다는 뜻으로 畀(줄 비)를 밭쳐 '코'의 뜻으로 된 자.

鼻

코 비

鼻부 0획 ⑭

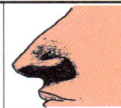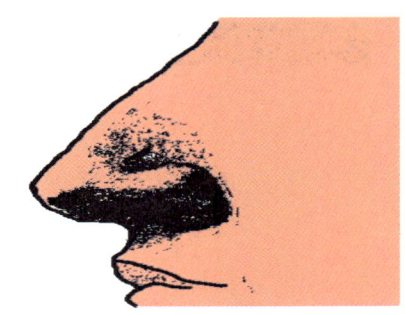

(英) nose　　　(日) ビ(はな)

鼻音(비음) : 코 안을 울리면서 내는 소리.
阿鼻叫喚(아비규환) : 지옥의 고통을 못 참아 울부짖는 소리.
耳目口鼻(이목구비) : 귀, 눈, 입, 코. 인물.
鼻炎 鼻祖 吾鼻三尺 耳目口鼻

부 수 14 획	부 수 명 칭	상형 연상과정 (3)	상형 연상과정 (2)	상형 연상과정 (1)
齊	가지런할 **제**			

齊

字 源

벼나 보리의 이삭들이 나란히 팬 모양을 본떠 '가지런함'을 나타낸 자.

 齊

가지런할 **제**
齊부 0획 ⑭
亠亠声齊齊齊

(英) arrange   (日) セイ(そろう)

齊唱(제창) : 다같이 소리를 질러 부름.

修身齊家治國平天下(수신제가치국평천하) : 마음
  과 행실을 바르게 하고 집안을 바로 한 후
  나라를 다스리고 온 세상을 평안하게 함.

齊家 齊給 齊等

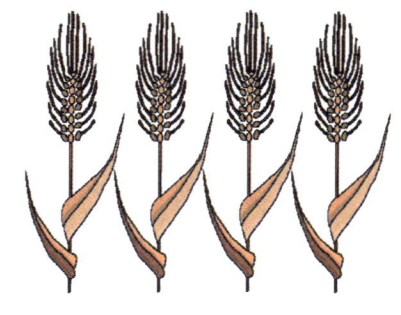

부 수 15 획	부 수 명 칭	상형 연상과정 (3)	상형 연상과정 (2)	상형 연상과정 (1)
齒	이 **치**			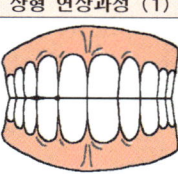

 齒

字 源

잇몸에 '이'가 아래 위로 나란히 박힌(止) 모양을 나타낸 자.

 齒

이 **치**
齒부 0획 ⑮
止止齿齿齿齒

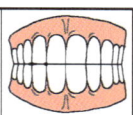

(英) tooth   (日) シ(は)

蟲齒(충치) : 벌레 먹은 이.

切齒腐心(절치부심) : 분하여 이를 갈고 속을 썩임.

脣亡齒寒(순망치한) : 입술이 없으면 이가 시린다는
  뜻으로 하나가 상하면 다른 것도 온전치 못함.

齒科 齒牙 齒痛 丹脣皓齒

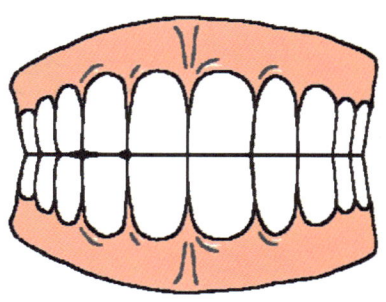

龍

부 수 16 획	부 수 명 칭	상형 연상과정 (3)	상형 연상과정 (2)	상형 연상과정 (1)
龍	용 룡			

字 源

머리를 치켜 세우고(立) 몸뚱이(月)를 꿈틀거리며 하늘로 날아오르는 (飛) '용'을 나타내어 된 자.

龍

용 룡
龍부 0획 ⑯
亠 肓 肖 背 龍 龍

(英) dragon　　　　　(日) リョウ(たつ)

龍顔(용안) : 임금의 얼굴.
登龍門(등용문) : 운명을 결정짓는 어려운 관문.
龍頭蛇尾(용두사미) : 처음은 좋으나 끝은 좋지 않음.
龍虎相搏(용호상박) : 두 강자가 서로 싸움.
龍舸 龍光 龍女 龍德 龍馬 龍門

龜

부 수 16 획	부 수 명 칭	상형 연상과정 (3)	상형 연상과정 (2)	상형 연상과정 (1)
龜	거북 귀			

字 源

'거북'이 귀갑 밖으로 머리와 꼬리를 내놓고 네 발로 기어가는 모양을 본뜬 자.

龜

거북 귀, 이름 구, 터질 균
龜부 0획 ⑯
𠂤 𩵋 黾 龟 龜 龜

(英) tortoise　　　　　(日) キ(かめ)

龜鑑(귀감) : 거울로 삼아 본보기가 될만한 것.
龜船(귀선) : 거북선.
龜浦(구포) : 부산에 있는 한 지역의 이름.
龜裂(균열) : 사물이 갈라지듯 분열함.
龜甲 龜頭 龜文 龜背 龜毛兔角

부　　록

1. 잘못 읽기 쉬운 한자　( )안은 틀림

可矜 가긍(가금)	茶菓 다과(차과)	譬喩 비유(벽유)	派遣 파견(파유)
苛斂 가렴(가검)	曇天 담천(운천)	頻數 빈삭(빈수)	跛立 피립(파립)
恪別 각별(격별)	遝至 답지(환지)	憑藉 빙자(방적)	破綻 파탄(파정)
看做 간주(간고)	撞着 당착(동착)	使嗾 사주(사족)	稗官 패관(비관)
姦慝 간특(간약)	陶冶 도야(도치)	奢侈 사치(사다)	覇權 패권(파권)
間歇 간헐(간흘)	瀆職 독직(속직)	索莫 삭막(색막)	敗北 패배(패북)
減殺 감쇄(감살)	冬眠 동면(동민)	撒布 살포(산포)	膨脹 팽창(팽장)
槪括 개괄(개활)	滿腔 만강(만공)	三昧 삼매(삼미)	平坦 평탄(평단)
改悛 개전(개준)	罵倒 매도(마도)	相殺 상쇄(상살)	閉塞 폐색(패새)
坑道 갱도(항도)	邁進 매진(마진)	上梓 상재(상자)	襃賞 포상(보상)
醵出 갹출(거출)	萌芽 맹아(명아)	省略 생략(성략)	布施 보시(포시)
車馬 거마(차마)	明澄 명징(명증)	逝去 서거(절거)	捕捉 포착(포촉)
更迭 경질(갱질)	木瓜 모과(목과)	棲息 서식(처식)	標識 표지(표식)
驚蟄 경칩(경첩)	木鐸 목탁(목택)	先塋 선영(선형)	風靡 풍미(풍비)
汩沒 골몰(일몰)	蒙昧 몽매(몽미)	閃光 섬광(염광)	割引 할인(활인)
刮目 괄목(활목)	杳然 묘연(모연)	星宿 성수(성숙)	陜川 합천(협천)
乖離 괴리(승리)	毋論 무론(모론)	洗滌 세척(세조)	肛門 항문(홍문)
攪亂 교란(각란)	拇印 무인(모인)	遡及 소급(삭급)	降將 항장(강장)
敎唆 교사(교준)	未洽 미흡(미합)	甦生 소생(갱생)	偕老 해로(개로)
句讀 구두(구독)	撲滅 박멸(복멸)	騷擾 소요(소우)	解弛 해이(해야)
拘碍 구애(구득)	剝奪 박탈(약탈)	贖罪 속죄(독죄)	享樂 향락(형락)
救恤 구휼(구혈)	反畓 번답(반답)	殺到 쇄도(살도)	絢爛 현란(순란)
詭辯 궤변(위변)	反駁 반박(반효)	睡眠 수면(수민)	嫌惡 혐오(겸악)
龜鑑 귀감(구감)	頒布 반포(분포)	數爻 수효(수차)	荊棘 형극(형자)
龜裂 균열(귀열)	潑剌 발랄(발자)	猜忌 시기(청기)	忽然 홀연(총연)
喫煙 끽연(끽연)	拔萃 발췌(발취)	示唆 시사(시준)	畫數 획수(화수)
拿捕 나포(합포)	拔擢 발탁(발요)	諡號 시호(익호)	廓然 확연(곽연)
烙印 낙인(각인)	幫助 방조(봉조)	辛辣 신랄(신극)	恍惚 황홀(광홀)
捺印 날인(나인)	拜謁 배알(배갈)	迅速 신속(빈속)	賄賂 회뢰(유락)
狼藉 낭자(낭적)	兵站 병참(병첨)	齷齪 악착(악족)	嚆矢 효시(고시)
內人 나인(내인)	報酬 보수(보주)	軋轢 알력(알륵)	嗅覺 후각(취각)
鹿茸 녹용(녹이)	否塞 비색(부색)	斡旋 알선(간선)	麾下 휘하(마하)
鹿皮 녹비(녹피)	分泌 분비(분필)	謁見 알현(알견)	恤兵 휼병(혈병)
賂物 뇌물(각물)	分錢 푼전(분전)	隘路 애로(익로)	欣快 흔쾌(근쾌)
漏泄 누설(누세)	不朽 불후(불휴)	冶金 야금(치금)	恰似 흡사(합사)
訥辯 눌변(납변)	沸騰 비등(불등)	懦弱 나약(난약)	詰難 힐난(길난)
		正鵠 정곡(정혹)	

2. 잘못 쓰기 쉬운 한자

干(간):干涉(간섭)
于(우):于先(우선)

間(간):間食(간식)
問(문):問題(문제)

甲(갑):甲富(갑부)
申(신):申請(신청)

巨(거):巨物(거물)
臣(신):臣下(신하)

遣(견):派遣(파견)
遺(유):遺産(유산)

犬(견):猛犬(맹견)
太(태):太古(태고)

決(결):決心(결심)
快(쾌):快活(쾌활)

考(고):考案(고안)
老(로):元老(원로)

苦(고):苦役(고역)
若(약):若干(약간)

困(곤):困境(곤경)
因(인):原因(원인)

官(관):官吏(관리)
宮(궁):宮殿(궁전)

橋(교):橋脚(교각)
矯(교):矯正(교정)

壞(괴):破壞(파괴)
讓(양):土壤(토양)

具(구):具備(구비)
貝(패):貝類(패류)

券(권):旅券(여권)
卷(권):壓卷(압권)

斤(근):斤量(근량)
斥(척):排斥(배척)

今(금):今日(금일)
令(령):命令(명령)

己(기):自己(자기)
巳(사):巳年(사년)
已(이):已往(이왕)

旦(단):元旦(원단)
且(차):苟且(구차)

代(대):代表(대표)
伐(벌):征伐(정벌)

挑(도):挑發(도발)
桃(도):桃源(도원)

徒(도):學徒(학도)
徙(사):移徙(이사)

綠(록):綠陰(녹음)
緣(연):緣故(연고)

栗(률):生栗(생률)
粟(속):粟米(속미)

憐(련):可憐(가련)
隣(린):近隣(근린)

陸(륙):大陸(대륙)
睦(목):親睦(친목)

末(말):末年(말년)
未(미):未開(미개)

明(명):明示(명시)
朋(붕):朋友(붕우)

摸(모):摸索(모색)
模(모):模範(모범)

母(모):父母(부모)
毋(무):毋論(무론)

微(미):微力(미력)
徵(징):徵表(징표)

密(밀):密談(밀담)
蜜(밀):蜜語(밀어)

薄(박):薄命(박명)
簿(부):帳簿(장부)

復(복):復舊(복구)
複(복):複雜(복잡)

婢(비):奴婢(노비)
碑(비):碑石(비석)

貧(빈):貧困(빈곤)
貪(탐):貪慾(탐욕)

氷(빙):氷河(빙하)
永(영):永眠(영면)

思(사):思想(사상)
恩(은):恩人(은인)

師(사):師恩(사은)
帥(수):元帥(원수)

捨(사):喜捨(희사)	哀(애):悲哀(비애)	促(촉):督促(독촉)
拾(습):拾得(습득)	衷(충):衷心(충심)	捉(착):捕捉(포착)
士(사):士兵(사병)	與(여):與否(여부)	忽(총):忽忽(총총)
土(토):出土(출토)	興(흥):興亡(흥망)	忽(홀):忽然(홀연)
斯(사):斯界(사계)	嗚(오):嗚咽(오열)	衝(충):衝突(충돌)
欺(기):欺瞞(기만)	鳴(명):悲鳴(비명)	衡(형):均衡(균형)
四(사):四海(사해)	曰(왈):曰字(왈자)	治(치):政治(정치)
匹(필):匹夫(필부)	日(일):日記(일기)	冶(야):陶冶(도야)
析(석):分析(분석)	往(왕):往來(왕래)	歎(탄):歎願(탄원)
折(절):曲折(곡절)	住(주):住居(주거)	歡(환):歡心(환심)
宣(선):宣布(선포)	子(자):子孫(자손)	恨(한):恨歎(한탄)
宜(의):便宜(편의)	孑(혈):孑孑(혈혈)	限(한):制限(제한)
設(설):設立(설립)	栽(재):栽培(재배)	抗(항):抗爭(항쟁)
說(설):說明(설명)	裁(재):裁量(재량)	坑(갱):坑木(갱목)
贖(속):贖罪(속죄)	摘(적):摘發(적발)	享(향):享有(향유)
讀(독):讀書(독서)	適(적):適法(적법)	亨(형):亨通(형통)
手(수):手段(수단)	漸(점):漸次(점차)	險(험):保險(보험)
毛(모):毛布(모포)	慚(참):慚悔(참회)	檢(검):檢查(검사)
遂(수):完遂(완수)	燥(조):乾燥(건조)	血(혈):血盟(혈맹)
逐(축):角逐(각축)	操(조):操作(조작)	皿(명):器皿(기명)
戌(술):戌時(술시)	早(조):早退(조퇴)	刑(형):刑罰(형벌)
戍(수):衛戍(위수)	旱(한):旱害(한해)	形(형):形式(형식)
辛(신):辛勝(신승)	晝(주):晝夜(주야)	毫(호):揮毫(휘호)
幸(행):幸福(행복)	畫(화):畫風(화풍)	豪(호):豪快(호쾌)
失(실):失敗(실패)	陣(진):退陣(퇴진)	浩(호):浩氣(호기)
矢(시):嚆矢(효시)	陳(진):陳列(진열)	活(활):活動(활동)
深(심):深醉(심취)	撤(철):撤去(철거)	侯(후):侯爵(후작)
探(탐):探查(탐사)	撒(살):撒布(살포)	候(후):徵候(징후)

3. 두 가지 이상의 음을 가진 한자

降	내릴·········강	降等(강등)		糖	엿·········당	糖分(당분)		
	항복할·······항	降伏(항복)			사탕·········탕	砂糖(사탕)		
更	다시·········갱	更新(갱신)		讀	읽을·········독	讀書(독서)		
	고칠·········경	更迭(경질)			이두·········두	吏讀(이두)		
車	수레·········거	車馬(거마)		洞	골·········동	洞里(동리)		
	수레·········차	車輛(차량)			동할·········통	洞察(통찰)		
見	볼·········견	見聞(견문)		樂	즐길·········락	苦樂(고락)		
	뵈올·········현	謁見(알현)			노래·········악	音樂(음악)		
					좋아할·······요	樂山(요산)		
契	맺을·········계	契約(계약)		率	비율·········률	能率(능률)		
	애쓸·········결	契闊(결활)			거느릴·······솔	統率(통솔)		
	나라이름······글	契丹(글단)		莫	없을·········막	莫論(막론)		
告	고할·········고	告白(고백)			저물·········모	莫春(모춘)		
	뵙고청할·····곡	出必告(출필곡)		反	돌아올·······반	反擊(반격)		
龜	거북·········귀	龜鑑(귀감)			뒤칠·········번	反畓(번답)		
	땅이름·······구	龜浦(구포)		復	회복할·······복	回復(회복)		
	터질·········균	龜裂(균열)			다시·········부	復活(부활)		
金	쇠·········금	金屬(금속)		北	북녘·········북	南北(남북)		
	성·········김	金氏(김씨)			달아날·······배	敗北(패배)		
豈	어찌·········기	豈敢(기감)		否	아닐·········부	可否(가부)		
	싸움이긴노래···개	豈樂(개악)			막힐·········비	否塞(비색)		
奈	어찌·········내	奈何(내하)		寺	절·········사	寺院(사원)		
	나락·········나	奈落(나락)			내시·········시	寺人(시인)		
茶	차·········다	茶菓(다과)		說	말씀·········설	說敎(설교)		
	차·········차	茶禮(차례)			달랠·········세	遊說(유세)		
度	법도·········도	制度(제도)		塞	변방·········새	要塞(요새)		
	헤아릴·······탁	忖度(촌탁)			막힐·········색	塞源(색원)		

屬	붙일……………속 부탁할………촉	屬國(속국) 屬託(촉탁)	錯	어긋날………착 둘……………조	錯覺(착각) 錯辭(조사)
衰	쇠할…………쇠 상복…………최	衰弱(쇠약) 衰服(최복)	參	참여할………참 석……………삼	參席(참석) 參萬(삼만)
宿	잘……………숙 별자리………수	宿泊(숙박) 星宿(성수)	拓	넓힐…………척 밀칠…………탁	開拓(개척) 拓本(탁본)
拾	주울…………습 열……………십	拾得(습득) 參拾(삼십)	推	밀……………추 밀……………퇴	推進(추진) 推敲(퇴고)
氏	성씨…………씨 나라이름……지	姓氏(성씨) 月氏(월지)	則	법칙…………칙 곧……………즉	規則(규칙) 然則(연즉)
食	밥……………식 먹일…………사	飮食(음식) 疎食(소사)	沈	잠길…………침 성……………심	沈沒(침몰) 沈氏(심씨)
識	알……………식 기록할………지	知識(지식) 標識(표지)	宅	집……………택 댁……………댁	住宅(주택) 宅內(댁내)
惡	악할…………악 미워할………오	善惡(선악) 憎惡(증오)	暴	사나울………폭 모질…………포	暴徒(폭도) 暴惡(포악)
易	바꿀…………역 쉬울…………이	交易(교역) 容易(용이)	便	편할…………편 똥오줌………변	便利(편리) 便所(변소)
刺	찌를…………자 찌를…………척	刺客(자객) 刺殺(척살)	編	엮을…………편 땋을…………변	編輯(편집) 編髮(변발)
著	나타낼………저 붙을…………착	著書(저서) 著想(착상)	合	합할…………합 홉……………홉	合邦(합방) 五合(오홉)
切	끊을…………절 온통…………체	切斷(절단) 一切(일체)	行	다닐…………행 항렬…………항	行路(행로) 行列(항렬)
齊	가지런할……제 재계할………재	整齊(정제) 齊戒(재계)	畫	그림…………화 그을…………획	畫家(화가) 畫順(획순)
辰	별……………진 때……………신	辰宿(진수) 生辰(생신)	噫	한숨쉴………희 트림할………애	噫嗚(희오) 噫欠(애흠)

4. 결혼 기념일을 나타내는 한자어

기념 주년	한 자 어	기 념 행 사 내 용
1주년	紙婚式 (지혼식)	결혼 1주년을 축하하여 부부가 서로 그림·책 등 종이로 된 선물을 주고 받아 기념함.
5주년	木婚式 (목혼식)	결혼 5주년을 축하하여 부부가 나무로 된 선물을 주고 받아 기념함.
10주년	錫婚式 (석혼식)	결혼 10주년을 축하하여 부부가 주석제품을 선물로 주고 받아 기념함.
15주년	銅婚式 (동혼식)	결혼 15주년을 축하하여 부부가 구리제품을 선물로 주고 받아 기념함.
25주년	銀婚式 (은혼식)	『Silver Wedding』. 부부가 결혼한 후 25주년을 기념하여 행하는 식 또는 잔치.
30주년	眞珠婚式 (진주혼식)	부부가 결혼 30주년을 축하하여 진주 제품을 주고 받아 기념함.
50주년	金婚式 (금혼식)	『Golden Wedding』. 부부가 결혼한 후 50주년을 기념하여 행하는 식 또는 잔치.
60주년	回婚禮 (회혼례)	회혼(回婚)을 축하하는 잔치.
75주년	다이아몬드 혼식 (金剛石婚式)	『Diamond Wedding』. 부부가 결혼한 후 75주년 되는 해에 행하는 축하식.

5. 편지봉투의 이름 아래 붙이는 호칭

칭 호	내 용 설 명
氏(씨)	나이나 지위가 비슷한 사람에게 존대의 뜻으로 쓸 때.
君(군)	친구나 손아랫 사람에게 쓸 때.
兄(형)	친구에게 높여 쓸 때.
大兄(대형) 仁兄(인형) 雅兄(아형)	남자 친구간에 벗을 높여 쓸 때.
貴下(귀하)	상대방을 높여 쓸 때.
貴中(귀중)	단체에 쓸 때.
孃(양)	처녀로서 동년배(同年輩)나 손아래 사람에게 쓸 때.
女史(여사)	여자로서 사회적 지위나 명성(名聲)이 있는 사람을 높여 이르는 말로, 일반 부인에게 쓸 때.
先生(선생)	은사(恩師)나 남을 경대하여 쓸 때.
畫伯(화백)	화가를 높여 쓸 때.
親展(친전)	수신인(受信人)이 직접 펴보아 주기 바란다는 뜻으로 쓸 때.
座下(좌하)	공경해야 할 어른에게 공대하여 쓸 때.
님께	존경의 뜻을 나타내는 말로, 순 한글식으로 쓸 때.

6. 연령을 나타내는 한자어

연령	한 자 어	유 래 설 명
15세	志學(지학)	공자가 논어에서 15세에 학문(學問)에 뜻을 두었다는 데서 나온 말.
20세	弱冠(약관)	남자 나이 20세를 일컬음. 약(弱)은 부드럽다는 뜻인데 기골이 성숙하지는 않았지만 사람구실을 할 수 있게 되었다는 의미이며, 관(冠)은 성년이 되면서 쓰는 갓을 말함.
30세	而立(이립)	공자가 30세에 뜻이 확고하게 섰다고 말한 데서 나온 말.
40세	不惑(불혹)	공자가 40세에 이르러 세상일에 미혹(迷惑)되지 아니 하게 되었다는 데서 나온 말.
50세	知命(지명)	공자가 50세가 되어 천명(天命)을 알았다는 데서 나온 말.
60세	耳順(이순)	공자가 논어에서 60세가 되면 생각하는 것이 원만하여 어떤 일에 대하여 들으면 곧 이해가 된다는 데서 나온 말.
61세	華甲(화갑)	화(華)자를 분해하면 '십(十)'자 여섯과 '일(一)'이 되는 데서 61을 나타내며, 회갑(回甲) 또는 환갑(還甲)이라고도 함.
62세	進甲(진갑)	환갑의 다음해 생일을 말함.
70세	古稀(고희)	두보(杜甫)가 지은 곡강시(曲江詩)의 '인생 칠십 고래희(人生七十古來稀)'에서 나온 말.
70세	從心(종심)	70세의 별칭(別稱). 공자가 논어에서 70세가 되면 뜻대로 행하여도 도(道)를 넘지 않는다는 데서 나온 말. 칠십이 종심소욕, 불유구(七十而從心所欲, 不踰矩)
77세	喜壽(희수)	희(喜)자는 속자로 㐂로도 표기되었기 때문에 희수(喜壽)는 '七+七' 즉 77세를 나타냄.
88세	米壽(미수)	'米'자를 파자(破字)하면 '八+八'이 되는데서 88세를 나타냄.
99세	白壽(백수)	'百'에서 '一'을 빼면 99가 되고 '白'자가 되는데서 99세를 나타냄.

7. 약자(略字) · 속자(俗字)

ㄱ

假 = 仮 (거짓　가)
價 = 価 (값　가)
覺 = 覚 (깨달을　각)
擧 = 挙 (들　거)
據 = 拠 (근거　거)
輕 = 軽 (가벼울　경)
經 = 経 (지날　경)
徑 = 径 (길　경)
鷄 = 雞 (닭　계)
繼 = 継 (이을　계)
館 = 舘 (집　관)
關 = 関 (관계할　관)
廣 = 広 (넓을　광)
敎 = 教 (가르칠　교)
區 = 区 (구분할　구)
舊 = 旧 (예　구)
驅 = 駆 (몰　구)
國 = 国 (나라　국)
權 = 权 (권세　권)
勸 = 勧 (권할　권)
龜 = 亀 (거북　귀)
氣 = 気 (기운　기)
旣 = 既 (이미　기)

ㄴ

內 = 内 (안　내)

ㄷ

單 = 単 (홑　단)
團 = 団 (둥글　단)
斷 = 断 (끊을　단)
擔 = 担 (멜　담)

當 = 当 (마땅　당)
黨 = 党 (무리　당)
對 = 対 (대할　대)
德 = 徳 (큰　덕)
圖 = 図 (그림　도)
讀 = 読 (읽을　독)
獨 = 独 (홀로　독)

ㄹ

樂 = 楽 (즐길 락, 노래 악)
亂 = 乱 (어지러울　란)
覽 = 覧 (볼　람)
來 = 来 (올　래)
兩 = 両 (두　량)
勵 = 励 (힘쓸　려)
歷 = 歴 (지날　력)
練 = 練 (익힐　련)
戀 = 恋 (사모할 련, 그릴 련)
靈 = 灵 (신령　령)
禮 = 礼 (예도　레)
勞 = 労 (일할　로)
爐 = 炉 (화로　로)
綠 = 緑 (푸를　록)
賴 = 頼 (의뢰할　리)
龍 = 竜 (용　룡)
樓 = 楼 (다락　루)

ㅁ

萬 = 万 (일만　만)
滿 = 満 (찰　만)
蠻 = 蛮 (오랑캐　만)
賣 = 売 (팔　매)
麥 = 麦 (보리　맥)

ㅂ

半 = 半 (반　반)
發 = 発 (필　발)
拜 = 拝 (절　배)
變 = 変 (변할　변)
辯 = 弁 (말씀　변)
邊 = 辺 (가　변)
竝 = 並 (나란히　병)
寶 = 宝 (보배　보)
拂 = 払 (떨칠　불)
佛 = 仏 (부처　불)
冰 = 氷 (얼음　빙)

ㅅ

絲 = 糸 (실　사)
寫 = 写 (베낄　사)
辭 = 辞 (말씀　사)
産 = 産 (낳을　산)
雙 = 双 (둘　쌍)
敍 = 叙 (펼　서)
釋 = 釈 (풀　석)
聲 = 声 (소리　성)
續 = 続 (이을　속)
屬 = 属 (붙일　속)
收 = 収 (거둘　수)
數 = 数 (셈　수)
輸 = 輸 (보낼　수)
壽 = 寿 (목숨　수)
肅 = 粛 (엄숙할　숙)
濕 = 湿 (젖을　습)
乘 = 乗 (탈　승)
實 = 実 (열매　실)

ㅇ

兒 = 児 (아이　아)
亞 = 亜 (버금　아)
惡 = 悪 (악할 악, 미워할 오)
鴈 = 雁 (기러기　안)
巖 = 岩 (바위　암)
壓 = 圧 (누를　압)
藥 = 薬 (약　약)
嚴 = 厳 (엄할　엄)
餘 = 余 (남을　여)
與 = 与 (더불 여, 줄 여)
驛 = 駅 (역　역)
譯 = 訳 (번역할　역)
鹽 = 塩 (소금　염)
榮 = 栄 (영화　영)
豫 = 予 (미리　예)
藝 = 芸 (재주　예)
溫 = 温 (따뜻할　온)
臥 = 卧 (누울　와)
圓 = 円 (둥글　원)
圍 = 囲 (에워쌀　위)
爲 = 為 (하　위)
應 = 応 (응할　응)
醫 = 医 (의원　의)
貳 = 弐 (두　이)
壹 = 壱 (하나　일)

ㅈ

姉 = 姉 (손위누이　자)
殘 = 残 (남을　잔)
蠶 = 蚕 (누에　잠)
雜 = 雑 (섞일　잡)
壯 = 壮 (장할　장)
莊 = 庄 (씩씩할　장)
將 = 将 (장수　장)

獎 = 奨 (권할　장)
爭 = 争 (다툴　쟁)
戰 = 戦 (싸울　전)
錢 = 銭 (돈　전)
傳 = 伝 (전할　전)
轉 = 転 (구를　전)
點 = 点 (점　점)
淨 = 浄 (깨끗할　정)
濟 = 済 (건널　제)
齊 = 斉 (가지런할　제)
條 = 条 (가지　조)
弔 = 吊 (조상할　조)
從 = 従 (좇을　종)
晝 = 昼 (낮　주)
廚 = 厨 (부엌　주)
卽 = 即 (곧　즉)
增 = 増 (더할　증)
證 = 証 (증거　증)
眞 = 真 (참　진)
盡 = 尽 (다할　진)

ㅊ

贊 = 賛 (도울　찬)
參 = 参 (참여할 참 석 삼)
冊 = 冊 (책　책)
處 = 処 (곳　처)
淺 = 浅 (얕을　천)
鐵 = 鉄 (쇠　철)
廳 = 庁 (관청　청)
體 = 体 (몸　체)
觸 = 触 (닿을　촉)
總 = 総 (다　총)
蟲 = 虫 (벌레　충)
醉 = 酔 (술취할　취)
齒 = 歯 (이　치)

恥 = 恥 (부끄러울　치)
寢 = 寝 (잠잘　침)
稱 = 称 (일컬을　칭)

ㅌ

彈 = 弾 (탄알　탄)
澤 = 沢 (못　택)

ㅍ

廢 = 廃 (폐할 ㅍ 버릴 ㅍ)
豐 = 豊 (풍년　풍)

ㅎ

學 = 学 (배울　학)
陷 = 陥 (빠질　함)
解 = 鮮 (풀　해)
鄕 = 郷 (시골　향)
虛 = 虚 (빌　허)
獻 = 献 (드릴　헌)
驗 = 験 (시험할　험)
顯 = 顕 (나타날　현)
螢 = 蛍 (반딧불　형)
號 = 号 (이름　호)
畵 = 画 (그림 화, 그을 획)
擴 = 拡 (넓힐　확)
歡 = 歓 (기쁠　환)
會 = 会 (모일　회)
囘 = 回 (돌아올　회)
效 = 効 (본받을　효)
黑 = 黒 (검을　흑)

8. 음(音)은 같으면서 뜻이 다른 한자어

감사
- 感謝 : 고맙게 여김.
- 監査 : 감독하고 검사함.
- 監事 : 법인의 재산상황·업무 집행상황을 감사(監査)하는 기관. 또, 그 사람.

가보
- 家寶 : 한 집안의 보배.
- 家譜 : 한 집안의 계보. 족보.

가설
- 架設 : 줄 따위를 공중에 건너질러 설치함.
- 假說 : 임시로 세우거나 설비·설치함.

가장
- 家長 : 집안의 어른.
- 假裝 : 거짓으로 꾸밈.

가정
- 家庭 : 한 가족이 살림하고 있는 집안.
- 假定 : 임시로 정함.

간부
- 幹部 : 단체의 수치부의 임원.
- 姦夫 : 간통한 사내.
- 姦婦 : 간통한 계집.

감상
- 感想 : 마음에 느끼어 일어나는 생각.
- 鑑賞 : 예술작품을 깊이 음미하고 이해함.

개정
- 改正 : 고쳐 바르게 함.
- 改定 : 고쳐 다시 정함.
- 開廷 : 재판을 시작하려고 법정을 엶.

경기
- 景氣 : 기업을 중심으로 한 경제상태.
- 競技 : 무술이나 운동경기로 승부를 겨루는 일.
- 京畿 : 경기도 지방.

과거
- 科擧 : 문무관을 등용할 때 보던 시험.
- 過去 : 지나간 때.

교정
- 校正 : 글자의 잘못된 것을 대조하여 바로잡음.
- 校庭 : 학교의 마당.
- 矯正 : 틀어지거나 굽은 것 또는 결점 등을 바로잡음.

기술
- 技術 : 공예의 재주. 기예.
- 奇術 : 기묘한 재주.
- 記述 : 사물의 특징을 있는 그대로 표시함.

기사
- 技士 : 기술계의 기술자.
- 記事 : 사실을 적음.
- 棋士 : 바둑이나 장기를 잘 두는 사람.
- 騎士 : 말을 탄 무사.

고문
- 古文 : 옛 글.
- 拷問 : 피의자에게 여러 가지 신체적 고통을 주어 강제로 자백하게 하는 일.
- 顧問 : 자문에 응하여 의견을 말하는 직책, 또는 그 직책에 있는 사람.

기도
- 企圖 : 일을 주며 내려고 꾀함.
- 祈禱 : 신불에게 빎, 또는 그 의식.

답사
- 答辭 : 회답하는 말.
- 踏査 : 그 곳에 실제로 가서 보고 조사함.

대사
- 大事 : 큰 일.
- 大使 : 특명 전권 대사.
- 代謝 : 신진대사.
- 臺詞 : 무대에서 배우가 연극 중에 하는 말.

동기
- 冬期 : 겨울철.
- 同氣 : 형제 자매.
- 動機 : 의사결정이나 어떤 행위의 직접적인 원인.
- 同期 : 같은 시기.

동상
- 凍傷 : 심한 추위로 피부가 얼어서 상하는 일.
- 銅賞 : 금·은·동으로 상의 등급을 이름 지었을 때의 3등상.
- 銅像 : 구리로 만든 사람의 형상.

보고
- 報告 : 알려바침.
- 寶庫 : 귀중한 재화를 넣어두는 창고.

부대
- 附帶 : 곁달아서 덧붙임.
- 負袋 : 종이·피류 등으로 만든 큰 자루.
- 部隊 : 한 단위의 군대.

부상
- 負傷 : 몸에 상처를 입음.
- 浮上 : 표면으로 떠오름.
- 副賞 : 정식 상 이외에 덧붙여 주는 상금이나 상품.

부인
- 否認 : 시인하지 않음.
- 婦人 : 결혼한 여자.

부정
- 不正 : 바르지 못함.
- 不定 : 일정하지 않음.
- 不貞 : 여자가 정조를 지키지 않음.
- 父情 : 자식에 대한 아버지로서의 정.
- 否定 : 그렇지 않다고 단정함.

사고	事故 : 평시에 없는 뜻밖의 사건. 思考 : 생각하고 궁리함.
사례	事例 : 일의 실례. 謝禮 : 언행으로나 물품으로서 상대자 에게 고마운 뜻을 나타냄.
사기	士氣 : 군대나 단체에 딸린 사람들의 기세. 史記 : 역사를 기록한 책. 詐欺 : 남을 속이어 금품을 뺏거나 손 해를 입히는 일.
사상	思想 : 구체적인 생각이나 사고. 死傷 : 죽음과 다침.
사장	沙場 : 모래톱. 社長 : 회사의 우두머리. 死藏 : 활용하지 않고 간직하여 둠.
선전	宣傳 : 말하여 전함. 널리 전함. 善戰 : 잘 싸움.
실명	失明 : 눈이 멂. 實名 : 진짜이름. 본명.
양식	洋食 : 서양식의 음식. 樣式 : 일정한 형식. 養殖 : 어류 등을 인공적으로 길러서 번식시키는 일. 糧食 : 식용인 곡식. 식량.
역사	力士 : 뛰어나게 힘이 센 사람. 장사 歷史 : 인간 사회가 거쳐 온 변천의 모 습. 또는, 그 기록. 驛舍 : 역으로 쓰는 건물.
유산	流産 : 달이 차지 전에 태아가 죽어서 나옴. 낙태. 遺産 : 죽은이가 남겨놓은 재산.
유치	幼稚 : 나이가 어림. 생각이나 하는 짓이 어림. 留置 : (남의 물건을)맡아둠. 誘致 : 설비 등을 갖추어 두고 권하여 오게 함.
의사	義士 : 의리와 지조를 굳게 지키는 사람. 意思 : 생각이나 마음.師 : 의술과 약으로 병을 고치는 직업에 종사하는 사람. 議事 : 회의에서 어떤 안건을 토의함. 또는 그 토의.
이상	異狀 : 평소와는 다른 상태. 異象 : 기이한 현상. 理想 : 그렇게 되었으면 하고 마음에 그 리며 추구하는 최상·최선의 목표.
이성	異性 : 다른 성(性) 理性 : 사물의 이치를 논리적으로 생각 하고 판단하는 마음의 작용.
인정	人情 : 사람이 본디 지니고 있는 온갖 감정. 마음씨. 認定 : 옳다고 믿고 정함.
장수	長壽 : 목숨이 깊. 오래 삶. 將帥 : 군사를 지휘 통솔하는 장군.
자원	字源 : 글자의 기원. 특히 한자의 구성 원리. 自願 : 어떤 일을 자기 스스로 하고자 바라거나 나섬. 資源 : 생산의 바탕이 되는 여러 가지 물자.
장관	壯觀 : 굉장하여 볼만한 경관. 長官 : 국무를 맡아보는 행정각부의 책임자.
전기	前記 : 앞에 기록함. 또는 앞의 기록. 傳記 : 한 개인의 일생의 사적(事蹟)을 적은 기록. 轉機 : 어떤 상태에서 다른 상태로 변 하는 계기. 전환의 기회. 電氣 : 전자의 이동으로 생기는 에너지 의 한 형태.
전문	全文 : 글의 전체. 前文 : 한 편의 글에서, 앞부분에 해당하는 글. 專門 : 어떤 한가지 일을 오로지 연구하거 나, 한가지 일에 마음을 쏟아 일함. 電文 : 전보의 글.
전시	戰時 : 전쟁이 벌어진 때. 展示 : 늘어놓아 보임. 펴서 봄. 또는 펴 보임.
전원	全員 : 전체의 인원. 田園 : 논밭과 동산. 시골, 도시의 교외.
정도	正道 : 올바른 길. 바른 도리. 程度 : 알맞은 한도.
초대	初代 : 어떤 계통의 첫 번째 사람, 또는 그 사람의 시대. 招待 : 남을 청하여 대접함.
화장	化粧 : 화장품을 얼굴 따위에 바르고 매만져 곱게 꾸밈. 火葬 : 시체를 불에 살라 장사하는 일.
회의	會議 : 모여 의논함, 또는 그 모임. 懷疑 : 의심을 품음, 또는 그 의심.

9. 필수 고사성어 및 한자숙어

- 刻舟求劍(각주구검) : 배에서 떨어뜨린 칼을 찾는데, 배가 움직이는 것은 생각하지 않고, 칼을 떨어뜨린 뱃전에다 표를 하고서 칼을 찾는다는 뜻에서, '사리에 어둡고 어리석음'을 비유하는 말.
- 艱難辛苦(간난신고) : 몹시 힘들고 고생스러움.
- 竿頭之勢(간두지세) : '장대 끝에 선 형세'라는 뜻으로, '몹시 위태로운 형세'라는 말.
- 敢不生心(감불생심) : 감히 엄두도 내지 못함.
- 甘言利說(감언이설) : 남의 비위에 맞도록 꾸민 말과 이로운 조건을 내세워 꾀는 말.
- 甘呑苦吐(감탄고토) : '달면 삼키고 쓰면 뱉는다'는 뜻. 사리의 옳고 그름을 돌보지 아니하고, 자기의 비위에 맞으면 좋아하고, 맞지 아니하면 싫어한다는 말.
- 甲男乙女(갑남을녀) : '갑이라는 남자와 을이라는 여자'의 뜻으로, '그저 평범한 사람들' 이라는 말. 필부필부(匹夫匹婦)
- 康衢煙月(강구연월) : 태평한 시대의 큰 길거리의 평화로운 풍경.
- 改過遷善(개과천선) : 허물을 고치어 착하게 됨.
- 蓋世之才(개세지재) : 세상을 뒤덮을 만한 뛰어난 재질.
- 去頭截尾(거두절미) : ① 머리와 꼬리를 잘라 버림. ② 사실의 요점만 말하고 부차적인 설명은 빼어 버림.
- 乾坤一擲(건곤일척) : 승패나 흥망에 결정적인 영향을 주는 단판걸이의 겨룸.
- 隔靴搔癢(격화소양) : 신 신고 발바닥 긁기. 애를 써서 일을 하기는 하나 정통을 찌르지 못하여 안타까움을 비유하는 말.
- 牽强附會(견강부회) : 당치 아니한 말을 억지로 끌어 붙여 조건에 맞추려고 함.
- 見利思義(견리사의) : 눈앞에 이익이 보일 때, 의리 맞는가 안 맞는가의 여부를 잘 생각함.
- 見蚊拔劍(견문발검) : 모기 보고 칼 빼기. '대수롭지 아니 한 작은 일에 너무 크게 성을 내어 덤비거나 엄청나게 큰 대책을 씀'을 비유한 말.
- 見物生心(견물생심) : 실물을 보면 욕심이 생김.
- 犬馬之勞(견마지로) : 남에게 '자기가 바치는 노력'을 아주 겸손하게 일컫는 말.

- 結者解之(결자해지) : '맺은 사람이 풀어야 한다'는 뜻으로, '자기가 관계하였거나 저지르거나 한 일에 대하여는 자신이 그 일을 해결하여야 한다'는 말.
- 結草報恩(결초보은) : '죽은 뒤에도 은혜를 갚음' 이라는 뜻으로, 남의 은혜에 대하여 매우 깊이 감사할 때 쓰는 말. 중국 춘추시대에 진나라 위 과라는 사람이 아버지가 죽은 뒤에, 서모를 개가 시키어 순사하지 않게 하였더니, 그 뒤 위과가 전쟁에 나가서 싸울 때에 그 서모의 아버지의 혼이 적군의 앞 길에 풀을 맺어 행군을 방해하여, 위 과가 적을 잡을 수 있게 하였다는 일에서 나온 말.
- 輕擧妄動(경거망동) : 경솔하고 망령되게 행동함. 또는, 그런 행동.
- 傾國之色(경국지색) : '임금이 가까이하여 나라가 기울어져도 모를 만한 미인'이란 뜻으로 '뛰어나게 아름다운 미인'을 일컫는 말.
- 輕敵必敗(경적필패) : 적을 업신여겨 꼭 패배함.
- 經天緯地(경천위지) : 온 천하를 경륜하여 다스림.
- 孤軍奮鬪(고군분투) : ① 후원이 없는 외로운 군대가, 힘에 벅찬 적군과 맞서 온 힘을 다하여 싸움. ② 적은 인원이나 약한 힘으로, 남의 도움을 받지 아니하고, 힘에 벅찬 일을 그악스럽게 함.
- 膏粱珍味(고량진미) : 기름진 고기와 좋은 곡식으로 만든 맛있는 음식.
- 鼓腹擊壤(고복격양) : 중국 요 임금 때 한 노인이 배를 두드리고 땅을 치면서 요 임금의 덕을 찬양하고 태평성대를 즐겼다는 일에서 나온 말로, '태평한 세상을 즐김'이라는 말.
- 姑息之計(고식지계) : 한때만의 변통으로 당장에 편한 것만 취하는 꾀.
- 苦盡甘來(고진감래) : 고생한 끝에는 즐거움이 옴.
- 骨肉相爭(골육상쟁) : 가까운 혈족 끼리 서로 싸움.
- 空中樓閣(공중누각) : '아무런 근거가 없는 헛된 생각이나 또는 그러한 사물'을 비유하는 말.
- 誇大妄想(과대망상) : 자기의 현재 상태를 턱없이 과장하여, 그것을 사실이거니 하고 믿는 생각.
- 過猶不及(과유불급) : 정도에 지나침은 정도에 미치지 못함과 같음. '중용'이 중요하다는 뜻에서 이르는 말.

- 管鮑之交(관포지교) : 옛날 중국의 관중과 포숙이 아주 사이 좋게 사귀었다는 데서 나온 말로, '썩 친밀한 친구 관계'를 일컫는 말.
- 刮目相對(괄목상대) : 주로, 남의 학식이나 재주가 부쩍 는 것에 놀라서, 눈을 비비고 다시 봄.
- 九曲肝腸(구곡간장) : '굽이굽이 서린 창자'라는 뜻으로, '깊고 깊은 마음속'을 비유하는 말.
- 九死一生(구사일생) : 여러 차례 죽을 고비를 넘어서 겨우 살아남.
- 口尙乳臭(구상유취) : '입에서 아직 젖내가 난다'는 뜻으로, '말이나 행동이 아직 유치함'이라는 말.
- 九牛一毛(구우일모) : '아홉 마리 소 가운데 한 개의 털'이라는 뜻으로, 썩 많은 가운데서 가장 적은 수'라는 말.
- 九折羊腸(구절양장) : 양의 창자처럼 꼬불꼬불한 험한 산길.
- 群鷄一鶴(군계일학) : '닭의 무리 가운데 한 마리의 학'이라는 뜻으로, '많은 사람 가운데 뛰어난 인물'을 비유하는 말.
- 群雄割據(군웅할거) : 여러 영웅들이 저마다 한 지방씩을 차지하고 세력을 떨치는 일.
- 權謀術數(권모술수) : 그때 그때의 형편을 따라 꾀하는 모략이나 수단.
- 權不十年(권불십년) : '권세는 십년을 못 감'이라는 뜻으로, '권력이나 세도를 잡는다 해도 오래가지 못한다'는 말.
- 勸善懲惡(권선징악) : 착한 일을 권하고 악한 일을 징계함.
- 捲土重來(권토중래) : ① '땅을 마는 것 같은 세력으로 다시 온다'는 뜻으로, 한 번 실패하였다가 힘을 회복하여 다시 쳐들어옴. ② 어떤 일에 실패한 뒤에 힘을 가다듬어 다시 그 일에 착수함.
- 近墨者黑(근묵자흑) : 먹을 가까이 하면 검어진다는 뜻.
- 金科玉條(금과옥조) : 금이나 옥처럼 귀중히 여겨 꼭 받들어야 할 법칙이나 규정.
- 錦上添花(금상첨화) : 좋은 일 위에 좋은 일이 더하여짐.
- 錦衣夜行(금의야행) : 비단옷 입고 밤길 가기. 아무보람이 없는 행동의 비유.
- 錦衣還鄕(금의환향) : 출세하여 제 고향으로 돌아가거나 돌아옴.
- 金枝玉葉(금지옥엽) : ① 임금의 집안과 자손. ② '귀여운 자손'을 소중하게 일컫는 말.

- 騎虎之勢(기호지세): '범을 타고 달리는 형세'라는 뜻으로, '이미 시작한 일을 중도에서 그만둘 수 없는 형세'를 비유하는 말.
- 難兄難弟(난형난제): 누구를 형이라 아우라 하기 어렵다는 뜻으로, '서로 비슷비슷하여 어느 것이 낫고 못하다고 하기 어려움'을 비유하는 말.
- 南柯一夢(남가일몽): 꿈과 같이 헛된 한 때의 부귀와 영화.
- 內憂外患(내우외환): 나라 안팎의 여러 가지 어려운 일들.
- 路柳墻花(노류장화): 아무라도 꺾을 수 있는 '길가의 버들과 담밑의 꽃'이라는 뜻으로, '창부'의 비유.
- 勞心焦思(노심초사): 애써서 속을 태움.
- 綠陰芳草(녹음방초): 짙푸른 나무 숲과 꽃다운 풀.
- 綠衣紅裳(녹의홍상): 젊은 여자의 곱게 치장한 복색.
- 弄假成眞(농가성진): 장난으로 한 것이 참으로 한 것과 같이 됨.
- 累卵之危(누란지위): 몹시 위태한 형세.
- 多多益善(다다익선): 많을수록 더욱 좋음.
- 斷機之戒(단기지계): 맹자가 학업을 중단하고 돌아왔을 때, 그 어머니가 칼로 베틀의 실을 끊어서 훈계하였다는 옛일에서 온 말로, 학문을 중도에 그만두는 것은 짜던 베의 날을 끊는 것과 같다는 뜻.
- 單刀直入(단도직입): ① 한 칼로 적을 거침없이 쳐서 들어감. ② 월이나 말에서 머리말이나 딴 이야기를 빼고 곧바로 그 요점으로 들어감.
- 丹脣皓齒(단순호치): '붉은 입술과 흰 이'의 뜻으로, '여자의 썩 아름다운 얼굴'을 일컫는 말.
- 大器晚成(대기만성): 큰 그릇을 만드는 데는 시간이 오래 걸리듯이, '크게 될 사람은 늦게 이루어짐'을 일컫는 말.
- 徒勞無功(도로무공): 헛되게 애만 쓰고 아무 보람이 없음.
- 桃園結義(도원결의): 중국소설 《삼국지》에 나온 말로, '의형제를 맺음'의 뜻.
- 塗炭之苦(도탄지고): 진구렁에 빠지고 숯불에 타는 듯한 고생.
- 同價紅裳(동가홍상): 같은 값이면 다홍치마. 즉 같은 값이면 물건이 좋은 쪽으로 택한다는 뜻.

- 東問西答(동문서답) : 묻는 말에 대하여 아주 딴판인 엉뚱한 대답.
- 同病相憐(동병상련) : ① 같은 병을 앓는 사람 끼리 서로 가엾게 여김. ② 어려운 처지에 있는 사람 끼리 동정하고 도움.
- 東奔西走(동분서주) : 사방으로 이리저리 몹시 바쁘게 돌아다님.
- 同床異夢(동상이몽) : '겉으로는 같이 행동하면서 속으로는 각각 아주 딴 생각을 함'을 이르는 말.
- 東征西伐(동정서벌) : 여러 나라를 이리저리로 정벌함.
- 杜門不出(두문불출) : 집 속에서만 들어 있어서 밖에 나가지 아니 함.
- 燈下不明(등하불명) : 등잔 밑이 어둡다는 말로 가까이 있는 것이 도리어 알기 어렵다는 뜻.
- 燈火可親(등화가친) : 가을이 들어 서늘하므로 밤에 등불을 가까이 하여 글 읽기에 좋음.
- 馬耳東風(마이동풍) : 남의 말을 귀담아 듣지 아니 하고 지나쳐 흘려 버림을 이르는 말.
- 莫逆之友(막역지우) : 매우 친하여 허물없는 벗.
- 萬頃蒼波(만경창파) : 한없이 너른 바다.
- 萬事休矣(만사휴의) : '모든 일이 헛수고로 돌아감' 일컫는 말.
- 萬彙群象(만휘군상) : 온갖 사물의 형상.
- 亡羊補牢(망양보뢰) : 소 잃고 외양간 고친다는 말로 이미 일이 실패된 뒤에 손질하거나 뉘우쳐도 쓸데없다는 뜻.
- 孟母三遷(맹모삼천) : 맹자의 어머니가 아들 맹자를 가르치기 위하여 세 번 집을 옮긴 일.
- 明鏡止水(명경지수) : ① 흐리지 아니 한 거울과 움직이지 아니 하는 물. ② 잡념과 가식과 허욕이 없이 아주 맑고 깨끗한 마음.
- 面從腹背(면종복배) : 보는 앞에서는 순종하는 체 하고, 속으로는 딴마음을 먹음.
- 名實相符(명실상부) : 이름과 실상이 서로 틀리지 아니 함.
- 明若觀火(명약관화) : 불을 보는 듯이 분명하고 뻔함.
- 毛遂自薦(모수자천) : 조나라의 모수가 자신을 왕의 사자로 천거한 옛일에서, '스스로를 천거함'의 뜻.

- 目不識丁(목불식정): '낫 놓고 기역자도 모름'과 같은 뜻으로서, 아주 까막눈이 라는 말.
- 目不忍見(목불인견): 눈으로 차마 볼 수 없음.
- 武陵桃源(무릉도원): 도 연명의 《도화원기》에 나오는 말로, '이상향', '별천지' 의 비유.
- 無所不爲(무소불위): 못 할 일이 없이 다 함.
- 無用之用(무용지용): 언뜻 쓸모없는 것으로 보이는 것이 오히려 큰 구실을 한 다는 말.
- 刎頸之交(문경지교): 죽고 살기를 같이하는 친한 사이.
- 聞一知十(문일지십): 한 가지를 듣고 열 가지를 미루어 안다는 뜻으로 '지극히 총명함'을 이르는 말.
- 尾生之信(미생지신): 옛날 미생이라는 사람이 다리 밑에서 여자와 만날 약속을 지키려고 기다리던 중 닥쳐오는 홍수에도 피하지 않고 기다 리다가 드디어 물에 빠져 죽었다는 <사기>의 '소신전'에 나 오는 말로, '융통성이 없이 약속만을 굳게 지킴'의 비유.
- 美風良俗(미풍양속): 아름답고 좋은 풍속이나 기풍.
- 博而不精(박이부정): 널리 알되 정밀하지 못함.
- 反目嫉視(반목질시): 서로 미워하고 시기하는 눈으로 봄.
- 拔本塞源(발본색원): 폐단이 되는 근원을 아주 없애 버림.
- 傍若無人(방약무인): 곁에 사람이 없이 제 세상인 것처럼, 말과 행동에 어렴성 이 없음
- 背恩忘德(배은망덕): 남의 은덕을 잊고 저버림.
- 百年之客(백년지객): 아무리 스스럼이 없어져도 언제나 예의를 갖추어 맞아야 할 손님. 백년 손.
- 百年偕老(백년해로): 부부가 되어 서로 사이가 좋고 즐겁게 함께 늙음.
- 白衣從軍(백의종군): 벼슬이 없는 사람으로 군대를 따라 전장으로 감.
- 百折不屈(백절불굴): 굳세게 견디어서 조금도 굽히지 아니 함.
- 百尺竿頭(백척간두): 위태로움과 어려움이 더할 수 없는 지경.
- 百八煩惱(백팔번뇌): 인간의 백 여덟 가지의 번뇌.
- 繁文縟禮(번문욕례): 번거롭고 까다롭게 만든 예법의 글.

- 富貴在天(부귀재천) : 부귀는 하늘에 매어 있어 사람의 힘으로는 어찌 할 수 없다는 뜻.
- 夫唱婦隨(부창부수) : 남편이 주장하고 아내가 이에 잘 따름.
- 附和雷同(부화뇌동) : 줏대 없이 남의 의견에 붙좇아서 덩달아 같이 행동함.
- 粉骨碎身(분골쇄신) : ① 참혹하게 죽음. ② 목숨을 내놓고 있는 힘을 다함.
- 焚書坑儒(분서갱유) : 중국의 진시황이 즉위 34 년에 학자들의 정치 비평을 금하려고, 민간에서 가지고 있던 의약, 복서, 농업에 관한 책만을 제외하고 모든 서적을 모아서 불살라 버리고, 이듬해 함양에서 수 백 사람의 유생을 구덩이에 묻어 죽인 일.
- 不俱戴天(불구대천) : 하늘을 같이 이지 못한다는 뜻으로 이 세상에서는 같이 살 수 없을 만한 큰 원한(怨恨)을 비유하여 일컫는 말. 불공대천(不共戴天).
- 不問可知(불문가지) : 묻지 아니 하여도 뻔히 알 수 있음.
- 不問曲直(불문곡직) : 잘잘못을 따져 묻지 아니 함.
- 不偏不黨(불편부당) : 어느 편으로든지 치우치지 아니 함. 곧 어떤 편당이나 주의에 기울어지지 아니 하고 공평하게 중정의 태도를 가짐.
- 四顧無親(사고무친) : 친한 사람이라곤 도무지 없는 처지.
- 四面楚歌(사면초가) : 아무한테도 도움이나 지지를 받지 못하고 매우 외롭고 곤란한 고비가 된 형편.
- 駟不及舌(사불급설) : 입 밖에 낸 말은 아무리 빠른 사마라도 붙들지 못한다는 뜻으로 '말을 조심하라'는 말.
- 沙上樓閣(사상누각) : 모래 위에 지은 다락집이라는 뜻으로 '바탕이 너무 약해서 오래 가지 못할 사물'을 비유하는 말.
- 事必歸正(사필귀정) : 일은 반드시 바른 길로 돌아감.
- 山戰水戰(산전수전) : 세상 일에 대한 어려운 고비를 다 겪어 본 것을 비유하는 말.
- 山海珍味(산해진미) : 산과 바다에서 나는 온갖 귀한 물건으로 차린 맛이 좋은 음식.
- 殺身成仁(살신성인) : 절개를 지켜서 목숨을 버림.
- 三顧草廬(삼고초려) : 옛날 중국 삼국시대에 유비가 제갈 양의 초려를 세 번 찾아가서, 자기의 큰 뜻을 말하고 그를 초빙하여 군사를 삼았다는 옛 일로, '인재를 얻기 위한 끈질긴 노력'을 일컫는 말.

- 三十六計(삼십육계) : ① 물주가 맞히는 사람에게 살돈의 삼십 육 배를 주는 노름. 또는, 그러한 노름을 함. ② '도망'의 낮은말.
- 三人成虎(삼인성호) : 세 사람이 짜면 거리에 범이 나왔다는 거짓도 꾸밀 수 있다는 뜻으로, 근거 없는 말이라도 여러 사람이 하면 곧이 듣는다는 말.
- 三從之道(삼종지도) : 여자가 지켜야 할 세 가지의 도. 집에 있어서는 아버지를, 시집가서는 남편을, 남편이 죽은 뒤에는 아들을 좇음을 이름. 삼종지의(三從之義).
- 三旬九食(삼순구식) : '서른날에 아홉 끼니 밖에 못 먹는다'는 뜻으로 '가세가 몹시 가난함'을 일컫는 말.
- 三尺童子(삼척동자) : 키가 석 자쯤 되는 철모르는 어린아이.
- 三遷之敎(삼천지교) : 중국 전국시대에 맹자의 어머니가 집을 세 번 옮겨서 아들 맹자를 가르친 일.
- 桑田碧海(상전벽해) : '뽕나무밭이 변하여 푸른 바다가 된다'는 뜻으로, '세상의 심한 변천'을 비유하는 말.
- 上下撑石(상하탱석) : '아랫돌 빼서 윗돌 괴고 윗돌 빼서 아랫돌 괴기'의 뜻으로, '몹시 꼬이는 일을 당하여 임시변통으로 이리저리 견디어 감'을 이르는 말.
- 先公後私(선공후사) : 여러 사람을 위한 일을 먼저 하고 사사로운 일을 뒤에 함.
- 仙風道骨(선풍도골) : 신선의 풍채와 도인의 골격이란 뜻으로, '남달리 뛰어나고 청초하게 생긴 풍채'를 일컫는 말.
- 雪上加霜(설상가상) : 엎친 데 덮친다는 말로 곤한한 일이나 불길한 일이 겹쳐 일어난다는 뜻.
- 歲寒三友(세한삼우) : 겨울철의 세 벗이란 뜻으로 소나무·대나무·매화나무를 일컫는 말. 흔히 한 폭의 그림에 그리어 송죽매라 함.
- 束手無策(속수무책) : 어찌할 방책이 없어 꼼짝 못 하고 있는 형편.
- 送舊迎新(송구영신) : 묵은 해를 보내고 새해를 맞음.
- 阿鼻叫喚(아비규환) : ① 무간지옥과 규환지옥. ② 계속되는 심한 고통으로 갈피를 잡지 못하고 울부짖는 참상을 형용하는 말.
- 阿諛苟容(아유구용) : 알랑거리며 구차스럽게 굶.

- 我田引水(아전인수) : 제 논에 물대기. '자기에게만 이롭도록 일을 함'을 비유하여 이르는 말.
- 眼下無人(안하무인) : 모든 사람을 업신여기고 방자함.
- 暗中摸索(암중모색) : ① 어두운 가운데서 더듬어 찾음. ② 어림만 대고 막연히 어떤 일을 알아내려 함.
- 藥房甘草(약방감초) : '어떤 일에나 빠짐없이 참석하는 사람과, 꼭 있어야 할 물건'을 비유하는 말.
- 羊頭狗肉(양두구육) : 양의 머리를 내세우고 개고기를 판다는 뜻으로 '겉으로 훌륭하게 보이나 속은 변변하지 아니 한 것'의 비유
- 梁上君子(양상군자) : '들보 위에 숨어 있는 군자'라는 뜻으로, '도둑'을 완곡하게 일컫는 곁 말.
- 魚頭肉尾(어두육미) : 물고기는 대가리 쪽이 맛이 있고, 짐승 고기는 꼬리 쪽이 맛이 있다는 말.
- 漁父之利(어부지리) : 조개와 황새가 서로 싸우는 판에 어부가 두 놈을 쉽게 잡아서 이를 보았다는 뜻으로 '두 사람이 다툼질한 결과 아무 관계도 없는 사람이 이를 얻게 됨'을 빗대어 하는 말.
- 語不成說(어불성설) : 말이 조금도 사리에 맞지 아니 함.
- 億兆蒼生(억조창생) : 수많은 백성.
- 言中有骨(언중유골) : 말 가운데 뼈. 곧, 말이 겉으로는 순한 듯 하나 단단한 속뜻이 들어 있다는 말.
- 言語道斷(언어도단) : 말할 길이 끊어졌다는 뜻. 곧, 너무나 엄청나거나 기가 막혀서, 말로써 나타낼 수가 없음.
- 言則是也(언즉시야) : 말인즉 옳음.
- 易地思之(역지사지) : 처지를 바꾸어서 생각함.
- 緣木求魚(연목구어) : 나무에 올라가서 고기를 구한다는 뜻으로, 도저히 불가능한 일을 굳이 하려 함을 비유하는 말.
- 連戰連勝(연전연승) : 연속 싸워 이김.
- 榮枯盛衰(영고성쇠) : 인생이나 사물의 성함과 쇠함.
- 五里霧中(오리무중) : 널리 낀 안개 속과 같이 희미하고 몽롱하여, 무슨 일의 방향이나 갈피를 잡을 수 없는 상태.
- 寤寐不忘(오매불망) : 자나깨나 잊지 못함.

- 吾鼻三尺(오비삼척) : 내 코가 석 자라는 말로 자기의 곤궁이 심하여 남의 사정을 돌 볼 겨를이 없음을 뜻함.
- 烏飛梨落(오비이락) : 까마귀 날자 배 떨어진다는 말로 우연한 일치로 남의 혐의를 받게 됨을 뜻하는 말.
- 烏飛一色(오비일색) : 날고 있는 까마귀가 모두 같은 빛깔이라는 뜻으로, 모두 같은 무리 또는 피차 똑같다는 말.
- 五十步百步(오십보백보) : 좀 못하고 좀 나은 점의 차이는 있으나, 크게 보아 잘못되기는 마찬가지라는 말.
- 吳越同舟(오월동주) : 중국 춘추전국시대의 오왕 부차와 월왕 구천이 항상 적의를 품고 싸웠다는 일에서, 서로 적의를 품은 사람들이 같은 처지나 한 자리에 있게 됨을 비유하는 말.
- 烏合之卒(오합지졸) : 임시로 모아 들이어서 교련이 없는 군사.
- 屋上加屋(옥상가옥) : ① 지붕 위에 거듭 집을 세움. ② 물건이나 일을 부질없이 거듭하는 것의 비유.
- 玉石俱焚(옥석구분) : 옥이나 돌이나 모두 다 탄다는 뜻으로, '옳은 사람이나 그른 사람이나 구별 없이 모두 재앙을 받음'의 비유.
- 溫故知新(온고지신) : 옛 것을 익히고 그것을 미루어서 새것을 앎.
- 臥薪嘗膽(와신상담) : 거북한 섶에 누워서 쓴 쓸개를 맛본다는 뜻으로, '원수를 갚으려고 괴로움과 어려움을 참아 냄'의 비유.
- 樂山樂水(요산요수) : 산을 좋아하고 물을 좋아함. 곧, 산수의 경치를 좋아함.
- 窈窕淑女(요조숙녀) : 말과 행동이 얌전하고 아름다운 여자.
- 龍頭蛇尾(용두사미) : '용의 머리와 뱀의 꼬리'란 뜻으로, '처음은 좋고 나중은 언짢고, 처음은 성하고 나중은 쇠하여, 끝으로 갈수록 점점 나빠지는 현상'을 비유하는 말.
- 龍蛇飛騰(용사비등) : 살아 움직이는 것과 같이 '아주 잘 쓴 필력'을 비유하는 말.
- 優柔不斷(우유부단) : 망설이기만 하고 결단성이 없음.
- 雨後竹筍(우후죽순) : 비가 온 뒤에 여기 저기 솟은 죽순이란 뜻으로, '어떠한 일이 한 때에 많이 일어남'을 비유하는 말.
- 遠禍召福(원화소복) : 화를 멀리하고, 복을 불러 들임.
- 危機一髮(위기일발) : 조금도 마음을 놓을 수 없이 급한 순간.
- 有口無言(유구무언) : 변명할 말이 없음.

- 有備無患(유비무환) : 준비가 되어 있으면 걱정할 것이 없음.
- 類類相從(유유상종) : 동아리 끼리 사귐.
- 隱忍自重(은인자중) : 마음속으로 참으며 신중하게 행동함.
- 泣斬馬謖(읍참마속) : 중국 촉나라 제갈 양이, 사랑하는 부하 장수 마 속이 군령을 어기어 가정 싸움에서 패했을 때, 울면서 그의 목을 벤 일. 큰 목적을 위하여 자기가 아끼는 자를 버리는 것의 비유.
- 吟風弄月(음풍농월) : 바람과 달을 읊고 즐김.
- 以心傳心(이심전심) : 마음과 마음으로 뜻을 전함.
- 以熱治熱(이열치열) : 열은 열로 다스림. 곧 힘은 힘으로 물리침.
- 二律背反(이율배반) : 서로 모순되는 두 명체가 동등한 타당성을 가지고 주장되는 일.
- 因果應報(인과응보) : 사람이 과거에 지은 인업의 선악에 따라서 과보가 있음. 또는, 그 과보.
- 人山人海(인산인해) : 사람이 헤아릴 수 없이 많이 모인 상태.
- 一擧兩得(일거양득) : 한 가지 일을 하여 두 가지의 이익을 얻음.
- 一網打盡(일망타진) : 한 번 그물을 쳐서 물고기를 다 잡는다는 뜻에서, '한꺼번에 모조리 다 잡음' 이라는 말.
- 一脈相通(일맥상통) : 성질이나 성격이 한가지로 통함
- 一目瞭然(일목요연) : 한 번 척 보아서 대뜸 알 수 있도록 환함.
- 一絲不亂(일사불란) : 정연하여 조금도 어지러움이 없음.
- 一瀉千里(일사천리) : 물이 빨리 흘러 단번에 천리에 다다른다는 뜻으로, 사물이 조금도 거침없이 빠르게 진행됨을 이르는 말.
- 一魚濁水(일어탁수) : '한 마리 고기가 물을 흐린다' 는 뜻으로, '한 사람의 잘못으로 여러 사람이 그 해를 받게 되는 일' 의 비유.
- 一言之下(일언지하) : 한 마디로 잘라 말함.
- 一葉片舟(일엽편주) : 한 척의 작은 배.
- 一場春夢(일장춘몽) : 한바탕의 봄 꿈이라는 뜻으로, '헛된 영화나 덧없는 인생' 을 비유하는 말.
- 一朝一夕(일조일석) : 하루 아침이나 하루 저녁과 같은 짧은 시일.
- 一觸卽發(일촉즉발) : 조금만 닿아도 폭발할 것 같이 몹시 위급한 상태.
- 日就月將(일취월장) : 날로 달로 진보함.

- 一筆揮之(일필휘지) : 글씨를 단숨에 내리 씀.
- 一攫千金(일확천금) : 한 번에 많은 재물을 얻음.
- 臨渴掘井(임갈굴정) : 목이 말라야 우물을 판다고, 준비 없이 당하여 허둥지둥 서두른다는 말.
- 臨機應變(임기응변) : 그때 그때 처한 형편에 따라 알맞게 처리함.
- 臨戰無退(임전무퇴) : 전쟁에 나아가서 물러나지 아니 함.
- 自家撞着(자가당착) : 스스로의 생각이나 주장에 앞뒤가 맞지 않는 것. 변증법에서, 자기 정립에 대하여 스스로 대립, 부정하게 되는 조건 따위. 자기모순(自己矛盾)
- 自繩自縛(자승자박) : 제가 만든 줄로 제 몸을 옭아 묶는다는 뜻으로, '말과 행동을 잘못하여 스스로 옭혀 들어가 곤란하게 됨'의 비유.
- 自暴自棄(자포자기) : 절망 상태에 빠져 제 몸을 스스로 버려 돌아보지 아니 함.
- 自畵自讚(자화자찬) : 제가 그린 그림을 스스로 칭찬한다는 뜻으로. '제가 한 일을 자기 스스로 자랑함'의 비유.
- 作心三日(작심삼일) : 지어먹은 마음이 사흘을 못 간다는 말로 일시적으로나 억지로 먹은 마음은 오래 가지 못한다는 뜻.
- 張三李四(장삼이사) : 성명이나 신분을 똑똑히 알 수 없는 누구 누구들을 가리키는 말.
- 賊反荷杖(적반하장) : '도둑이 매를 든다' 는 뜻이니, 잘못한 놈이 도리어 잘한 사람을 나무랄 경우에 쓰는 말.
- 電光石火(전광석화) : 번개나 부싯돌의 불이 번쩍이는 것처럼 '몹시 짧은 시간', 또는 '썩 재빠른 동작'의 비유.
- 戰戰兢兢(전전긍긍) : 몹시 두려워하여 벌벌 떨며 조심함.
- 輾轉反側(전전반측) : 누워서 이리 뒤척 저리 뒤척 하며 잠을 이루지 못함. 전전불매(輾轉不寐)
- 轉禍爲福(전화위복) : 재앙이 바뀌어서 오히려 복이 됨.
- 切磋琢磨(절차탁마) : 옥이나 돌을 자르고 갈고 쪼고 닦고 하여 빛을 낸다는 뜻으로, '학문과 덕행을 닦음'의 비유.
- 糟糠之妻(조강지처) : 구차하고 천할 때에 고생을 함께 겪어 온 아내.
- 朝令暮改(조령모개) : 아침에 내린 명령을 저녁에 바꾼다는 뜻으로, '명령을 자주 뒤바꿈'을 이르는 말.

- 朝三暮四(조삼모사) : 간사한 꾀로 사람을 속여 희롱함을 이르는 말.
- 主客顚倒(주객전도) : 사물의 경중, 선후, 완급이 서로 바꾸임.
- 晝耕夜讀(주경야독) : 낮에는 농사짓고 밤에는 글을 읽는 다는 뜻으로, '바쁜 틈을 타서 글을 읽어 어렵게 공부함'의 비유.
- 走馬加鞭(주마가편) : ① 달리는 말에 채찍질하여 더 빨리 달리게 함. ② 정진하는 사람을 더 한층 권장함.
- 走馬看山(주마간산) : 말을 타고 달리면서 산천을 구경한다는 뜻으로, 천천히 살펴볼 여가가 없이 '바쁘게 대강대강 보고 지남'의 비유.
- 酒池肉林(주지육림) : 술이 못을 이루고 고기가 숲을 이루었다는 뜻으로, '호화롭게 잘 차린 술잔치'의 비유.
- 竹馬故友(죽마고우) : 대말을 타고 놀던 벗이란 뜻으로, 어릴 때부터 같이 놀며 자란 벗.
- 衆寡不敵(중과부적) : 적은 수효가 많은 수효를 대적하지 못함.
- 衆口難防(중구난방) : 여러 사람의 입은 막기가 어렵다는 뜻으로, '뭇사람의 이러쿵저러쿵하는 말을 막아내기가 어려움'을 이르는 말.
- 指鹿爲馬(지록위마) : 사슴을 말이라고 속이어 바쳤다는 옛일에서 나온 말로, '윗사람을 농락하여 권세를 마음대로 함'을 이른다.
- 至誠感天(지성감천) : '정성이 지극하면 하늘도 감동하게 된다'는 뜻으로 '어떤 일에나 정성을 다하면 아주 어려운 일도 풀리고 이루어진다'는 말.
- 支離滅裂(지리멸렬) : 이리저리 흩어져 갈피를 잡지 못하게 됨.
- 進退兩難(진퇴양난) : 이러지도 저러지도 못함. 진퇴유곡(進退維谷)
- 滄海一粟(창해일속) : 넓고 큰 바다 가운데 한 알의 좁쌀이란 뜻으로, 매우 많거나 넓은 가운데 섞여 있는 보잘것없는 작은 물건의 비유.
- 天高馬肥(천고마비) : '하늘이 높고 말은 살찐다'는 뜻으로, '가을이 썩 좋은 계절'임을 이르는 말.
- 千慮一得(천려일득) : '어리석은 사람이라도 많은 생각을 하는 가운데 한 가지쯤은 좋은 것이 있음'을 이르는 말.
- 千慮一失(천려일실) : '슬기로운 사람이라도 여러 가지 생각을 하는 가운데 한 가 지쯤은 잘못된 것이 있음'을 이르는 말.

- 天方地軸(천방지축) : ① 못난 사람이 종없이 덤벙이는 꼴. ② 몹시 급하여 방향을 모르고 함부로 날뛰는 꼴.
- 天壤之差(천양지차) : 하늘과 땅 사이와 같이 엄청난 차이.
- 天佑神助(천우신조) : 하늘의 도움과 신령의 도움.
- 天衣無縫(천의무봉) : ① 하늘나라 사람의 옷은 꿰맨 흔적이 없다는 뜻으로, '시가나 문장 따위가 매우 자연스럽게 잘됨'을 이르는 말. ② '완전무결하여 흠이 없음'을 이르는 말
- 千載一遇(천재일우) : 좀처럼 다시 만나기 어려운 좋은 기회.
- 天眞爛漫(천진난만) : 거짓이나 꾸밈이 없이 아주 천진함.
- 靑出於藍(청출어람) : 쪽에서 나온 푸른 물감이 쪽보다 더 푸르다는 뜻으로,'제자나 후배가 스승이나 선배보다 나음'을 이르는 말.
- 草綠同色(초록동색) : 풀과 녹색은 같은 빛이라는 뜻으로, 같은 처지나 같은 모양의 무리들 끼리 서로 어울리게 됨을 이르는 말.
- 寸鐵殺人(촌철살인) : 작고 날카로운 쇠붙이로도 사람을 죽일 수 있다는 뜻으로, '간단한 경귀로 어떠한 일의 급소를 찔러 사람을 감동시킬 수 있다'는 말.
- 七顚八起(칠전팔기) : '일곱 번 넘어지고 여덟 번 일어난다'는 뜻으로, '여러 번의 실패에도 굽히지 아니 하고 분투함'을 이르는 말.
- 七縱七擒(칠종칠금) : 제갈 양이 맹 획을 일곱 번 사로잡았다 놓았다 하였다는 옛일에서 온 말로, '마음대로 잡았다 놓아주었다 함'을 이르는 말.
- 他山之石(타산지석) : 다른 곳의 돌이라도 옥돌을 가는 데는 필요하게 쓰이기도 하는 것과 같이, '다른 사람의 하찮은 말이나 행동도 자기의 수양에 도움이 될 수 있다'는 말.
- 貪官汚吏(탐관오리) : 탐욕이 많고 행실이 깨끗하지 못한 벼슬아치.
- 泰山北斗(태산북두) : 뭇사람이 우러러 받드는 사람을 비유한 말.
- 破邪顯正(파사현정) : 그릇된 것을 깨고 바른 것을 드러냄.
- 破竹之勢(파죽지세) : 대적을 물리치고 쳐들어 가는 당당한 기세.
- 抱腹絶倒(포복절도) : 몹시 우스워서 배를 끌어안고 몸을 가누지 못할 만큼 웃음.
- 飽食煖衣(포식난의) : 배부르게 먹고 옷을 따뜻하게 입음.
- 表裏不同(표리부동) : 마음씨가 음충맞아서 겉과 속이 다름.

• 風樹之嘆(풍수지탄) : 효도를 다하지 못한 채 어버이를 여읜 자식의 슬픔.

• 風前燈火(풍전등화) : 바람 앞의 등불.

• 匹夫之勇(필부지용) : 깊은 생각이 없이 냅다 치는 용기.

• 夏扇冬曆(하선동력) : '여름의 부채와 겨울의 책력'이라는 뜻으로, 곧 '선물이 철에 맞음'을 이름.

• 鶴首苦待(학수고대) : '학의 목처럼 목을 길게 늘여 기다린다'는 뜻으로, '몹시 기다림'을 이르는 말.

• 虛心坦懷(허심탄회) : 아무 거리낌없이 품은 생각을 터놓고 말함.

• 虛張聲勢(허장성세) : 실속은 없으면서 헛소문과 허세로만 떠벌림.

• 孑孑單身(혈혈단신) : 의지할 데 없이 외로운 홀몸.

• 螢雪之功(형설지공) : 꾸준하고 부지런하게 학문을 닦는 공.

• 狐假虎威(호가호위) : 남의 권세를 빌어 위세를 부림의 비유.

• 糊口之策(호구지책) : 겨우 먹고 살아 가는 방법.

• 虎視眈眈(호시탐탐) : 눈을 날카롭게 뜨고 가만히 형세를 노려봄의 비유.

• 浩然之氣(호연지기) : ① 호연한 기운. ② 하늘과 땅 사이. 또는, 사람의 마음에 차 있는 너르고 굳고 맑고 올바른 기운.

• 惑世誣民(혹세무민) : 세상 사람을 미혹하게 하여 속임.

• 昏定晨省(혼정신성) : 아침 저녁으로 어버이의 안부를 물어 살핌.

• 畫龍點睛(화룡점정) : 용을 그리는데 마지막에 눈을 그려 넣어 완성시킨다는 뜻으로, '무슨 일을 하는데 가장 긴한 부분을 마치어서 완성시킴'을 이르는 말.

• 畫蛇添足(화사첨족) : 쓸데없이 군짓을 하다가 도리어 틀리어짐의 비유.

• 畫中之餅(화중지병) : 그림의 떡. 아무리 마음에 들어도 차지하거나 이용할 수가 없음을 이르는 말.

• 換骨奪胎(환골탈태) : ① 얼굴이 전보다 훨씬 아름다와지고 환하게 틔어서 딴 사람처럼 됨. ② 남이 지은 글의 뜻을 본떠서 지었으나, 더욱 아름답고 새로운 글이 됨.

• 荒唐無稽(황당무계) : 말이나 행동이 허황하고 터무니 없음. 황탄무계(荒誕無稽)

• 會者定離(회자정리) : 만난 자는 뒤에 반드시 헤어짐.

• 橫說竪說(횡설수설) : 조리가 없는 말을 함부로 지껄임.

10. 천팔백자 음별 색인

谷(곡)	291	觀(관)	283	舊(구)	272	厥(궐)	70	肯(긍)	266
哭(곡)	77	管(관)	250	拘(구)	132	龜(귀)	340	幾(기)	115
曲(곡)	179	館(관)	327	具(구)	55	歸(귀)	193	豈(기)	292
坤(곤)	82	慣(관)	129	俱(구)	46	鬼(귀)	332	基(기)	83
困(곤)	80	貫(관)	295	句(구)	73	貴(귀)	296	機(기)	190
骨(골)	330	寬(관)	101	懼(구)	130	規(규)	282	飢(기)	326
工(공)	110	鑛(광)	313	口(구)	73	閨(규)	315	己(기)	111
攻(공)	167	光(광)	51	鷗(구)	334	叫(규)	73	技(기)	131
功(공)	63	廣(광)	118	丘(구)	30	均(균)	82	寄(기)	99
恭(공)	158	掛(괘)	134	球(구)	209	菌(균)	213	記(기)	284
供(공)	44	怪(괴)	127	求(구)	198	極(극)	188	忌(기)	156
公(공)	54	塊(괴)	84	區(구)	66	劇(극)	62	紀(기)	253
貢(공)	295	壞(괴)	86	驅(구)	329	克(극)	52	期(기)	181
共(공)	54	愧(괴)	129	國(국)	81	根(근)	186	欺(기)	191
空(공)	246	交(교)	37	菊(국)	213	斤(근)	171	其(기)	55
恐(공)	158	郊(교)	154	局(국)	105	僅(근)	48	旗(기)	173
孔(공)	95	矯(교)	237	軍(군)	303	謹(근)	289	祈(기)	240
戈(과)	163	敎(교)	168	君(군)	75	近(근)	217	騎(기)	328
過(과)	219	較(교)	303	郡(군)	155	勤(근)	64	起(기)	300
瓜(과)	223	橋(교)	189	群(군)	261	金(금)	310	企(기)	39
寡(과)	100	巧(교)	110	屈(굴)	105	今(금)	39	器(기)	79
果(과)	183	校(교)	185	宮(궁)	99	錦(금)	311	氣(기)	197
科(과)	243	苟(구)	211	弓(궁)	121	禁(금)	241	奇(기)	90
課(과)	287	狗(구)	150	窮(궁)	246	琴(금)	210	旣(기)	173
誇(과)	285	構(구)	188	卷(권)	70	禽(금)	242	棄(기)	188
郭(곽)	155	究(구)	246	權(권)	190	給(급)	255	畿(기)	228
關(관)	315	久(구)	33	拳(권)	165	及(급)	71	緊(긴)	256
官(관)	97	九(구)	34	券(권)	59	急(급)	157	吉(길)	74
冠(관)	56	救(구)	168	勸(권)	65	級(급)	254		

ㄴ

那(나)	154
諾(낙)	288
難(난)	316
暖(난)	177
南(남)	68
男(남)	226
納(납)	254
娘(낭)	94
奈(내)	90
乃(내)	33
耐(내)	263
內(내)	53
女(녀)	91
年(년)	114
念(념)	157
寧(녕)	100
奴(노)	91
努(노)	63
怒(노)	157
濃(농)	148
農(농)	306
腦(뇌)	268
惱(뇌)	128
能(능)	267
泥(니)	139

ㄷ

多(다)	88
茶(다)	212
丹(단)	32
單(단)	78
旦(단)	174
但(단)	42
端(단)	247
短(단)	237
段(단)	194
斷(단)	171
壇(단)	85
檀(단)	190
團(단)	81
達(달)	220
擔(담)	137
淡(담)	143
潭(담)	147
談(담)	288
答(답)	249
踏(답)	301
畓(답)	227
當(당)	228
黨(당)	337
堂(당)	83
唐(당)	77
糖(당)	252
臺(대)	271
大(대)	89
帶(대)	113

代(대)	41
貸(대)	296
待(대)	124
隊(대)	153
對(대)	102
德(덕)	126
刀(도)	59
倒(도)	46
島(도)	107
導(도)	102
到(도)	61
稻(도)	245
道(도)	220
盜(도)	232
都(도)	155
度(도)	117
渡(도)	144
桃(도)	186
逃(도)	217
陶(도)	152
挑(도)	134
跳(도)	301
圖(도)	81
徒(도)	125
途(도)	218
督(독)	235
毒(독)	195
獨(독)	150
讀(독)	291

篤(독)	251
敦(돈)	168
豚(돈)	293
突(돌)	246
東(동)	183
冬(동)	57
動(동)	64
凍(동)	57
洞(동)	141
桐(동)	186
同(동)	74
銅(동)	311
童(동)	247
斗(두)	170
豆(두)	292
頭(두)	323
鈍(둔)	310
得(득)	125
燈(등)	200
登(등)	230
等(등)	250

ㄹ

羅(라)	261
洛(락)	141
樂(락)	189
落(락)	213
絡(락)	255
蘭(란)	216

卵(란)	69
亂(란)	34
爛(란)	201
欄(란)	190
藍(람)	215
濫(람)	148
覽(람)	282
郞(랑)	155
廊(랑)	117
浪(랑)	142
朗(랑)	181
來(래)	40
冷(랭)	57
掠(략)	135
略(략)	227
凉(량)	57
糧(량)	253
梁(량)	187
良(량)	275
兩(량)	53
量(량)	310
諒(량)	288
麗(려)	335
勵(려)	65
慮(려)	160
旅(려)	172
力(력)	63
歷(력)	193
曆(력)	178

鍊(련)	312	弄(롱)	120	梨(리)	187	罔(망)	260	模(모)	189
聯(련)	264	雷(뢰)	317	里(리)	309	埋(매)	83	某(모)	185
憐(련)	129	賴(뢰)	299	利(리)	60	買(매)	296	母(모)	195
戀(련)	162	了(료)	35	履(리)	106	賣(매)	298	暮(모)	178
連(련)	218	料(료)	170	隣(린)	153	梅(매)	187	慕(모)	64
蓮(련)	215	龍(룡)	340	林(림)	183	媒(매)	94	幕(모)	161
練(련)	257	樓(루)	189	臨(림)	270	每(매)	195	謀(모)	288
列(렬)	60	屢(루)	106	立(립)	247	妹(매)	92	木(목)	182
烈(렬)	202	淚(루)	143			麥(맥)	335	目(목)	234
裂(렬)	280	累(루)	254	□		脈(맥)	267	睦(목)	235
劣(렬)	63	漏(루)	146	麻(마)	336	盲(맹)	234	牧(목)	206
廉(렴)	118	類(류)	324	馬(마)	328	盟(맹)	233	沐(목)	139
零(령)	317	留(류)	227	磨(마)	239	猛(맹)	150	沒(몰)	139
靈(령)	318	流(류)	141	莫(막)	212	孟(맹)	96	蒙(몽)	214
嶺(령)	108	柳(류)	184	漠(막)	146	眠(면)	235	夢(몽)	88
領(령)	323	六(륙)	54	幕(막)	113	綿(면)	257	卯(묘)	69
令(령)	39	陸(륙)	152	蠻(만)	278	免(면)	52	苗(묘)	211
禮(례)	242	輪(륜)	304	滿(만)	146	勉(면)	64	廟(묘)	118
例(례)	44	倫(륜)	46	慢(만)	129	面(면)	320	妙(묘)	92
勞(로)	64	栗(률)	186	漫(만)	146	滅(멸)	145	墓(묘)	84
露(로)	318	律(률)	124	晩(만)	176	明(명)	174	茂(무)	212
爐(로)	201	率(률)	223	萬(만)	213	鳴(명)	333	貿(무)	297
老(로)	208	隆(륭)	153	末(말)	182	銘(명)	311	無(무)	202
路(로)	301	陵(릉)	152	茫(망)	212	名(명)	75	武(무)	192
綠(록)	256	李(리)	183	忙(망)	127	命(명)	76	舞(무)	273
錄(록)	311	離(리)	316	亡(망)	37	冥(명)	56	戊(무)	163
鹿(록)	335	理(리)	209	望(망)	181	毛(모)	196	霧(무)	318
祿(록)	241	裏(리)	280	忘(망)	156	矛(모)	236	務(무)	64
論(론)	288	吏(리)	74	妄(망)	91	貌(모)	294	墨(묵)	85

默(묵)	337	般(반)	274	白(백)	231	補(보)	248	副(부)	62
門(문)	314	半(반)	67	百(백)	231	步(보)	192	賦(부)	298
文(문)	169	反(반)	72	伯(백)	43	普(보)	177	付(부)	41
聞(문)	264	返(반)	217	飜(번)	325	譜(보)	290	父(부)	204
問(문)	78	飯(반)	326	番(번)	227	複(복)	248	負(부)	295
物(물)	206	盤(반)	233	繁(번)	258	卜(복)	68	富(부)	100
勿(물)	65	叛(반)	72	煩(번)	199	伏(복)	42	附(부)	151
眉(미)	234	髮(발)	331	罰(벌)	260	服(복)	180	婦(부)	94
美(미)	261	拔(발)	133	伐(벌)	42	福(복)	241	北(북)	66
迷(미)	218	發(발)	230	汎(범)	138	復(복)	125	奔(분)	90
米(미)	252	倣(방)	46	凡(범)	58	腹(복)	268	分(분)	59
微(미)	126	邦(방)	154	範(범)	250	本(본)	182	紛(분)	254
尾(미)	105	傍(방)	48	犯(범)	150	峯(봉)	107	墳(분)	85
未(미)	182	芳(방)	211	法(법)	139	封(봉)	102	粉(분)	252
味(미)	76	方(방)	172	碧(벽)	239	蜂(봉)	277	奮(분)	91
民(민)	197	房(방)	164	壁(벽)	85	逢(봉)	218	憤(분)	130
敏(민)	168	防(방)	151	邊(변)	222	奉(봉)	90	不(불)	30
憫(민)	130	妨(방)	92	變(변)	291	鳳(봉)	333	佛(불)	43
蜜(밀)	277	訪(방)	285	辨(변)	305	簿(부)	251	拂(불)	133
密(밀)	99	放(방)	167	辯(변)	305	部(부)	155	弗(불)	121
		拜(배)	165	別(별)	60	否(부)	75	崩(붕)	107
ㅂ		杯(배)	183	立(병)	247	夫(부)	89	朋(붕)	180
薄(박)	215	輩(배)	304	兵(병)	54	膚(부)	269	碑(비)	238
博(박)	68	背(배)	267	丙(병)	30	扶(부)	131	悲(비)	159
泊(박)	139	倍(배)	46	病(병)	229	符(부)	249	卑(비)	67
拍(박)	132	排(배)	135	屛(병)	105	浮(부)	142	備(비)	48
迫(박)	217	培(배)	83	保(보)	45	府(부)	116	鼻(비)	338
朴(박)	182	配(배)	307	寶(보)	101	腐(부)	268	比(비)	196
班(반)	209	栢(백)	186	報(보)	84	赴(부)	300	非(비)	319

飛(비)	325	仕(사)	41	償(상)	50	徐(서)	125	聲(성)	265
肥(비)	266	斯(사)	171	床(상)	116	序(서)	116	盛(성)	233
費(비)	297	思(사)	157	桑(상)	186	緒(서)	257	聖(성)	264
秘(비)	240	私(사)	243	喪(상)	78	石(석)	238	星(성)	175
批(비)	131	司(사)	73	傷(상)	48	釋(석)	309	性(성)	127
妃(비)	91	絲(사)	256	商(상)	78	昔(석)	175	姓(성)	92
婢(비)	94	死(사)	193	賞(상)	298	析(석)	184	世(세)	30
賓(빈)	298	寺(사)	101	上(상)	29	夕(석)	88	勢(세)	65
頻(빈)	323	四(사)	80	尙(상)	103	惜(석)	128	稅(세)	244
貧(빈)	296	似(사)	43	狀(상)	207	席(석)	113	歲(세)	192
氷(빙)	198	巳(사)	110	裳(상)	281	船(선)	274	洗(세)	141
聘(빙)	264	邪(사)	154	霜(상)	318	善(선)	79	細(세)	255
		斜(사)	170	相(상)	234	先(선)	51	疎(소)	228
人		寫(사)	101	祥(상)	241	仙(선)	41	騷(소)	329
史(사)	74	謝(사)	289	詳(상)	286	鮮(선)	331	掃(소)	135
捨(사)	135	詐(사)	285	想(상)	159	線(선)	257	燒(소)	200
査(사)	185	祀(사)	240	像(상)	49	宣(선)	98	少(소)	103
辭(사)	305	朔(삭)	181	象(상)	293	旋(선)	172	蔬(소)	215
詞(사)	285	削(삭)	61	塞(새)	84	選(선)	221	蘇(소)	216
賜(사)	298	産(산)	225	色(색)	275	禪(선)	242	素(소)	254
沙(사)	139	散(산)	168	索(색)	254	舌(설)	273	訴(소)	285
蛇(사)	277	山(산)	107	生(생)	225	設(설)	285	所(소)	165
舍(사)	273	酸(산)	308	叙(서)	72	說(설)	286	消(소)	142
射(사)	102	算(산)	250	書(서)	179	雪(설)	317	小(소)	103
社(사)	240	殺(살)	194	署(서)	260	涉(섭)	142	笑(소)	249
師(사)	112	三(삼)	29	暑(서)	177	省(성)	235	昭(소)	175
使(사)	44	森(삼)	188	庶(서)	117	城(성)	83	召(소)	74
士(사)	86	嘗(상)	79	恕(서)	158	成(성)	163	屬(속)	106
事(사)	35	常(상)	113	西(서)	281	誠(성)	287	束(속)	183

俗(속)	45	誰(수)	288	濕(습)	148	申(신)	226	岳(악)	107
速(속)	219	水(수)	198	拾(습)	134	伸(신)	43	惡(악)	159
粟(속)	252	睡(수)	236	襲(습)	281	身(신)	302	鷹(안)	333
續(속)	259	雖(수)	316	習(습)	262	神(신)	240	安(안)	97
孫(손)	96	隨(수)	153	昇(승)	175	愼(신)	129	岸(안)	107
損(손)	136	遂(수)	220	乘(승)	33	辛(신)	305	案(안)	186
松(송)	184	修(수)	46	承(승)	165	新(신)	171	顔(안)	323
頌(송)	323	秀(수)	243	僧(승)	49	信(신)	45	眼(안)	235
送(송)	218	需(수)	318	升(승)	67	失(실)	89	謁(알)	289
訟(송)	285	須(수)	322	勝(승)	64	實(실)	100	巖(암)	108
誦(송)	287	叔(숙)	72	施(시)	172	室(실)	98	暗(암)	177
刷(쇄)	61	淑(숙)	143	詩(시)	286	深(심)	143	壓(압)	85
鎖(쇄)	312	孰(숙)	96	時(시)	176	審(심)	101	殃(앙)	193
衰(쇠)	280	熟(숙)	203	矢(시)	237	甚(심)	224	央(앙)	89
數(수)	169	宿(숙)	99	始(시)	93	心(심)	156	仰(앙)	42
愁(수)	159	肅(숙)	265	示(시)	240	尋(심)	102	哀(애)	77
囚(수)	80	脣(순)	268	是(시)	175	十(십)	67	愛(애)	160
收(수)	167	純(순)	254	侍(시)	44	雙(쌍)	316	涯(애)	143
手(수)	165	盾(순)	235	市(시)	112	氏(씨)	197	額(액)	323
首(수)	327	瞬(순)	236	視(시)	282			厄(액)	70
守(수)	97	順(순)	321	試(시)	286	○		耶(야)	264
壽(수)	87	循(순)	126	食(식)	326	阿(아)	151	野(야)	310
授(수)	135	旬(순)	174	識(식)	290	餓(아)	327	也(야)	34
受(수)	72	巡(순)	109	式(식)	120	兒(아)	52	夜(야)	88
獸(수)	207	殉(순)	194	飾(식)	326	我(아)	163	若(약)	212
殊(수)	193	術(술)	279	息(식)	158	芽(아)	211	弱(약)	122
輸(수)	304	述(술)	217	植(식)	188	牙(아)	205	藥(약)	215
樹(수)	190	戌(술)	163	臣(신)	269	雅(아)	315	約(약)	253
帥(수)	112	崇(숭)	108	晨(신)	176	亞(아)	37	壤(양)	86

讓(양)	291	役(역)	124	影(영)	123	曰(왈)	179	宇(우)	97
楊(양)	188	疫(역)	229	映(영)	176	王(왕)	209	羽(우)	262
揚(양)	136	亦(역)	37	詠(영)	285	往(왕)	124	遇(우)	220
羊(양)	261	譯(역)	290	泳(영)	140	外(외)	88	偶(우)	47
洋(양)	141	域(역)	83	永(영)	198	畏(외)	227	雲(운)	317
陽(양)	153	驛(역)	329	銳(예)	311	腰(요)	269	云(운)	36
養(양)	327	鉛(연)	310	藝(예)	216	搖(요)	136	運(운)	220
樣(양)	189	然(연)	202	譽(예)	290	遙(요)	221	韻(운)	321
魚(어)	332	燃(연)	200	豫(예)	293	要(요)	281	雄(웅)	315
漁(어)	146	軟(연)	303	傲(오)	48	謠(요)	289	元(원)	51
語(어)	287	煙(연)	200	嗚(오)	79	慾(욕)	161	原(원)	70
御(어)	125	硏(연)	238	烏(오)	202	辱(욕)	306	援(원)	136
於(어)	172	延(연)	119	汚(오)	138	欲(욕)	191	園(원)	81
憶(억)	130	沿(연)	139	梧(오)	187	浴(욕)	142	員(원)	77
抑(억)	132	演(연)	146	吾(오)	75	容(용)	99	圓(원)	81
億(억)	50	燕(연)	203	五(오)	36	庸(용)	117	源(원)	145
焉(언)	202	硯(연)	238	午(오)	67	勇(용)	64	遠(원)	221
言(언)	284	宴(연)	99	悟(오)	128	用(용)	225	願(원)	324
嚴(엄)	79	緣(연)	257	誤(오)	287	牛(우)	206	怨(원)	157
業(업)	188	熱(열)	203	娛(오)	94	優(우)	50	院(원)	151
如(여)	92	悅(열)	128	屋(옥)	106	憂(우)	161	越(월)	300
汝(여)	138	染(염)	185	玉(옥)	209	尤(우)	104	月(월)	180
輿(여)	304	鹽(염)	334	獄(옥)	207	郵(우)	155	威(위)	93
余(여)	40	炎(염)	199	溫(온)	145	友(우)	72	危(위)	69
予(여)	35	葉(엽)	214	翁(옹)	262	右(우)	74	違(위)	220
與(여)	272	榮(영)	189	瓦(와)	224	又(우)	71	圍(위)	81
餘(여)	327	英(영)	212	臥(와)	269	于(우)	36	爲(위)	203
逆(역)	218	營(영)	200	緩(완)	257	愚(우)	160	委(위)	93
易(역)	175	迎(영)	217	完(완)	97	雨(우)	317	偉(위)	47

僞(위)	49	潤(윤)	147	移(이)	244	刺(자)	61	張(장)	122
緯(위)	257	恩(은)	158	已(이)	110	者(자)	208	掌(장)	166
胃(위)	267	銀(은)	311	以(이)	39	資(자)	297	丈(장)	29
位(위)	43	隱(은)	154	益(익)	232	姿(자)	94	帳(장)	113
謂(위)	289	乙(을)	34	翼(익)	262	紫(자)	255	障(장)	153
慰(위)	161	音(음)	321	仁(인)	41	子(자)	95	莊(장)	213
衛(위)	279	陰(음)	152	人(인)	39	自(자)	270	裝(장)	281
遊(유)	220	吟(음)	76	忍(인)	156	字(자)	95	壯(장)	86
柔(유)	185	淫(음)	143	認(인)	287	恣(자)	158	裁(재)	280
儒(유)	50	飮(음)	326	刃(인)	59	爵(작)	204	材(재)	183
乳(유)	34	泣(읍)	140	因(인)	80	酌(작)	308	才(재)	131
唯(유)	78	邑(읍)	307	姻(인)	93	昨(작)	176	財(재)	295
惟(유)	128	應(응)	162	寅(인)	99	作(작)	43	栽(재)	186
維(유)	257	醫(의)	308	引(인)	121	殘(잔)	194	哉(재)	77
遺(유)	221	依(의)	44	印(인)	69	蠶(잠)	278	災(재)	199
幽(유)	115	衣(의)	280	日(일)	174	潛(잠)	148	載(재)	303
悠(유)	158	儀(의)	50	一(일)	29	暫(잠)	178	再(재)	56
由(유)	226	疑(의)	228	壹(일)	86	雜(잡)	316	在(재)	82
猶(유)	150	宜(의)	98	逸(일)	219	粧(장)	252	爭(쟁)	203
油(유)	140	矣(의)	237	賃(임)	297	墻(장)	85	低(저)	43
酉(유)	307	意(의)	160	壬(임)	86	藏(장)	215	底(저)	116
有(유)	180	義(의)	261	任(임)	42	場(장)	84	抵(저)	133
誘(유)	287	議(의)	290	入(입)	53	長(장)	313	著(저)	214
幼(유)	115	異(이)	227			腸(장)	269	貯(저)	297
愈(유)	160	而(이)	263	**ㅈ**		將(장)	102	蹟(적)	302
裕(유)	248	耳(이)	264	姉(자)	93	奬(장)	90	跡(적)	301
肉(육)	265	二(이)	36	玆(자)	222	臟(장)	269	赤(적)	299
育(육)	267	貳(이)	297	雌(자)	316	葬(장)	214	的(적)	231
閏(윤)	314	夷(이)	90	慈(자)	160	章(장)	247	敵(적)	169

笛(적)	249	接(접)	135	提(제)	136	終(종)	255	仲(중)	42
積(적)	245	程(정)	244	堤(제)	84	種(종)	244	衆(중)	278
績(적)	258	丁(정)	29	題(제)	324	宗(종)	98	卽(즉)	69
籍(적)	251	頂(정)	322	制(제)	61	縱(종)	258	增(증)	85
寂(적)	100	定(정)	98	諸(제)	289	左(좌)	110	憎(증)	130
適(적)	221	訂(정)	284	弔(조)	121	佐(좌)	43	曾(증)	179
摘(적)	137	精(정)	252	操(조)	137	座(좌)	117	贈(증)	299
滴(적)	147	井(정)	36	朝(조)	181	坐(좌)	82	蒸(증)	214
賊(적)	297	靜(정)	319	潮(조)	148	罪(죄)	260	症(증)	229
傳(전)	49	淨(정)	144	調(조)	288	酒(주)	308	證(증)	290
典(전)	55	情(정)	128	鳥(조)	333	舟(주)	274	誌(지)	287
電(전)	317	廷(정)	119	條(조)	187	周(주)	76	持(지)	134
錢(전)	312	停(정)	47	早(조)	174	州(주)	109	池(지)	138
全(전)	53	亭(정)	38	造(조)	219	洲(주)	141	遲(지)	221
田(전)	226	庭(정)	117	燥(조)	200	宙(주)	98	地(지)	82
展(전)	106	貞(정)	295	照(조)	202	晝(주)	176	枝(지)	184
前(전)	61	征(정)	124	兆(조)	51	株(주)	187	支(지)	166
戰(전)	164	整(정)	169	助(조)	63	朱(주)	182	知(지)	237
專(전)	102	正(정)	192	租(조)	243	主(주)	32	之(지)	33
轉(전)	304	政(정)	167	祖(조)	241	柱(주)	185	指(지)	134
節(절)	250	製(제)	281	組(조)	255	住(주)	44	止(지)	192
絶(절)	256	除(제)	152	足(족)	301	注(주)	140	只(지)	74
切(절)	59	第(제)	249	族(족)	172	走(주)	300	紙(지)	254
折(절)	132	帝(제)	112	存(존)	95	竹(죽)	249	志(지)	156
點(점)	337	弟(제)	121	尊(존)	102	準(준)	146	至(지)	271
店(점)	116	祭(제)	241	拙(졸)	133	俊(준)	45	智(지)	177
漸(점)	147	濟(제)	149	卒(졸)	68	遵(준)	221	織(직)	258
占(점)	68	際(제)	153	鐘(종)	312	中(중)	31	職(직)	265
蝶(접)	277	齊(제)	339	從(종)	125	重(중)	309	直(직)	234

打(타)	131	統(통)	256	評(평)	286	皮(피)	232	港(항)	145
墮(타)	85	痛(통)	229	蔽(폐)	215	筆(필)	250	航(항)	274
他(타)	41	通(통)	219	幣(폐)	113	畢(필)	227	抗(항)	132
妥(타)	92	退(퇴)	218	弊(폐)	120	必(필)	156	項(항)	324
托(탁)	131	鬪(투)	330	閉(폐)	314	匹(필)	66	巷(항)	111
琢(탁)	210	投(투)	132	肺(폐)	267			該(해)	286
濯(탁)	149	透(투)	219	廢(폐)	118	**ㅎ**		海(해)	143
濁(탁)	148	特(특)	206	胞(포)	267	荷(하)	213	亥(해)	37
歎(탄)	191			包(포)	65	何(하)	44	害(해)	99
彈(탄)	122	**ㅍ**		飽(포)	326	河(하)	140	解(해)	283
炭(탄)	199	罷(파)	260	抱(포)	133	賀(하)	297	奚(해)	90
奪(탈)	91	播(파)	137	布(포)	112	下(하)	30	核(핵)	187
脫(탈)	268	波(파)	140	浦(포)	142	夏(하)	87	行(행)	279
貪(탐)	296	派(파)	141	捕(포)	134	鶴(학)	334	幸(행)	114
探(탐)	136	頗(파)	323	暴(폭)	178	學(학)	96	香(향)	328
塔(탑)	84	破(파)	238	爆(폭)	200	韓(한)	321	鄕(향)	155
湯(탕)	145	板(판)	184	幅(폭)	113	寒(한)	100	響(향)	322
殆(태)	193	版(판)	205	標(표)	189	旱(한)	174	享(향)	38
怠(태)	157	販(판)	296	表(표)	280	汗(한)	138	向(향)	75
泰(태)	198	判(판)	60	漂(표)	147	漢(한)	147	虛(허)	276
太(태)	89	八(팔)	54	票(표)	241	恨(한)	127	許(허)	285
態(태)	160	敗(패)	168	品(품)	77	閑(한)	314	獻(헌)	207
宅(택)	97	貝(패)	295	豊(풍)	292	限(한)	151	憲(헌)	161
擇(택)	137	編(편)	258	楓(풍)	188	割(할)	62	軒(헌)	303
澤(택)	148	遍(편)	220	風(풍)	325	含(함)	76	險(험)	154
兎(토)	52	便(편)	45	被(피)	248	咸(함)	77	驗(험)	329
討(토)	284	篇(편)	250	彼(피)	124	陷(함)	152	革(혁)	320
土(토)	82	片(편)	205	避(피)	222	合(합)	75	絃(현)	255
吐(토)	75	平(평)	114	疲(피)	229	恒(항)	127	賢(현)	298

弦(현)	122	互(호)	36	患(환)	159	休(휴)	42
顯(현)	324	戶(호)	164	換(환)	136	凶(흉)	58
現(현)	210	或(혹)	164	丸(환)	32	胸(흉)	268
縣(현)	258	惑(혹)	159	活(활)	142	黑(흑)	337
懸(현)	162	昏(혼)	175	況(황)	140	吸(흡)	76
玄(현)	222	婚(혼)	94	荒(황)	212	興(흥)	272
穴(혈)	246	魂(혼)	332	黃(황)	336	熙(희)	203
血(혈)	278	混(혼)	144	皇(황)	231	稀(희)	244
協(협)	68	忽(홀)	157	懷(회)	130	希(희)	112
脅(협)	268	鴻(홍)	333	灰(회)	199	喜(희)	79
亨(형)	38	洪(홍)	141	回(회)	80	戱(희)	164
刑(형)	60	弘(홍)	121	悔(회)	128	噫(희)	79
形(형)	123	紅(홍)	253	會(회)	180		
兄(형)	51	禾(화)	243	劃(획)	62		
螢(형)	277	花(화)	211	獲(획)	150		
慧(혜)	161	和(화)	77	橫(횡)	190		
惠(혜)	159	華(화)	213	曉(효)	178		
兮(혜)	54	畫(화)	228	孝(효)	95		
豪(호)	293	化(화)	66	效(효)	168		
毫(호)	196	話(화)	286	喉(후)	79		
好(호)	92	火(화)	199	侯(후)	46		
號(호)	276	貨(화)	296	厚(후)	70		
浩(호)	143	禍(화)	242	候(후)	47		
乎(호)	33	穫(확)	245	後(후)	125		
胡(호)	267	擴(확)	137	訓(훈)	284		
湖(호)	145	確(확)	239	毀(훼)	194		
呼(호)	76	歡(환)	191	揮(휘)	136		
虎(호)	276	環(환)	210	輝(휘)	304		
護(호)	290	還(환)	222	携(휴)	137		

판권
저자
소유

부수 따라 방송 따라

알기 쉬운 千八百字

초판인쇄 : 1999. 2. 1
초판발행 : 1999. 2. 8
편 저 자 : 安鉉錫 · 李想春
발 행 인 : 김 중 영
발 행 처 : 오성 출판사
등   록 : 1973. 3. 2. 제13-27호

가   격 : 8,800원

부수의 명칭 및 색인